Brasil

Uma Década em Transição

"A publicação do presente livro
foi possível graças ao apoio parcial
recebido da PREVI -- Caixa de Previdência
dos Funcionários do Banco do Brasil,
no âmbito do Convênio CEPAL/PREVI."

Renato Baumann
Organização

Brasil
Uma Década em Transição

Cicely M. Amaral
Guilherme Leite S. Dias
João Carlos Ferraz
José Clemente de Oliveira
José Eduardo Cassiolato
José Márcio Camargo
Marcelo Neri
Márcio Wohlers
Marcos Thadeu Abicalil
Marina Szapiro
Maurício Reis
Paulo Tigre
Ricardo Bielschowsky
Rubens Cysne
Sebastião Soares
Sonia Draibe

CEPAL
Editora Campus

Capa
Visiva Comunicação e Design

Editoração Eletrônica
Domus Design Gráfico

Copidesque
Adriane Saeta Curvello

Revisão Gráfica
Andréa Bivar
Jussara Campos Bivar

Projeto Gráfico
Editora Campus Ltda.
A Qualidade da Informação
Rua Sete de Setembro, 111 - 16° andar
20050-002 Rio de Janeiro RJ Brasil
Telefone: (021) 509-5340 FAX (021) 507-1991
e-mail: *info@campus.com.br*
ISBN 85-352-0530-6

CIP-Brasil. Catalogação-na-fonte.
Sindicato Nacional dos Editores de Livros, RJ

B83

Brasil : uma década em transição / Renato Baumann (org.) ...[et al.]. – Rio de Janeiro: Campus, 1999

Inclui bibliografia
ISBN 85-352-0530-6

1. Brasil – Condições sociais – 1990–. 2. Brasil – Política econômica – 1990–. 3. Brasil – Política social. I. Baumann, Renato.

99-1510 CDD 330.981
CDU 338.1(81)

00 01 02 03 5 4 3 2 1

Apresentação

A análise das transformações econômicas e sociais requer a identificação dos períodos de tempo em que eles ocorrem, para facilitar sua associação com outros fenômenos. Freqüentemente essa associação corresponde aos períodos definidos pelo calendário, tanto para facilidade de análise quanto por causa da própria disponibilidade de informações.

Com essa perspectiva, tornou-se consensual, por exemplo, considerar-se que os anos 1980 foram para as economias da América Latina um período de perdas. Houve perda de riqueza, dadas as transferências de recursos reais a terceiros países, e diversos indicadores sociais mostram deterioração pronunciada da qualidade de vida dos indivíduos na região nesse período.

A década de 1990 significou para diversos desses países uma tentativa de recuperação. Mudanças no cenário internacional – associadas a modificações pronunciadas no estilo tradicional de programar e executar políticas econômicas – levaram efetivamente a um contexto sem precedente histórico, com taxas reduzidas de inflação, maior convivência com produtos importados e menor interferência do Estado, entre diversas outras características.

Para a economia brasileira, em particular, os anos 1990 foram de intensa mudança, e sua escolha como referência para análise transcende a simples coincidência cronológica. Esse foi um período de modificação das linhas básicas tradicionais da política econômica e de alteração do comportamento de diversos agentes econômicos, com implicações ainda pouco claras para a trajetória da economia no médio e longo prazos.

Ao se aproximar o final de um período tão marcante a constatação de que apesar de alguns resultados positivos o contexto geral ainda deixa muito a desejar – sobretudo no que se refere aos indicadores sociais e à própria capacidade de competir num mercado internacional com novas características – torna oportuna uma análise sistematizada dos esforços e dos resultados obtidos.

Com esse propósito, a CEPAL – Comissão Econômica para a América Latina e Caribe, das Nações Unidas – coordenou um grande projeto de pesquisa sobre o tema *Crescimento, Emprego e Eqüidade na América Latina nos Anos 1990.*

O projeto visou sistematizar o conhecimento sobre as reformas econômicas ocorridas na região durante a década de 1990, proporcionar informações sistematizadas e novos dados, assim como identificar traços comuns entre experiências nacionais e sugerir medidas de políticas.

Esse projeto compreendeu o estudo das experiências de nove países – Argentina, Bolívia, Brasil, Chile, Colômbia, Jamaica, México, Peru e Venezuela – de acordo com cinco áreas temáticas: reformas macroeconômicas e sociais, processos de investimento e crescimento, estrutura de progresso técnico e sistemas inovadores nacionais, geração de emprego e distribuição de renda.

Este livro apresenta de forma resumida e sistematizada os principais resultados para o caso brasileiro.

No primeiro capítulo Baumann apresenta uma tentativa de síntese dos elementos enfatizados pelos autores dos demais capítulos, relacionando-os com a literatura sobre reformas econômicas em economias em desenvolvimento. É mostrado que a experiência brasileira dos anos 1990 é bastante diversificada e difere das recomendações tradicionais encontradas nessa literatura, ao alterar a seqüência das reformas.

Da experiência brasileira é possível derivar algumas lições. Dentre outras relevantes, aprende-se que um processo de reformas econômicas, uma vez iniciado, requer continuidade, sob pena de reversão a custos sociais elevados. Apesar de intuitivo, esse aspecto reforça a importância de se ter presente que – uma vez feita a opção por reformar a política e a institucionalidade econômica – isso envolve a necessidade de contar com uma programação seqüenciada dessas reformas.

Cysne apresenta, no capítulo de revisão das reformas macroeconômicas, uma sistematização pormenorizada das diversas medidas adotadas no período e seus principais resultados. A partir da análise do processo de estabilização conseguido após 1994, Cysne mostra que a economia brasileira substituiu um processo de financiamento através de imposto inflacionário pela utilização em larga escala de poupança externa.

Da leitura desse capítulo fica clara a necessidade de aprofundamento adicional das reformas em diversos aspectos, como o equacionamento do financiamento da previdência social, a regulação de setores privatizados e a ampliação do processo de reforma a outros segmentos da sociedade, como o poder judiciário e a estrutura dos partidos políticos, entre outros.

No capítulo relativo às reformas sociais Draibe examina a evolução do financiamento das políticas sociais na segunda metade da década de 1980, no início desta década e após a adoção do Plano Real. Houve claras alterações no que se refere à disponibilidade de recursos, à definição dos programas, aos critérios de controle e ao próprio envolvimento do setor privado nesse processo de financiamento.

A análise das reformas sociais indica um intenso esforço de mudança na lógica dos gastos sociais, com ênfase crescente na descentralização dos gastos por níveis administrativos (federal, estadual e municipal), na adoção de novos parâmetros para a alocação dos recursos e na própria provisão de bens e serviços sociais.

Bielschowsky e outros avaliam a formação de capital na produção de manufaturas, mineração e petróleo, assim como na infra-estrutura. São apresentados resultados derivados de diversos levantamentos originais, baseados em entrevistas, questionários respondidos por centenas de empresas, e levantamentos setoriais. O capítulo mostra que os anos 1990 têm representado para a economia brasileira um período de intenso ajuste. Esse ajuste está associado – no que se refere à infra-estrutura e à produção de insumos básicos – aos processos de privatização e, no tocante aos demais setores manufatureiros, à busca de adequação ao novo contexto de concorrência com produtos externos.

A análise mostra que a economia tem passado por um processo de modernização produtiva, embora isso não se tenha refletido em ampliação de capacidade produtiva na intensidade verificada em outros momentos de auge do ciclo econômico. Entre outras considerações, transparece um quadro preocupante de potencial limitação da atividade produtiva derivado da insuficiência de oferta de alguns insumos básicos, como energia.

Tigre e outros analisam o sistema nacional de inovação. Modificações de ordem administrativa e disponibilidade de recursos têm implicado mudanças na capacidade de resposta e articulação desse sistema com o parque produtivo nacional. Há indicações de que a abertura comercial e a maior liberalidade no trato da importação de tecnologia estariam contribuindo para aumentar a vulnerabilidade desse sistema, tão importante para sustentar uma retomada do crescimento econômico.

Tigre e outros mostram que o processo de abertura e a política tecnológica dos anos 1990 tiveram impactos diferenciados entre setores. O capítulo analisa em detalhes os casos de setores tradicionais – cerâmica e siderurgia – onde a tecnologia é incorporada aos equipamentos, e de setores complexos – telecomunicações e automobilística – cuja competitividade depende da inovação de produtos. São mostradas evidências de que estes últimos foram negativamente afetados no tocante a atividades locais de P&D, enquanto os primeiros foram beneficiados pelo acesso facilitado a equipamentos importados. Ambos os movimentos têm impacto sobre a capacidade inovadora nacional como um todo.

Dias e Amaral assinam o capítulo relativo ao setor agrícola. É mostrado que o setor foi fortemente afetado pela redução das linhas oficiais de crédito – tradicional estímulo ao setor – e pelo processo de abertura comercial da economia. O perfil produtivo do setor foi gradualmente sendo alterado em favor de alimentos para atender a demanda interna, em detrimento dos produtos de exportação. Em paralelo, contudo, houve um aumento crescente do grau de autonomia do setor em relação aos recursos oficiais.

Como conseqüência desse processo, a produção agrícola experimentou expressivo aumento de produtividade – facilitado pelo maior acesso a insumos importados – com redução da área cultivada e do nível de absorção de mão-de-obra, o que contribui para agravar um cenário de já reduzida geração de postos de trabalho.

O capítulo seguinte – de autoria de Camargo, Neri e Reis – trata da questão do emprego. Os anos 1990 foram um período de inflexão também na composição do mercado de trabalho. Boa parte da absorção da mão-de-obra em meados da década foi – ao contrário do observado até então – devida ao dinamismo do setor de serviços, simultâneo à redução da elasticidade-renda do emprego no setor manufatureiro. Nos últimos anos do período esse dinamismo foi negativamente afetado pelas políticas de ajuste, levando a um aumento, a níveis sem precedentes, do desemprego aberto urbano.

Camargo, Neri e Reis mostram diversos indicadores de mudanças na qualidade do tipo de emprego gerado, com maiores exigências em termos de qualificação dos trabalhadores, e fazem inferências para as políticas de formação profissional e combate ao desemprego. É apresentada ainda uma tentativa de modelar os principais movimentos observados no mercado de trabalho nesse período.

Camargo e Neri são também os autores do capítulo sobre distribuição. Este exercício demandou um esforço intenso de preparação de diversas tabulações originais a partir dos dados da PNAD e PME, com o propósito de isolar os efeitos distributivos derivados das diversas características dos indivíduos e dos efeitos do processo de estabilização.

Camargo e Neri mostram que nos anos 1990 a estabilização trouxe ganhos inequívocos aos grupos de menor renda, ao reduzir a volatilidade de suas rendas, mas os ganhos foram mais expressivos para os grupos de mais altas rendas e/ou maior qualificação. A análise a partir de dados desagregados mostra que não houve melhora na estrutura distributiva, e que as indicações agregadas nesse sentido são mais associadas à redução da volatilidade da renda das famílias – a partir da estabilização de preços – do que de melhoras no perfil distributivo.

Acreditamos que este livro constitui uma contribuição expressiva para a compreensão da economia brasileira nos anos 1990, tanto por apresentar um volume grande de informações sistematizadas – boa parte das quais inéditas, por se tratar de tabulações primárias especialmente preparadas para este projeto – como por tentar sistematizar a análise das reformas adotadas.

Renato Baumann
Diretor
Escritório da CEPAL no Brasil

Sumário

Capítulo 1

O Brasil nos Anos 1990: Uma Economia em Transição

*Renato Baumann**

I. Introdução

As ciências sociais não são ciências puras. A análise dos movimentos sociais exige uma identificação do período do tempo em que ocorreram, de modo a permitir o controle das influências de outros fenômenos a eles relacionados. Por vários motivos, essa identificação é com freqüência associada a anos-calendário, inclusive pela própria disponibilidade da maior parte das informações.

A análise da economia brasileira durante os anos 1990 representa bem mais do que uma coincidência com o calendário. Esse período apresenta-se extremamente rico para estudo, e uma variedade de aspectos permanecerá objeto de análise ainda por bastante tempo.

Para começar, o cenário internacional no início da década foi marcado por um movimento cada vez mais intenso de fluxo de capitais e transformação tecnológica, ainda que as dificuldades associadas a um ambiente macroeconômico interno instável não permitissem à economia brasileira plena participação em qualquer desses novos movimentos. Além disso, aos responsáveis pela política econômica era constantemente lembrado o êxito de outras economias emergen-

---

* ONU/CEPAL e Universidade de Brasília. As opiniões aqui expressas têm caráter estritamente pessoal, e não correspondem necessariamente à posição dessas instituições. Este capítulo foi escrito originalmente em inglês – durante estadia na Universidade de Oxford – e a tradução esteve a cargo de Rosana Carvalho.

tes em outras regiões, e o caminho para se chegar a essa bonança parecia estar bastante bem pavimentado, de acordo com vários agentes influentes estrangeiros.

No lado interno, a crescente inflação, após alguns planos de estabilização malsucedidos, dava margem a várias tentativas de luta antiinflacionária. Uma nova Constituição acrescentou características fiscais e sociais a um ambiente econômico já complicado.

Entretanto, a segunda metade da década foi caracterizada por um contexto acentuadamente distinto. A conquista da estabilização de preços, associada a uma relativa abertura ao comércio externo, não teve precedentes na história econômica do país. Ao nível microeconômico, ocorreram também várias modificações importantes, facilitando o acesso aos mercados internacionais de capitais, e levando a um novo padrão de crescimento.

O propósito deste capítulo é a discussão dessas características, à luz do processo de ajuste que aconteceu durante a década de 1990. Vários aspectos correspondem ao que teria indicado a literatura especializada nas reformas nos países em desenvolvimento. Entretanto, nem tudo terminou de fato como programado ou do modo desejado. É possível argumentar que as razões para tanto residem em muitos fatores, que variam do desenho das políticas à percepção dos sinais de mercado por parte dos agentes econômicos.

Este capítulo inclui cinco seções. A seção a seguir apresenta um breve exame da literatura dedicada às reformas, e mais especificamente as sugestões quanto ao momento e à seqüência de sua implementação. Segue-se um relato bastante detalhado das características básicas das reformas brasileiras ocorridas nos anos 1990. Na quarta seção, trato de discutir alguns dos resultados que não corresponderam exatamente às expectativas, tentando identificar as suas causas. A quinta seção relaciona algumas lições derivadas da recente experiência brasileira.

II. A Necessidade de Reformar e as Receitas Básicas

De uma forma geral, os políticos latino-americanos viram-se expostos durante as décadas de 1970 e 1980 a um conjunto múltiplo de pressões. Distorções e ineficiências econômicas e sociais, aliadas a restrições externas agravadas por intensas movimentações no mercado internacional de *commodities* e por dificuldades financeiras, terminaram por consolidar a necessidade de promover reformas substanciais nessas economias.

Cada um dos países da região adotou abordagens distintas ao longo do tempo,[1] ainda que, de forma geral, o desenho dessas reformas tivesse sido fortemen-

[1] Como comprovam, por exemplo, os processos de abertura no Chile, na Argentina e no Uruguai no final dos anos 1970 e início dos anos 1980, em comparação com as reformas comerciais posteriores no México, na Bolívia e no Brasil.

te influenciado por uma leitura ortodoxa dos resultados das experiências bem-sucedidas das economias emergentes no Sudeste Asiático.

De acordo com essa visão, reformar deveria ser tarefa imediata, uma vez que quanto mais rapidamente fosse empreendido o processo de ajuste, mais baixos seriam os custos envolvidos. Nas palavras de um alto funcionário do Banco Mundial, "ajuste retardado [é] dor ampliada".[2]

Foram recomendadas reformas políticas orientadas ao mercado, com base em quatro argumentos principais:[3] a) a liberalização econômica reduz as ineficiências estáticas geradas pela má distribuição e pelo desperdício de recursos; b) a liberalização econômica expande o processo de aprendizagem; c) as economias voltadas para o exterior conseguem enfrentar melhor os choques externos adversos; d) os sistemas econômicos baseados no mercado mostram-se menos inclinados a atividades com fins rentistas, geradoras de desperdícios.

Assim sendo, reformar deveria incluir retidão fiscal, garantia de condições sustentadas de livre comércio, além de redução ao mínimo das distorções existentes de preços de mercado. As economias em processo de reestruturação deveriam receber assistência financeira durante o período de transição, como forma de reduzir os custos do ajuste associados às microrreformas: o ajuste engloba reformas de políticas e de instituições, com base na crença de que "essas modificações podem aprimorar a alocação de recursos, incrementar a eficiência econômica, expandir o potencial de crescimento e aumentar a resistência em resposta a choques futuros".[4]

Quanto aos órgãos de financiamento e aos principais representantes do mundo acadêmico, eram vistos como estando de acordo com o fato de que as medidas tipicamente necessárias no início do processo compreendiam[5] o que veio a tornar-se conhecido como o Consenso de Washington: disciplina fiscal, redirecionamento das prioridades de gastos públicos para as áreas de saúde, educação e infra-estrutura, reforma fiscal (ampliando a base fiscal e reduzindo impostos marginais), estabelecimento de taxas de câmbio competitivas, garantia dos direitos à propriedade, desregulamentação, liberalização comercial, privatização, eliminação de barreiras ao investimento estrangeiro e liberalização financeira.

Entretanto, tal mapeamento do caminho ideal para um sistema sem distorções oferece pouca orientação sobre como lidar com alguns aspectos cruciais:[6] como minimizar os custos do ajuste, como enfrentar as implicações do ritmo

[2] Stern (1991), p. 3.

[3] Rodrik (1993), p. 7.

[4] Thomas, Chibber, Dailami e de Melo (1991), p. 12.

[5] De acordo com Williamson (1990).

[6] Conley e Maloney (1995).

diferente de ajuste entre os setores, qual a macropolítica apropriada durante as reformas (mais especificamente, a gestão da taxa de câmbio), e como minimizar as conseqüências, para o bem-estar social, de se deixar um setor controlado, ao mesmo tempo em que outros são liberados da intervenção estatal.

Em um mundo ideal, alguém que tivesse que reformar, digamos, políticas comerciais, não precisaria preocupar-se com essas etapas intermediárias, já que a política ótima consistiria em um salto imediato para o livre comércio, a menos que existissem distorções específicas de mercado.[7]

Por outro lado, na prática, torna-se essencial o desenho correto do processo de reforma, não apenas para o benefício das avaliações acadêmicas, ou para garantir apoio político para as reformas. A credibilidade é um aspecto essencial a ser considerado.[8] A falta de confiança na durabilidade de uma reforma introduz distorções que podem destruí-la: o processo de reforma pode ser revertido, meramente por causa da crença em sua vida curta.

Uma ilustração simples é o caso de uma reforma comercial considerada temporária. Os agentes econômicos poderiam ser induzidos a perceber os bens importados como sendo mais baratos apenas temporariamente, incorrendo assim em dívidas em nível superior ao que de outra forma contratariam, simplesmente por razões de substituição intertemporal no consumo. Caso os agentes econômicos disponham de pouca experiência passada em que possam basear-se com relação a um ambiente mais aberto, resta-lhes fazer inferências a partir das experiências de outros países. Se conseguirem obter financiamentos (com base na sua percepção de uma renda permanente mais alta) através de uma conta aberta de capital, o consumo presente deverá aumentar.[9] O desequilíbrio na Conta Corrente resultante de tal procedimento poderá levar à renovação de barreiras comerciais, com conseqüente reversão do movimento inicial.

A necessidade de recomendar um caminho a seguir no processo de reformas deu origem a uma literatura que focaliza o momento e a seqüência das reformas, assim como a importância da eliminação das incertezas quanto às intenções do governo.

A maior parte do debate concentrou-se na questão de se a liberalização comercial deveria preceder ou seguir a liberalização da Conta de Capital.[10] Por outro lado, a experiência já demonstrou que um desequilíbrio macroeconômico no início de um período de reforma pode vir a afetar os resultados. Uma discussão adicional, e mais específica, relaciona portanto esse seqüenciamento a um

---

7 Mussa (1986).

8 Calvo (1989).

9 Conley e Maloney (1995).

10 A literatura não expressa claramente em que momento deveriam as reformas incluir também outros mercados, como o mercado de trabalho (um passo inevitável, caso permaneça a abertura comercial).

ambiente econômico inicial de inflação alta, e focaliza a sincronização entre o processo de estabilização de preços e as próprias reformas.[11]

Outro aspecto relacionado à discussão sobre as reformas[12] é a relação existente entre a reforma do setor financeiro interno e a liberalização da Conta de Capital do Balanço de Pagamentos. Nos países com altas taxas de inflação, o déficit fiscal e as intervenções no mercado financeiro interno com freqüência resultam em taxas de juros internas artificialmente baixas. Os controles impostos sobre o capital internacional somente deveriam ser relaxados após a reforma do mercado financeiro interno, quando o déficit fiscal estivesse sob rígido controle, e quando tivessem sido elevadas as taxas reais de juros, com o propósito de evitar fluxos de capital expressivos e desestabilizadores.

Caso a abertura da Conta de Capital aconteça em um contexto em que as taxas internas de juros estejam sendo mantidas abaixo do seu nível de equilíbrio, o resultado será um enorme escoamento de recursos. Por outro lado, com o déficit fiscal sob controle, o mercado financeiro interno reformado operará a taxas de juros equilibradas. A redução de restrições sobre as movimentações de capital deverá estimular movimentos de arbitragem, que gerarão entrada de capital estrangeiro.

Assim sendo, parece que há pouco a discutir sobre o seqüenciamento entre a reforma do mercado financeiro interno e a liberalização das movimentações de capital: os impedimentos a este último não deveriam ser relaxados antes de ser liberalizado o setor financeiro interno.[13]

Vários autores já argumentaram também a favor do fato de que a liberalização da Conta de Capital deveria acontecer apenas quando desfeitas as distorções comerciais e as de outros setores.[14] O relaxamento dos controles de capital, ao gerar influxo de capital, induzirá o aumento no nível de gastos agregados, tanto em bens comercializáveis (*tradables*) quanto não-comercializáveis (*non-tradables*), o que por sua vez promoverá valorização real da taxa de câmbio (e conseqüentemente menos proteção para os produtores de bens comercializáveis), impedindo, ou até mesmo frustrando, a liberalização do comércio externo.[15]

Enquanto a abertura da Conta de Capital leva freqüentemente a uma valorização real da taxa de câmbio, conclui-se, tanto com base na teoria quanto na experiência[16] de vários episódios de reforma de políticas comerciais, que uma

[11] Uma questão de grande interesse para o Brasil no início dos anos 1990.

[12] Grandemente influenciado pela experiência chilena no início dos anos 1980.

[13] Edwards e Edwards (1987) e Edwards (1990).

[14] McKinnon (1982).

[15] Uma forma alternativa de apresentação deste argumento baseia-se no ritmo de ajuste nos mercados de bens e no mercado financeiro: uma vez que o primeiro leva mais tempo para ajustar-se que o segundo, uma reforma homogênea exigiria a liberalização dos mercados de bens antes dos mercados financeiros (J. Frenkel, citado em Edwards, 1990).

[16] Chomski, Michaley e Papageorgiou (1986). Uma desvalorização real da moeda é considerada condição necessária para uma liberalização comercial bem-sucedida.

liberalização comercial bem-sucedida geralmente requer desvalorização real da moeda.

Assim sendo, em princípio, a reforma comercial deveria ser adotada antes da eliminação dos controles sobre fluxos de capital estrangeiro. Entretanto, essa conclusão abre espaço para duas outras questões.

Em primeiro lugar, não fica claro, a partir deste debate, se uma reforma gradual é preferível a outra, que ocorra de modo mais abrupto. O que está em discussão é o resultado efetivo e a sustentabilidade do processo. Como explica Edwards (1990), é possível que o gradualismo tenha características que possam expandir ou comprometer a credibilidade das reformas, dependendo das verdadeiras condições de cada país: reduzindo o desemprego e permitindo equilíbrio fiscal, uma reforma gradual tenderá a ter maior credibilidade; mas, ao mesmo tempo, uma reforma mais lenta poderia permitir aos grupos afetados negativamente pelas novas políticas organizar-se e atuar contra elas.

Um segundo aspecto é a relação entre as reformas e a estabilidade de preços. Nesta área, a teoria econômica oferece pouca orientação. Entretanto, a experiência sugere[17] que, naquelas economias que enfrentem problemas macroeconômicos agudos, as reformas devem ser iniciadas apenas quando houver ocorrido progresso suficiente para a redução desses desequilíbrios: a instabilidade limita os benefícios das reformas que visem aprimorar a alocação de recursos através da modificação nos preços relativos.

No que concerne à liberalização comercial – a primeira etapa do esquema proposto de reforma – existem três argumentos a favor de retardá-la até que tenha sido controlada a inflação.[18] Primeiro, a já mencionada variabilidade de preços relativos, que afeta a transmissão dos ganhos derivados da maior eficiência. Segundo, a liberalização comercial poderia afetar negativamente as receitas fiscais, caso a redução ou eliminação de impostos sobre o comércio exceda a receita fiscal oriunda da intensificação da atividade comercial. Terceiro, a liberalização exige desvalorização compensatória da taxa de câmbio para proteção da Conta Corrente, ao mesmo tempo em que a estabilização interna de preços seria beneficiada por importações menos onerosas, favorecidas por uma taxa de câmbio valorizada.

O argumento da taxa de câmbio é o mais relevante para considerações mais detalhadas. Do ponto de vista teórico, este é o aspecto que impõe restrições mais sérias à liberalização comercial.[19] Para o propósito de nosso exame, este tema relaciona-se diretamente à compreensão da experiência brasileira desde 1994.

---

17 Corbo e Fischer (1992).

18 Rodrik (1993b).

19 Ver a discussão em Rodrik (1993b).

O debate sobre a implementação de reformas num contexto de políticas de estabilização tem se concentrado em se as reformas podem ajudar no processo de redução da inflação: a liberalização comercial pode ajudar a estabilização de preços forçando a convergência entre a variação de preços interna e externa de bens comercializáveis. Entretanto, enquanto a liberalização comercial exige desvalorização compensatória da taxa de câmbio (dada a rigidez salarial), a estabilização de preços requer, ao contrário, que seja evitada a desvalorização da taxa de câmbio. Assim, a taxa de câmbio pode ser usada tanto como instrumento para chegar a uma meta real (em cujo caso acompanha o processo de determinação de preços e de salários), quanto como âncora nominal para o nível interno de preços (caso em que lidera aquele processo).

Ainda mais, caso seja acompanhada de liberalização financeira,[20] a valorização real da taxa de câmbio deverá: a) tender a comprometer a credibilidade do episódio de liberalização, e b) passado o excesso inicial de entradas de capital, as expectativas de desvalorização real podem levar a taxas de juros reais mais altas, justamente no momento em que o lado real atravessa o difícil período de ajuste, após a liberalização das restrições comerciais.[21]

Entretanto, esse dilema em relação ao câmbio pode ser ilusório, a partir do momento em que a supervalorização da taxa de câmbio seja considerada como um preço a ser pago para garantir a credibilidade do processo.[22] Se por um lado o processo inflacionário tem uma forte inércia ligada à indexação ou acomodação de variáveis nominais importantes[23] às variações defasadas no nível de preços, por outro, um compromisso para ser confiável deve não apenas combater a inflação, mas também remover as rigidezes nominais que requerem o uso da desvalorização para assegurar a competitividade.

A partir dessa perspectiva, uma sobrevalorização da taxa de câmbio pode ser considerada como não sendo uma fonte independente de risco. Para um público que já assistiu ao fracasso de muitos planos de combate à inflação por causa da falta de vontade política, um pacote ambicioso, que ataque todas as fontes de inflação, pode sinalizar a presença de um governo com decisões claras e políticas bem definidas. Com isso, fica também menos provável uma reversão, caso ocorram problemas temporários. Assim,[24] a utilização da taxa de câmbio como âncora nominal poderá não estar necessariamente em conflito com a liberalização comercial, uma vez que, se essa âncora funcionar, eventualmente desaparecerá a rigidez nominal dos salários, melhorando a probabilidade de uma competitividade sustentável.

---

[20] A eliminação de ganhos inflacionários resultante de um processo de estabilização bem-sucedido poderá levar o setor financeiro a buscar outras fontes de financiamento.

[21] Edwards e Edwards (1987).

[22] Rodrik (1993b).

[23] Salários, agregados monetários, a taxa de câmbio.

[24] Rodrik (1993b).

Duas últimas observações com relação às reformas têm a ver com os fatos de que a) as políticas abertas geram o seu próprio grupo de interessados[25] – à medida que aparecem novas oportunidades de lucro, a comunidade empresarial, beneficiada pelo cenário pós-inflação, passa a lutar contra qualquer tentativa de reversão; e b) um sistema reformado não significa necessariamente a eliminação de atividades com fins rentistas – enquanto os governos forem responsáveis pela implementação de políticas, os indivíduos sempre tentarão obter benefícios para si próprios.[26]

III. A Economia Brasileira nos Anos 1990: Visão Geral

Os anos 1990 são considerados "a década das reformas" no Brasil. Embora algumas ações ainda iniciais tenham ocorrido no final da década de 1980 – como foi o caso, por exemplo, da liberalização do comércio exterior e das primeiras privatizações –, claramente as etapas mais significativas somente começaram a ser cumpridas a partir de 1990.

Esta década representou uma virada na história econômica do país. Tendo sido durante as quatro décadas anteriores uma economia fechada, com forte presença do Estado como produtor de bens e de serviços, e após um longo período de alta inflação com indexação, no final da década de 1990 o Brasil surge como uma economia com um grau expressivo de abertura ao comércio de bens e de capital, e simultânea redução da função do Estado como produtor direto.

Além disso, a economia alcançou estabilização de preços sem precedentes, e que já perdura por cinco anos: o índice de preços ao consumidor cresceu a um nível recorde de 2489% em 1993, mas foi sendo gradualmente reduzido para valores a um dígito desde 1996, chegando a ter variado apenas 2,6% em 1998.

Para se compreender as reformas e os seus efeitos é necessário considerar o impacto extremamente significativo de uma estabilização de preços como a ocorrida nesse período: a) ela gerou um "efeito riqueza" que afetou tanto consumidores quanto produtores, b) o cenário macroeconômico estável criou um ambiente político favorável às reformas, e c) induziu confiança por parte de investidores brasileiros e estrangeiros, ao mesmo tempo em que d) eliminou os ganhos expressivos obtidos pelo governo e pelo setor bancário a partir da inflação, com importantes conseqüências para as políticas monetária e fiscal, bem como para o desenho da nova regulamentação do setor financeiro como um todo.

A literatura especializada em reformas de políticas adota com freqüência uma abordagem taxonômica, identificando vários níveis de reformas. De acordo com esta visão, o Brasil estaria quase completando suas reformas de primeira

[25] Rodrik (1992).

[26] Rodrik (1993a).

geração, tendo iniciado o processo com a abertura comercial e a privatização de empresas estatais no final da década de 1980, mas intensificando todo o processo desde o início dos anos 1990. Além disso, o país deu vários passos em direção às reformas de segunda geração, como a reforma da seguridade social, a reforma administrativa do setor público e a reforma de política fiscal.

Outras mudanças de políticas ocorreram no mesmo período, com importantes conseqüências para a economia. Os programas sociais foram redesenhados de forma significativa para incorporar os novos direitos universais garantidos pela Constituição de 1988, bem como superar as dificuldades fiscais e redistribuir o ônus da provisão de serviços entre o governo federal, os Estados e os municípios.

Na esfera social e em outras áreas – como ciência e tecnologia –, verificou-se um envolvimento crescente (embora insuficiente) do setor privado no financiamento de várias atividades. Os resultados fiscais recentes e as previsões para os anos vindouros sugerem que seja esta uma característica que poderá vir a tornar-se mais intensa no futuro.

Isso não significa dizer que as reformas tenham necessariamente caminhado na direção certa, que tenham sido bem implementadas, e muito menos que estejam já completas hoje. Entretanto, não há como negar que o ambiente produtivo mudou substancialmente nos últimos anos, por causa dessas reformas.

Poderia ser questionado por que aconteceu tamanha concentração de reformas nesse período específico de tempo. A resposta está ligada à percepção cada vez maior por parte dos atores econômicos internos – autoridades do governo, empresários e analistas da área acadêmica – da necessidade de mudança. A conjunção dos estágios finais de negociações multilaterais, a renovação do acesso a financiamento por outros países latino-americanos e as políticas fiscais implementadas em outras economias[27] atuaram como estímulo adicional para os reformadores.

As reformas (mais especificamente a privatização e as reformas na seguridade social), demandaram mudanças importantes na Constituição. Assim sendo, era preciso haver vontade e poder políticos, que por sua vez somente poderiam ser alcançados com base no consenso já mencionado entre os agentes econômicos.

O Gráfico 1.1 mostra a seqüência em que ocorreram as principais reformas. O processo foi iniciado com a reforma da política comercial e, no início da década de 1990, alguns movimentos esporádicos tentaram a privatização de ativos públicos, seguidos pela abertura da conta de capitais do Balanço de Pagamentos. A segunda geração de reformas foi iniciada apenas na segunda metade da década, com reformas administrativas e no setor de seguridade social, acompanhadas de

[27] Os diferenciais de impostos e taxas de juros representaram estímulo importante para os movimentos de arbitragem financeira internacional.

uma série de mudanças em vários programas sociais, que compreenderam educação, saúde e redução de pobreza.

Gráfico 1.1
Brasil: Uma Década de Reformas

	1988 e antes	*1989*	*1990*	*1991*	*1992*	*1993*	*1994*	*1995*	*1996*	*1997*	*1998*
Reforma Comercial		*	*	*	*	*	*	*	*		
Abertura ao Capital Financeiro Externo					*			*	*		
Privatização	*		*				*	*		*	
Regulamentação do Setor Financeiro								*	*	*	*
Reforma da Seguridade Social									*	*	*
Reforma Administrativa											*
Reforma de Programas Sociais:											
– Educação								*	*	*	*
– Saúde								*	*	*	*

Nota: Os asteriscos indicam a data aproximada das principais medidas para regulamentação de cada uma das reformas, e não o momento de maior intensidade nas mudanças. É importante ter em mente esse fato, por exemplo, no caso da privatização, muito mais intensa em 1998, em termos do valor real de transações, do que em qualquer período anterior.

A liberalização comercial teve início em 1987, com a primeira mudança ocorrida em trinta anos da estrutura de tarifas nominais, e uma redução progressiva das alíquotas tarifárias, que foi acelerada desde 1990.[28] As alíquotas tarifárias simples (não-ponderadas) foram as seguintes:

1988 – 1990: 33,4%

1991 – 1993: 17,8%

1994 – 1996: 12,9%

1997 – 1998: 13,9%

[28] Um exame completo das mudanças em política comercial da década de 1990 deveria também considerar que, pela primeira vez em sua história, o Brasil viu-se comprometido com o processo de integração regional, o que trouxe algumas conseqüências adicionais importantes.

Houve dois momentos de aceleração do processo de redução tarifária – em 1990, e outra vez, no final de 1994. Em ambas as oportunidades um dos principais argumentos para o processo foi a necessidade de provocar um choque de competitividade entre os produtores nacionais, rompendo posições de monopólio e utilizando a política comercial como instrumento complementar para o processo de estabilização de preços.[29] A reforma comercial de 1990 foi ampliada, para incluir também a eliminação de barreiras não-tarifárias e vários incentivos às exportações, bem como uma reforma significativa da estrutura institucional responsável pela política de comércio exterior. A reforma de 1994 levou a uma antecipação parcial[30] da Tarifa Externa Comum do Mercosul, que, em caso contrário, somente teria entrado em operação apenas em janeiro de 1995.

Não é portanto direta a análise do impacto da reforma comercial sobre a balança comercial, já que a) considerando as peculiaridades do grande mercado doméstico que estava fechado durante tantos anos, levou algum tempo até as importações atingirem valor significativo; b) o crescimento das exportações foi resultado de dois processos simultâneos, a redução multilateral de tarifas e as preferências regionais dentro do Mercosul; c) a estabilização de preços após 1994 causou um "efeito riqueza", afetando a demanda interna por bens importados; d) a política cambial manteve durante todo o período sobrevalorização expressiva, o que afetou o comércio externo.

Gráfico 1.2
Brasil – Balança Comercial (1980-1998)

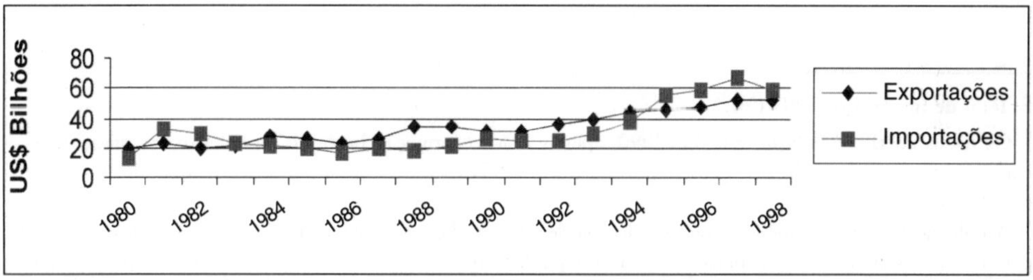

Com esses comentários preliminares, basta observar que os *superávits* comerciais, que eram em média de US$13 bilhões em 1992-1994, transformaram-se em déficits comerciais de US$6 bilhões no período 1995-1998.[31] O coeficiente

[29] Permanece alguma crítica em relação à maneira como essas mudanças ocorreram. Ver Baumann e outros (1997), para uma descrição detalhada das reformas tarifárias em 1994-96.

[30] Para setembro de 1994.

[31] Não obstante a continuada expansão das exportações – crescimento anual médio de 6% no período 1994-1998 – e a melhora das relações de troca (quase 20%, entre 1991 e 1995).

de importações[32] subiu de 5,5% em 1990-93 para 7,2% em 1995-97 (Gráfico 1.2). Os produtos importados mais demandados foram matérias-primas e produtos intermediários, bens de capital e automóveis. A importância dessa estrutura de importações para o ciclo de investimentos internos e para alguns setores produtivos será discutida mais adiante.

A reforma comercial foi significativa, e realmente ajudou a a) aumentar o componente de importação da produção interna,[33] que b) promoveu a produtividade do trabalho – Bonelli (1998) estima que a produtividade da mão-de-obra no setor manufatureiro aumentou à taxa de 8,7% em 1991-97, em comparação com a média de 0,3% em 1981-89, e de 5,6% no início da década de 70 – e c) aumentou o excedente do consumidor (o total de importações de bens de consumo aumentou de US$2,6 bilhões em 1990 para US$11 bilhões, em 1998), mas o seu impacto sobre as exportações foi superado pela sobrevalorização da taxa de câmbio,[34] e pelo aumento nos salários[35] (principalmente na indústria).

Os primeiros anos da década de 1990 assistiram também a uma preocupação importante dos responsáveis pelas políticas com a criação das condições para que a economia brasileira pudesse tirar proveito das então crescentes facilidades no acesso aos mercados internacionais de capital.

Desde os anos 1950, o Brasil destacou-se entre os países em desenvolvimento de maior participação de capital externo na sua estrutura de produção.[36] Até o final da década de 1970, era um dos países que mais absorvia investimento estrangeiro. A situação mudou durante a crise dos anos 1980, e criou-se uma percepção bastante disseminada de que a economia estava perdendo as oportuni-

---

[32] Total de importações/PIB (%).

[33] Os dados do IBGE indicam que, em 1990, apenas 11% da formação bruta de capital fixo em maquinário e equipamentos correspondiam a bens importados. Em 1997, esse percentual alcançou o nível de 41% (Sáinz e Calcagno, 1999).

[34] A política de taxa de câmbio durante a década de 1990 foi bem variada. A partir de uma posição inicial de permitir que o mercado determinasse a taxa de equilíbrio (como instrumento adicional para a quebra de um processo de indexação bem estabelecido e generalizado), o governo viu-se logo levado a adotar um sistema de bandas, que passou por algumas modificações ao longo do tempo. Em janeiro de 1999, a pressão externa baseada na sobrevalorização acumulada levou a um novo sistema de livre flutuação.

[35] Um índice bilateral dólar-real deflacionado pelos índices de preços por atacado com base em meados do ano de 1994 mostraria sobrevalorização de julho de 1994 a março de 1996, alcançando o máximo de 17 pontos percentuais em fevereiro de 1995. Bonelli e Fonseca (1998) apresentam algumas qualificações para este argumento: enquanto a competitividade da mão-de-obra aumentou em 62% no período 1990-96, o salário médio em dólares aumentou 84%, o que quer dizer que os ganhos em produtividade foram suplantados pelos custos trabalhistas. Em outras palavras, a redução da competitividade não foi devida somente nem predominantemente à sobrevalorização da taxa de câmbio: os salários da indústria deflacionados pelo índice de preços em atacado aumentaram 76% no período, comparados a uma valorização de 5% do real contra o dólar.

[36] Calcula-se (Chudnovsky e Lopez, 1997) que, no ano de 1995, 92% do total de vendas no setor automobilístico, 59% na indústria farmacêutica, 56% das vendas de eletrodomésticos e 44% no setor de bebidas e fumo no Brasil estivessem associados a empresas estrangeiras.

dades criadas pela globalização financeira, mais intensamente durante aquela década do que em qualquer outro período.[37]

Isso levou à adoção de diversas medidas específicas de políticas que pudessem criar condições favoráveis para a atração de uma carteira de investimentos, a partir de 1991. Como resultado, os fluxos de investimentos em carteira – menos de US$800 milhões até 1992 –, já em 1993, chegaram perto de US$7 bilhões. A Conta de Capital da Balança de Pagamentos viu transformados os déficits sistemáticos experimentados no período 1985-91[38] em superávit de US$25 bilhões, em 1992.

Vale mencionar que aquele foi um período de atividade econômica até certo ponto limitada: as taxas de crescimento do PIB em 1991 e 1992 foram de respectivamente 1% e -0,3%, alcançando 4,5% em 1993. Assim sendo, o fluxo de recursos correspondeu principalmente ao resultado das mudanças implementadas na legislação interna,[39] e dos preços relativamente baixos dos estoques de empresas brasileiras, após vários anos de inflação e baixos níveis de crescimento.

A recuperação da atividade econômica interna,[40] associada às oportunidades criadas pelo processo de privatização, logo fizeram com que o investimento externo direto ultrapassasse os fluxos de capital em carteira. Os fluxos anuais de aproximadamente US$900 milhões no período 1990-93 chegaram a US$2,2 bilhões em 1994, US$3,3 bilhões em 1995, para em seguida atingirem níveis sem precedentes, de US$9,6 bilhões em 1996, US$17 bilhões em 1997 e US$26 bilhões em 1998.

O fluxo intenso de capital externo ajudou a financiar a maior parte dos repetidos e crescentes déficits de Conta Corrente: de menos de 1% do PIB em 1993 e 1994, verificou-se um acréscimo constante, chegando quase a 4,5% do PIB em 1997.

As novas condições favoráveis concedidas aos investidores estrangeiros, associadas ao ambiente internacional favorável, deram lugar às primeiras expectativas de grande participação de estrangeiros no processo de privatização das empresas estatais. Na verdade, este foi um dos principais obstáculos ao programa em seus primeiros momentos, ainda que os resultados efetivos tivessem demonstrado que tais temores foram excessivos, uma vez que em 1995 a participação de investidores estrangeiros no Programa Nacional de Privatização somava menos do que 1% das receitas totais.[41]

---

37 A participação brasileira no total de investimentos diretos estrangeiros no mundo foi a seguinte: 1970-75, 5,1%; 1976-80, 6,3%; 1981-85, 4,4%; 1986-90, 1,2%; 1991-95, 1,3%; 1996, 2,7%, de acordo com a UNCTAD, *World Investment Report*, várias edições.

38 Graças às amortizações da dívida externa.

39 Bem como à liquidez internacional.

40 As taxas de crescimento do PIB foram de –0,3% em 1992 para uma média de 4,5% nos quatro anos seguintes.

41 De acordo com Giambiagi e Pinheiro (1998).

Os esforços de privatização foram iniciados no início da década de 1980,[42] mas foi apenas em meados dos anos 1990 que o processo tornou-se realmente significativo. No período 1991-98, o total de receitas geradas pelo programa de privatização chegou a US$58 bilhões (referentes a empresas do governo federal), mais US$29 bilhões oriundos de empresas estaduais. Tudo isso correspondeu a um total de US$70 bilhões em ativos vendidos, mais US$17 bilhões em transferência de dívida (ver Tabela 1.1).

De 1991 a 1994 foi privatizado um número relativamente pequeno de empresas, gerando receita total de US$8,6 bilhões. Entretanto, foi nesta fase que se completou a privatização no setor industrial, com a venda de todas as empresas estatais mais relevantes: as empresas nos setores de aço, petroquímica e fertilizantes correspondiam a mais de 90% das atividades do Estado como empresário. Um aspecto peculiar desta fase foi o fato de que um terço da receita correspondia a bônus federais.[43]

O valor total em recursos – mais de US$87 bilhões, no transcorrer de sete anos[44] – faz com que este seja um dos maiores processos de privatização do mundo, o que certamente terá forte impacto sobre o setor produtivo. Todo o processo envolveu uma lógica dupla: as empresas eram vendidas para aprimoramento da eficiência geral, mas em vários casos havia fortes motivos fiscais.[45]

Entretanto, o bem-sucedido plano de combate à inflação e a privatização de empresas estatais não conseguiram produzir os efeitos positivos sobre as contas fiscais experimentados em outros países. Por um lado, as receitas fiscais encontravam-se indexadas antes da estabilização.[46] Por outro, alguns gastos aumentaram após a estabilização, como é o caso dos salários no setor público[47] e das despesas com seguridade social, reforma do setor de saúde e o ajuste do setor financeiro.

Como conseqüência, observou-se uma deterioração do resultado fiscal, de um *superávit* de 1,4% do PIB em 1994 para um déficit de aproximadamente 8%

---

[42] Em 1979, o governo criou a Secretaria Especial para o Controle de Empresas Estatais (SEST), com o mandato de limitar as empresas pertencentes ao Estado. Apenas em 1981 foi criada a primeira "Comissão Especial de Privatização" (Pinheiro e Giambiagi, 1998).

[43] Para relato detalhado de todo o processo de privatização no Brasil, consultar Pinheiro (1996).

[44] Com um significativo número de empresas ainda por vender, nos setores de energia e telecomunicações.

[45] Por exemplo, a privatização nos estados era importante devido ao seu impacto fiscal mais pronunciado: enquanto as empresas federais obtinham *superávit* fiscal igual a 0,1% do PIB em média no período 1995/98, as empresas estaduais exibiam déficit de 0,5% do PIB durante o mesmo período. Ver Pinheiro e Giambiagi (1998).

[46] O "efeito Olivera-Tanzi" associado ao fim de processos inflacionários foi pequeno: nos anos com altas taxas de inflação, esse efeito foi na verdade positivo, considerando que as receitas indexadas, associadas aos atrasos nos pagamentos, geravam ganhos adicionais para o governo.

[47] Calcula-se que a política salarial no setor público em 1995 (com o ajuste dos salários de acordo com a inflação anterior) tenha acrescido a conta de salários de 15 a 20%. Além disso, o aumento significativo do salário mínimo no mesmo ano afetou também os gastos em seguridade social.

do PIB, em 1998. Como resultado, as taxas nominais de juros necessárias para o financiamento de tal déficit[48] permaneceram a níveis muito altos,[49] com freqüência ultrapassando a marca de 3% ao mês, com taxas mensais de inflação em torno de 0,3% (e até mesmo taxas negativas, verificadas em vários meses de 1997 e 1998).

Tabela 1.1
Brasil: Programa de Privatização (1991 – 1998)

(US$ milhões)

Setor	*Número de Empresas*	*Ativos Vendidos*	*Transferência de Dívida*	*Total*
Aço	8	5562	2625	8187
Petroquímica	27	2698	1003	3701
Energia Elétrica	3	3907	1670	5577
Ferrovias	6	1697	–	1697
Mineração	2	3305	3559	6864
Telecomunicações	21	26970	2125	29095
Outras	14	2442	344	2786
Empresas Federais	81	46581	11326	57907
Empresas Estaduais	26	23724	5311	29035
Total	107	70305*	16637	86942*

Fonte: A. Pinheiro, F. Giambiagi (1998) e www.bndes.gov.br.
* Inclui vendas de participações minoritárias.

O fim das transferências ao setor bancário geradas pelo processo inflacionário[50] que acompanhou a estabilização de preços levou as autoridades monetárias à criação de novos mecanismos, com o objetivo de evitar crise sistemática no setor financeiro. A queda acelerada das taxas de inflação abriu espaço para maior demanda por dinheiro: o mais amplo conceito monetário (M4) em 1998 era duas vezes mais alto (em termos reais) do que em 1994. Além disso, o crédito para o setor privado aumentara em quatro vezes durante aqueles quatro anos.

Essa expansão no crédito compreende, entretanto, tanto o financiamento normal quanto um número significativo de recursos utilizados para ajuste do setor bancário. A eliminação dos ganhos gerados pela inflação, associada ao aumento intenso das taxas de juros (ver Gráfico 1.3) desde março de 1995[51]

[48] Bem como para neutralização do impacto monetário sobre o fluxo de recursos estrangeiros.

[49] E subiram ainda mais intensamente, em resposta aos choques externos de 1995, 1997 e 1998.

[50] Transferências geradas pela queda do valor real dos depósitos. Calcula-se que essas transferências tenham correspondido a 4% do PIB em 1990-93, tendo desaparecido desde 1995.

[51] As taxas nominais mensais médias para as operações de *overnight* passaram de 3,2% em fevereiro para 4,4% em março de 1995.

gerou enormes dificuldades para vários bancos privados e públicos, fazendo da reestruturação do setor bancário uma medida necessária.[52]

As autoridades monetárias viram-se obrigadas a intervir em várias instituições, e diversos instrumentos tiveram que ser criados. Os mecanismos mais importantes foram programas de crédito para financiamento das instituições em dificuldades, tanto no nível federal quanto estadual, associados a um redesenho do setor como um todo, através da fusão e da venda de bancos privados e públicos com problemas de liquidez.[53] Isso levou à eliminação da maior parte das instituições de propriedade dos governos estaduais. Como resultado desse processo, o sistema bancário conseguiu enfrentar os choques externos de 1997-98 com um coeficiente de créditos/ativos totais de 35% e uma relação de capital/reservas de 13%.[54]

Gráfico 1.3
Brasil – Taxas de Juros Nominais Mensais e Inflação (%) (1995-1998)

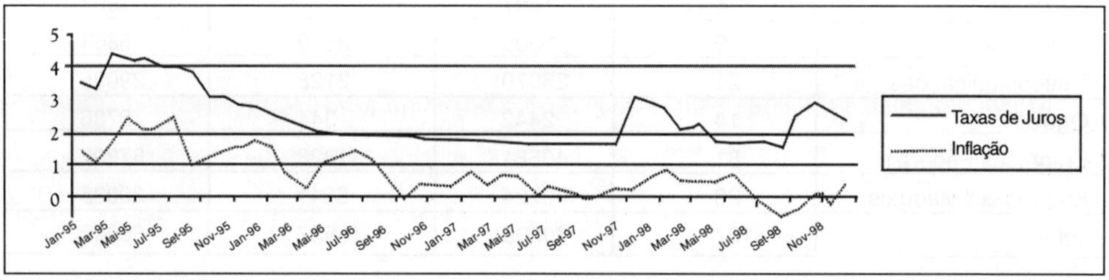

O ajuste macroeconômico teve efeitos também na área de gastos sociais. No início da década, as políticas sociais eram tipicamente financiadas através de transferências monetárias. O número enorme de clientes potenciais deparava-se com um sistema que dependia fortemente de contribuições,[55] com múltiplos organismos e redes de serviços, além de uma forte concentração de recursos (2/3) no governo federal, o que induzia a um mau direcionamento dos programas sociais. Além do mais, a multiplicidade de fundos sociais e sua ligação com linhas específicas de gastos fazia com que os recursos para gastos sociais fossem altamente sensíveis ao ciclo de atividade econômica.[56]

A Constituição de 1988 reduziu os elos entre as contribuições e o financiamento do sistema,[57] tornou o acesso a serviços sociais um direito universal, e estabeleceu níveis mínimos para os benefícios sociais. A mudança mais radical

---

[52] A proporção de operações de liquidação duvidosa subiu de menos de 9% do total de empréstimos para quase 14% ao final de 1995 (Baumann e Mussi, 1999).

[53] Foram afetados 42 bancos (de um total de 271), entre julho de 1994 e dezembro de 1997.

[54] Superior à razão de 8%, recomendada pelo Comitê da Basiléia.

[55] Percentuais fixos de salários e de lucros, bem como outras fontes quase fiscais de receitas.

[56] Draibe (1999).

[57] Embora o financiamento permaneça ainda extremamente dependente (58% em 1996) dessas contribuições.

ocorreu na área da saúde, com a criação do Sistema Único de Saúde, que engloba tanto serviços de saúde quanto seguridade social.

No início da década de 1990, ironicamente desenvolveu-se intensa atividade legislativa, para regulamentação das novas determinações constitucionais, em paralelo a uma intensa redução dos gastos sociais,[58] bem como do aparato institucional para a prestação de serviços sociais. Em meados dos anos 1990, foi adotada uma nova estratégia para desenvolvimento social, levando em consideração o direito ao acesso universal a serviços sociais básicos, e incluindo programas de emprego e renda para a geração de novas oportunidades, com prioridade para os programas universais.[59]

Desde 1994, e apesar das dificuldades fiscais enfrentadas pelos Estados e pelos Municípios, ambos vêm assumindo cada vez mais responsabilidades no financiamento de programas sociais, reduzindo assim a quantidade de recursos de contribuição do governo central.[60] A Tabela 1.2 ilustra a distribuição do gasto social segundo níveis administrativos e em percentual do PIB.

Tabela 1.2
Brasil: Composição (%) de Gastos Públicos na Área Social, por Nível de Governo (1995)

Programas	*Federais*	*Estaduais*	*Municipais*	*Total de Gastos Sociais / PIB (%)*
Seguridade Social	99	1	0	5,4
Benefícios a Funcionários Públicos	57	37	6	4,7
Educação	25	47	28	4,3
Saúde	63	21	16	3,4
Habitação	4	14	82	1,1
Emprego	98	2	0	0,5
Assistência Social	34	40	26	0,4
Transporte Urbano	18	15	67	0,4
Abastecimento de Água e Esgoto	24	21	56	0,2
Organização Agrária	95	5	0	0,2
Nutrição	96	1	3	0,1
Ciência e Tecnologia	100	0	0	0,1
Meio Ambiente	16	52	32	0,1
Qualificação de Recursos Humanos	100	0	0	..

Fonte: Draibe (1999); a soma das linhas poderá não ser igual a 100, devido ao arredondamento.

[58] Os gastos sociais efetuados pelo governo caíram de 11,4% do PIB em 1990 para 9,7% em 1992, um período de recessão. Cada área foi afetada de forma distinta: enquanto os gastos federais no setor de saúde, alimentação e abastecimento de água e esgoto ficaram em 1993 entre 50 e 60% de seu valor correspondente em 1989, os gastos com seguridade social dobraram durante o mesmo período (Draibe, 1999).

[59] A proporção de gastos sociais/PIB aumentou em aproximadamente 4% entre 1990-91 e 1996-97 (chegando perto de 20%). No mesmo período, a participação dos gastos de natureza social no total de gastos públicos permaneceu aproximadamente a mesma (59%) (CEPAL, 1999).

[60] Isso tem sido possibilitado pela maior transferência de recursos do governo federal para os estados e municípios, bem como pelo aprimoramento de sua receita fiscal: em 1980, os estados absorviam 25%, e os municípios, 9,6% da receita total; em 1991, essas participações haviam se tornado 27% e 16%, respectivamente (Draibe, 1999).

De acordo com os números mostrados na Tabela 1.2, em 1995 o governo federal era ainda responsável pela maior parte dos gastos, em 8 dos 14 programas sociais. Em 1995, os gastos sociais dos governos federal, estadual e municipal correspondiam, juntos, a 21% do PIB, 85% dos quais eram dirigidos para educação, saúde, assistência social e benefícios de funcionários públicos.

Foram a estabilização de preços e a vontade política que permitiram melhor direcionamento e maior seletividade dos programas, novos procedimentos de gastos, além de critérios técnicos mais bem definidos para a alocação de recursos. Os programas sociais concentram-se em duas linhas de ação – investimento em recursos humanos e assistência social, e programas de combate à pobreza.

A educação sempre representou um gargalo no processo de desenvolvimento brasileiro. As próprias dimensões do país, a má qualidade dos serviços educacionais, a inadequação dos currículos em relação às exigências do mercado, as fortes distorções no financiamento e nos gastos,[61] todas são características há muito vigentes no sistema educacional. Uma meta importante para a reforma na educação é a descentralização dos gastos, distribuídos de forma desigual entre os três níveis administrativos de governo.

A saúde é um dos setores mais afetados pela Constituição de 1988. O fato de o direito à saúde ter-se tornado universal veio impor novos desafios a uma área já cheia de problemas. São variadas as fontes de financiamento, incluindo contribuições deduzidas de salários e de lucros, impostos específicos, além de diversas outras fontes de natureza variada. A reforma do setor de saúde concentra-se na reorganização das fontes de financiamento,[62] e no enfoque crescente dos serviços sobre ações preventivas de saúde. A participação dos municípios no total de gastos do setor de saúde aumentou em mais de 50% entre 1990 e 1995 (embora em 1995 aproximadamente 60% correspondessem ainda ao governo federal).[63]

A necessidade de reformar o setor de seguridade social tornou-se patente no final da década de 1980, como resultado de uma variedade de fatores determinantes: até então, o sistema incorporava contribuintes a um ritmo superior ao da expansão do número de beneficiários, superando até mesmo o crescimento da força de trabalho, mas ocorreu mudança significativa no padrão demográfico da população, e a Constituição de 1988 incorporou ao sistema tra-

[61] A título de ilustração, calcula-se que os gastos *per capita* em educação pública sejam de US$223. Entretanto, isso reflete US$870 por aluno no nível básico, e US$14.303 por aluno universitário. (Os valores referem-se a 1995; ver Draibe, 1999.)

[62] O recente imposto sobre os cheques é o exemplo mais bem conhecido.

[63] Calcula-se que o número de pessoas cobertas por planos privados de saúde tenha crescido em quatro vezes em dez anos, chegando a 45 milhões de pessoas em 1998. Essa situação reflete mais um descontentamento com o sistema estadual do que propriamente o resultado de um planejamento (*The Economist*, 8 de maio de 1999).

balhadores rurais.[64] O número de novos aposentados era de quase 2 milhões de pessoas entre 1991 e 1995, tendo dobrado o valor da pensão média durante o mesmo período, compreendendo um terço da população rural em idade de aposentadoria (Dias e Amaral, 1999).

A tudo isso deve-se acrescentar o fato de que a expectativa de vida da população vem aumentando nas últimas décadas. Uma vez que o sistema permite aposentadoria com base nos anos de serviço, o que ocorre é que 2/3 dos novos aposentados tinham 54 anos de idade em 1995, com uma expectativa de vida de mais 22 anos. Os gastos com seguridade social absorveram em 1998 quase 10% do PIB,[65] com o número real de beneficiários atingindo 19 milhões de indivíduos. O déficit da seguridade social correspondia em 1998 a aproximadamente 3% do PIB, a maior parte dele (75%) devida a benefícios pagos a funcionários públicos.

A reforma do sistema de seguridade social compreendeu, portanto, a definição de um valor limite para as pensões, além da idade mínima para aposentadoria. O pessoal militar foi também obrigado a iniciar suas contribuições.

A estabilização de preços e a abertura comercial (como seria de se esperar) promoveram atividade econômica e investimento, tanto através do aumento da demanda interna por bens de consumo, quanto do acesso facilitado a bens de capital mais baratos.[66]

A maior parte das empresas do setor manufatureiro passou, durante os primeiros anos da década de 1990 (em especial entre 1990 e 1992) por um processo de racionalização da produção, como um dos instrumentos para enfrentar a concorrência dos produtos importados. Desaparecendo a inflação, passaram a ser relativamente altos os retornos sobre o investimento, devido aos custos menores de equipamentos e peças, ao fato de que a maioria das empresas já havia passado por um processo de racionalização, e de que o equipamento novo ajudava a superar a brecha tecnológica do setor produtivo. Tudo isso ajudou na promoção de produtividade dos fatores na indústria, mesmo à custa de tornar o setor mais intensivo em capital.[67]

---

[64] O valor da pensão de aposentadoria é estimado com base nos últimos 36 meses de contribuição para o sistema, até o limite de aproximadamente US$1.000. Diferentemente, os funcionários públicos podem aposentar-se recebendo o equivalente ao último salário. Os trabalhadores rurais têm aposentadoria garantida, mas não contribuem. A transferência de recursos resultante da inclusão de trabalhadores rurais no esquema de seguridade social é considerada como tendo representado contribuição importante para a redução do percentual de famílias abaixo da linha de pobreza de 41% em 1990 para 20% em 1996, de acordo com estimativas da CEPAL (1999).

[65] Levando em consideração os regimes públicos e privados.

[66] Efeito ampliado pela sobrevalorização das taxas de câmbio durante a maior parte da segunda metade da década.

[67] De acordo com estimativas de Bonelli e Fonseca (1998) o aumento anual da produtividade total de fatores passou de uma média de 1% nos anos 1980 para 2,1% em 1990-97. Segundo Neri e Camargo (1999a), a produção industrial cresceu em 10% entre 1991 e 1995, enquanto o emprego no setor industrial caiu em 22% durante o mesmo período, levando a um aumento de 40% na produtividade de trabalho.

O investimento no setor industrial concentrou-se principalmente na modernização, com expansão apenas limitada da capacidade produtiva em alguns setores específicos.[68] A classificação dos setores por formação de capital revela um quadro diferente do observado nos ciclos anteriores de investimento, como foi o caso da década de 1970. A Tabela 1.3 mostra a informação básica.

Os setores que lideraram investimentos nos anos 1970 – indústria, mineração e petróleo – na verdade reduziram a sua participação na formação bruta de capital durante a década de 1990. O investimento em infra-estrutura (energia elétrica, telecomunicações, transporte e abastecimento de água e esgoto) foi reduzido no período 1990-94 a algo entre metade e um terço dos valores observados durante os anos 1970. Comparando a primeira e a segunda metades da década de 1990, constata-se uma intensa queda absoluta nos investimentos em energia elétrica, um padrão até certo ponto estável no setor de transportes e abastecimento de água e esgotos e um marcante aumento em telecomunicações.

No setor industrial, os bens de consumo lideraram o ritmo (os segmentos mais dinâmicos tendo sido os de bens duráveis, sob liderança de empresas transnacionais), estimulados pelo impressionante "efeito riqueza" resultante da estabilização de preços.[69] No caso de bens intermediários e de bens de capital, os resultados obtidos mostraram-se desfavoráveis.

Tabela 1.3
Brasil: Formação Bruta de Capital Fixo (1970-1997)
(percentagem do PIB; a partir de preços constantes de 1980)

	1970-80	*1981-89*	*1990-94*	*1995-97*
Indústria de Transformação	4,5	3,2	2,0	3,3
Mineração	0,2	0,2	0,1	0,1
Petróleo	0,9	1,0	0,4	0,4
Infra-estrutura da qual:	5,4	3,7	2,3	2,2
Energia Elétrica	2,1	1,6	0,9	0,6
Telecomunicações	0,8	0,4	0,5	0,7
Transporte	2,1	1,5	0,8	0,8
Abastecimento de Água e Esgoto	0,5	0,2	0,2	0,1

Fonte: Bielschowsky (1998).

[68] Em alguns setores – como a indústria automobilística – na verdade houve mais investimentos *greenfield*, motivados por incentivos fiscais. Entretanto, na maior parte dos setores os projetos de investimento visavam essencialmente a modernização.

[69] Sendo os têxteis a única exceção.

Os três novos elementos que vieram afetar os investimentos na segunda metade dos anos 1990 são os novos papéis desempenhados pelos incentivos concedidos pelos Estados[70] e Municípios, o ambiente posterior à privatização, e o componente de importação dos processos de investimento e de produção. Uma outra característica importante dos investimentos desde meados da década de 1990 é o fato de grande parte deles estar associada à exploração ainda maior das vantagens comparativas (estáticas) do país em recursos naturais.[71]

Tudo isso levanta a questão de até que ponto o modelo de crescimento industrial dos últimos anos está baseado na dotação de recursos naturais, e portanto dependente do mercado internacional de *commodities*.[72] Um padrão menos dinâmico levanta dúvidas quanto à sustentabilidade de tal modelo através do tempo, bem como quanto à sua vulnerabilidade a flutuações externas do mercado. Assim sendo, um ponto relevante refere-se às condições reais da economia para apoiar um modelo alternativo, que favorecesse produtos com mais intensa utilização de tecnologia.

Até o final da década de 1980, a política de Ciência e Tecnologia no Brasil concentrava-se na construção da infra-estrutura para Pesquisa e Desenvolvimento. Foram adotadas duas linhas de ação: a) recursos para financiamento de projetos de Pesquisa e Desenvolvimento pelas empresas (profundamente afetados pelas crises dos anos 1980), e b) incentivos fiscais.

Durante os anos 1990, a estrutura institucional relacionada à inovação e à pesquisa passou por várias mudanças, principalmente devidas à redução do papel do governo federal: em 1990, este era responsável por 73% dos investimentos na pesquisa e no desenvolvimento de novos produtos (P&D); em 1997, essa participação esteve limitada a 64%.

Parte dessa redução foi compensada por um papel mais ativo do setor privado. A participação das empresas em gastos com Pesquisa e Desenvolvimento aumentou de 15 para 20% no período 1990-97, correspondendo a uma média de 0,7% do total de vendas. Além disso, o número impressionante de Certificados

---

[70] Que tiveram função decisiva na relocalização geográfica sem precedentes de fábricas experimentada pelo país nos últimos anos.

[71] De acordo com Bielschowsky (1998), o total de investimentos fixos no setor manufatureiro a preços constantes de 1980 foi em média de 3,3% do PIB em 1995-97. O grupo de setores "dinâmicos", formados pelos fabricantes de produtos de aço, material de transporte, alimentos processados, material elétrico e eletrônico, produtos farmacêuticos, plásticos e têxteis investiu em média aproximadamente 2,1% do PIB, enquanto os fabricantes de produtos químicos, maquinário, produtos não-metálicos, celulose e papel e produtos de borracha investiram apenas 0,77% do PIB, durante o mesmo período.

[72] Diferentemente, por exemplo, das estratégias adotadas em outras economias emergentes e no Brasil, em décadas anteriores, como por exemplo, a oferta de estímulos a (produtores e) exportadores para entrada em mercados novos e mais dinâmicos.

ISO 9000 concedidos a empresas brasileiras[73] e o aumento de gastos privados em tecnologia e bens de capital refletem a preocupação com a modernização das fábricas.[74] Entretanto, as empresas locais, como um todo, não desenvolveram suas próprias capacidades de inovação para a penetração de novos mercados.

A discussão sobre a oferta potencial de Pesquisa e Desenvolvimento é fundamental para qualquer país, e mais ainda para uma economia em que 2/3 das exportações consistem em bens industrializados. Entretanto, na experiência brasileira mais recente, três efeitos parecem ter contribuído para esse resultado desfavorável: o impacto negativo do ajuste fiscal (que significou menos recursos públicos para o financiamento de atividades de P&D), reformas na legislação, que facilitaram a importação de tecnologia[75] (como parte do processo de abertura da economia), e a composição das exportações,[76] com participação crescente de produtos envolvendo intensa utilização de recursos naturais.

O argumento pode ser ilustrado da seguinte forma.[77] Em primeiro lugar, comparando a estrutura de produção do setor de manufaturados em 1980 e em 1994, percebe-se uma redução na participação das indústrias tradicionais (de 35 para 31%), mas o peso relativo das indústrias de eletrônicos[78] aparece ainda como bastante limitado (8% em 1994), superado pelos setores de Produtos Químicos e Automóveis (10%).

Em segundo lugar, comparando as taxas de crescimento da produção entre 1990 e 1996, o melhor desempenho foi obtido pelos produtores de bens duráveis de consumo (9%), enquanto para os produtores de bens de capital o crescimento foi virtualmente nulo, e para o setor manufatureiro como um todo, de menos de 2%. Como conseqüência, a importância relativa dos setores industriais, quando classificados por uso final de sua produção, variou da forma indicada na Tabela 1.4.

De acordo com a Tabela 1.4, os setores produtivos ligados ao consumo final aumentaram a sua participação na produção de manufaturados – em grande parte como resultado do efeito de riqueza posterior à estabilização de preços –,

---

[73] Em torno de 2.500 certificados até 1997 (Tigre e outros, 1999a).

[74] Ainda que sejam positivos, esses resultados perdem bastante, na comparação com outros países. A proporção P&D/Vendas nos países da OCDE chega quase aos 2%, e até mesmo outras economias emergentes revelam um maior compromisso com a tecnologia: na Coréia do Sul, a participação do setor privado em Pesquisa e Desenvolvimento chega a 80%.

[75] Em 1991, e mais uma vez em 1993, normas específicas facilitaram os contratos de transferência de tecnologia entre subsidiárias de empresas estrangeiras no Brasil e suas matrizes. Ver Tigre e outros (1999) para descrição das principais modificações na legislação.

[76] A eliminação de alguns incentivos à exportação levou a uma participação mais "passiva" na divisão internacional de trabalho.

[77] Tigre e outros (1999a).

[78] O segmento de maior dinamismo no atual paradigma tecnológico. Para fins de comparação, basta dizer que em Taiwan, na Coréia do Sul, em Cingapura e em Hong Kong, a participação das indústrias de eletrônicos foi de 16% em média, no mesmo ano.

enquanto o peso relativo dos produtores de bens de capital caiu a praticamente a metade no mesmo período.

Tabela 1.4
Estrutura do Valor da Produção por Tipos de Indústrias

	1989	*1994*
Commodities	32,5	34,4
Bens Duráveis de Consumo	13,0	14,9
Bens de Capital	11,5	6,7
Bens Tradicionais	42,9	44,0
Total	100	100

Fonte: Tigre e outros (1999a).

Em terceiro lugar, no que diz respeito ao comércio exterior, a participação dos produtos brasileiros no total de exportações mundiais permaneceu próxima a 1% durante toda a década de 90, um patamar inferior ao de 1,5% alcançado em meados dos anos 1980. As mais altas taxas de crescimento das exportações entre 1990 e 1996 foram alcançadas por açúcar e madeira (19%), carne (14%), produtos químicos (14%), óleos vegetais e veículos e peças sobressalentes (em torno de 9% cada um). A Tabela 1.5 ilustra esse argumento, por grupos de produtos.

Tabela 1.5
Brasil: Composição de Exportações (%) de Acordo com o Tipo de Bens (1980 – 1997)

	1980	*1990*	*1995-97*
Bens Primários	*28,9*	*19,7*	*17,1*
dos quais:			
Agricultura	20,0	10,8	11,0
Mineração	8,9	8,9	6,2
Energia	0,1	0,0	0,0
Produtos Industrializados	*69,7*	*79,1*	*81,2*
dos quais:			
Produtos Tradicionais	36,2	28,7	31,8
Bens Duráveis	6,7	6,8	8,3
Difusores de Progresso Técnico	10,8	12,8	13,7
Outros Produtos Industrializados	16,0	30,8	27,4
Outros Produtos	*1,4*	*1,2*	*1,4*
Total	*100,0*	*100,0*	*100,0*

Fonte: CEPAL (1999).

De acordo com a Tabela 1.5, a participação dos produtos agrícolas permaneceu constante durante toda a década,[79] enquanto os produtos de mineração corresponderam no período 1995-97 a uma participação ainda menor do que em 1990. A parte mais importante e mais dinâmica das exportações encontra-se no setor de produtos industrializados tradicionais, seguido por avanços relativamente pequenos na participação de bens duráveis e produtos associados à difusão de progresso técnico.

De um modo geral, o baixo dinamismo das exportações brasileiras durante a década de 1990 é aparentemente associado ao padrão de especialização: apesar da maior participação dos produtos industrializados, a conta de exportações é em grande parte caracterizada pela exportação de *commodities* intensivas em recursos naturais e produtos intensivos em energia ou em mão-de-obra.[80]

Um ambiente econômico mais aberto ao comércio teve também implicações para os efeitos multiplicadores do comércio exterior. Por exemplo, Tigre e outros (1999) constataram que, para setores como cerâmica e aço – na produção dos quais o país tem vantagem comparativa (estática) –, a abertura comercial não representou desafio para os produtores locais,[81] tendo sido na verdade crucial para o desenvolvimento de uma rede de fornecedores locais. No caso de outros setores – como automóveis e telecomunicações –, que têm menor dependência da disponibilidade de recursos, a exposição aos produtos importados competitivos, associada ao acesso mais fácil a bens de capital e insumos produzidos fora, significou desafio novo, levando na verdade a um rompimento das ligações com fornecedores locais, afetando assim a possibilidade de indução de pesquisa no desenvolvimento de produtos e de processos.

As conseqüências desses movimentos – estabilização de preços, forte demanda interna e investimento em setores específicos – para o mercado de trabalho foram variadas. Até o início de 1995, cresceu o total de empregos, como resultado líquido do crescimento do número de trabalhadores no comércio e no setor de serviços bem como no setor informal, mais do que compensando a redução do nível de empregos no setor industrial e na agricultura.

A participação dos empregos na indústria no total de empregos caiu de 25 para 16% entre 1990 e 1997.[82] Praticamente toda essa mudança na estrutura setorial de emprego é associada à migração de trabalhadores do setor

---

[79] Ainda que muito menor do que durante a década de 1980. Este ponto será discutido mais adiante.

[80] Como o ilustra, por exemplo, o notável desempenho de celulose, papel, suco de laranja, soja, e de produtos minerais semiprocessados.

[81] O setor de cerâmica representa na verdade uma história exitosa de reestruturação, que levou a um aumento no número de patentes, mais investimentos em P&D e vários outros efeitos positivos.

[82] Verificou-se também uma redução do emprego no setor agrícola, a ser discutida mais adiante.

manufatureiro para os setores de comércio e de serviços,[83] em grande parte associada às novas tecnologias e aos (baixos) custos de mão-de-obra.[84] A Tabela 1.6 ilustra a estrutura ocupacional urbana, por setores.

Tabela 1.6
Brasil: Estrutura Ocupacional Urbana por Setores (1990-1996) (%)

	1990	*1996*
Agricultura e Mineração	6,8	8,7
Manufaturas	25,2	16,0
Habitação	1,0	7,5
Transporte e Comunicações	4,8	4,6
Comércio e Serviços	62,2	63,2
Total	100,0	100,0

Fonte: CEPAL (1999).

Conclui-se a partir da Tabela 1.6 que a redução do emprego no setor manufatureiro foi compensada por um aumento na absorção de mão-de-obra nas áreas de habitação, comércio e serviços.[85]

O emprego no setor industrial vem caindo desde 1995 (apesar da expansão de produção), enquanto o emprego nos setores de comércio e de serviços cresceu até o final de 1996, tendo ficado estagnado desde então. Em outras palavras, no início do processo de estabilização de preços, o crescimento do número de empregos no setor de serviços mais do que compensou a queda no número de empregos na indústria, mas esse fenômeno aconteceu apenas até 1997. Como resultado, ao final da década, verifica-se desemprego aberto maior e crescente: de acordo com o IBGE, o desemprego aberto passou de 4,3% em 1990 para 7,6% em 1998 (Gráfico 1.4).

[83] Este processo migratório foi também facilitado por outra característica estrutural do mercado de trabalho brasileiro: em média entre 2,5% e 3% dos empregados da indústria mudam de emprego todos os meses; aproximadamente 40% dos trabalhadores na indústria estiveram no mesmo posto durante menos de dois anos, graças à legislação que regula os pagamentos em conseqüência de demissões (ver Amadeo e Gonzaga, 1997, e Amadeo e Neri, 1997, para maiores detalhes).

[84] O aumento dos custos de mão-de-obra no setor industrial (55%) entre 1994 e 1997 ultrapassou o aumento correspondente no setor de serviços (15%) (Camargo, 1998).

[85] Os números relativos ao setor agrícola na Tabela 1.5 aparentemente refletem o aumento significativo no número de trabalhadores autônomos: a participação de assalariados rurais caiu de 44% do total de empregos no setor em 1990 para 34% em 1996, enquanto o número de trabalhadores autônomos aumentou de 53% para 64% no mesmo período (CEPAL, 1999).

Gráfico 1.4
Brasil: Taxa de Desemprego Aberto (%) nas Áreas Metropolitanas (1982-1998)

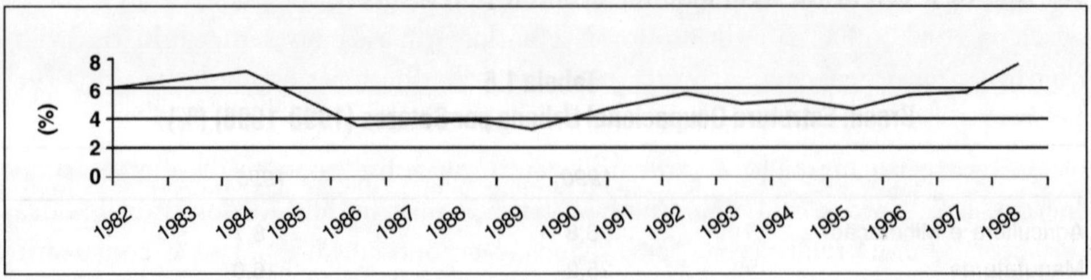

Em geral, aconteceu um claro choque de produtividade, tanto no setor industrial quanto no de serviços da economia brasileira, ainda que tenha sido mais intenso no primeiro.[86] As referências anteriores a ganhos de produtividade refletidos nas proporções mão-de-obra/produção são confirmadas por outros indicadores, como a evolução do salário inicial de trabalhadores contratados,[87] assim como o número de anos de instrução formal entre os trabalhadores na indústria.[88]

Gráfico 1.5
Emprego e Salários Reais no Setor Manufatureiro (1990-1998)

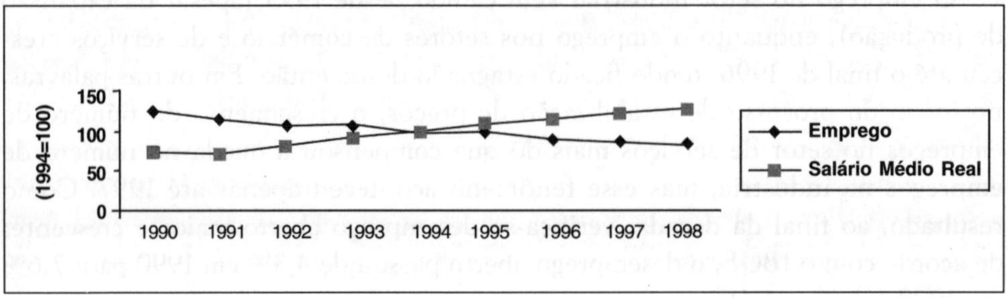

A renda real dos trabalhadores urbanos não foi reduzida durante todo o período: 1) a estabilização e a abertura favoreceram relativamente os preços de bens não-comercializáveis; 2) enquanto persistiu esse favorecimento, aumentou a renda real dos trabalhadores do setor de serviços; 3) quando (a) o emprego

---

[86] O que poderia levar a uma crescente disparidade de salários entre os dois setores no futuro (Camargo, Neri e Reis, 1998).

[87] Considerado como indicador da produtividade marginal da força de trabalho, indica que entre 1995 e 1997 os ganhos de produtividade foram de 45% no setor industrial, e de 33% no setor de serviços (Camargo, Neri e Reis, 1998).

[88] A percentagem de trabalhadores com menos de quatro anos de instrução caiu de 38% em 1989 para 31% em 1996, enquanto a percentagem de trabalhadores com mais de oito anos de instrução passou de 42% para 49% da força de trabalho (Camargo, Neri e Reis, 1998).

nos setores tanto industrial quanto de serviços começou a perder o ímpeto, (b) começou a crescer o desemprego aberto e (c) os preços relativos deixaram de favorecer os produtos desses setores, a renda real dos trabalhadores do setor de serviços começou a cair de modo sistemático; mas 4) no setor industrial, enquanto o emprego caía, a renda real dos trabalhadores aumentava até 1998, fazendo subir o custo real da mão-de-obra nesse setor (Gráfico 1.5).[89]

O ajuste no mercado de trabalho a um ambiente econômico aberto ao comércio, com preços estáveis, envolvia assim a movimentação dos trabalhadores do setor de comercializáveis para o de não-comercializáveis. Isso é consistente com as considerações já discutidas, relativas à crescente intensidade do uso de capital no processo produtivo, que se seguiu à abertura comercial.

Até aqui, falamos dos setores urbanos. Até meados da década de 1980, o setor agrícola passou por um período de intervenção constante do governo, tendo sido fundamental para o processo de crescimento, possibilitando oferta de alimentos a preços baixos. Entretanto, desde a metade da década a agricultura passou a perder o seu principal mecanismo de compensação, os programas de crédito oficiais (intensamente subsidiados), como parte do processo de ajuste fiscal.

No novo ambiente (pós-1990) – em que o setor agrícola viu-se exposto à concorrência internacional e à falta de crédito oficial –, o principal fator para a explicação do crescimento da produção foi o intenso e sistemático aumento da produtividade: a perda do crédito fácil fez com que os produtores tratassem de reduzir os custos médios, através de aumentos na produtividade, associados a uma redução moderada da área cultivada e à significativa redução no número de empregos.

No caso dos principais produtos, a produtividade no período 1996-98 variou de forma bastante substancial, em comparação com 1990-92: o algodão teve um aumento de produtividade de 26%, a soja, de 29%, o café, 27%, o milho, de 30% e o feijão, de 21%.[90] Todos os indicadores de produtividade para o setor agrícola apontam para um aumento sistemático de 1987 para 1998: a taxa anual de aumento para esses indicadores é de praticamente 1,8%.[91]

Esse impressionante crescimento da produtividade foi favorecido: a) pela má infra-estrutura de transporte que levou a uma exploração mais intensa da terra, com as áreas próximas aos centros urbanos sendo mais intensamente usadas para produção; b) pelo uso crescente de novas tecnologias, desenvolvidas no

---

[89] Um aumento de 30% entre 1994 e 1997 (Camargo, Neri e Reis, 1998).

[90] Dados de Dias e Amaral (1999).

[91] No caso do subsetor de pecuária, obtém-se valor semelhante, com aumento anual da produtividade próximo a 1,9% (Dias e Amaral, 1999).

país;[92] c) pelo profissionalismo cada vez maior da força de trabalho, associado, entre outros fatores, aos movimentos migratórios dos estados do Sul para as regiões Oeste e Norte do país; d) pela abertura comercial que reduziu os custos de insumos (Dias e Amaral, 1999).

Para compensar parcialmente a sobrecarga social desse ajuste no setor agrícola, o governo acelerou os programas de reforma agrária e criou um programa de crédito para a pequena produção agrícola familiar. Entretanto, no que se refere à geração de renda, uma das medidas compensatórias mais importantes foi a reforma do sistema de seguridade social, que permitiu a aposentadoria aos trabalhadores rurais.

Um dos elementos importantes para o crescimento sustentado da produção no setor agrícola foi a melhora nas relações de troca do setor. Entre 1987 e 1994 (ano de pico), as relações de troca na agricultura aumentaram em 46%. A lucratividade no setor aumentou 59% entre 1987 e 1998, o que reflete um crescimento de 22% na produtividade e de 31% no índice das relações de troca no setor agrícola.[93] Foi essa vantagem – medida com relação à produtividade e à melhora das relações de troca – que ajudou os produtores que empregavam novas tecnologias a encontrar substitutos para o tradicional crédito rural.

O quadro geral que emerge desses números é que o setor agrícola conseguiu ajustar-se através da maior produtividade, associada a um aumento na relação capital/produto e à seletividade dos produtores. Esses movimentos, tomados em conjunto, de fato impuseram sobrecarga adicional sobre o mercado de trabalho urbano.

Esses indicadores sugerem que o Brasil está em vias de completar o seu conjunto das chamadas reformas de primeira geração. Por sua vez, essas novas condições impõem novos desafios, no sentido de que são exigidas novas condições para a própria sustentabilidade dos resultados obtidos até agora, e que levam ao que vem sendo denominado reformas de segunda geração.

Esse aprofundamento do processo envolve mais medidas, como, por exemplo, a reforma das políticas de seguridade social. A experiência já comprovou que, em seu formato atual, o sistema de seguridade social está fadado a apresentar impressionantes *déficits* nos anos vindouros, acentuados pela condição de baixa atividade econômica interna, o que gera reduzidas receitas fiscais. Para que o sistema possa permanecer em equilíbrio ao longo do tempo, várias medidas adicionais terão ainda que ser adotadas.

---

[92] Principalmente desenvolvidas pela Embrapa – Empresa Brasileira de Pesquisa Agropecuária, ligada ao Ministério da Agricultura.

[93] Dias e Amaral (1999).

Durante toda a década, as restrições fiscais levaram o setor público a promover os seus ajustes através de cortes nas despesas. Existem limites nítidos para isso, ao menos em termos da própria eficiência dos serviços prestados pelos órgãos do governo. A multiplicidade de órgãos, com funções sobrepostas, a concentração geográfica dos servidores públicos, e as diferenças de níveis salariais, são apenas alguns dos aspectos que indicam a necessidade de uma reforma administrativa. Alguns passos já foram dados nessa direção, incluindo uma variedade de medidas associadas principalmente ao controle de despesas. Por outro lado, restam poucas dúvidas quanto à necessidade de reformas adicionais.

Já foi demonstrado que o mercado de trabalho fica também sujeito a uma série de restrições, impostas pela legislação, que, sob certos aspectos, datam da década de 1930. A representação sindical, seu financiamento, os incentivos à mobilidade entre diferentes atividades, tudo isso faz parte do mesmo pacote de dificuldades que deverão ser enfrentadas a curto prazo.

Outras reformas que freqüentemente são também exigidas têm a ver com o funcionamento do sistema judiciário – dispendioso e lento –, bem como com o próprio meio de representação e decisão políticas, através da criação (sem precedentes na história) de mecanismos através dos quais os cidadãos possam sentir-se realmente representados e dotados de voz ativa. Para isso, são necessárias mudanças profundas na estrutura político-partidária e na legislação eleitoral.

Todos esses são passos indispensáveis para que a sociedade e a economia brasileiras possam tornar-se maduras e abertas a relações com o resto do mundo. Entretanto, essas próximas reformas são por natureza mais complexas, e exigem bem mais tempo e consenso político do que as que já foram implementadas até o momento.

IV. O Que Não Funcionou? Será Que Sabemos Por Quê?

A experiência brasileira com reformas é bastante rica. As reformas tiveram (*ex-post*) uma seqüência bem definida, foram de caráter variado, e em sua maior parte simultâneas a um programa de estabilização.

Pouco se questiona o fato de a década de 1990 ter sido um período de mudanças notáveis na economia brasileira, com várias das chamadas reformas de primeira geração tendo sido praticamente completadas. Por outro lado, há vários indicadores que mostram que nem tudo teve o resultado esperado.

Para começar, os dois episódios de intensificação do processo de redução de tarifas à importação, ocorridos em 1990 e 1994, foram basicamente projetados como parte de programas de estabilização de preços. Conseqüentemente, a redução de alíquotas tarifárias não foi um processo instantâneo e nem linear, através do tempo. Vários setores, em vez disso, viram-se forçados a enfrentar uma seqüência de acréscimos e reduções de alíquotas tarifárias, durante períodos relativamente curtos de tempo.[94] Essa sinalização mista impõe uma sobrecarga aos investidores e aos consumidores de bens importados.

Uma das críticas mais freqüentes à política de estabilização adotada em 1994 é que, examinando-a após cinco anos de sua adoção, verifica-se que o programa permaneceu basicamente sendo um programa de estabilização. Faltou-lhe uma estratégia de médio a longo prazo. A política econômica permaneceu subordinada a este principal objetivo, e isso não deixou de envolver custos.

Gráfico 1.6
Brasil: Taxa de Câmbio Real 1994-1999

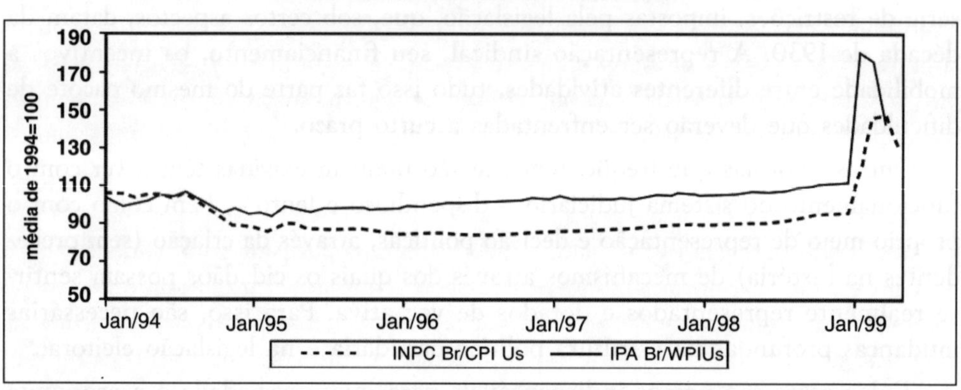

A taxa de câmbio manteve-se abaixo dos níveis de equilíbrio, a partir dos argumentos de que: a) os "fundamentos" econômicos foram modificados com a estabilização de preços (e portanto o critério da paridade precisava ser reconsiderado, em bases novas), b) a desvalorização da taxa de câmbio teria implicado pressões sobre os custos (prejudicando assim o processo de estabilização), e c) o cenário macroeconômico mais estável garantiria a atratividade da economia para os investidores estrangeiros. Como se vê no Gráfico 1.6, verificou-se uma deterioração da competitividade (medida em termos de paridade), até meados de 1996.

As intervenções no mercado de câmbio através do ajuste de bandas ou do intervalo entre bandas foram definidas pelas variações nos índices de preços por atacado, com base nos fatos de que: a) nos processos de estabilização, os preços de serviços tipicamente apresentam um processo mais lento de adaptação aos preços externos do que os preços dos bens expostos à concorrência estrangeira; b) os indicadores relevantes são aqueles associados à competitividade dos bens comercializáveis; c) consideradas as magnitudes das mudanças no processo de

[94] Baumann e outros (1997) já demonstraram que, para vários produtos, ocorreram até oito modificações das alíquotas tarifárias nominais no transcurso de vinte e seis meses, de julho de 1994 a setembro de 1996. Em alguns casos, as alíquotas tarifárias nominais oscilaram entre 0% e 19% (entre 19% e 73% para alguns outros produtos), e essas mudanças ocorreram repetidamente nas duas direções (ou seja, numa seqüência de acréscimos e reduções).

formação de preços, não haveria motivo para considerar como referência os níveis de preços anteriores ao Plano Real.

Como revela o Gráfico 1.6, a sobrevalorização do Real foi mais pronunciada quando considerada em termos de preços ao consumidor. Essa sobrevalorização foi reduzida desde 1997, quando o governo começou a sinalizar em direção à necessidade de mudança da taxa de câmbio de acordo com a inflação interna, mas as pressões externas exigiram variação mais acentuada em 1999.

A expectativa era de que os efeitos positivos sobre a competitividade resultantes da reforma comercial estimulassem as exportações. Ainda não está claro até que ponto a maior facilidade no acesso a bens importados ajudou o crescimento das exportações. De qualquer maneira, as altas taxas internas de juros afetaram a produção de bens para exportação, e os aumentos salariais associados à sobrevalorização da taxa de câmbio atingiram negativamente os agentes no comércio exterior. Ao mesmo tempo, verificou-se uma explosão na demanda por importações, e, como resultado, surgiram grandes déficits comerciais.

A literatura consultada para a Seção II sugeriria que esse procedimento poderia ter sido parte da estratégia do governo para conquistar credibilidade para o seu programa de reformas. Não fica claro, entretanto, a quantidade de tempo exigida pelo argumento da credibilidade: basicamente, a política cambial foi mantida durante quatro anos e meio, essencialmente com modificações de menor magnitude.

Do lado monetário, a dívida interna era, durante a primeira metade dos anos 1990, financiada através de bônus a taxas fixas de juros. Desde o Plano Real, a estabilização de preços associada ao influxo de capital externo levaram as autoridades a modificar sua estrutura de financiamento, e adotar o predomínio (70%) de bônus com taxas de juros flexíveis e bônus indexados ao dólar (21%). A adoção continuada da política monetária e as restrições nas taxas de câmbio foram fundamentais para a sustentação da estabilidade de preços, ainda que a manutenção das altas taxas de juros exigidas por essa combinação de políticas tenha contribuído para aumentar a dívida pública, não tendo o governo sido capaz de promover as modificações necessárias na política.

Isso não significa dizer que não tenham sido feitos esforços para aumentar a arrecadação: a receita fiscal aumentou de 25% do PIB em 1993 para 30%, em 1998, e os resultados fiscais "primários"[95] mostraram-se positivos durante toda a segunda metade da década. O problema reside no lado dos gastos, e em especial como conseqüência da variação das taxas de juros internas: em 1998, o pagamento de taxas de juros sobre a dívida pública doméstica correspondia a 44% da receita fiscal total.

---

[95] Ou seja, excluindo a correção monetária e o pagamento de taxas de juros.

Uma taxa de câmbio sobrevalorizada estimulou a demanda dos importadores por moeda estrangeira. Mudanças na legislação, estabilização de preços e acesso renovado aos mercados de capitais internacionais geraram entrada importante de capital estrangeiro (inicialmente sob a forma de empréstimos e investimentos em carteira, seguidos de investimento direto externo).

O resultado foi um círculo vicioso de entrada de moeda estrangeira sendo monetizada e precisando ser neutralizada através de taxas mais elevadas de juros. Essas, por sua vez, pressionaram as contas fiscais, gerando expansão da dívida, necessidade de novos empréstimos e portanto taxas de juros ainda mais altas. A Tabela 1.7 mostra os vários componentes do déficit fiscal.

Dois aspectos valem ser ressaltados na Tabela 1.7. Em primeiro lugar, os juros sobre as dívidas doméstica e externa explicam a maior parte do déficit do final da década. Em segundo lugar, a monetização verificada no início do processo de estabilização foi substituída pela venda de bônus nacionais e estrangeiros como fonte de financiamento público.

Tabela 1.7
Brasil: Principais Componentes do Déficit Fiscal (% do PIB)

	1994	*1998*
Déficit Fiscal "Operacional"	–1,4	7,5
Usos		
Déficit "Primário"	–5,3	–0,0
Juros sobre a Dívida Interna	3,2	7,2
Juros sobre a Dívida Externa	0,7	0,3
Fontes		
Financiamento Interno	–2,6	4,5
Financiamento Externo	–3,0	2,2
Expansão Monetária	4,3	0,8

Fonte: Boletim do Banco Central, maio de 1999.

A dependência da poupança externa revelou-se de fato uma faca de dois gumes: ajudou no financiamento da dívida pública, como aparece na Tabela 1.7, mas ao mesmo tempo o aumento na taxa de poupança externa posterior a 1994 (de 0,9% para 4,4% do PIB em 1998; ver Gráfico 1.7) financiou principalmente o consumo. A taxa de investimentos aumentou de 15% para 18%[96] durante esses quatro anos,[97] ainda que tivessem sido principalmente dirigidos a projetos de

[96] A preços constantes de 1980.

[97] Principalmente do setor privado: o investimento público em maquinário e equipamentos foi reduzido de 0,7% em 1994 para apenas 0,4% em 1998, enquanto para investimento em construção, as taxas foram de 2,9% e 1,8% respectivamente, segundo o IBGE.

modernização, e não à expansão da capacidade produtiva.[98] Entre 1993 e 1996, o consumo privado foi responsável por 72% do aumento da demanda agregada, enquanto a formação de capital correspondeu a apenas 22%.[99]

O programa de privatização contribuiu para enfrentar esse cenário de ajuste fiscal incompleto através da venda de empresas públicas e do alívio da sobrecarga fiscal imposta pelas companhias estatais ineficientes. Quaisquer que tenham sido as conseqüências para a eficiência produtiva, entretanto, há dois efeitos colaterais que merecem destaque.

Gráfico 1.7
Investimento e Poupança (% do PIB) (1981-1997)

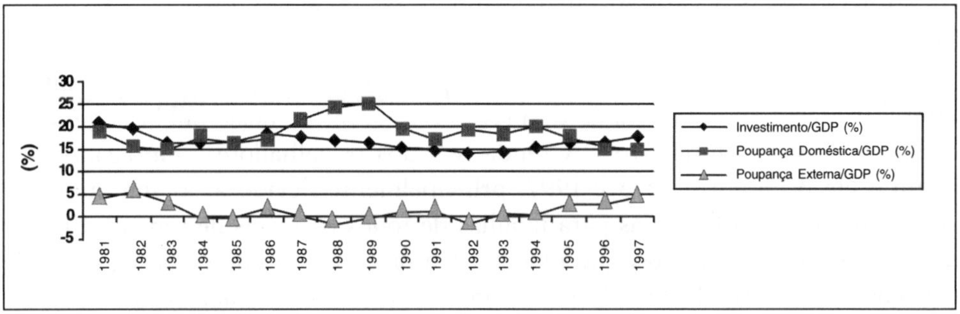

Algumas empresas foram vendidas até mesmo antes de estar completa a regulamentação do seu setor, e isto poderia afetar negativamente a concorrência no mercado interno. Por outro lado, a privatização de várias empresas importantes foi inicialmente o resultado dos movimentos de arbitragem financeira, com a participação de agentes não diretamente envolvidos na atividade produtiva, e – até recentemente – uma participação limitada de investidores estrangeiros. Como conseqüência, os ganhos em eficiência podem não ser tão significativos como havia sido originalmente planejado, ou pode levar mais tempo até que as mudanças de propriedade possam melhorar as condições de competitividade.

Ainda que um dos objetivos do programa de privatização parecesse ser a maximização de receitas, e apesar da impressionante quantidade de recursos envolvidos, permanece uma grande dívida pública, sobretudo como resultado da folha salarial do setor público (9% do PIB em 1997), ao déficit da seguridade social (9,4% do PIB) e às taxas reais de juros (3,4% do PIB).[100]

---

[98] A dependência em relação ao financiamento externo elevou também a dívida externa total em 47% no período de quatro anos, de US$151 bilhões em 1994 para US$222 bilhões em 1998.

[99] Sáinz e Calcagno (1999).

[100] Cysne (1998).

A privatização das empresas públicas, junto com as mudanças de regulamentação e a quebra do monopólio público em vários setores, melhoraram a atividade do capital privado. Entretanto, o capital privado tornou-se mais ativo apenas no setor produtivo, permanecendo bastante limitadas suas contribuições aos gastos sociais. Embora as empresas privadas e as ONGs tenham durante muito tempo participado na prestação de serviços sociais, a maior parte desses serviços continua sendo basicamente um atributo do setor público.

O nível de gastos sociais no Brasil é bastante comparável ao da maior parte dos países de renda média – aproximadamente 19% do PIB, ainda que distribuídos de forma injusta – e as reformas não tiveram sucesso até agora em alterar de modo significativo a origem e a composição das receitas: apesar das mudanças constitucionais, os gastos sociais continuam dependentes (58% em 1996) de fundos formados por contribuições sociais.[101]

Além disso, os indicadores sociais agregados sugerem que há ainda muito a fazer nesta área. A estabilidade de preços e as transferências públicas geraram efeitos positivos significativos. A renda real dos trabalhadores empregados aumentou em 30% entre 1993 e 1997, principalmente devido a: a) um aumento acentuado nas transferências para famílias de todos os níveis de renda e b) mudanças nos preços relativos, que reduziram o preço dos produtos básicos. Como conseqüência, entre 1990 e 1996 o número de domicílios abaixo da linha de pobreza caiu de 41% para 29%,[102] o que representa um indicador indiscutivelmente positivo.

No que concerne à igualdade de renda, as estimativas de Neri e Camargo (1999) – usando dados da PNAD[103] – confirmam a notória concentração de renda no Brasil, revelando uma variação relativamente pequena nos indicadores de desigualdade entre 1990 e 1997 (os coeficientes são quase estáveis quando se leva em consideração a margem de erro neste tipo de indicadores). O resultado é alcançado usando-se tanto o índice Theil-T (0,748 em 1990 e 0,715 em 1997 para todas as fontes de renda) quanto o coeficiente Gini (0,607 em 1990 e 0,595 em 1997 para todas as fontes de renda).[104] Além do mais, a maior parte das

---

[101] Os recursos permanecem concentrados em áreas específicas: o governo federal concentra 2/3 de seus recursos em seguridade social e em benefícios para os funcionários públicos; os estados concentram os seus gastos em educação, benefícios para funcionários públicos e saúde, enquanto os municípios dirigem 3/4 de seus gastos sociais às áreas de educação, habitação, saúde e abastecimento de água e esgoto.

[102] Sendo a redução de 36% para 25% nas áreas urbanas, e de 64% para 46% nas áreas rurais. Dados da CEPAL (1999).

[103] PNAD – Pesquisa Nacional por Amostra de Domicílio.

[104] Metodologias alternativas, utilizando uma unidade diferente para análise – como por exemplo em CEPAL (1999) – indicam também um grau bastante alto de concentração, com variação relativamente pequena durante a década de 1990: em 1990, os coeficientes Gini eram de 0,528 para as áreas urbanas, e de 0,456 para as áreas rurais, apenas ligeiramente mais baixos do que os coeficientes correspondentes para 1997, de 0,538 e 0,460, respectivamente.

medidas que visavam a redução de desigualdades obtidas no Brasil em 21 anos (1976-1997) aconteceram de 1993 até 1997.

Neri e Camargo (1999) demonstram também que o cálculo detalhado dos dados primários da PNAD requer alguma qualificação desses resultados. Essa queda nos indicadores gerais de desigualdade não reflete melhora na distribuição de renda: a participação das camadas mais ricas da população na renda total permanece extremamente alta, e os indivíduos nessas faixas de renda obtiveram seus ganhos a partir de uma variedade de efeitos, como aqueles associados ao melhor pagamento para trabalhadores mais qualificados, e de acordo com o tipo de atividade, ganhos financeiros obtidos a partir das taxas de juros mais elevadas, e outros. Vários testes indicam que a melhora sugerida por esses indicadores é um produto sobretudo do efeito-riqueza derivado da redução do custo da cesta de consumo e da redução da volatilidade da renda dos trabalhadores após a estabilização dos preços. Não houve praticamente mudança estrutural significativa no perfil de distribuição de renda neste período.

De qualquer maneira, o número importante de domicílios que atravessou a linha de pobreza representou impacto relevante sobre a demanda agregada interna. Como conseqüência, explodiram as importações, ao mesmo tempo em que cresceram as taxas agregadas de investimentos, em grande parte para atender à demanda interna.

Na maior parte das indústrias, verificou-se uma expansão significativa do investimento em 1995-97, em comparação com o período 1990-95. Entretanto, à exceção do setor de telecomunicações, esse investimento ficou abaixo dos níveis observados durante as décadas de 1970 e 1980. Durante os anos 1990, existe claramente um novo modelo de investimento, provavelmente mais eficiente, do ponto de vista microeconômico, mas que não é tão eficiente, do ponto de vista da capacidade produtiva e do crescimento econômico. Ainda, o investimento revela-se mais intenso naqueles setores que, de alguma forma, retiveram a sua proteção contra a concorrência externa (como, por exemplo, bens duráveis de consumo), com produtividade mais alta, e onde é mais intensa a presença das empresas transnacionais.

Fora da área industrial, são variados os registros de investimentos. No setor de mineração, verificou-se intensidade bastante limitada de investimentos (por causa do conhecimento relativamente limitado sobre os recursos disponíveis, e das más perspectivas de mercado para aqueles minerais com reservas conhecidas), o mesmo ocorrendo no setor de petróleo.

Os gargalos de produção e de distribuição são de tal forma disseminados, que passaram a ser conhecidos como "Custo Brasil", indicando os custos gerais de ineficiência impostos por inadequações específicas. O investimento em infraestrutura revela-se também uma mistura de sucessos e fracassos. Está em curso a modernização dos portos, desde a sua privatização, mas ao mesmo tempo verifica-se investimento relativamente limitado na área de ferrovias e de equipamentos, permanecendo várias restrições no sistema ferroviário, devidas à falta de integração com outras vias de transporte. O investimento privado começa a melhorar as condições de várias estradas de rodagem, mas este revela-se ainda um setor problemático, já que apenas um número reduzido de estradas brasileiras mostra possibilidade de ser privatizado, considerando as expectativas de lucratividade do setor privado.

O mais impressionante desempenho aparece no setor de telecomunicações, com um montante impressionante de investimentos associados à privatização. Ao mesmo tempo, entretanto, verifica-se desempenho medíocre na área de energia elétrica, que vem levando a uma oferta insuficiente, e até mesmo ao risco de falta de energia. Quanto ao abastecimento de água e esgotos, aconteceu uma importante recuperação dos investimentos desde 1996, mas vislumbra-se a possibilidade de algumas restrições futuras causadas por dificuldades financeiras e altos níveis de endividamento das empresas do setor.

Do ponto de vista de política industrial, portanto, as reformas permitiram apenas êxito parcial no aprimoramento da infra-estrutura. Como já ficou demonstrado, poderá ser retomado durante algum tempo o crescimento na produção, mas permanecem dúvidas crescentes quanto à estrutura resultante e às suas perspectivas de longo prazo, no que diz respeito à inserção da economia na divisão internacional do trabalho.[105]

De uma forma geral, as empresas tentaram ajustar-se à concorrência com os produtos importados, através de estratégias defensivas de especialização, que com freqüência afetaram negativamente a produção local de peças e de produtos com mais alto teor tecnológico. O processo de ajuste do setor industrial promoveu a competitividade daqueles setores cuja produção envolve larga escala e que utilizam intensamente mão-de-obra. A facilidade na importação de bens de capital estimulou a modernização dos setores com baixo dinamismo tecnológico.

No período 1991-93, várias medidas levaram a que fosse facilitada a importação de tecnologia. Entretanto, o uso de tecnologia estrangeira tradicionalmente não foi acompanhado por esforço tecnológico interno, além da adaptação dessas tecnologias às condições locais.[106] Apenas um número limitado de em-

---

[105] Existem também preocupações quanto ao real envolvimento dos produtores na atividade de exportação: apenas quatorze mil empresas têm operações sistemáticas com o mercado externo, de um total que ultrapassa um milhão de empresas registradas.

[106] Os dados da Balança de Pagamentos mostram um aumento na importação de tecnologia durante os anos 1990, com mudança significativa na sua composição: a participação da importação de "serviços técnicos especializados" no total de importações caiu de 67% em 1990 para 32% em 1996, com aumento acentuado simultâneo nos pagamentos pelo "uso de patentes" e pelo "fornecimento de tecnologia industrial" (no caso das tecnologias não-patenteadas). Isso reflete um aumento na importação e na transferência de tecnologia estrangeira, sem crescimento correspondente nos investimentos em Pesquisa e Desenvolvimento pelas empresas locais (Tigre e outros, 1999).

presas dispõe de atividades de Pesquisa e Desenvolvimento, sendo bastante limitados os elos tecnológicos fora das empresas, não apenas entre elas, mas também entre as empresas e as universidades e instituições de pesquisa. Um setor industrial excessivamente heterogêneo dificulta o estabelecimento de relações técnicas entre as empresas.

Processos de produção que utilizam mais intensamente o capital e com mais componentes importados, contribuíram também para acrescentar um componente estrutural para o aumento do desemprego aberto: mesmo quando a economia retomar uma trajetória de crescimento da produção, a redução do desemprego aberto será mais lenta do que nos períodos anteriores. O tempo durante o qual o trabalhador médio permanece desempregado cresceu de 3,5 meses em 1991 para 6 meses em 1998.[107]

Essa situação é favorecida pela legislação trabalhista.[108] Em conseqüência, em média 3% dos trabalhadores do setor industrial trocam de emprego a cada mês, reduzindo os incentivos para treinamento no trabalho, e enfatizando as dificuldades previamente mencionadas com relação aos esforços tecnológicos locais.

Os efeitos do ajuste também foram percebidos na área rural. Crédito reduzido, liberalização comercial e uma taxa de câmbio sobrevalorizada provocaram modificações significativas nos preços relativos dos produtos agrícolas.

O setor agrícola ajustou-se experimentando com formas alternativas de capitalização interna, principalmente associadas a um notável aumento na produtividade, corte de custos e redução de ativos. Como conseqüência, verificou-se intenso desemprego.[109]

O impressionante aumento na demanda por alimentos[110] ocorrido após a estabilização foi satisfeito por um aumento na oferta interna de alimentos, estimulada pela redução significativa nos custos de insumos importados. Essa característica, associada à acentuada redução de crédito oficial, provou ser altamente discriminatória contra os pequenos produtores, usuários de tecnologias mais tradicionais. A eliminação dos produtores com níveis de produtividade

---

[107] Camargo, Neri e Reis (1999).

[108] Quando a economia está crescendo, e quando o desemprego está baixo, existe um incentivo implícito para que os trabalhadores provoquem a própria demissão, uma vez que recebem um pagamento que corresponde a um salário mensal mais 40% de um fundo acumulado pela empresa (FGTS – formado por um salário por ano de emprego na empresa) (Amadeo e Gonzaga, 1997).

[109] Calcula-se que o número de trabalhadores no setor agrícola tenha sido reduzido em 23% entre 1985 e 1996 (o que corresponde a 5,5 milhões de empregos), enquanto a produção do setor aumentou 30% no mesmo período.

[110] O poder de compra dos trabalhadores urbanos em relação aos custos de alimentos e de vestuário aumentou em mais de 60% desde 1990, com os salários dos trabalhadores menos qualificados ultrapassando a variação dos preços dos alimentos.

abaixo da média contribui adicionalmente para aumentar as taxas de desemprego aberto.

As questões derivadas desse quadro e a insatisfação com os resultados têm a ver com o fato de que as reformas foram incompletas, incorretamente implementadas, ou foram passados sinais inadequados aos agentes econômicos.

V. Lições da Experiência Brasileira

As reformas ocorridas no Brasil desde o final da década de 1980 são bastante ilustrativas em vários aspectos. Para começar, essas reformas apresentam pelo menos duas características não consideradas pelos modelos mais comuns: a) aconteceram em paralelo com um processo de integração regional (Mercosul), sendo que foram significativos os compromissos associados a esse processo, ao menos em termos de políticas comerciais externas; b) o Brasil tem estrutura federativa, o que traz fortes implicações para os resultados de muitas reformas, como por exemplo as reformas do sistema de seguridade social e o setor financeiro.

Como sugerido no Gráfico 1.1, Seção III, a seqüência das reformas aparentemente correspondeu às recomendações encontradas na literatura: a reforma comercial precedeu todas as outras reformas. Entretanto, verificaram-se nitidamente duas etapas – até meados de 1994, e dali em diante, sendo a virada representada pela adoção de um intenso programa de estabilização de preços.

Em outras palavras, a reforma comercial começou em um momento em que a economia enfrentava ainda agudos desequilíbrios macroeconômicos – de modo que os benefícios transmitidos através dos preços relativos não puderam ser maximizados –, para então ser acelerada em paralelo ao programa de estabilização.

A simultaneidade da abertura e da deflação é mais bem conhecida pela literatura sobre reformas.

Os indicadores apresentados aqui mostram que a abertura, na verdade, ajudou a estabilização, e aumentou os excedentes tanto de produtores quanto de consumidores, através do acesso a bens importados. A simultaneidade da sobrevalorização da taxa de câmbio, necessária aos propósitos da estabilização, afetou tanto a balança comercial quanto o preço relativo de bens comercializáveis e não-comercializáveis. Como resultado, desenvolveu-se um déficit comercial, e verificou-se um estímulo à movimentação de fatores em direção à produção de bens não-comercializáveis.[111]

---

[111] De forma bastante semelhante ao que um modelo do Balanço de Pagamentos de tipo absorção teria previsto: um deslocamento da fronteira de produção, com os preços relativos beneficiando a produção de bens não-comercializáveis.

É comumente aceito que durante programas de estabilização a manutenção de uma taxa de câmbio sobrevalorizada pode ser um custo a ser pago, caso seja parte da estratégia do governo para demonstrar seu compromisso firme com o processo de reformas. O custo social alternativo, de perder credibilidade nas reformas, poderia de fato ser infinitamente maior. A questão levantada pela experiência brasileira é, entretanto, que essa política perdurou durante um período bastante longo, bem além do tempo que teria sido considerado necessário para induzir a credibilidade.

Como resultado, isso tudo levou a uma preocupação crescente, em termos de crescimento a longo prazo. A sinalização para os agentes econômicos concentrou-se nos propósitos de estabilização. Não se fez muito em termos das condições para a retomada do crescimento, com exceção dos esperados efeitos de eficiência oriundos da privatização e da abertura comercial. Conseqüentemente, aumentou o investimento como um todo, sendo mais eficiente em termos microeconômicos, mas o valor realmente investido não é suficiente, do ponto de vista de estratégia de crescimento a longo prazo (o aumento na capacidade produtiva foi limitado), e nem tem permitido muitas esperanças, em termos de desempenho de exportações.

Foi também demonstrado que a literatura dedicada às reformas indica que a reforma do setor financeiro doméstico deveria ocorrer antes da eliminação dos controles sobre o capital externo. A experiência brasileira foi peculiar também neste aspecto. Foram adotados incentivos ao investimento estrangeiro no período 1990-91, enquanto a verdadeira reforma do setor financeiro somente ocorreu em 1995, depois da verificação da necessidade de ajustes, devido à perda dos ganhos produzidos pela inflação que eram canalizados para o setor bancário. Essa reforma não induziu redução nas taxas de juros, como se poderia ter previsto. Em vez disso, verificou-se um círculo vicioso de fluxos de capital, acoplados ao déficit fiscal, que levou a taxas ainda mais altas, que por sua vez atraíram capital novo, e assim por diante.

Em termos dos modelos analisados na Seção II, sempre que a falta de confiança na permanência das reformas aparece aliada ao acesso a financiamento externo, o setor privado termina por incorrer em dívidas para financiar o consumo esperado. A experiência brasileira mostra uma história distinta. O mesmo efeito – de aumentar a dívida externa basicamente para financiamento do consumo interno – ocorreu em meio a um contexto de níveis relativamente baixos de investimento, mas demanda interna intensa, mesmo quando havia poucas dúvidas quanto às intenções do governo (como ilustram as séries de vitórias políticas acumuladas pelo governo).

As receitas básicas relativas ao ajuste estrutural indicariam também que os gastos públicos deveriam ser concentrados na saúde, na educação e na infraestrutura, deixando todas as outras atividades para a iniciativa privada.

Este é, quem sabe, o aspecto em que a estrutura federativa da sociedade brasileira aparece mais nitidamente como tendo determinado os resultados. As Seções III e IV mostraram que uma variedade de aspectos mudou a estrutura de financiamento público. Por outro lado, as evidências comprovam também que: a) o compromisso do setor privado com o financiamento dessas áreas é lento e limitado, e que b) existem restrições estruturais que condicionam a extensão em que é possível transferir os gastos do governo federal para os estados e municípios. A insistência nessas reformas deverá exigir um novo desenho de toda a estrutura fiscal.

Esse último aspecto, associado às indicações de rigidezes no mercado de trabalho impostas pela legislação, e aos custos cada vez mais evidentes envolvidos no modo de operação dos poderes judiciário e parlamentar levam à conclusão de que não existem reformas parciais. Uma vez iniciado, se o propósito for preservar o processo de reformas, há necessidade de aprofundamento e expansão contínuas do próprio processo.

Em resumo, é possível identificar (pelo menos) sete lições, que podem ser derivadas da experiência brasileira dos anos 1990:

1. Existem ganhos nítidos gerados pelo fim da inflação, mas os resultados irão depender da forma como se irá manter a estabilização.

O Brasil não adotou a) um esquema repressivo, como aconteceu no Chile na década de 1980, ou na Argentina (com o Bonex e a redução de salários nominais), nem b) um processo negociado, como no México e em Israel. Em vez disso, na experiência brasileira desde meados dos anos 1990, houve a) *âncora* de taxa de câmbio nominal; b) altas taxas de juros reais positivas; c) repressão dos salários reais no setor público, acompanhada por d) ajuste quantitativo no mercado de trabalho, sendo que esse conjunto de medidas impõe barreiras à competitividade e ao desempenho de médio a longo prazos.

2. A abertura comercial aumentou os excedentes de produtores e de consumidores, como sugere a teoria. Entretanto, a forma como ocorreu a abertura parece ter imposto custos excessivamente altos a alguns setores.

3. É imperioso o ajuste fiscal, caso se deseje evitar taxas de juros excessivamente elevadas e retomar as ações no setor público. Entretanto, o ajuste deve ser programado de maneira tal que não prejudique a eficiência produtiva, nem imponha custos sociais excessivos: o financiamento privado dos gastos sociais não é nem imediato nem garantido.

4. O ajuste do setor financeiro é crucial, em um mundo de movimentação intensa de capitais: o processo brasileiro custou menos, em termos de PIB, do que processos similares em outros países, e foi aparentemente crucial para evitar os efeitos multiplicadores das recentes crises externas.

5. Embora importante, a estabilização de preços não deveria transformar-se na meta única da política econômica. A experiência já demonstrou que leva al-

gum tempo até que desapareçam as expectativas de inflação.[112] Mas uma correta sinalização para os agentes econômicos com relação à recuperação da produção é igualmente importante, para garantir que as próprias condições para as reformas sejam sustentáveis ao longo do tempo.

6. Uma vez iniciado, o processo de reforma determina a sua própria continuidade, cada vez em estágios mais altos, se a intenção for evitar uma reversão. Portanto, os contextos econômicos com baixa inflação e relações econômicas abertas com o resto do mundo exigem consistência fiscal e modificações na legislação trabalhista, bem como nos procedimentos administrativos e institucionais.

7. Contar com a poupança externa para retomar um ciclo de investimentos é uma aposta arriscada, uma vez que as decisões de investidores estrangeiros são tomadas tendo como base aquilo que ocorre com as variáveis domésticas, mas incluem também fatos que acontecem em outros locais.

A intensidade e a multiplicidade das reformas efetuadas no Brasil nos anos 1990 foram tamanhas que talvez seja ainda cedo para poder avaliá-las em sua plenitude. Várias mudanças de políticas – como a privatização das empresas públicas e a reforma do sistema de seguridade social – somente depois de algum tempo deverão ser traduzidas em ganhos dinâmicos. Entretanto, já se passaram nove anos desde os primeiros movimentos significativos, e com certeza algumas lições que já podem ser identificadas contribuem para o nosso entendimento do processo de ajuste em um país em desenvolvimento.

A experiência brasileira ilustra um caso em que as reformas não seguiram a seqüência ideal prescrita, em que em alguns casos houve sinalização inadequada para os agentes econômicos, mas também em que os ganhos já alcançados poderiam facilmente ser perdidos, em caso de reversão desses movimentos.

Referências Bibliográficas

Amadeo, E. e Gonzaga, G. (1997). "Brasil: Salario, Productividad y Cambio. Análisis del Costo Unitario en la Industria", in OIT, *Costos Laborales y Competitividad Industrial en America Latina*, Peru.

Amadeo, E. e Neri, M. (1997). "Houve Precarização do Setor de Serviços? Qualidades dos Trabalhadores e dos Empregos no Brasil entre 1989 e 1997", não processado.

Baumann, R. et alli (1997). "A Política Tarifária no Plano Real", *Pesquisa e Planejamento Econômico*, IPEA, dezembro.

Baumann, R. e Mussi, C. (1999). "Algunas Características de la Economia Brasileña Después del Plan Real", CEPAL, não processado.

[112] Ver, por exemplo, as análises das experiências de estabilização na Argentina, Chile, México e Peru, publicadas pelo IPEA/Escritório da CEPAL no Brasil (1997): pode levar mais de quatro anos após a estabilização para os agentes econômicos perderem sua memória inflacionária, e ajustarem seu comportamento. A longa experiência brasileira com a inflação amplamente disseminada poderia, entretanto, exigir um período ainda mais longo de adaptação.

Bielschowsky, R. (org.) (1998). *Investimentos na Transição Brasileira dos Anos 90,* Ipea/Escritório da Cepal no Brasil.

Bielschowsky, R., Abicalil, M., Oliveira, J., Soares, S., Wohlers, M. (1999). "Formação de Capital no Ambiente das Reformas Econômicas Brasileiras dos Anos 1990: Uma Abordagem Setorial", neste livro.

Bonelli, R. (1998). "A Note on Foreign Direct Investment (FDI) and International Competitiveness in Brazil", IPEA, Texto para discussão, n. 584, agosto.

Bonelli, R. e Fonseca, R. (1998). "Ganhos de Produtividade e de Eficiência: Novos Resultados para a Economia Brasileira", mimeo.

Bonelli, R. e Fonseca, R. (1998). "Competitividade da Indústria Brasileira nos Anos Noventa", Notas sobre o Mercado de Trabalho, n. 7, setembro, Ministério do Trabalho, Brasília, publicado também como Texto para discussão, n. 574, IPEA, julho, 1998.

Bruno, M. (1991). "High Inflation and the Nominal Anchors of an Open Economy", *Princeton Essays in International Finance,* n. 183, junho.

Calvo, G. (1989). "Incredible Reforms", in G. Calvo et al. (orgs.), *Debt, Stabilization and Development: Essays in Honour of Carlos Diaz-Alejandro,* Basil Blackwell, Nova York.

Camargo, J. M. (1998). "O Mercado de Trabalho Brasileiro no Período Pós-Estabilização", mimeo.

Camargo, J. M., Neri, M., Reis, M. C. (1998). "Emprego e Produtividade no Brasil na Década de 1990", neste livro.

Castelar Pinheiro, A. (1996). *Privatização no Brasil,* mimeo.

Castelar Pinheiro, A. e Giambiagi, F. (1998). "The Macroeconomic Background and the Institutional Framework of Brazilian Privatization", BNDES, mimeo.

CEPAL (1999). *Panorama Social de America Latina y el Caribe – 1998,* Santiago.

Sáinz, P. Calcagno, A. (1999). "La Economia Brasileña ante el Plan Real y Su Crisis", CEPAL, *Serie Temas de Coyuntura,* n. 4, Santiago.

Chudnovsky, D. e Lopez, A. (1997). "Las Estratégias de las Empresas Transnacionales en Argentina y Brasil: Qué Hay de Nuevo en los Años Noventa?", CENIT, Documento de Trabajo, n. 23, Buenos Aires.

Cooley, J. P. e Maloney, W. F. (1995). "Optimal Sequencing of Credible Reforms with Uncertain Outcomes", *Journal of Development Economics,* vol. 48.

Corbo, V. e Fischer, S. (1992). "Adjustment Programs and Bank Support: Rationale and Main Results", in V. Corbo, S. Fischer and S. B. Webb (orgs.), *Adjustment Lending Revisited: Policies to Restore Growth,* The World Bank, Washington.

Cysne, R. (1999), "Aspectos Macro e Microeconômicos das Reformas", neste livro.

Cysne, R. (1998). "Aspectos Macro e Microeconômicos das Reformas Brasileiras", relatório apresentado à CEPAL, mimeo.

Draibe, S. (1998). "Brasil Anos 1990: As Políticas Sociais no Marco das Reformas Estruturais", relatório apresentado à CEPAL, mimeo.

Draibe, S. (1999). "As Políticas Sociais nos Anos 1990", neste livro.

Edwards, S. e Edwards, A. C. (1987). *Monetarism and Liberalization: The Chilean Experience,* Ballinger Publishing Company, Cambridge.

Edwards, S. (1990). "The Sequencing of Economic Reform: Analytical Issues and Lessons from Latin American Experiences", *The World Economy,* vol. 13, n. 1, março.

Ipea, Escritório da Cepal no Brasil (1997). *O Plano Real e Outras Experiências Internacionais de Estabilização,* Brasília.

McKinnon, R. (1982). "The Order of Economic Liberalization: Lessons from Chile", in K. Brunner, A. H. Metzler (orgs.) *Economic Policy in a World of Change,* North-Holland, Amsterdam.

Mussa, M. (1986). "The Adjustment Process and the Timing of Trade Liberalization", in A. M. Choksi, D. Papageorgiou (orgs.), *Economic Liberalization in Developing Countries,* Basil Blackwell, Oxford.

Neri, M. e Camargo, J. M. (1999a). "Economic Reforms and Income Distribution in Brazil", relatório apresentado à CEPAL, mimeo.

Neri, M. e Camargo, J. M. (1999). "Efeitos Distributivos das Reformas Estruturais no Brasil", neste livro.

Rodrik, D. (1992). "The Rush to Free Trade in the Developing World: Why So Late? Why Now? Will It Last?", *NBER Working Paper Series*, n. 3947, janeiro.

Rodrik, D. (1993a). "Trade and Industrial Policy Reform in Developing Countries: A Review of Recent Theory and Evidence", *NBER Working Paper Series*, n. 4417, agosto.

Rodrik, D. (1993b). "Trade Liberalization in Disinflation", *NBER Working Paper Series*, n. 4419, agosto.

Rodrik, D. (1996). "Understanding Economic Policy Reform", *Journal of Economic Literature*, vol. XXXIV, março.

Silva Dias, G. L. e Amaral, C. (1999). "Mudanças Estruturais na Agricultura Brasileira: 1980-1998", neste livro.

Stern, E. (1991). "Evolution and Lessons of Adjustment Lending", in V. Thomas, A. Chibber, J. de Melo (orgs.), *Restructuring Economies in Distress*, Oxford University Press.

Tigre, P., Cassiolato, J. E., Szapiro, M. H., Ferraz, J. C. (1999). "Mudanças Institucionais e Tecnologia: Impactos da Liberalização sobre o Sistema Nacional de Inovações", neste livro.

Tigre, P., Cassiolato, J. E., Szapiro, M. H., Ferraz, J. C. (1999a). "Câmbio Estrutural e Sistemas Nacionais de Inovação: O Caso Brasileiro", relatório apresentado à CEPAL.

Williamson, J. (1990). *Latin American Adjustment: How Much Has Happened?*, Institute for International Economics, Washington.

Capítulo 2

Aspectos Macro e Microeconômicos das Reformas[1]

*Rubens Penha Cysne**

I. Uma Visão Geral do Processo de Reformas

Embora seja possível identificar movimentos de privatização e abertura comercial anteriores a 1990, o período de reformas no Brasil inicia-se efetivamente nesse ano. Dentre as reformas de primeira geração, ocorreu no período 1990-1998 relativo progresso em pelo menos quatro áreas: estabilização de preços, privatização, abertura ao exterior, seja em termos comerciais ou em termos de captação de recursos, e regulação, esta última extensiva ao sistema financeiro. Podem-se mencionar, ainda, reformas corretivas de algumas distorções da Constituição de 1988.

A estabilização de preços foi alcançada desde julho de 1994, quando da introdução da terceira fase do Plano Real, e adoção de nova moeda. Passou-se de uma inflação próxima a 50% ao mês em junho de 1994 a taxas anuais de, respectivamente, 14,8%, 9,3% e 7,5% nos três anos seguintes. A partir do início de 1999, entretanto, com a passagem a um sistema de câmbio flexível, as perspectivas de inflação têm se elevado. Há ainda um longo caminho a ser percorrido; a estabilização não está completa e permanece a necessidade de consecução de uma trajetória fiscal sustentável.

---

1 O autor agradece a assistência de pesquisa de Ricardo Wyllie, bem como o suporte do CERES/FGV na obtenção e formatação de dados. Ubiratan Iorio participou da redação preliminar da Seção II.5.

* Fundação Getúlio Vargas.

O início do processo de privatização ocorreu em 1981, quando o governo aprovou o Decreto n. 86.215, que fixava as primeiras diretrizes para a transferência e desativação de empresas controladas pelo governo federal. Mas apenas após 1990 (sobretudo após 1995), é que as privatizações realmente assumiram maior vulto.

A abertura comercial, por outro lado, teve como data de início efetivo os anos 1990/91 (embora tenha havido redução de alíquotas já em 1988). Desde então houve alguns retrocessos, mas o avanço líquido com relação à década passada encontra-se ainda claramente positivo. A abertura financeira iniciou-se com a Resolução 1.289, de 1987, e seus anexos, introduzidos posteriormente.[2]

Embora de forma um tanto não linear (dada a quase inexistência de experiência brasileira nessa questão), tem-se caminhado positivamente na passagem do Estado empresário ao Estado regulador. Foram criadas as agências reguladoras ANEEL, ANATEL e ANP, respectivamente nas áreas de energia elétrica, telecomunicações e petróleo. Tais agências estão ainda em fase incipiente, e muitas vezes seu poder concedente, como representante do Executivo, pode conflitar com o poder mediador (em que uma das partes querelantes pode ser o próprio Executivo). Em adição, a independência dos reguladores, ainda quando expressa em Lei, não tem sido suficiente para permitir questionamentos no seio do próprio setor público. Um exemplo é a permanência de inúmeras reservas de mercado e monopólios no setor estatal, sem que haja um questionamento efetivo do órgão de defesa da concorrência. Há falta de cultura regulatória e de capital humano no setor.

É também digno de nota o encaminhamento de reformas no âmbito do sistema financeiro (1995-1998), embora permaneça o desafio de prover melhoras adicionais nas áreas de supervisão bancária e de conduzir o processo de extinção, privatização, ou transformação em agência de fomento, dos bancos estaduais e de alguns bancos federais.

A partir do Plano Real, em 1994, realizou-se uma ampla e bem-sucedida reforma do sistema bancário, visando amenizar os custos de uma transição para uma inflação mais baixa, potencializados por uma supervisão demasiado passiva do Banco Central no período de inflação elevada. Encontra-se em andamento a extensão dessa reforma aos bancos estaduais, retirando-se dos estados a possibilidade de emitir moeda (através dos resgates de dívidas estaduais pelo Banco Central).

Ainda na fase de discussões encontram-se, de forma independente, a reforma tributária, a reforma das leis trabalhistas, a reforma política e a reforma do Judiciário.

---

[2] O mais importante sendo o quarto, publicado em 1991, que regulou as bases do aporte de capitais, no Brasil, de investidores institucionais não residentes.

A chamada reforma administrativa, cujo eixo central é a possibilidade de demissão dos funcionários públicos tornados estáveis pela Constituição de 1988, já se encontra aprovada pelo Congresso Nacional. Sua efetiva implementação, entretanto, dependerá ainda da aprovação de Leis Complementares e Ordinárias que a detalhem. Em adição, o projeto aprovado requer a demissão de todos os servidores não-estáveis (não concursados contratados depois de 1983) anteriormente à demissão dos servidores estáveis, o que reduz severamente sua aplicabilidade e impacto sobre o déficit público.

Uma efetiva reforma da Previdência está ainda por vir. O projeto discutido e aprovado no Congresso não pode ser efetivamente classificado como a reforma requerida.

Em um balanço global da situação macroeconômica vigente no país desde 1994, pode-se dizer que a condução da política fiscal, tem constituído o ponto fraco das duas últimas administrações do país. A discussão atual de uma Lei de Responsabilidade Fiscal, que torna os administradores públicos mais responsabilizáveis pelo ordenamento de despesas, pode representar uma boa medida.

II. Descrição das Reformas

II.1. Emendas Constitucionais

Por ocasião da revisão constitucional e das reformas adicionais que se seguiram, aprovaram-se importantes modificações. Foi abolida a distinção entre empresa brasileira e empresa brasileira de capital nacional, eliminaram-se as reservas de mercado sobre o gás natural, as jazidas minerais e os potenciais hidráulicos, permitiu-se a participação do setor privado no setor de telecomunicações e retirou-se da Petrobras a execução exclusiva do monopólio da União na área petrolífera. Aprovou-se também o Fundo Social de Emergência, que elevou a parcela mutável do orçamento fiscal à discrição do Executivo, elevando a margem de manobra do governo para realocar ou reduzir despesas.

II.2. Reforma Patrimonial (Privatização)

No PND, Programa Nacional de Desestatização, podem-se discriminar quatro fases. Na primeira, iniciada em 1981, foram negociadas as empresas que haviam sido antes estatizadas quando encontravam-se em situação falimentar. Esta também é conhecida como a fase das reprivatizações. Excetuando-se alguns poucos casos (Aracruz Celulose, por exemplo), as empresas privatizadas até 1989 eram muito pequenas, e os resultados financeiros foram bem modestos, chegando-se à cifra total de US$735 milhões, correspondente a 39 empresas.

Na fase seguinte, iniciada em 1990, o programa foi direcionado primordialmente às empresas estatais produtoras de bens, com ênfase nos setores siderúrgico, petroquímico e de fertilizantes. Até 1992 cerca de 20 empresas foram negociadas, perfazendo um total de US$5,4 bilhões, entre receitas de vendas e transferências de dívidas.

A terceira fase, implementada a partir de 1993, tem como principal característica as mudanças de cunho institucional nas regras para a privatização. As principais alterações foram a ampliação dos créditos contra o Tesouro (aceite das chamadas "moedas podres") para fins de privatização, a venda de participações, mesmo que minoritárias, detidas pela União e a eliminação de restrições aos investidores estrangeiros, permitindo-se na maior parte dos casos a participação em 100% do capital votante. Cabe salientar que apenas a negociação das participações minoritárias envolveu a soma final de US$3,8 bilhões. Ao mesmo tempo, durante os anos de 1993 e 1994, novas privatizações nos setores químico e de fertilizantes foram efetivadas, dando prosseguimento à segunda fase do PND.

Tabela 2.1
Fases da Privatização Federal no Brasil

Fase	*Período*	*Governo*	*Setores Principais*	*Número de Empresas*	*Valor(*) US$ Milhões*	*Observações*
Primeira Fase Reprivatização	1981-1989	Figueiredo e Sarney	Diversos	39	735	Retorno ao setor privado de empresas que haviam sido absorvidas em estado falimentar
Segunda Fase	1991-1992	Fernando Collor	Siderúrgico Petroquímico Fertilizantes	18	5371	Privatização passa a constituir um dos eixos do conjunto de reformas liberalizantes
Terceira Fase	1993-1994	Itamar Franco	Siderúrgico Petroquímico Fertilizantes	15	6503	Continuidade do programa, mas com menor prioridade; ênfase na utilização de moeda corrente nas vendas
Quarta Fase	1995-1996	Fernando Henrique Cardoso	Químico Ferroviário Elétrico Serviços	19	6375	Trata, em especial, da concessão de serviços públicos com vista aos aportes em infra-estrutura
	1997-	Fernando Henrique Cardoso	Mineração Portuário	4	7826	É cumprida uma das principais etapas do processo de privatização com a venda da CVRD

Fonte: De 1995 a 1997 – BNDES/Privatização – Resultado por Empresa (Internet).

Obs. Os valores acima incluem não apenas as receitas de vendas, mas também as dívidas transferidas. Porém, não se incluem os resultados das concessões.

A quarta e última fase teve início em 1995, distinguindo-se das demais por tratar também da concessão de serviços públicos. Essa fase apresenta como contrapartida à geração de receitas, os novos investimentos em infra-estrutura capazes de reduzir os custos de produção e de evitar futuros estrangulamentos no crescimento econômico. Algumas dificuldades têm surgido quanto à qualidade dos serviços prestados pelas empresas recém privatizadas, indicando que o Governo subestimou a necessidade de preparativos para garantir uma transição eficiente nesta última fase. Na Tabela 2.1 é apresentado um resumo das quatro fases e de seus respectivos resultados.

Ao longo do governo Fernando Henrique Cardoso foram privatizadas também 24 empresas estaduais, obtendo-se uma receita total efetivamente recebida ou a receber de US$17.434 milhões, com um volume total de dívidas transferidas da ordem de US$4.848 milhões.

As privatizações concentraram-se, geograficamente, nos estados de Minas Gerais, São Paulo e Rio de Janeiro. Do ponto de vista setorial, do número de empresas e do volume de recursos, observa-se uma concentração em energia elétrica (11) e transportes (7).

A Tabela 2.2 traz os valores correspondentes às privatizações efetuadas.

Tabela 2.2
Privatizações Estaduais – Posição em 16/07/98

	Resultados Acumulados 1996/1998		
	US$ milhões	*US$ milhões*	*US$ milhões*
Empresa privatizadas	Receita de leilões (Resultado efetivamente recebido ou a receber)	Dívida transferida	Resultado total
Total	17434	4848	22252

Venda de participações	Receita de leilões	Dívida transferida	Resultado total
Total	3399	-	3399

Fonte: BNDES.

Uma pergunta interessante relativa ao processo de privatização diz respeito ao seu impacto fiscal e ao processo de controle da inflação. A Tabela 2.2a apresenta os dados oficiais relativos às necessidades de financiamento (conceito operacional) das empresas estatais, entre 1988 e 1997, como fração do PIB.

Tabela 2.2 a
Necessidade de Financiamento (Conceito Operacional) das Empresas Estatais ((%) do PIB)

	1988	*1989*	*1990*	*1991*	*1992*	*1993*	*1994*	*1995*	*1996*	*1997*
Empresas Estatais	0,77	2,60	0,80	0,07	0,59	−0,02	−0,32	0,86	0,32	0,28

As privatizações costumam apresentar quatro vantagens fiscais. Primeiro, uma receita de venda, que pode ser utilizada, paralelamente ao endividamento ou à expansão monetária, no financiamento do déficit público. Segundo, como os juros pagos na dívida pública costumam se situar abaixo dos dividendos recebidos pelo Tesouro pela posse de participações em empresas, há também redução do déficit. Terceiro, eliminam-se as transferências de recursos do Tesouro para as estatais (ainda que estas ocorram principalmente no contexto das instituições financeiras públicas). Quarto, costuma haver maior arrecadação de impostos, na medida em que as estatais privatizadas em geral apresentam maiores investimentos (já que não se sujeitam mais aos programas de contenção do setor público), e, conseqüentemente, crescimento de receitas.

Como se depreende da Tabela 2.2a, entretanto, não se pode inferir, exceto numa visão de longo prazo da questão fiscal, que o processo de privatização tenha sido de vital importância na solução do desequilíbrio das contas públicas, que sempre ameaçou o Plano Real. Dentre as vantagens de ordem fiscal associadas à privatização, já relacionadas, a mais importante para o Plano Real, no contexto de curto prazo dado pelas necessidades de financiamento operacional, parece ter sido a de financiamento (e não redução) do déficit, proporcionada pelas receitas de privatização. Muito importante, por exemplo, foram as receitas de concessões na área de telecomunicações, que não constam da Tabela 2.1.

No que diz respeito à sua contribuição à redução do déficit fiscal, a privatização não causou o impacto que poderia ter causado, se tivesse o processo, desde o primeiro momento incluído os bancos estaduais, sido mais acelerado e incluído o setor de petróleo. Apenas o Banco do Brasil exigiu em 1996 uma capitalização pelo governo federal de R$8 bilhões. No âmbito estadual, calcula-se o repasse de dívidas do Banespa para o Tesouro Federal em um montante superior a R$30 bilhões. A privatização de tais instituições financeiras certamente teria elevado impacto fiscal, na medida em que dificultaria a atual consecução de despesas de interesses do governo federal ou de governos estaduais através de emissores de meios de pagamento garantidos em última instância pelo Banco Central.

II.3. Abertura Econômica – Conta Corrente

A evolução das importações e de sua razão em relação ao PIB no período 1990-1997 pode ser observada na Tabela 2.3.

Tabela 2.3
Valor (US$ milhões) das Importações Brasileiras Segundo Categorias de Uso (1990/97)

Médias	Total das Importações	PIB a preço de mercado	Coeficiente de importação (%)	Petróleo e Outros	Bens de Consumo	Matérias-primas e Produtos Intermediários	Bens de Capital	Material de Construção	Equipamentos de Transporte
1990 a 1993	22.232	405.175	5,49	4.879	2.586	8.810	4.415	136	1.440
1994	33.488	543.100	6,17	4.766	5.128	13.533	6.996	191	2.874
1995 a 1997	54.879	761.355	7,21	6.026	9.732	19.947	13.900	257	5.105

Fontes:

Em 1990 – Boletim do Banco Central de maio/94, p. 162.

De 1991 a 1996 – Resende, Gervásio C., Nonnenberg, Marcelo e Marques, César M. (1997).

Em 1997 – Boletim do Banco Central – Fev/98, vol. 34, n. 2, p. 173.

Obs.: Em materiais de construção a média 1 e a média 2 sofreram modificações devido à falta de um valor tanto para uma quanto para a outra, assim a primeira passa a ser dividida por apenas 3 e a outra por 2.

O período de 1990 a 1997 pode ser dividido em três subperíodos: 1990-1993 (antes do Plano Real), o ano de 1994 – de transição para a estabilidade de preços e maior utilização das importações – e o período posterior ao Plano Real. Observa-se a elevação contínua do coeficiente de importações tomado em relação ao PIB, passando de 5,5% entre 1990 e 1993 para 7,2% entre 1995 e 1997.

A abertura comercial teve o seu primeiro estímulo no biênio 1988/89, quando a tarifa média foi reduzida de 51% para 37% e a tarifa máxima passou de 105% para 85%. Apenas em 1990, entretanto, foram eliminadas as barreiras não-tarifárias às importações. Salvo alguns acordos pretéritos (do qual constitui exemplo a Lei de Informática, que vigorou até 1992) a partir desse ano as alíquotas nominais passaram a balizar a política de comércio exterior.

Também em 1990 foi anunciado um cronograma de reduções tarifárias. Com tais medidas as importações, que se encontravam praticamente estagnadas entre 1990 e 1992, cresceram em torno de 25% em 1993, 31% em 1994 e 51% em 1995. Ou seja, embora o estímulo inicial à abertura tenha se dado em 1990, o efetivo crescimento das importações apenas ocorreu de 1993 em diante, particularmente nos anos de 1994 e 1995. De 1995 a 1997, o crescimento médio anual das importações regrediu para 11%.

A Tabela 2.4 apresenta a evolução das tarifas entre 1988 e 1997, caracterizando o processo de abertura comercial neste período.

Observa-se que a alíquota média simples passou de 38,5% em julho de 1988 para 11,2% ao final de 1994, em um processo monótono de queda. O momento de maior abertura comercial, medida pelo valor da alíquota média, no último trimestre de 1994, ponto a partir do qual se elevaram a dispersão e a média simples tarifária. Em termos anuais, a tarifa média simples se manteve pratica-

Tabela 2.4
Evolução das Tarifas Nominais (%) – 1988-1997

Período	*Média Simples*	*Média Ponderada*
Jul/88	38,50	34,7
Set/89	31,60	27,4
Set/90	30,00	25,4
Fev/91	23,30	19,8
Jan/92	19,20	16,4
Out/92	15,40	13,3
Jul/93	13,20	11,4
Jul-Set/94	12,95	14,36
Out-Dez/94	11,19	13,68
Jan-Mar/95	12,62	16,57
Abr-Jun/95	13,18	19,46
Jul-Set/95	13,22	15,79
Out-Dez/95	13,26	15,49
Jan-Mar/96	13,13	13,51
Abr-Jun/96	12,99	15,47
Jul-Set/96	13,19	ND
Jan-Abr/97	13,44	13,01
Jan-Abr/98	14,29	15,96

Fontes:
De 1988 a 1993, Kume (1996), de 1994 a 1996, Baumann e outros (1997).
De 1997 e 1998, Secretaria da Receita Federal/COGET.

Nota: No caso das alíquotas médias ponderadas para o período 1988-93, os pesos foram calculados com base no valor adicionado do livre comércio, ao passo que para o período seguinte os pesos se baseiam nos valores das importações a cada período.

mente constante entre o segundo trimestre de 1995 e o terceiro trimestre de 1997. No quarto trimestre de 1997 houve substancial elevação das alíquotas de importação sobre bens de consumo duráveis, o que se refletiu em um aumento da média das tarifas.

O desvio-padrão das alíquotas também se reduziu no período de 1988-1993, quando passou de 15,4 a 6,7. Entre 1994 e 1996, a observação do desvio-padrão trimestre a trimestre, se iniciando no terceiro trimestre de 1994 e terminando no terceiro trimestre 1996 (dados de Baumann e outros, 1997), apresenta os valores de 8,0 (3/94), 7,9 (4/94), 7,2 (1/95), 9,4 (2/95), 9,6 (3/95), 9,8 (4/95), 9,0 (1/96), 8,4 (2/96) e 8,9 (3/96). Os dados, como se observa, mostram ora elevação ora queda desta variável, tendo o valor máximo se situado em 9,8 e o valor mínimo em 7,2.

Caracteriza-se desta forma uma maior uniformização da estrutura tarifária no período que vai de 1988 a 1993, seguida de eventual e ligeira reversão daí para a frente. Há de se mencionar em particular a instabilidade na delimitação das alíquotas de importação de alguns produtos entre julho de 1994 e setembro de 1996, com seus reflexos reconhecidamente negativos sobre o planejamento empresarial.

Um indicador mais adequado para a política de abertura, entretanto, que capta a importância relativa de cada uma das tarifas, é dado pela evolução da alíquota média ponderada. Dependendo do critério de ponderação utilizado, pode-se chegar a diferentes valores para esta variável.

Também por este critério, observa-se na Tabela 2.4 uma queda monotônica da alíquota média entre 1988 e julho de 1993, passando de 34,7% para algo em torno de 11,4%. Daí para frente há elevações e quedas, porém em momento algum chegando-se ao valor existente ao início do processo de abertura, ou mesmo ao valor de 25,4%, existente em 1990.

O fomento ao processo de abertura a partir de 1994 teve pelo menos dois objetivos. Primeiro, facilitar a estabilização de preços. Tanto a elevação do déficit público a partir de 1994 quanto a redução do imposto inflacionário implicavam a necessidade de captação de poupança externa, o que é facilitado pela abertura comercial. Segundo, a abertura objetivava proporcionar acréscimos de produtividade através da concorrência e do maior influxo de tecnologia e investimentos externos, o que realmente se configurou.

Dados de Bonelli e Fonseca (1998) mostram que a produtividade total dos fatores, cuja elevação média anual na década de 1980 foi de 1,0%, teria passado a 2,1%, em média, entre 1990 e 1997. Ainda segundo esses autores, a elevação da produtividade total dos fatores explicaria algo em torno de 75% do crescimento do produto potencial ocorrido entre 1993 e 1997. Relatório da McKinsen (1998), utilizando dados desagregados para diferentes setores, reporta uma elevação média de produtividade no período 1990-97 em torno de 5% ao ano.

É claro que as elevações de produtividade da década de 1990 não se podem associar apenas à abertura e à estabilização de preços. Também importantes neste processo foram a privatização e, em alguns setores específicos (como transporte aéreo, por exemplo), a desregulamentação.

A abertura comercial apresentou alguns sobressaltos após o início do Real, em 1994. Mas nada que fizesse regredir substancialmente o fomento às importações ao que ocorria anteriormente a 1990, quando havia restrições quantitativas às importações que competiam com a produção doméstica. O primeiro retrocesso ocorreu ao final de 1994, quando a crise do balanço de pagamentos levou a um certo nervosismo dos mercados internacionais de capitais. Instituíram-se então restrições às importações através de aumentos de tarifas de um grupo selecionado de produtos, bem como de restrições não-tarifárias, expediente que não mais se utilizava, desde 1990.

O segundo retrocesso ocorreu no terceiro trimestre de 1997, quando da crise asiática, que reduziu novamente a liquidez internacional à disposição do Brasil.

II.4. Abertura Econômica – Fluxo de Capitais

Uma referência bastante pormenorizada da abertura ao capital estrangeiro no Brasil é dada por Baumann (1997).

Desde 1991, o Brasil tem apresentado, de forma praticamente simultânea ao processo de abertura comercial, tendência no sentido de permitir também maior abertura financeira. Embora as primeiras medidas de liberalização comercial tenham ocorrido em 1988, seus reflexos apenas começaram a se sentir com maior intensidade a partir do início dos anos 1990, o que tornou a abertura financeira praticamente concomitante à abertura comercial.

Ainda que em geral se defenda teoricamente a antecedência da abertura comercial sobre a financeira, essa concomitância não implicou prejuízos palpáveis do ponto de vista da formulação de política econômica: havia (e foi efetivamente utilizada, em alguns períodos) a possibilidade de taxar os capitais de curto prazo e a filosofia do Real pressupunha o financiamento externo, incluindo principalmente capitais de risco. Os fluxos de capital são apresentados na Tabela 2.5, de acordo com a taxinomia usual do balanço de pagamentos.

Tabela 2.5
Movimentos de Capitais (US$ milhões)

	1987-89	*1990-92*	*1993*	*1994*	*1995*	*1996*	*1997*
Financiamento de Importações	4.080	5.901	2.380	1.939	2.834	4.302	18.296
Empréstimos/ Desembolsos	319	4.261	10.790	10.417	14.425	22.553	26.626
Investimentos Diretos	995	846	877	2.241	3.285	9.580	17.085 (26.110 em 1998)
Investimentos de Portfólio	64	795	6.650	7.280	2.294	6.039	5.300
Capitais de Curto-prazo	-696	-693	869	909	18.834	3.995	–16.699

Fontes:

Em 1987 e 1988 (para os investimentos diretos) – Boletim do Banco Central, Jul/93, vol. 29, n. 1, pp. 106, 108 e 118.

De 1992 a 1996 – Boletim Banco Central, Out/97, vol. 33, n. 10, pp. 120, 134 e 136.

De 1998 a 1996 – Boletim Banco Central, Fev/95, vol. 31, n. 2, pp. 132, 146 e 148 (exceto para Investimentos Diretos no ano de 1988).

Em 1997 – Boletim do Banco Central, Abr/98, vol. 34, n. 4, pp. 124, 126, 140 e 142.

Dois fatos em particular devem ser ressaltados. Primeiro a elevação, no período 1991–1994, dos investimentos de portfólio (fundos de renda fixa, fundos de privatização, fundos para investimentos em empresas emergentes etc.). Após essa data sua participação no total dos financiamentos caiu de 33,6% (em 1994) para 10,6% (em 1997).

Segundo, a elevação dos investimentos diretos no período após 1994. A participação brasileira no total dos investimentos diretos mundiais passou de 1,3% em 1991-95 para 2,7% em 1996.

Tanto no caso dos investimentos de portfólio quanto no dos investimentos diretos, as elevações de seus fluxos refletem modificações da legislação. No caso dos investimentos diretos deve-se ressaltar também como fator explicativo o processo de estabilização econômica em curso desde 1994, bem como a privatização de inúmeras empresas, particularmente em 1997 e 1998. O processo não deverá se esgotar rapidamente, tendo em vista que há ainda vários setores (infra-estrutura, telecomunicações, energia elétrica) onde a participação do setor privado terá ainda muito espaço a ocupar.

A modificação inicial, que levou à maior facilidade de captação de capital de portfólio ocorreu em 1987, com a Resolução 1289/87, e seus anexos, introduzidos posteriormente.[3] O grande impulso foi em 1991, quando foi permitida a não-residentes a operação em bolsas brasileiras e regulados internamente os mecanismos de investimentos estrangeiros através dos instrumentos de *American Depositary Receipts (ADR)* e *International Depositary Receipts (IDR)*.

Ainda no que diz respeito aos investimentos de portfólio, houve várias modificações institucionais desde então. Em junho de 1992 os fundos de investimento e as sociedades de investimento não residentes foram autorizados a operar no mercado futuro e no mercado de opções, provendo-se desta forma uma ampliação dos mecanismos de *hedge* para tais investidores. A partir de 1993/1994 os instrumentos cobertos pelo Anexo IV foram reduzidos e a taxação média foi majorada. Em 1996, foram instituídos os *Brazilian Depositary Receipts*, pelos quais ações de firmas não-residentes passaram a poder ser negociadas nas bolsas brasileiras.

No que diz respeito ao investimento direto, devem-se mencionar inicialmente os incentivos oriundos das reformas constitucionais efetuadas quando do processo revisório de 1995, anteriormente citadas. Em adição, a Lei 9249/95 eliminou a taxação sobre a remessa de lucros para o exterior. Tem havido também, desde 1995, maior aceitação e participação do capital estrangeiro no setor financeiro.

[3] O mais importante sendo o quarto, publicado em 1991, que regulou as bases de investimento, no Brasil, de investidores institucionais não residentes.

Logo após a introdução do Real, a política de juros altos e entrada de capitais levou a uma valorização cambial. Nesse primeiro momento, elevou-se a taxação incidente sobre capitais externos, visando impedir que a flutuação do câmbio levasse a uma valorização cambial ainda maior. Em março de 1995, a trajetória de entrada líquida de capitais havia se invertido, após os problemas apresentados pelo México e as perspectivas negativas para a Argentina. Em seguida a uma explicitação de bandas cambiais efetuada ao início de março de 1995, o Banco Central perdeu em uma semana algo em torno de US$4 bilhões de reservas. Para compensar este fato, as alíquotas de IOF sobre entradas de capitais foram reduzidas (Tabela 2.5A). A abrupta queda das bolsas, por exemplo, só foi contida pela eliminação do compulsório de 1% sobre os investimentos externos em ações.

Em agosto de 1995, apenas 5 meses após a redução das alíquotas de IOF[4] sobre a entrada de capitais, a situação voltou a se inverter, passando-se a um problema de excesso de reservas internacionais que dificultava o controle monetário. O governo novamente aumentou o IOF, voltando atrás na política anterior: em menos de seis meses, passou-se de uma direção à direção oposta, a exemplo do que também ocorreu com a facilidade de importações e o crédito.

Até o final de 1998 o governo operou sempre desta forma, elevando as alíquotas de taxação sobre a entrada de capitais quando a acumulação de reservas tornava-se indesejável, e reduzindo-as caso contrário.[5] No curto prazo, tal política apresentou os resultados esperados. No médio/longo prazo, entretanto, a inventividade do mercado reduziu a eficiência das regulações efetuadas pelo Banco Central. A Tabela 2.5A apresenta a evolução das diferentes alíquotas de IOF para controle do ingresso de capitais:

Tabela 2.5a
Alterações nos Impostos e nos Prazos para o Ingresso de Capitais (cobrança de IOF)

Tipo	*Antes*	*09/03/95*	*10/08/95*	*28/02/96 (Portaria 28 do M.F.)*	*30/10/96 (Portaria 241 do M.F.)*	*24/04/97 (Portaria 85 do M.F.)*
Empréstimo Moeda	7%	0%	5%	5%	3%	0%
Renda Fixa	9%	5%	7%	7%	7%	2%
Privatizações	1%	0%	0%	5%	5%	0%

4 Imposto sobre Operações Financeiras.

5 Não houve uso de limitações em volume ou prazo.

II.5. Reforma Financeira

II.5.1. Queda das Transferências Inflacionárias Após o Plano Real

Com a queda da inflação (de cerca de 40% ao mês, no período pré-Plano Real, para uma média de 3,6% [IGP-DI] ou 2,6% [IPC-r] ao mês, de julho de 1994 a maio de 1995), as transferências inflacionárias para os bancos comerciais (juros reais negativos pagos pelo excesso de depósitos à vista sobre encaixes totais) reduziram-se subitamente. Este fato, aliado à necessidade que os bancos teriam, daí em diante, de ampliar compensatoriamente suas carteiras de crédito sem estarem devidamente aparelhados, obrigou o Banco Central a agir rapidamente de forma a impedir uma grave crise sistêmica no sistema financeiro.

A reação se deu através de programas de crédito para ajuste das instituições financeiras em dificuldades (PROER), da criação de um Fundo de Garantia de Crédito, de maior aporte de capital externo no setor de intermediação financeira (principalmente desde meados de 1996), de incentivos a processos de fusões e aquisições e do maior poder de regulação e supervisão legalmente provisionado ao Banco Central. Do ponto de vista das instituições financeiras, passou-se a buscar uma compensação da queda das receitas inflacionárias na expansão das operações de crédito ao setor privado e na majoração das tarifas cobradas por serviços bancários.

Entre o início de janeiro de 1990 e o final de junho de 1994 as transferências inflacionárias totais para o setor bancário comercial brasileiro situaram-se em torno de US$795 milhões ao mês. Deste total, cerca de 38,7% foram apropriados (em termos brutos) pelo sistema bancário comercial privado, cabendo ainda 32,0% ao conjunto de bancos estaduais e o restante aos bancos oficiais federais.

Considerando-se a média mensal das transferências inflacionárias de janeiro de 1990 a junho de 1994 e o período de julho de 1994 a maio de 1995, a queda dessas transferências para o sistema bancário comercial foi da ordem de US$8,6 bilhões/ano. Ainda em termos brutos, essa perda atingiu preponderantemente o sistema bancário privado (US$3,3 bilhões/ano), seguindo-se os bancos estaduais (US$2,7 bilhões/ano) e os bancos oficiais federais (US$2,5 bilhões/ano). Em termos líquidos, entretanto, o fato de os bancos privados já terem se ajustado relativamente mais, antes do Plano Real, a uma economia com inflação baixa, fez com que os bancos oficiais estaduais e federais fossem aqueles a demandar um processo maior de ajuste.

Esses números não captam o *floating* inflacionário existente sobre depósitos não classificados como depósitos à vista. Os bancos públicos federais e estaduais têm assim uma fonte adicional de perda não incluída nestas estatísticas, tendo em vista a existência de vários depósitos (não contabilizados como depósitos à vista) efetuados nessas instituições por parte do setor público ou setor estatal, em alguns casos com remuneração nula e em outros com remuneração bem abaixo da inflação.

Muitos bancos só sentiram os reflexos da queda das transferências inflacionárias (como atestam o prejuízo de R$4,2 bilhões reportado pelo Banco do Brasil relativo ao ano de 1995, bem como os problemas enfrentados pelos Banco Econômico, Banco Nacional, Banerj e Banespa) no primeiro semestre de 1995. No segundo semestre de 1994, quando a economia estava bastante aquecida, essa queda de receita foi em muito compensada pela elevação de alíquota de serviços bancários e pelo generalizado aumento de operações de crédito.

Depois dos problemas gerados pela introdução da administração compartilhada (RAET) no Banerj e no Banespa ao final de 1994 e pela intervenção no Banco Econômico em agosto de 1995:[6]

1. **Instituiu-se o PROER – Programa de Estímulo à Reestruturação e ao Fortalecimento do Sistema Financeiro Nacional (M.P. 1179 de 03/11/95 e Resolução 2208 de 03/11/95).** Este plano estipula as condições de acesso a créditos especiais do Banco Central, inclusive possibilitando às instituições se manterem temporariamente fora das exigências de limites de capital do acordo de Basiléia. Para os bancos estaduais existe o PROES, regido por regras semelhantes, visando facilitar o seu saneamento e posterior privatização. O PROER exige a modificação do controle acionário da instituição beneficiada.

2. **Estabeleceram-se incentivos para incorporações de instituições financeiras (M.P. 1179 de 03/11/95)** . Passou-se a permitir às instituições financeiras incorporadoras registrar como ágio a diferença entre o valor de aquisição e o valor patrimonial de participação societária da adquirida, após o lançamento como perda dos créditos de difícil liquidação.[7]

3. **Criou-se o Fundo de Garantia de Créditos (FGC), para proteger depositantes no sistema financeiro nacional (Resolução 2211 de 16/11/95).** Trata-se de uma espécie de seguro depósito que:

a. Fixa o valor das contribuições mensais em 0,025% do saldo das contas objeto da garantia.

b. Aplica-se às instituições financeiras que emitem depósitos à vista, depósitos a prazo, depósitos de poupança, letras de câmbio, letras imobiliárias ou letras hipotecárias.

c. Delimita, para fins de garantia pelo FGC, o teto de R$20.000,00 (vinte mil reais) para crédito de cada depositante contra o mesmo conglomerado financeiro.

4. **Criaram-se incentivos para os processos de fusão, incorporação e transferência de controle acionário de instituições financeiras (Resolução 2.212 de**

---

[6] Uma exposição detalhada dessas medidas pode ser encontrada em Mendonça de Barros e Almeida Jr. (1997).

[7] Este ágio pode ser amortizado, sob certas condições, do imposto de renda a ser pago pela incorporadora.

16/11/95). As exigências mínimas de capital passaram a privilegiar tais processos, em contrapartida à criação de novas instituições financeiras.

5. **Ampliaram-se os poderes do Banco Central (M.P. 1182 de 17/11/95 e, posteriormente, Lei 9447 de 15/03/97).** O Banco Central passou a ter poderes para capitalizar, fundir ou transferir compulsoriamente o controle de qualquer instituição financeira visando à proteção do sistema financeiro. Esta Medida estende a indisponibilidade de bens, em caso de intervenções, ao acionista controlador (e não apenas aos diretores) de instituições financeiras e confere poderes ao BACEN para transferir controle acionário, bens direitos e obrigações, efetuar reorganizações societárias, desapropriar ações (e vendê-las em oferta pública) e/ou decidir pela necessidade de capitalização da instituição.

6. **Instituiu-se a co-responsabilidade das empresas de auditoria contábil em casos de irregularidades (MP 1334 de 13/03/96).**

7. **Criou-se a Central de Risco de Crédito (Resolução 2390 de 22/05/97).** Esta Central permite às instituições financeiras, mediante autorização dos clientes, o acesso à posição devedora dos mesmos no sistema financeiro nacional (os registros cobrem apenas posições devedoras superiores a R$50.000,00).

8. **Consolidaram-se as demonstrações financeiras dos bancos no Brasil e no exterior (Resolução 2302 de 25/07/98).**

Este conjunto de medidas introduzidos pelo governo foi importante, tendo em vista a possibilidade de crise no sistema financeiro ditada pelas dificuldades enfrentadas por algumas instituições de grande porte após a estabilização da inflação.

II.5.2. Custos das Reformas Financeiras

Os custos iniciais do PROER (5% de juros incidentes sobre o total de R$10,5 bilhões de recursos de PROER liberados para o Nacional, o Econômico e a Caixa Econômica) foram oficialmente avaliados pelo Banco Central em R$526 milhões por ano, e correspondem à diferença entre o custo médio de captação no mercado pelo Banco Central (TR+16% ao ano) e o custo estipulado pelo PROER (TR+11% ao ano).

Ao início de março de 1997, entretanto, os recursos liberados do PROER já chegavam a R$15,1 bilhões. Com a venda do Bamerindus, tais valores passaram a superar os R$20 bilhões. Os valores dos juros têm apresentado elevada variação desde então, portanto esses custos estimados compõem apenas um indicativo preliminar dos custos do PROER. Na avaliação de Franco (1999), o saldo devedor do PROER em março de 1999 seria de R$8,7 bilhões, para garantias de R$19 bilhões e deficiências nas reservas bancárias de R$12,4 bilhões, o que torna incerto o resultado financeiro do programa.

Em adição, há ainda os elevados custos de saneamento dos bancos estaduais, tendo em vista a assunção de ativos de tais bancos, por parte do Banco Central, a um custo superior ao valor de mercado, sendo o caso mais vultoso o do Banespa.[8]

Segundo dados do IBGE, em 1995 o tamanho das instituições financeiras públicas, medido pela participação no PIB, foi de 3,2%, e o das privadas, de 3,6% (ou seja, as públicas representando 47% e as privadas 53% do total). Poder-se-ia então esperar que com a queda da inflação ocorrida desde julho de 1994, a assistência financeira de liquidez ao setor bancário oficial e privado seguisse o mesmo padrão. Isto, entretanto, não ocorreu. Segundo dados publicados no Boletim do Banco Central de abril de 1997, entre julho de 1994 e janeiro de 1977 o estoque da assistência financeira de liquidez aos bancos oficiais passou de R$4,2 bilhões para R$44,1 bilhões, enquanto a assistência financeira ao setor bancário privado passou de R$10 milhões para R$27 bilhões.

A assistência financeira efetuada após o Real (não confundir com subsídio) foi de aproximadamente R$40 bilhões para os bancos oficiais e de R$27 bilhões para os bancos estaduais. Portanto, o setor bancário oficial, que representa apenas 47% do total do valor adicionado na intermediação financeira, foi responsável por aproximadamente 60% da assistência financeira efetuada pelo Banco Central.

No que diz respeito aos bancos estaduais, tanto o PAC (Programa de Apoio Creditício), instituído por voto do Conselho Monetário Nacional de 233/83, de 20.07.83, o Programa de Recuperação Financeira (PROREF), de 1984, instituído pelo voto CMN 446/84 de 04.04.84, quanto várias outras tentativas fracassadas de programas de ajuste, deixam claro um ponto importante: o Banco Central não dispõe de poderes políticos para fazer honrar os acordos efetuados com os Estados, quando estes continuam com o controle de seus bancos comerciais estaduais.

Cabe ainda observar duas estatísticas que depõem contra o setor público na gerência de negócios financeiros. Embora apenas 47% do valor adicionado pelo sistema financeiro sejam originados no setor público, dados do IBGE relativos ao ano de 1995 mostram que as instituições financeiras públicas respondem por aproximadamente 61,5% do total da remuneração dos assalariados do setor financeiro.[9]

---

[8] Estes custos são provavelmente inferiores àqueles possivelmente existentes no caso de uma crise bancária. Pode-se lembrar, por exemplo, os vários bilhões de dólares gastos pelo governo americano na década de 1980 com a crise das *Savings and Loans*, bem como a crise que se seguiu à quebra do Banco Latino na Venezuela (quando houve empréstimos oficiais da ordem de 13% do PIB), que arrastou consigo vários outros bancos, impondo elevados custos à economia deste país. Um caso mais recente é o japonês, cujo governo alocou cerca de US$500 bilhões para sanear o sistema financeiro.

[9] Tais dados são compatíveis com estudos conduzidos na Fundação Getúlio Vargas (Cysne e Soares, 1997) que indicam custos com pessoal, relativamente às receitas geradas, de, respectivamente, 46,0%, 69,6% e 142,5%, para uma amostra de bancos privados, estaduais e federais, no primeiro semestre de 1995. Certamente tais diferenças não se explicam apenas por práticas diferenciadas de terceirização.

Cabe, finalmente, citar o PROES, regulamentado pela Circular 2745 de 18.03.1998, do Banco Central, que possibilita a assunção, por parte de instituição financeira federal, de passivos detidos junto ao público pelas instituições financeiras estaduais. Nesta linha, os valores e os prazos são definidos em contrato da instituição estadual com o Banco Central (o prazo inicial é de cinco anos), podendo o aval da União constituir-se em garantia. Os encargos financeiros são dados pela Taxa Básica do Banco Central (TBC).

II.6. Reforma da Previdência

Nesta seção e na Seção II.8 (Reforma Tributária) discorreremos não apenas sobre reformas em andamento no Congresso, mas também sobre reformas ain-

Tabela 2.6
Saldo da Previdência Social

(R$ milhões de dezembro/97)

Especificação	*1996*	*%PIB*	*1997*	*%PIB*	*1998[2]*	*%PIB*
A. INSS (A = A1–A2)	(2.529)	(0,3)	(5.445)	(0,6)	(9.598)	(1,0)
A1. Arrecadação Líquida	44.896	5,2	45.421	5,1	47.278	5,2
-Arrecad. Bancária + outros + Simples	48.562	5,6	49.336	5,5	51.353	5,6
-Transferências a terceiros[1]	(3.667)	(0,4)	(3.915)	(0,4)	(4.075)	(0,4)
A2. Despesas	47.425	5,5	50.866	5,7	56.876	6,2
-Benefícios exceto EPU	45.527	5,3	49.222	5,5	55.377	6,1
-Despesa Operacional	1.898	0,2	1.644	0,2	1.499	0,2
B. Serv. Púb. Fed. (Civis e Militares)	(15.833)	(1,8)	(16.166)	(1,8)	(17.361)	(1,9)
B1. Contribuição Plano Seg. Social	2.862	0,3	2.671	0,3	2.593	0,3
B2. Desp. Aposent., Reform. ou Pensões	18.695	2,2	18.837	2,1	19.954	2,2
C. Resultado Previdência. (A+B)	(18.362)	(2,1)	(21.611)	(2,4)	(26.959)	(2,9)

Fonte Primária: Boletim de Finanças Públicas do IPEA , Março de 1998, n. 2, Ano 2.

Fontes: INSS, MPAS, SRF e STN. Elaboração: CGFP / IPEA.

Notas:

[1] Recursos recolhidos pelo INSS e repassados aos seguintes órgãos: SENAR, SENAI, SESI, SENAC, SESC, INCRA, SDR, NDE, Salário Educação, SEST, SENAT, Fundo Aeroviário, E. Prof. Marítimo (DPC) e SEBRAE.

[2] Estimativa para 1998 incorporando o aumento de 18% concedido aos militares, o acréscimo de 4% no total de beneficiários do INSS, assim como o aumento do salário mínimo para R$128,00.

Os dados desta tabela não incluem os inativos e pensionistas dos estados e municípios, de número em torno de 2 milhões, e que custam aos cofres públicos algo em torno de R$29 bilhões ao ano.

O número de beneficiários gira em torno de 16,6 milhões no INSS e 875 mil para inativos e pensionistas da União.

da em elaboração. No caso da Previdência, embora tenha sido votada e aprovada uma recente reforma no Congresso, um projeto amplo que reduza efetivamente os desequilíbrios atuais ainda está por vir. O ajuste aprovado compreendeu a adoção de limites mínimos de idade e anos de contribuição para a aposentadoria (homens: 60 anos de idade e 35 anos de contribuição, e mulheres: 55 anos de idade e 30 anos de contribuição), extinguiu a aposentadoria proporcional por tempo de serviço e as aposentadorias especiais, além de outras medidas.

Estima-se uma economia anual em torno de R$3 bilhões, com a aprovação integral da reforma atualmente no Congresso, um número muito aquém do déficit total previsto, também para 1998, de R$27 bilhões (sendo em torno de R$10 bilhões no INSS e o restante no setor público federal). Estima-se em 1,7 contribuinte por aposentado a relação do atual sistema de repartição.

A Tabela 2.6 apresenta o saldo da Previdência (INSS e inativos e pensionistas da União).

Observa-se na Tabela 2.6 que:

1. O déficit se situa preponderantemente (cerca de 75%) no funcionalismo público, e não no INSS; isto se deve ao fato de a contribuição dos funcionários públicos federais se concentrar apenas nos servidores ativos (em revisão), e também no alto valor dos benefícios recebidos pelos servidores inativos.

2. Nos últimos três anos, a exemplo do que ocorre com a arrecadação de tributos e o déficit público, a arrecadação fiscal do INSS tem se elevado conjuntamente ao seu déficit, ou seja, a elevação de despesas tem sido maior do que o aumento de receitas.

3. Há um déficit total, coberto com recursos fiscais (impostos), calculado de acordo com as hipóteses assinaladas, da ordem de 2,9% do PIB, ou R$27 bilhões.

Os pontos negativos do atual sistema, que permanecem após o ajuste, são:

1. Com exceção de poucos fundos de empresas privadas e alguns de empresas estatais, o sistema opera sob a forma de repartição, quando o ideal seria um sistema misto, envolvendo repartição e capitalização (um regime de 100% de capitalização implicaria uma transição traumática, na medida em que deixaria a descoberto o sistema atual).

2. Os benefícios são calculados apenas com base nos salários relativos aos últimos anos de serviço, o que pode gerar distorções atuariais.

3. Os elevados benefícios concedidos aos inativos e pensionistas da União, em contraposição aos assalariados do setor privado aposentados pelo INSS; em 1996/97, os trabalhadores do setor privado que se aposentaram receberam em média 1,7 salários mínimos. Para a União, a média foi de 13,3 salários para os servidores do Executivo, 22,7 salários para os servidores do Judiciário e 30,4 salários mínimos para os servidores do Legislativo.

II.7. Reforma Administrativa

A proposta de reforma administrativa foi aprovada pelo Congresso Nacional. Do ponto de vista fiscal, suas medidas mais importantes são:

a) Revisão das Regras da Estabilidade do Servidor (exigência de 3 anos para aquisição da estabilidade; avaliação de desempenho para aquisição da estabilidade; avaliação de desempenho periódica do servidor, que poderá perder o cargo por motivo de insuficiência de desempenho; disponibilidade com remuneração proporcional).

b) Controle dos Gastos e Equilíbrio das Contas Públicas: a União, estados, Distrito Federal e municípios, no caso de descumprimento dos limites de despesas com pessoal, deverão reduzir em pelo menos 20% as despesas com cargos em comissão e funções de confiança; demissão de servidores não-estáveis;[10] permissão para demissão de servidores estáveis;[11] proibição de recriação de cargos extintos; suspensão de repasses de verbas para Estados e Municípios;[12] proibição de auxílio financeiro para pagamento de pessoal.

II.8. Reforma Tributária

Logo após a Constituição de 1988 ocorreu transferência de receitas fiscais para estados e municípios não acompanhada da respectiva transferência de encargos e responsabilidades. Em adição, a legislação tributária mostrou-se demasiado complicada, baseada em impostos distorcivos e com arrecadação sujeita a elevada sonegação.

Até o momento, a nova reforma tributária ainda não saiu do papel. Há um projeto no Congresso, que foi atropelado por um novo projeto, mais abrangente e defensável, proposto pelo Ministério da Fazenda. Até o momento foram tomadas as seguintes medidas reformistas:

1. Isenção da cobrança de ICMS para exportações de produtos primários e semi-elaborados.

2. Unificação das alíquotas de todos os impostos e contribuições incidentes sobre pequenas e microempresas, através de acordos entre a União, estados e municípios; com esse sistema, denominado SIMPLES, as alíquotas situaram-se entre 5% e 10%.

---

[10] Além do referido no item anterior, deverão ser demitidos os servidores admitidos sem concurso público, que não tenham adquirido estabilidade por força da Constituição de 1988.

[11] Poderá ocorrer a demissão de servidores estáveis se esgotadas as medidas de ajustamento previstas nos itens 1 e 2 precedentes

[12] Serão suspensos os repasses de verbas federais e estaduais aos estados e municípios (inclusive Distrito Federal) que não promoverem o ajuste de suas contas aos limites de despesas com pessoal

3. Estabelecimento de medidas visando impedir a sonegação de impostos de renda da pessoa jurídica através de mecanismos contábeis.

A reforma tributária encontra-se ainda em gestação no governo. A idéia básica é manter a arrecadação tributária atual e redefinirem-se as atribuições das três esferas do governo, junto com o trato da questão tributária. Os principais pontos em debate são:

1. Criação do Imposto sobre Valor Adicionado (IVA) em substituição ao ICMS e ao IPI, aproveitando-se para redefinir as atribuições fiscais das três esferas, benefícios e incentivos fiscais.

2. Extinção das contribuições sobre o lucro líquido, da COFINS e do PIS-PASEP; a perda de receita seria compensada através de ajuste com base nos demais impostos.

3. Concentração do IOF nas funções reguladoras, e não na geração de receita.

4. Criação do IVV – Imposto sobre Vendas a Varejo, que constituiria a principal fonte de receita para os estados, ao lado de impostos seletivos, de competência regulatória da União, e do Imposto sobre a Propriedade de Veículos Automotores (IPVA).

5. Criação de um *Excise Tax* de competência estadual, incidente sobre o consumo final de alguns bens específicos tais como combustíveis, fumo, bebida etc.

6. Extinção do ISS, com os municípios tendo sua arrecadação compensada com base nos demais impostos – não está definido como isto será efetuado – bem como através do IVV, quando incidente sobre *serviços*.

7. Criação de um Imposto Sobre Movimentação Financeira.

8. Manutenção do Imposto de Renda, com ajuste de alíquotas compensatórias à extinção do COFINS, PIS-PASEP e CSLL.

9. Redução e/ou eliminação dos atuais mecanismos de vinculações orçamentárias e das isenções fiscais.

III. A Evolução Macroeconômica no Período de Reformas

A década de 1980 iniciou com elevações dos patamares da inflação. Após se situar na casa dos 40% ao ano entre 1974 e 1979, a inflação anual apresentou um período de transição em 1979 (fechando o ano com uma variação relativa dos índices de preços em torno de 77%), tendo passado ao patamar de 100% entre 1980 e 1982 e ao novo patamar em torno de 220% ao ano entre 1983 e 1985.

Entre fevereiro de 1986 e janeiro de 1991 houve várias tentativas de planos de estabilização (Plano Cruzado, em fevereiro de 1986, Plano Bresser, em junho de 1997, Plano Verão, em janeiro de 1989, Plano Collor I, em março de 1990 e Plano Collor II, em janeiro de 1991). Pelo Gráfico 2.1 pode-se ter uma idéia comparativa da evolução de cada uma das tentativas de estabilização.

Gráfico 2.1
Taxa Mensal de Inflação IGP-DI

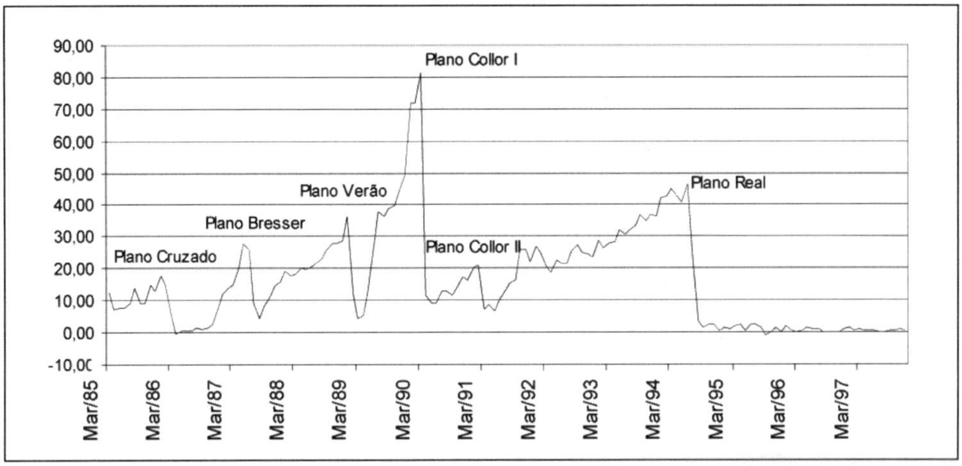

A Tabela 2.7 apresenta as taxas de inflação nos 12 meses posteriores à introdução de cada um dos planos de estabilização.

Tabela 2.7
Taxas Mensais de Inflação após Diversas Tentativas de Estabilização
(variação percentual do IGP-DI)

Mês	*Cruzado*	*Bresser*	*Verão*	*Collor I*	*Collor II*	*Plano Real*
0	mar. 86	jun.87	jan.89	mar.90	jan.91	jun.94
1	-0,5	9,3	11,8	11,3	19,9	24,70
2	0,3	4,5	4,2	9,1	21,1	3,34
3	0,5	8,1	5,2	9,1	7,2	1,55
4	0,6	11,2	12,8	13,1	8,7	2,55
5	1,3	14,5	26,8	12,9	6,5	2,47
6	1,1	15,9	37,9	11,7	9,9	0,57
7	1,4	19,1	36,5	14,2	12,8	1,36
8	2,5	17,6	38,9	17,4	15,5	1,15
9	7,6	18,2	39,7	16,5	16,2	1,81
10	12,1	20,3	44,3	19,9	25,8	2,30
11	13,9	19,5	49,4*		22,1	0,40
12	15,2	20,8	71,9		26,8	2,62

Fonte : Fundação Getulio Vargas

Observa-se claramente que, nos doze meses iniciais, o Plano Real foi mais bem-sucedido que os demais planos que o antecederam. Na verdade, este resultado de melhor performance relativa se estende por um período muito maior. Passados mais de quatro anos desde sua implantação, ao final de junho de 1994, as taxas de inflação continuavam baixas e em declínio, tendo se situado em 14,4% em 1995, 9,3% em 1996 e 7,5% em 1997. Em abril de 1998, a inflação dos últimos 12 meses foi de 4,6%.

Até janeiro de 1999, quando o Banco Central mantinha a sua política de câmbio fixo-ajustável (com uma desvalorização média da taxa anual entre 6% e

9% ao ano), o nível anual de inflação se situava abaixo de 6% ao ano. Após a mudança de regime, o Real acumulou em dois meses uma acentuada desvalorização (passando o preço do dólar de R$1,29 a R$2,10, retrocedendo depois para R$1,85), impactando os índices mensais de inflação. Para 1999 prevê-se uma inflação acumulada entre 15% e 20% .

O sucesso do Plano Real deve-se em parte à engenhosidade de sua implantação. Excetuando-se o artigo 38 da Medida Provisória que o criou (posteriormente transformada na Lei n. 8.880), que redefine as regras pelas quais se corrigem os títulos federais indexados ao IGP-M, não houve vetores, "tablitas" ou quaisquer outros artifícios que modificassem subitamente as regras do jogo econômico.

De outro lado, o sucesso inicial do Plano Real se explica pela conjuntura favorável no que diz respeito à obtenção de crédito externo, bem como à percepção, da parte da equipe econômica, da possibilidade de utilização dessa oportunidade para fins de manutenção dos princípios básicos do Plano (desindexação) enquanto as reformas de base necessárias à sua sustentação não eram implementadas. Desnecessário mencionar que a contrapartida desse fato se deu no aumento contínuo da vulnerabilidade do país a choques externos. Para 1999, espera-se uma queda do PIB entre 4% e 6%, além de taxas de desemprego superiores a 10%.

III.1. O Plano Real

No dia primeiro de julho de 1994 o Brasil modificou pela quinta vez a denominação de sua moeda, desde a introdução do Plano Cruzado, em 1986. Passava-se agora do Cruzeiro Real para o Real. A introdução do Real foi precedida pela criação da URV, meio de conta indexado. A URV fora criada em primeiro de março de 1994, tendo como objetivo permitir uma superindexação da economia que facilitasse uma posterior desindexação.

A sincronização de salários, preços e demais rendimentos se deu, *grosso modo*, através das seguintes etapas:

1. Cálculo dos valores em URV dos salários e demais rendimentos, com base nos valores recebidos nos últimos quatro meses; para isto dividia-se o salário em cruzeiros pelo valor da URV na data do efetivo recebimento do salário.

2. Conversão dos salários à URV pela média aritmética (também em URV) dos quatro valores calculados em (1).

3. Passagem de todos os preços para URV aos valores (em cruzeiros reais) existentes quando da data de sua criação.

4. Fixação diária do valor da URV em cruzeiros reais até a data de substituição dos cruzeiros reais pelo novo numerário, o Real, o que se deu em 1º de julho de 1994 (o que implicava indexação diária dos preços).

Esse processo visava mimetizar a sincronização de preços e salários gerada por uma hiperinflação, sem compartilhar de seus prejuízos à organização da economia. A diferença fundamental é que, ao invés de uma divisa estrangeira que passasse simultaneamente a servir como meio de conta e meio de troca, como ocorre em uma hiperinflação, a URV apenas se prestava à função de meio de conta (e não de meio de troca), sem implicar queda da demanda pela moeda não-indexada.

Assim como se daria em um processo de final de hiperinflação pela fixação do valor da divisa estrangeira em moeda doméstica, o valor da URV em Cruzeiros Reais foi congelado em 1 de julho de 1994, tendo uma nova moeda (o Real) substituído a antiga (Cruzeiro Real) como meio de troca a uma cotação fixa (um Real com o valor de uma URV, que por sua vez teve seu valor na moeda antiga fixado no valor existente em 30.06.1994). A indexação (diária) à URV resolveu também o problema da possível expansão de M_4, a partir de 1º de julho, porque, com a indexação diária, inclusive de ativos financeiros, a memória inflacionária havia se reduzido de um mês a um dia.

A partir da flexibilização do câmbio pelo Banco Central no início de 1999 (devido fundamentalmente ao fato de que o baixo nível de reservas não lhe teria permitido manter o valor do dólar então vigente) os níveis mensais de inflação recrudesceram, bem como o desemprego. Mas ficou patente que, a despeito da engenhosidade nas políticas de renda e na desindexação levadas a cabo em 1994, o país não lograra realizar a tempo a necessária modificação de seu regime fiscal. O Plano se sustentou até o início de 1999 através do binômio poupança externa elevada e elevadas taxas de juros reais.

Cabe avaliar se haverá sustentação política para que a política de *inflation targeting* tratada com o FMI possa se mostrar efetiva durante 1999, a despeito das elevadas taxas de desemprego que advirão da contenção monetária aliada à falta de disciplina fiscal. Cabe ainda lembrar que o ajuste fiscal ficou para ser obtido numa conjuntura de baixo crescimento, o que explicita a nefasta pró-ciclicidade das medidas de contenção de gastos e aumento das alíquotas de imposto, bem como a dificuldade na consecução das metas absolutas de arrecadação fiscal.

Prevê-se para o ano de 1999, no acordo efetuado com o FMI,[13] um crescimento negativo do PIB de 1% e uma inflação de 12%. Espera-se uma grande modificação do saldo comercial do balanço de pagamentos, passando de um déficit de US$6,4 bilhões em 1998 para um superávit de US$3,7 bilhões em 1999. O superávit primário do setor público deverá, segundo o acordo com o FMI, alcançar o valor de 3,1% do PIB. Atualmente, a dívida líquida pública, que se elevou substancialmente após a desvalorização do Real, encontra-se em 53% do PIB.

---

[13] De acordo com a segunda revisão, em junho de 1999.

III.2. Política Fiscal e Dívida Pública

Tomando-se como base a necessidade de financiamento operacional do setor público, como percentual do PIB, observam-se três diferentes períodos no espaço de tempo que vai de 1988 a 1997. Os dados são apresentados na Tabela 2.8.

Tabela 2.8
Necessidade de Financiamento do Setor Público nos Conceitos Nominal, Operacional e Primário (1988-97) (%PIB)

Categoria e Nível de Governo	*1988*	*1989*	*1990*	*1991*	*1992*	*1993*	*1994*	*1995*	*1996*	*1997*
Necessidade Nominal	*48,50*	*73,00*	*26,90*	*23,18*	*42,71*	*58,17*	*45,22*	*7,18*	*6,07*	*5,89*
Governo Federal	8,70	22,10	10,40	6,11	14,38	20,39	17,69	2,31	2,64	2,39
Estados e Municípios	13,00	18,90	7,80	8,31	15,84	24,51	19,25	3,56	2,81	3,05
Empresas Estatais	26,80	32,00	8,70	8,76	12,49	13,27	8,28	1,31	0,62	0,45
Correção Monetária	*44,19*	*66,10*	*28,10*	*24,53*	*40,58*	*58,42*	*46,58*	*2,31*	*2,20*	*1,82*
Governo Federal	5,31	18,40	12,80	6,40	13,61	20,39	19,31	0,65	0,97	0,87
Estados e Municípios	12,85	18,30	7,40	9,44	15,07	24,74	18,67	1,21	0,93	0,78
Empresas Estatais	26,03	29,40	7,90	8,69	11,90	13,29	8,60	0,45	0,30	0,17
Necessidade Operacional	*4,31*	*6,90*	*-1,20*	*–1,35*	*2,13*	*–0,25*	*–1,36*	*4,87*	*3,87*	*4,07*
Governo Federal	3,39	3,70	-2,40	-0,29	0,77	0,00	-1,62	1,66	1,67	1,52
Estados e Municípios	0,15	0,60	0,40	-1,13	0,77	-0,23	0,58	2,35	1,88	2,27
Empresas Estatais	0,77	2,60	0,80	0,07	0,59	-0,02	-0,32	0,86	0,32	0,28
Juros Reais	*5,61*	*6,82*	*3,50*	*1,48*	*4,37*	*2,38*	*3,90*	*5,23*	*3,78*	*3,39*
Governo Federal	2,36	3,36	0,60	0,54	2,04	1,42	1,53	2,24	2,07	1,52
Estados e Municípios	0,86	0,86	0,60	0,19	1,11	0,32	1,46	2,18	1,31	1,52
Empresas Estatais	2,39	2,60	2,30	0,75	1,22	0,64	0,91	0,81	0,40	0,35
Necessidade Primária	*–1,30*	*0,08*	*–4,70*	*–2,83*	*–2,24*	*–2,63*	*–5,26*	*–0,36*	*0,09*	*0,68*
Governo Federal	1,03	0,34	-3,00	-0,83	-1,27	-1,42	-3,15	-0,58	-0,40	0,00
Estados e Municípios	-0,71	-0,26	-0,20	-1,32	-0,34	-0,55	-0,88	0,17	0,57	0,75
Empresas Estatais	-1,62	0,00	-1,50	-0,68	-0,63	-0,66	-1,23	0,05	-0,08	-0,07

Fontes:
1988/1989 – Relatório do BC (1989), p. 68.
1990 – Relatório do BC (1990), p. 64.
1991/1997 – Boletim do BC (jan/98) – Internet.
Obs.: Até 1990 o item empresas estatais engloba as agências descentralizadas e a previdência social.

No primeiro período, entre 1988 e 1989, a necessidade de financiamento do setor público, no conceito operacional, foi de 4,3% do PIB e 6,9% do PIB, o que caracteriza uma política fiscal expansionista. O segundo período, entre 1990 e 1994, denota algum sucesso no esforço de redução do desequilíbrio fiscal. A necessidade de financiamento do setor público operacional, em relação ao PIB, passou a apresentar os valores de -1,2% em 1990, -1,3% em 1991, 2,1% em 1992, -0,2% em 1993, e -1,4% em 1994. No terceiro período, após a estabilização dos preços no segundo semestre de 1994, houve nova deterioração da situação fiscal. A necessidade de financiamento do setor público apresentou o valor de 4,9% do PIB em 1995, 3,9% do PIB em 1996, e 4,1% do PIB em 1997.

Os números apresentados permitem dois tipos de análise. A primeira diz respeito às diferentes contribuições (do Governo Federal e Banco Central, dos governos estaduais e municipais e das empresas estatais) para o desequilíbrio das contas públicas. Observa-se, em particular, a grande elevação das necessidades de financiamento dos governos estaduais e municipais de 1994 em diante, o que em parte se explica pela majoração dos gastos com pessoal, decorrentes principalmente de aumentos posteriores ao Plano, já não corrigidos pela inflação.[14]

A segunda análise parte do conceito operacional para o conceito primário de déficit, com o objetivo de isolar a conta de juros reais. Observa-se novamente a repetição do padrão anterior, com uma melhora das contas no período 90-94, seguido de uma deterioração em 95, 96 e 97.

Para se ter uma idéia do impacto das diferentes rubricas sobre as contas públicas, apresentamos a seguir novos dados extraídos das Contas Nacionais do IBGE. Antes, entretanto, cabe observar que, na definição das contas nacionais, o setor governo é composto por três esferas (municipal, estadual e federal) e autarquias. Conseqüentemente, não se pode fazer uma comparação direta com os dados reportados anteriormente, que incorporam também as empresas estatais.

Feita esta ressalva, observa-se na Tabela 2.9 que contribuíram para a deterioração das contas públicas, no terceiro período analisado (1994 em diante), a conta de pessoal e encargos, que apresentava o valor de 9,0% do PIB em 1993 e passou a 10,5% em 1996, bem como a conta de despesas previdenciárias, que passou de 10,9% do PIB em 1993 para 11,9% em 1995. Também a conta de juros apresenta elevação, tendo passado de 1,8% do PIB em 1993 para 3,0% em 1994, 4,4% em 1995 e 3,4% em 1996.

A última coluna da Tabela 2.9 apresenta também a conta de poupança do governo calculada com juros reais.[15] Observa-se um número negativo nos últi-

---

[14] Em maio de 1995, por exemplo, o salário mínimo foi elevado em 42,9%, tendo passado de R$70,00 para R$100,00.

[15] Sobre esta estatística (poupança do governo calculada com juros reais), cabe uma observação metodológica. A rigor, o ideal seria que o IBGE provesse as contas nacionais não apenas utilizando juros nominais no cálculo da partição da renda entre o setor privado, o setor externo e o setor público, mas também juros reais. Como isso não é feito, diferentes autores recorrem à conta de juros reais que se obtém como subproduto da metodologia do Banco Central, de cálculo do financiamento das necessidades de financiamento do setor público. Na metodologia aqui utilizada, para calcular-se o juro real pago pelo setor público, de forma a obter-se a sua poupança calculada com juros reais, na versão das contas nacionais, trabalha-se, de forma aproximada, com as necessidades de financiamento operacional e primária, excluindo-se as estatais e subtraindo-se as segundas das primeiras.

mos dois anos, o que se contrapõe aos números positivos da década de 1970 e do início da década de 1980, quando o setor público contribuía para a formação de poupança.

Tabela 2.9
Dados da Conta Corrente das Administrações Públicas (IBGE-DECNA)

Ano	*Pessoal Encargos*	*Previdência*	*Juros Reais*	*Subsídios*	*Bens e Serviços*	*Despesas*	*Arrecadação*	*Poupança do Governo*
1990	11,26%	9,19%	1,20%	1,90%	5,55%	29,10%	33,00%	3,9%
1991	8,81%	9,64%	0,73%	2,10%	5,75%	27,03%	28,24%	1,21%
1992	8,80%	9,33%	3,15%	2,29%	5,65%	29,22%	28,87%	–0,35%
1993	9,02%	10,95%	1,74%	1,11%	7,24%	30,06%	32,84%	2,78%
1994	9,27%	10,65%	3,00%	1,09%	6,70%	30,71%	30,47%	–0,24%
1995	10,66%	11,87%	4,42%	0,97%	6,13%	34,05%	31,07%	–2,98%
1996	9,59%	9,64%	3,38%	0,44%	5,13%	ND	30,80%	–1,26%
1997	9,14%	9,35%	3,39%	0,45%	5,23%			

Fontes:

Com exceção dos juros, todos os dados foram retirados dos anuários estatísticos do IBGE de 1994 e 1995.

Os dados para 1996 foram divulgados pelo DECNA/IBGE atendendo à nova metodologia, e coletadas para este estudo através da Internet.

Juros da Dívida

1990 – Relatório do BC (1990)p. 64 ji=NFSPo – NFSPp.

1991 a 1997 – Boletim do BC jan/98 – item contas públicas – Internet.

1) Todos os valores relativos aos juros da dívida referem-se aos mais atualizados contidos nas publicações do BC ou na Internet. A arrecadação inclui não apenas os tributos, mas também outras receitas correntes líquidas do governo. Assim os dados são diferentes de tabela também apresentada neste trabalho, referente à arrecadação tributária.

2) Poupança do Governo calculada com juros reais, segundo metodologia explicitada na nota 15. Para o ano de 1996, a poupança do governo foi obtida de Cândido Jr. (1998).

Na Tabela 2.10 apresentamos as estatísticas relativas à dívida líquida do setor público como percentual do PIB. Também neste caso podem-se vislumbrar diferentes períodos: o período 1988-1989, o período 1990-1993 e o período 1994-1997. Como o primeiro se caracteriza por diferenças metodológicas em relação aos demais, só podemos comparar a evolução desta variável a partir de 1990.

A dívida interna total apresenta valores variando de 15,9% a 18,9% do PIB, entre 1990 e 1993, passando depois a se elevar substancialmente, a 20,3% do PIB em 1994 e a 24,5% em 1995, seguida pelos números de 30,3% do PIB em 1996 e 29,6% em 1997.

Tabela 2.10
Dívida Líquida do Setor Público como % do PIB

	1988	1989	1990	1991	1992	1993	1994	1995	1996	1997*
Dívida Interna (total)	*22,4*	*24,1*	*16,5*	*15,9*	*18,9*	*18,5*	*20,3*	*24,5*	*30,3*	*29,6*
BACEN e Gov. Federal	4,0	7,9	1,6	–2,5	0,8	1,8	6,2	9,6	14,8	15,1
Estados e Municípios	5,7	5,8	6,4	7,0	8,4	8,3	9,2	10,1	11,5	12,3
Empresas Estatais	12,7	10,4	8,5	11,4	9,7	8,4	4,9	4,8	4,0	2,2
Dívida Externa (total)	*32,8*	*27,8*	*20,1*	*27,6*	*19,2*	*14,4*	*8,2*	*5,4*	*4,0*	*4,8*
BACEN e Gov. Federal	18,6	16,9	12,4	17,0	11,6	7,8	6,0	3,4	1,6	2,4
Estados e Municípios	1,8	1,5	1,0	1,3	1,1	1,0	0,3	0,3	0,4	0,5
Empresas Estatais	12,4	9,4	6,7	9,3	6,5	5,6	1,9	1,7	2,0	1,9
DÍVIDA TOTAL	*55,1*	*51,9*	*36,6*	*43,5*	*38,1*	*32,9*	*28,5*	*29,9*	*34,4*	*34,4*

Fontes:

1988/1989 – Relatório Anual do BACEN 1990, p. 66.

1990 – Relatório Anual do BACEN 1991, p. 71.

1991 – Relatório Anual do BACEN 1994, p. 76.

1992/1993/1994 – Relatório Anual do BACEN 1995, pp. 68, 69.

1995/1996/1997 – Boletim do BACEN Jan/98 – pela Internet.

* Dados disponíveis até outubro de 1997.

Obs.: Para os anos de 1988/1989 o item empresas estatais é agregado com o item agências descentralizadas; para os anos seguintes este último item não se encontra nas estatísticas.

A dívida externa total do governo reduziu-se monotonicamente desde 1991, quando assumiu o valor de 27,6% do PIB, até mais recentemente, em 1996, com o valor de 4,0% do PIB. Em 1997 houve ligeira elevação para 4,8% do PIB.

A dívida líquida total do setor público, interna e externa, reportada pelo Banco Central, apresenta uma elevação da ordem de seis pontos percentuais do PIB desde o início do Plano Real, em 1994. Deve-se entretanto ter em mente que, nos anos mais recentes, particularmente no que diz respeito a 1996-97, os valores reportados desta variável podem estar subestimados, por não exprimir perfeitamente a elevação da dívida em termos de valor de mercado.[16] Em adição, têm contribuído para a não elevação da dívida as receitas geradas pela privatização e pelas concessões.

Entre 1986 e 1989 a carga tributária brasileira situou-se em 24,1% do PIB. De 1990 a 1993 este valor se elevou para 26,2%. Por último, o triênio 1994-1996

[16] Um exemplo são os recursos providos pelo Banco Central para diferentes Estados, para fazer frente à recuperação dos bancos estaduais. Tais recursos se expressam por troca de dívida estadual por dívida federal utilizando-se valores de face, o que não afeta a dívida líquida do setor público consolidado. Entretanto, em valores de mercado, é natural admitir-se que a dívida federal emitida valha mais que a dívida estadual repassada ao Tesouro Federal pelos bancos estaduais, o que implica uma elevação da dívida líquida a valor de mercado não captada pela estatística aqui apresentada.

registra uma média em torno de 29,3%. Ou seja, desde 1986, ano da primeira tentativa heterodoxa de combate à inflação, a carga tributária brasileira tem se elevado.

III.3. Política Monetária e Inflação

As Tabelas 2.11 e 2.12 apresentam dados a respeito dos principais agregados monetários. Na Tabela 2.11, apresentam-se as razões entre os agregados e o PIB. Na Tabela 2.12, as variações percentuais dos estoques nominais, tomados de dezembro a dezembro, da base monetária, M1, M2, M3 e M4, assim como a taxa de inflação e a taxa de juros Selic de cada período considerado.

O ponto de inflexão dos dados monetários ocorreu no Plano Real, em junho de 1994. Observa-se claramente na tabela de variações que as taxas de expansão de M1 se situavam em uma média bastante elevada até 1993, tendo atingido 2.029% neste ano e, devido fundamentalmente à expansão ocorrida no primeiro semestre, 2.537% em 1994. As taxas de crescimento monetário reduziram-se substancialmente nos anos posteriores, de 1995, 1996 e 1997.

Tabela 2.11
Relação (%) entre Agregados Monetários e PIB

Razões	*1988*	*1989*	*1990*	*1991*	*1992*	*1993*	*1994*	*1995*	*1996*	*1997*
Base/PIB	1,30	1,37	1,79	1,47	0,91	0,67	1,34	2,51	2,43	3,04
M1/PIB	2,50	2,46	2,80	2,48	1,54	1,14	1,84	3,03	3,27	4,49
M2/PIB	13,8	15,84	8,18	7,19	11,43	10,56	11,37	12,77	18,38	22,75
M3/PIB	23,20	26,28	11,73	10,47	15,43	14,98	17,56	21,26	27,18	32,77
M4/PIB	26,80	29,34	14,44	14,36	21,97	22,65	25,77	32,93	38,45	42,67

Fontes:

Antes de jan/89 – Relatório do Banco Central do Brasil de 1991; p. 40.

De jan-dez/89, valores obtidos no relatório de 1989 do Banco Central do Brasil, Vol. 26, p. 37.

De jan/90 até dez/91, valores obtidos no Relatório de 1991 do Banco Central do Brasil, n. 28, p. 40.

De jan-dez/92, valores obtidos no Boletim do Banco Central do Brasil de jun/94, vol. 30, n. 6, pp. 70, 71.

De jan/93 até ago/94, valores obtidos no Boletim do Banco Central do Brasil de out/94, vol. 30, n° 10, p. 68, 69.

De set/94 até out/97, valores obtidos no Boletim do Banco Central do Brasil de dez/97, vol. 33, n° 12, p. 52, 53.

De nov/97, valores pela Internet. Valores de dez/97 da "Notas para a imprensa" do BC (28/02/98).

Nota: Para as proporções envolvendo Base e M1 os valores anuais foram obtidos através da média dos saldos médios mensais dos valores diários.

Para M2, M3 e M4 o procedimento de cálculo foi o mesmo, porém os dados mensais referem-se ao final do período. Para os casos em que o percentual foi calculado, e não apenas transcrito dos boletins do BC, foram utilizados os valores para o PIB contidos nesta mesma publicação.

Obs.: Os dados de M2, M3 e M4 relativos a 1990 e 1991 apresentam uma certa descontinuidade devido ao congelamento de ativos imposto pelo Plano Collor em março de 1990.

Tabela 2.12
Taxas de Variação Anual (Dez a Dez) de Agregados Monetários

Variações(%)	*1988*	*1989*	*1990*	*1991*	*1992*	*1993*	*1994*	*1995*	*1996*	*1997*
Base	567,5	421,8	2539	297,7	996,2	2109,0	3467,0	20,2	–3,1	60,6
M1	536,2	1286,0	261,2	331,8	917,7	2029,0	2537,0	27,6	9,1	57,2
M2	920,8	2103,0	540,3	616,0	1721,0	2773,0	965,3	48,5	55,5	21,1
M3	979,7	1711,0	566,6	608,6	1638,0	2909,0	1087,0	45,9	39,8	25,2
M4	963,7	1669,0	686,8	601,0	1826,0	2914,0	1081,0	43,4	28,6	21,6
Inflação	1038,0	1783,0	1477,0	480,2	1158,0	2708,0	1094,0	14,8	9,3	7,5
Juros Selic	1058,0	2407,0	1153,0	536,9	1549,0	3060,0	1154,0	53,1	27,6	24,8

Fonte:

Notas: Para Base e M1 cálculo através das médias diárias e para M2, M3, M4 com valores do final de período.

Boletim do Banco Central do Brasil : junho de 1994 (pp. 62 , 66 e 69); Vol. 30 – N. 6, julho de 95 (pp. 70 e 74); Vol. 31 – N. 7, Maio de 1994; Vol. 30 – N. 5 (m2, m3 e m4 de 1987 até 1991), Maio de 1994; Vol. 30 – N. 5 (Juros p. 116), Maio de 1994; Vol. 33 – N. 2 (Juros p. 120), Out., Nov. e Dez de 1991 (p. 12), Vol. 27, ns. 10, 11 e 12. Notas para a imprensa; políticas monetária e fiscal de 26/02/98.

Para a inflação utilizou-se o IGP-DI da FGV.

O regime que resultou da política monetária praticada no Brasil no período anterior à reforma monetária de junho de 1994 caracterizou-se pela passividade monetária e pelo sancionamento da senhoriagem como mecanismo de financiamento inflacionário dos déficits fiscais.

A queda da inflação, em 1994, provocou forte remonetização, isto é, uma elevação da demanda por encaixes monetários reais. Ainda que o Banco Central pudesse conhecer com razoável precisão qual seria o estoque real de moeda desejável após a queda da inflação, desconhecia-se qual seria a velocidade do ajustamento em direção ao novo equilíbrio, o que o impedia de seguir metas quantitativas para a base monetária. Isto significava que, pelo menos naquela fase, o Banco Central teve que optar pela taxa de juros como instrumento monetário de primeira instância.

III.4. Política Cambial

Até o Plano Real a política cambial objetivava manter constante o câmbio real (1990-94). Em junho de 1994 imaginava-se manter um sistema de câmbio flexível, onde o mercado determinaria o preço do dólar a cada momento. Dado o elevado déficit fiscal e as elevadas taxas de juros dele resultantes, entretanto, tal iniciativa não se mostrou factível, tendo em vista a elevada apreciação cambial ocorrida e os elevados déficits na balança comercial daí decorrentes. Passou-se então a trabalhar com o sistema de câmbio determinado por mini-bandas, ajustadas periodicamente em função da trajetória desejada para o câmbio real.

A evolução do saldo de transações correntes no Brasil desde o início do Plano Real deixa claro que houve valorização cambial e perda de competitividade nas exportações. Entre julho de 93 e julho de 1994 o saldo em conta corrente do Brasil foi positivo em US$824 milhões. Nos 36 meses posteriores ao início do plano, entretanto, esse saldo deteriorou substancialmente, tendo se convertido em déficits de US$15,1 bilhões entre o início de julho de 1994 e o final de junho de 1995, US$13,6 bilhões entre o início de julho de 1995 e final de junho de 95 e US$32,3 bilhões no terceiro ano após a implantação do Real.

A Tabela 2.13 apresenta a relação *câmbio efetivo* x *salários*, bem como a relação *câmbio* x *salários*, para o período de 1988 a 1997. Em ambos os casos, o índice 100 é atribuído à média de 1988. Em adição, os números apresentados são centrados no mês de junho de cada ano. Observa-se claramente uma valorização, para ambas relações, antes mesmo do início do Plano Real, na relação *câmbio versus salários (RCS)*.

É claro que o aumento da produtividade pode contrabalançar, em termos de competitividade externa, a redução da relação *câmbio* x *salários*, tornando a defasagem cambial significativamente inferior a estes valores. Entretanto, como mostram os números da balança comercial e do saldo em conta corrente, na Tabela 2.14, tais aumentos de produtividade têm se situado bem aquém daqueles necessários para compensar totalmente essa valorização.

A elevação do passivo externo líquido do país, a cada ano determinada pelo seu déficit em conta corrente, deixa claro que a política cambial seguida até o início de 1999 teria que ser modificada em algum ponto do tempo. A vulnerabilidade do país a choques externos elevou-se ao longo do tempo.

Tabela 2.13
Relação Câmbio x Salário

Ano	*RCS*	*RCES*
1988	100	100
1989	81,05	78,53
1990	69,9	71,5
1991	84,7	84,7
1992	78,3	78,3
1993	67,5	66,9
1994	51,9	51,5
1995	35,7	36,4
1996	31,6	32,0
1997	30,2	29,4

Fontes: IPEA, Boletim Conjuntural, Outubro/98 e Janeiro /99.
RCS = Relação câmbio x salários.
RCES = Relação câmbio efetivo x salários.

Tabela 2.14
Balança Comercial e Transações Correntes (US$ milhões)

	1988	*1989*	*1990*	*1991*	*1992*	*1993*	*1994*	*1995*	*1996*	*1997*
Saldo em Transações Correntes	4175	1033	–3782	–1407	6143	–592	–1689	–17972	–24347	–33439
Saldo da Balança Comercial	19184	16120	10753	10579	15239	13307	10466	–3352	–5539	–8372

Fonte: Boletim do Banco Central – Fevereiro de 95 – Volume 31, n. 2, Março de 98 – Internet.

Em janeiro de 1999 o Banco Central abandonou a política de bandas cambiais, uma vez que o volume de reservas (entre US$30 e 40 bilhões) não foi suficiente para fazer frente às apostas de uma desvalorização do Real. Após a primeira troca de comando no Banco Central o dólar passou de R$1,29 a R$2,10. Em março houve nova elevação das taxas de juros, de 35% para 45%, e elevação dos compulsórios sobre depósitos a prazo de 25% para 30%, o que levou a cotação da moeda americana a retroceder para R$1,85. Houve também modificação na estratégia de política monetária, extinguindo-se a TBC (piso para os juros) e a TBAN (teto para os juros nos financiamentos do Banco Central) e passando a decidir-se no Copom (Comitê de Política Monetária do Banco Central, que se reúne mensalmente) uma única taxa de juros para financiamentos.

III.5. Política de Poupança e Investimento

A Tabela 2.15 apresenta os valores das taxas de investimento, oriundos do novo Sistema de Contas Nacionais, divulgado em dezembro de 1997, pelo IBGE.

Tabela 2.15
Novo Sistema de Contas Nacionais: Taxa de Investimento (FBCF/PIB)
1990-1997 (% do PIB)

	Preços constantes			*Preços correntes*	*Preços do ano anterior*
	1990	*1995*	*1996*		
1990	20,7	20,6	19,3	20,7	n.d.
1991	19,5	19,4	18,2	18,1	19,5
1992	18,3	18,2	17,1	18,4	17,0
1993	18,5	18,5	17,3	19,3	18,7
1994	20,0	20,0	18,7	20,8	20,8
1995	20,6	20,5	19,2	20,5	21,4
1996	20,5	20,4	19,1	19,1	20,4
1997	21,9	21,1	19,8	n.d.	19,8

Fonte: Boletim Conjuntural do IPEA, Janeiro de 1998 (Dados Básicos do IBGE. Estimativas IPEA/DIPES/GAC, n.d. = não-disponível).

Observa-se, em qualquer das três colunas iniciais à esquerda, na Tabela 2.15, que os investimentos medidos a preços constantes apresentaram queda entre 1990 e 1992, seguida por uma recuperação entre 1993 e 1997. Em adição, pode-se depreender de tais dados que o nível de investimento no Brasil gira hoje em dia em torno de 20% do PIB.

Entre janeiro de 1994 e março de 1998, segundo dados da SOBEET (1998), o Brasil acumulou déficit em conta corrente de US$84,1 bilhões. Deste total, US$32,7 bilhões corresponderam a investimentos diretos e US$22,5 bilhões a investimentos líquidos de portfólio. Por definição, o restante corresponde à elevação da dívida líquida do país, excluindo-se desta os ativos incluídos sob a definição de investimentos de portfólio.

Teoricamente, pode-se distinguir na elevação do passivo externo líquido de qualquer agente econômico qual parcela se financia por elevação de dívida e qual é financiada pela formação de sociedades. Admite-se que os capitais societários sejam mais previsíveis que os capitais credores, o que tornaria analiticamente útil a sua discriminação. A rigor, o investimento direto deveria traduzir esta noção. Admitindo-se que a contabilidade do Banco Central baseie-se nesta premissa, pode-se dizer que aproximadamente 39% da elevação do passivo líquido brasileiro ocorrida entre 1994 e 1998 correspondem a uma entrada de capitais mais saudável.

Mais relevante do ponto de vista macroeconômico, cabe indagar que parte do déficit em conta corrente se destinou ao consumo e que parte se destinou ao investimento. Os dados da Tabela 2.16 indicam que a elevação da poupança externa desde 1994 foi fundamentalmente destinada ao financiamento do consumo, seja privado ou do governo. De fato, quando se compara o ano de 1994 aos valores médios do período 1995/96, observa-se uma queda da poupança interna (de 2,85% do PIB) superior à elevação da poupança externa (de 2,18% do PIB).

Tabela 2.16
Poupança Bruta e Transações Externas (Dados em Reais e em % do PIB)

Especificação	*1990*	*1991*	*1992*	*1993*	*1994*	*1995*	*1996*	*1997*
Transações Correntes (R$)	–124	–706	5.921	–106.832	–3.207.077	–18.226.492	–26.314.197	–36.478.290
Poupança Interna (R$)	2.205	11.212	127.284	2.831.902	74.126.265	125.800.683	134.698.515	148.209.585
PIB a preços de mercado (R$)	11.549	60.286	640.959	14.097.114	349.204.679	646.191.517	778.820.353	866.722.721
Poupança Externa/PIB	1,07%	1,17%	-0,92%	0,76%	0,92%	2,82%	3,38%	4,21
Poupança Interna/PIB	19,09%	18,60%	19,86%	20,09%	21,23%	19,47%	17,30%	17,10

Fonte: IBGE.

Os dados da Tabela 2.16 refletem basicamente dois fatos. Do lado privado, a elevação do consumo que costuma caracterizar os Planos de estabilização, sobretudo aqueles baseados em âncora cambial.[17] Do lado público, a estabilização conjugada a elevações nominais de rendimentos (a evolução do salário mínimo) implica elevação do poder aquisitivo das remunerações do funcionalismo, bem como das transferências a título de pensões e aposentadorias. Tais fatos preocupam, pois podem não permitir elevações da capacidade produtiva suficientes para fazer frente ao principal e juros associados à elevação do passivo externo líquido do país (dívida líquida mais capital de risco líquido).

III.6. A Substituição do Imposto Inflacionário por Poupança Externa

Cabe avaliar os números que traduzem a troca de imposto inflacionário por poupança externa no financiamento do déficit operacional do setor público a partir de junho de 1994. A Tabela 2.17 é ilustrativa neste sentido.

Tabela 2.17
Imposto Inflacionário (II*) e Poupança Externa

(US$ bilhões)

Período	*Inflação (%)*	*II**	*Déficit em Conta Corrente do B.P.*
julho93/jun94	5153,3	16,5	–0,8
julho94/jun97 (Média)	22,1	2,4	20,3

O imposto inflacionário II é calculado aqui consolidando-se o Banco Central aos bancos comerciais estaduais e federais

Na Tabela 2.17 definimos como imposto inflacionário (II*) não apenas os ganhos do Banco Central com a inflação, mas também as transferências inflacionárias para os bancos públicos. Neste caso, o ganho para o governo (apenas com os juros reais negativos pagos pela base monetária e pelo excesso dos depósitos à vista sobre as reservas fracionárias dos bancos públicos), girava em torno de US$16,5 bilhões ao ano, nos 12 meses antes do Real. Nos 36 meses após o Real, esta estatística situou-se em torno de US$2,4 bilhões ao ano.

Suponhamos que o déficit público operacional tivesse se mantido constante após o Real. Neste caso, uma queda do imposto inflacionário deveria implicar um aumento adicional do passivo líquido do setor público, em relação à situação pré-Real, da ordem de US$14,1 bilhões. Ou seja, se antes o passivo líquido do setor público crescia um certo montante de Reais ao ano, agora passaria a cres-

[17] Problemas semelhantes ocorreram no México, na Argentina e na Colômbia nos anos 1980/1990.

cer este mesmo montante acrescido de US$14,1 bilhões. Este fato se depreende diretamente da tautologia que iguala o déficit real (calculado com juros reais) ao aumento do valor real do passivo público, e da definição de déficit operacional como déficit real mais imposto inflacionário arrecadado pelo Banco Central e pelos bancos oficiais:[18]

$$D_{go} = \Delta Z + II^*$$

em que D_{go} denota o déficit público operacional, ΔZ a variação do valor real do passivo líquido do setor público e II^* o imposto inflacionário.

Sabe-se que o déficit operacional aumentou após o Real, o que significa que a variação do passivo do governo, em relação à situação pré-Real, superou a queda do imposto inflacionário. Cabe avaliar quanto do aumento da dívida líquida do setor público após o Real se deve à queda do imposto inflacionário.

A estatística fiscal que mais se aproxima da variável Z é dada pela dívida fiscal líquida do setor público, publicada pelo Banco Central. Esta variável é construída de forma que sua variação reflita as necessidades de financiamento do setor público, diferindo da dívida líquida do setor público por não incluir ajustes patrimoniais e, em particular, os resultados das privatizações.[19] Esta dívida fiscal líquida do setor público passou de R$145,7 bilhões em junho de 1994 para R$271,0 bilhões em junho de 1997, uma variação de R$125,3 bilhões no período de 36 meses após o Real.

Comparando-se os números da dívida fiscal líquida com os números do imposto inflacionário antes e nos 36 meses após o Real, e supondo-se uma taxa média cambial real/dólar próxima à unidade, pode-se dizer que aproximadamente um terço (423/1253) do aumento da dívida líquida fiscal do setor público ocorrida após o Real pode ser explicado pela redução do imposto inflacionário. O ideal teria sido trocar o imposto inflacionário por redução de despesas, e não por dívidas a serem pagas no futuro, mas este objetivo ainda não pode ser alcançado.

No arrazoado anterior, comparamos a variação de um passivo líquido com um fluxo acumulado, ambos durante um prazo de 36 meses. Outra comparação, entre fluxos, pode ser efetuada, também com base em extrapolações, dividindo-se a economia nos setores governamental, privado e externo. Sob esta ótica, o déficit operacional se financia pelo excesso da poupança privada operacional sobre o investimento privado, pela poupança externa operacional e pelo imposto inflacionário, de acordo com a equação

---

[18] Estas e outras tautologias aqui utilizadas são definidas e deduzidas em Simonsen e Cysne (1992 e 1995).

[19] Observe-se que a sua utilização nos obriga a adotar como definição de governo, na análise aqui efetuada ao longo de toda esta seção, aquela utilizada pelo FMI e pelo Banco Central, incluindo não apenas as esferas da administração direta federal, estadual e municipal, como no conceito das Contas Nacionais, mas também as empresas estatais.

$$D_{go} = S_{pr} - I_p + S_{er} + II^*$$

em que S_{pr} e I_p denotam, respectivamente a poupança privada real (calculada com juros reais) e o investimento privado, e S_{er}, a poupança externa real (aqui suposta igual à poupança externa nominal, tendo em vista a baixa inflação em dólar).

Da mesma forma que no exercício anterior, pode-se dizer que, se mantido constante após o Real o total dado pelo déficit público operacional mais o investimento privado menos a poupança bruta (real) do setor privado, ($D_{go} + I_p - S_{pr} = II^* + S_{er}$), o déficit em conta corrente do balanço de pagamentos (poupança externa) deveria aumentar, relativamente à situação anterior, em algo da ordem de US$14,1 bilhões ao ano.

Os dados disponíveis mostram que a poupança externa aumentou, em termos anualizados, algo em torno de US$21,2 bilhões. A dissensão se dá devido ao aumento, no período, do total dado pelo déficit operacional mais a soma do excesso do investimento privado sobre a poupança privada. Se se desconsidera a desigualdade entre a poupança privada real e o investimento privado ao longo de todo este período de 48 meses, pode-se ir além, dizendo-se que após o Real a parcela do déficit público operacional – antes financiada por imposto inflacionário – passou a se financiar por poupança externa (isto é, por endividamento externo). A elevação da poupança externa mais do que compensou a queda do imposto inflacionário, em parte devido à elevação do déficit público.

Grosso modo, pode-se dizer que o Plano Real levou a economia brasileira a um outro equilíbrio, onde um imposto não aprovado pelo Congresso se soma a novas despesas não cobertas pelo orçamento, para ser trocado por taxação futura (a alternativa de redução de gastos é remota), sendo tal troca financiada por não-residentes.[20]

Esta foi a válvula utilizada no Plano Real. Se o objetivo fosse estabilizar a inflação sem apelo à poupança externa, como se fez no Brasil entre 1964 e 1966, com o PAEG, os gastos públicos deveriam cair após o final de junho de 1994.

---

[20] Outra forma de visualizar esta questão, passando-se do prisma macroeconômico de curto prazo para o prisma de longo prazo, pode ser efetuada utilizando-se o arcabouço dos modelos de crescimento que endogeneizam a taxa de poupança, tais como Ramsey (1928), Cass (1965) e Kopmans (1965). Embora tais modelos (para uma exposição sucinta veja por exemplo Romer, 1996, ou Simonsen e Cysne, 1995, Seção 9.10) se prestem mais à análise de longo prazo, uma perspectiva interessante da evolução macroeconômica brasileira a partir de 1994 pode ser obtida a partir das conclusões desta classe de modelos, quando o governo eleva temporariamente seus gastos, de forma não antecipada. Nestes casos, o consumo privado cai, inicialmente, e volta ao patamar original uma vez que a elevação do gasto do governo tenha sido revertida. Temporariamente, ao contrário do caso em que a elevação do gasto público é permanente (e também a queda do consumo privado), a taxa de juros se eleva de forma a corroborar uma estrutura crescente do consumo privado. Quando a economia é aberta ao exterior não se estabelece esta simetria entre a elevação do consumo público e a queda do consumo privado, tendo em vista que os não residentes podem vir a financiar tal excesso de absorção sobre o produto nacional bruto

Esta queda deveria ser suficiente para fazer frente à queda do imposto inflacionário (que fomenta o consumo privado através da elevação da renda disponível do setor privado), bem como à posterior elevação do consumo privado decorrente da valorização cambial e do maior acesso ao crédito. O que se viu, entretanto, foi uma elevação adicional do gasto público, com um déficit que se elevou, a despeito do aumento da taxação sobre o setor privado. O resultado passou a ser uma necessidade anual de captação de poupança externa perigosamente elevada, tornando a economia brasileira demasiadamente vulnerável às oscilações dos fluxos de financiamento externo.

A troca de imposto inflacionário por poupança externa apresenta vantagens e desvantagens. A primeira vantagem é que a troca de imposto inflacionário por taxação futura traduz um certo respeito à cidadania, pelo fato de que impostos, ao contrário de confiscos, são ao menos votados no Congresso Nacional. Outra vantagem é que impostos futuros permitem identificar quem paga, reduzindo-se os mecanismos de concentração de renda. Uma terceira vantagem, talvez a mais importante delas, é o aumento de eficiência e produtividade produzida pela estabilidade de preços.[21]

Uma quarta vantagem é que este novo equilíbrio acarreta, ao menos durante certo tempo, uma clareza maior para o investidor externo, permitindo financiar parte relevante do déficit em conta corrente com investimentos diretos, o que abre maiores possibilidades para o governo reduzir sua dívida líquida através, por exemplo, de privatizações.

No entanto, a possibilidade de que a troca de imposto presente por taxação futura decorra, devido ao fato de esta taxação futura não ser plenamente percebida hoje, pode levar a uma queda na base política para a redução de despesas públicas.

Outra desvantagem, do ponto de vista fiscal, é que endividamento, ao contrário de confisco, tem que ser pago no futuro. Há que se pagar o principal, a desconfiança do credor (que não é pequena no caso do governo brasileiro) e o seu custo do tempo (os juros).

IV. Inter-relações Entre as Reformas e Pontos Específicos

Tanto a abertura econômica quanto a privatização beneficiaram bastante a estabilização de preços trazida pelo Real. A abertura comercial, por propiciar

[21] A arrecadação de imposto inflacionário gerava, historicamente, custos de bem estar da inflação da ordem de 3,1% do PIB, para arrecadar algo em torno de 2,2% do PIB (Simonsen, M. H. e Cysne, R. P., 1994 e 1995). O primeiro número, 3,1% do PIB, representa a má alocação de recursos de uma sociedade que destinava mais de 12% de seu PIB ao sistema financeiro, fundamentalmente para apressar as liquidações monetárias. O segundo número, de 2,2% do PIB, eqüivale ao valor médio histórico das perdas do setor não bancário da economia, diretamente decorrentes da inflação, com o qual o Banco Central fechava as contas públicas.

maiores facilidades às importações necessárias à cobertura de excessos de demanda em vários mercados, reduzindo as pressões altistas sobre os preços. A abertura financeira, por propiciar os influxos de capitais necessários à cobertura dos déficits em conta corrente que passaram a existir na economia brasileira desde o início da estabilização. E a privatização, pelas receitas transitórias geradas, que têm permitido o financiamento de parte do déficit público. O processo de privatização soma-se à abertura financeira por propiciar também capitais externos e financiamento dos déficits em conta corrente.

O estímulo à aceleração de privatizações e de leilões de concessões ocorrido desde 1997, com ênfase na geração de receitas, bem como na obtenção de investimentos diretos em moeda estrangeira, pode ser identificado como uma válvula de escape do governo para o atraso na correção dos desequilíbrios fiscais do setor público.

É claro que a estabilização não apenas foi beneficiada, mas também beneficiou tanto a abertura quanto a privatização, na medida em que reduziu tanto a volatilidade quanto a incerteza na condução das transações econômicas. A redução de alguns benefícios da abertura e da privatização, em termos de eficiência na alocação de recursos, deriva da forma como ela foi conduzida.

A lógica do Real, dada a persistência do desequilíbrio fiscal, tem se baseado na troca de imposto inflacionário por endividamento líquido externo. Isto exigiu ao mesmo tempo um câmbio sobrevalorizado e desestímulo às saídas de capitais. O câmbio sobrevalorizado impede que o processo de abertura comercial traga consigo todos os seus benefícios alocativos. Como os salários nominais não são flexíveis, as exportações tornam-se artificialmente dificultadas, reduzindo o emprego e o crescimento.

A preocupação com a estabilização e, conseqüentemente, com mecanismos não-inflacionários de financiamento do déficit público, tem implicado um excesso de concentração sobre as receitas de venda, em detrimento da defesa da concorrência e da regulação. Este fato perverso acaba por reduzir sensivelmente os benefícios da privatização para o consumidor, na medida em que um monopólio estatal é trocado por outro privado, e em geral incipientemente regulado.

A abertura tem facilitado a privatização, na medida em que boa parte dos processos de vendas de estatais ou de concessões têm tido como contrapartida capitais externos, ainda que em alguns casos constituídos sob a forma de fundos de investimento nacionais.

Há uma clara interdependência entre as reformas financeiras e a estabilização da inflação. A queda da inflação reduziu os ganhos líquidos de *floating* dos bancos de varejo, particularmente dos bancos oficiais, obrigando o Banco Central a desenvolver toda uma regulação, não apenas reativa ao processo já em curso, mas também prudencial. Esta nova regulação permitiu a redução do custo fiscal do ajuste do sistema financeiro à nova conjuntura, ainda que este custo não tenha sido desprezível.[22]

As reformas na área trabalhista também teriam efeitos positivos para a estabilização. Algum ajuste está sendo conseguido através do mercado informal. Contudo, a possibilidade de aumentar a flexibilidade nas negociações salariais é fundamental em um contexto em que há necessidade de se desvalorizar o câmbio real por meios outros que não desvalorizações nominais.

A premente necessidade de obter receitas de privatização, e de se repassarem ao setor privado investimentos que não podem ser feitos pelo governo, por falta de caixa, tem gerado dois tipos de problemas. Primeiro, uma relativa perda de competitividade do produtor e exportador nacional e de satisfação para os consumidores finais. Estes poderiam contar com um melhor binômio preço/qualidade se algumas privatizações e concessões tivessem se baseado mais nos preços mínimos e na qualidade dos bens e serviços a serem oferecidos e menos nas receitas a serem geradas para o Tesouro.

A idéia de se obter receitas de concessões não é reprovável, desde que isto não comprometa novas entradas. A pressa na privatização também não é reprovável. Afinal, endividar-se com o juro real atual, enquanto se mantêm ativos que quase nada rendem, é certamente uma estratégia inferior à obtenção de receitas através da venda de tais ativos. Mas há que se avaliar precisamente os problemas que podem ser gerados no futuro.

IV.1. Recomendações de Política – Aspectos Políticos e Orçamentários do Problema Fiscal

No texto foram apresentadas várias recomendações de política, não correspondendo sua repetição neste espaço. Daremos atenção aqui apenas à mais importante delas, a correção do desequilíbrio fiscal, que remete às questões da reforma política e da revisão do processo orçamentário.

No que diz respeito à reforma política, ainda que este ponto não constitua consenso entre cientistas políticos, há diversos trabalhos empíricos, como por exemplo Roubini e Sachs (1989) e Alesina e Perroti (1995), além de exposições como BID (1997), corroborando o fato de que fidelidade partidária e redução da fragmentação partidária podem facilitar ajustes fiscais duradouros. Neste sentido, a reforma política prevista pelo governo, instituindo a fidelidade partidária e a chamada "cláusula de barreira", pela qual apenas os partidos com uma votação mínima em todo o território nacional poderiam ser representados no Congresso,

[22] Particularmente após a crise de outubro de 1997, as instituições financeiras passaram a operar com menores graus de alavancagem, o que foi importante para que a nova elevação dos juros em setembro de 1998 não viesse a provocar prejuízos tão significativos, pondo em risco a austeridade monetária e a estratégia do governo de não desvalorizar a moeda.

aponta na direção correta. Outra possibilidade de se reduzir a fragmentação partidária poderia ser a redefinição dos distritos eleitorais, reduzindo-se o número de representantes por distrito.

Paralelamente, estudos recentes para a América Latina (BID, 1997 apresenta uma exposição neste sentido) mostram que em geral ausência de fidelidade partidária e elevada fragmentação de partidos implicam maiores dificuldades na consecução de metas fiscais, mas observa-se também que os mecanismos orçamentários podem sobrepor-se a estas questões de natureza política. Assim caberia criar meios institucionais pelos quais houvesse um monitoramento doméstico contínuo da elevação da dívida líquida do setor público, de forma a evitar-se a necessidade de auditorias externas e reversões súbitas da trajetória fiscal.

A fixação em Lei de tetos para o déficit público pode ser salutar. Mas tais metas devem ser passíveis de revisão quando da ocorrência de fatores conjunturais, de acordo com metodologia previamente divulgada e de domínio público.

Os mais céticos colocam a auditoria doméstica contínua, efetuada pelo Executivo, pelo Congresso ou por uma agência autônoma (proposta Eichengreen, Hausmann e von Hagen, de criação do Conselho Fiscal, 1996), como de reduzida factibilidade. Alternativamente, a tentativa de se delegar esta função a uma agência autônoma (o Conselho Fiscal de Eichengreen, Hausman e von Hagen) esbarra em dificuldades de natureza político-institucionais.

Cabe, entretanto, observar-se que estas dificuldades não são intransponíveis. Há espaço de manobra suficiente para se tentarem soluções mais ousadas, que incluam importantes reformas dos procedimentos que determinam a trajetória fiscal das três esferas públicas. Neste sentido, a Lei de Responsabilidade Fiscal, que estipula responsabilidades do administrador público no ordenamento de gastos, e que está sendo discutida no Congresso Nacional, representa certamente uma iniciativa promissora.

Resumo das Reformas Econômicas

Reforma	*Data*	*Principais Medidas (Instrumentos)*	*Fórum de Aprovação e/ou Proposição*	*Estado do Atual Processo*
Emendas Constitucionais	1993/95	Por ocasião da revisão constitucional e das reformas adicionais que se seguiram, aprovaram-se importantes emendas constitucionais. Foi abolida a distinção entre empresa brasileira e empresa brasileira de capital nacional, eliminaram-se as reservas de mercado sobre o gás natural, as jazidas minerais e os potenciais hidráulicos, permitiu-se a participação do setor privado no setor de telecomunicações e retirou-se da Petrobras a execução exclusiva do monopólio da União na área petrolífera.	Legislativo	TA
Patrimonial (Privatizações e Concessões)	15/07/81	Decreto-Lei 86.215 regulamenta pioneiramente a transformação, transferência e desativação de pequenas empresas controladas pelo Governo Federal.	Executivo	TA
	28/11/85	Decreto 91.991, ao final do primeiro ano do Governo Sarney, inicia a segunda parte do programa de privatização brasileiro, englobando privatizações parciais de empresas sob controle da União e encerramento de empresas inviáveis. Início dos processos de transferência de controle acionário através de leilões.	Executivo	TA
	29/03/88	Criação do Programa Federal de Desestatização, passando-se também a incluírem-se concessões para exploração de serviços públicos pelo setor privado.		
	02/90	Lei 8.031 cria o Programa Nacional de Desestatização (PND).	Legislativo	TA
	02/03/94	Decreto-Lei 1.068 inclui no PND (Plano Nacional de Desestatização) as participações minoritárias de que são titulares fundações, autarquias, empresas públicas e outras entidades controladas direta ou indiretamente pela União.	Executivo	TA
	1995	Lei 8.987 define o novo regime de concessão e permissão de serviços públicos, aplicável, fundamentalmente, aos setores de energia elétrica e de transportes, este último envolvendo os sistemas rodoviário, ferroviário e portuário.	Legislativo	TA
	1995	Lei 9.074 que se aplica às concessões dos serviços e obras públicas, em especial os serviços de energia elétrica, viabilizando a sua transferência ao setor privado.	Legislativo	TA
	16/08/95	Passa a caber aos Estados explorar diretamente, ou mediante concessão, os serviços locais de gás canalizado.	EC n°6	TA
	09/09/97	Lei 9.491 passa a regular (até o presente momento) o processo de privatização, e introduz a possibilidade de utilização dos recursos do FGTS pelos trabalhadores para aquisição de valores mobiliários no âmbito do PND.	Legislativo	TA
	99	Discussão sobre a Possibilidade de Privatização do Banco do Brasil e da CEF, bem como da Petrobras – inicialmente levantada mas posteriormente negada pelo governo	Executivo	DA
Abertura Comercial	1988/89	Redução da tarifa média de 51% para 31% e da tarifa máxima de 105% para 85%. Decreto Lei 2.434: Isenção de impostos de importação sobre bens de capital.	Executivo	TA

Reforma	*Data*	*Principais Medidas (Instrumentos)*	*Fórum de Aprovação e/ou Proposição*	*Estado do Atual Processo*
	1990	Eliminadas as barreiras não-tarifárias às importações.	Executivo	TA
	1994	Redução da média das tarifas de importação e antecipação (em setembro) em três meses da entrada em vigor da TEC –Tarifa Externa Comum do Mercosul; Ápice da política de liberalização de importações.	Ministério da Fazenda	TA
	1995/97	Novas restrições às importações.	Ministério da Fazenda	TA
		Em 29 de março, os automóveis, bicicletas, eletrodomésticos, eletroeletrônicos de consumo e motocicletas tiveram suas alíquotas de importação elevada, pelo Decreto 1.427, para 70%.		
		Em 27 de abril, através do Decreto 1.471, estabeleceu-se uma lista de exceção à Tarifa Externa Comum do Mercosul.		
		Em 28 de abril de 1995, através do Decreto 1.475, estabeleceu-se uma quota global para importações incentivadas da Zona Franca de Manaus.		
		Em 26 de dezembro, através do Decreto 1.761, instituiu-se o sistema de incentivos para o complexo automotivo, concedendo-se vantagens nas importações de veículos para as montadoras residentes.		
	1997	Novas restrições às importações foram efetuadas ao final de 1997, após a crise no Sudeste Asiático.		
Abertura Financeira	Janeiro de 1991	Através das Circulares 1.884 e 1.885 e da Carta Circular 2.144, o Banco Central autoriza a utilização de recursos externos para fazer frente a perdas no mercado doméstico.	Banco Central	TA
	Maio de 1991	Banco Central autoriza a utilização direta de capital estrangeiro no mercado acionário.	Banco Central	TA
	Julho de 1991	Instituição e Regulamentação dos investimentos externos em ações de empresas brasileiras através da criação do *American Depositary Receipt* e do *International Depositary Receipt.*	Banco Central	TA
	1991	Criação, de acordo com a Resolução 1.289/87, do Anexo IV, de regulação para a administração de portfólios de investidores institucionais estrangeiros. Este anexo tem se constituído em importante fonte viabilizadora de capital estrangeiro para as bolsas nacionais.	Banco Central	TA
	1994/95	Início de novo período com estímulo ao aumento do capital de investimento direto e redução dos investimentos de portfólio.	Banco Central	
	23/08/95	Lei Complementar relativa ao Parágrafo único do artigo 52 das disposições transitórias da Constituição Federal (Exposição de Motivos 311 do BC). Regulamenta o aumento da participação de bancos estrangeiros na economia brasileira.	Executivo	TA
		Entre 1995 e 1998 houve várias modificações na política de taxação de capitais estrangeiros, elevando-se a taxação quando o acúmulo de reservas prejudicava o controle monetário e reduzindo-se quando o volume de reservas mostrava-se abaixo do montante desejado. Tais modificações são apresentadas no texto.		
Sistema Financeiro	03/11/95	Medida Provisória 1.179 estabelece incentivos fiscais para a incorporação de instituições financeiras.	Executivo	TA
	03/11/95	Resolução 2.208 institui o Programa de Estímulo à Restruturação e ao Fortalecimento do Sistema Financeiro Nacional (PROER).	Banco Central	TA
	16/11/95	Resolução 2.211 cria o Fundo de Garantia de Créditos (FGC) para proteger os depositantes no sistema financeiro nacional. Trata-se de uma espécie de seguro de depósito.	Banco Central	TA

Reforma	*Data*	*Principais Medidas (Instrumentos)*	*Fórum de Aprovação e/ou Proposição*	*Estado do Atual Processo*
	16/11/95	Resolução 2.212 cria incentivos para os processos de fusão, incorporação e transferência de controle acionário de instituições financeiras.	Banco Central	TA
	13/03/96	Medida Provisória 1.334 institui a co-responsabilidade das empresas de auditoria contábil em casos de irregularidade.	Executivo	
	18/03/97	Circular do BCB regulamenta, com base nas Leis 4.595 (12/64) e 7.730 (01/89), a linha especial de assistência financeira para instituições financeiras estaduais no bojo do Programa de Incentivo a Redução do Setor Público Estadual na Atividade Bancária (PROES).	Banco Central	TA
	15/03/97	Lei 9.447 oriunda da Medida Provisória 1.182. O Banco Central passa a ter poderes para capitalizar, fundir ou transferir compulsoriamente o controle de qualquer instituição financeira visando à proteção do sistema financeiro.	Legislativo / Executivo	TA
	22/05/97	Resolução 2.390 cria a Central de Risco de Crédito. Esta Central permite às instituições financeiras, mediante autorização dos clientes, o acesso à posição devedoras superiores a R$50.000,00.	Banco Central	TA
	25/06/97	Resolução 2.399: O Banco Central elevou a exigência de capital mínimo das instituições financeiras de 8% para 10% dos ativos ponderados pelo risco. Este novo limite está acima daquele recomendado pelo Comitê de Fiscalização da Basiléia (8%) e significa uma diminuição do limite máximo permitido para empréstimos de 12,5 vezes para 10 vezes o valor do patrimônio líquido. Esta mesma Resolução também alterou o cálculo de estimativa de risco das operações de *swap* sem garantias, com derivativos. Os bancos terão que fazer uma provisão de 16% sobre o valor que está sendo exposto ao risco nesses tipos de operações. Além disso, pela Circular 2.784, de 27/11/97, o limite de capital mínimo foi elevado para 11%, mas permitindo que o enquadramento das instituições seja feito até o final de 1998, e a provisão das operações de *swap* passou para 20%, com prazo de adequação até fevereiro de 1998.	Banco Central	
	25/07/98	Resolução 2.302 consolida as demonstrações financeiras dos bancos no Brasil e no exterior.	Banco Central	TA
Previdência Social	15/02/96	Lei Complementar 85 estabeleceu a Contribuição para Financiamento da Seguridade Social – COFINS	Legislativo	TA
	30/10/97	Lei 9.506 extinguiu o Instituto de Previdência dos Congressistas – IPC	Legislativo	TA
	23/04/97	Lei 9.630 dispõe sobre as alíquotas de contribuição para o Plano de Seguridade Social de Servidores Públicos ativos e inativos.	Legislativo	TA
	10/98	Foi votada e parcialmente aprovada em 1998 a reforma previdenciária do governo, já no Congresso há bastante tempo. Esta proposta é ainda muito tímida em relação às necessidades do país. Tal ajuste, no que diz respeito ao INSS, compreendeu a inserção de limites mínimos de idade e anos de contribuição para a aposentadoria (homens 60 anos de idade e 35 anos de contribuição e mulheres 55 anos de idade e 30 anos de contribuição), extinguiu a aposentadoria proporcional por tempo de serviço e as aposentadorias especiais, além de outras medidas. No Regime de Previdência dos servidores públicos prevê-se: a. combinação de limite de idade e tempo de contribuição, que limitará as hipóteses de aposentadorias precoces, além da introdução de uma regra de transição com acréscimo no período de contribuição (pedágio); b. restrições às aposentadorias especiais.	Legislativo	PA

Reforma	*Data*	*Principais Medidas (Instrumentos)*	*Fórum de Aprovação e/ou Proposição*	*Estado do Atual Processo*
		Estima-se uma economia anual em torno de R$3,0 bilhões com a aprovação integral da reforma atualmente no Congresso. Número muito aquém do déficit total previsto, também para 1998, de R$27 bilhões (sendo em torno de R$10 bilhões no INSS e o restante no setor público federal). Estima-se em torno de 1,7 contribuintes por aposentado a relação do atual sistema de repartição.		
	98/99	Uma nova reforma da Previdência, mais abrangente, está sendo desenvolvida pelo governo, prevendo uma transição gradual para um sistema no qual os benefícios guardem maior correlação com as contribuições capitalizadas. O governo parece considerar inviável, no momento, face às dificuldades fiscais e às elevadas taxas de juros, uma transição para um novo sistema, possivelmente com administração privada, envolvendo o regime único de capitalização. O custo de transição foi orçado em torno de R$1 trilhão. O novo projeto não foi ainda apresentado ao Congresso, tendo em vista que o projeto anterior ainda depende de novas votações para aprovação definitiva. Esta nova proposta deve seguir a regra básica do equilíbrio atuarial geral e individual, ou seja, a previsão da equivalência entre o valor presente esperado das contribuições e dos benefícios. Em adição, haverá regras gerais para organização e funcionamento dos regimes próprios de previdência dos servidores públicos da União, dos estados, do Distrito Federal e dos municípios e Leis dos Crimes contra a Seguridade Social		DA
	98/99	Aprovada no Congresso Nacional a contribuição para a Previdência de servidores inativos do governo federal, bem como a elevação das alíquotas incidentes sobre a remuneração dos servidores ativos. A contribuição básica social do servidor ativo ou inativo e dos pensionistas da União será de 11% de sua remuneração, havendo ainda adicionais de 9 pontos percentuais no que exceder a R$1.200,00 e de 14 pontos percentuais no que exceder a R$2.500,00. Inativos ou pensionistas que ganham até R$600,00 estão isentos.		TA
Administrativa	4/6/98	Modifica o regime e dispõe sobre princípios e normas da administração pública, servidores, agentes políticos, controle de despesas e finanças públicas e custeio de atividades a cargo do Distrito Federal.	Congresso Nacional – Emenda Constitucional 19	TA
		– Limites para despesas com pessoal ativo e inativo	Dependente de Legislação Complementar	DA
Reforma Fiscal e Tributária	1995	Apresentação de proposta de emenda constitucional n.º 175-A para a Reforma Tributária, visando à simplicidade e generalidade do sistema.	Executivo	DA
	1998	Este projeto inicial encontra-se até hoje circulando no Congresso, já tendo inclusive sido dificultado por um outro projeto, mais ambicioso, apresentado informalmente pelo Ministério da Fazenda.		
Reforma Política	1998	Prevê-se uma reforma política em 1999/2000, compreendendo a instituição da fidelidade partidária compulsória e redução do número de partidos com representação no Congresso (cláusula de barreira – exige um mínimo de 5% dos votos em todo território nacional para representação no Congresso).	Executivo	DA
Reforma do Judiciário	1999	Prevê-se para 1999 a retomada do processo de reforma do Judiciário, cujo projeto inicial data de 1997. O projeto abrange questões como controle externo do Judiciário, extinção de juízes classistas e de instâncias estaduais de tribunais militares.	Executivo	DA

TA = Totalmente Aprovada / PA = Em Processo de Aprovação / DA = Dificuldades para a Aprovação

Referências Bibliográficas

Alesina e Perroti, (1995). "Fiscal Expansions and Adjustments in OECD Countries", *Economic Policy* 207: 248

Banco Central. "Relatório Anual" e "Boletins" de 1989 até 1995.

Baumann, R. e outros (1997). "As Tarifas de Importação no Plano Real". LC/BRS/DT.007 – Comissão Econômica para a América Latina e o Caribe, maio.

Baumann , R. (1997). "Foreign Investment in Brazil and the International Financial Markets", mimeo, Cepal.

BID (1996, 1997). "Economic and Social Progress in Latin America". Washington, D.C.

Bonelli, R. e Fonseca, R. (1998). "Ganhos de Produtividade e de Eficiência: Novos Resultados para a Economia Brasileira", mimeo, Rio de Janeiro.

Cândido Jr. "Poupança Doméstica e Restrições ao Crescimento Econômico no Brasil". Anais do Encontro Nacional de Economia de 1998.

Cass, David. (1965). "Optimum Growth in Aggregative Model of Capital Accumulation". *Review of Economic Studies* 32. (julho): 233-240.

Cysne, Rubens P. e Soares, S. (1997). "Reflexos do Plano Real sobre o Sistema Bancário Brasileiro". Artigo publicado na *Revista Brasileira de Economia* de julho/setembro/97, n. 3, volume 51.

Eichengreen, B., Hausmann, R. e Von Hagen, J (1996). "La Reforma de Las Instituciones Presupuestarias en America Latina y el Caribe: Argumentos a Favor de um Consejo Nacional de Assuntos Fiscales". BID, mimeo.

Ferreira, Pedro C. e Rosal, J. M. (1998). "Imposto Inflacionário e Opções de Financiamento do Setor Público em um Modelo de Ciclos Reais de Negócios para o Brasil", Ensaio Econômico da EPGE, n. 320, RJ.

Franco, Gustavo (1999). "Discurso de Transferência de Cargo" realizado em 8 de março de 1999, Brasília.

Gandra da Silva Martins (1990). "Aspectos Jurídicos do Plano Brasil Novo", *Revista Brasileira de Economia*, Edição Especial sobre o Plano Collor, janeiro de 1991.

Giambiagi, F. e Além, Ana C. (1997). "Aumento do Investimento: O desafio de Elevar a Poupança Privada no Brasil", Revista do BNDES, dezembro de 1997.

Heráclito de Queiros, C. (1990). "O Plano Collor, a Constituição e a Lei", *Revista Brasileira de Economia*, Edição Especial sobre o Plano Collor, janeiro de 1991.

IBGE (1996). Tabelas de Recursos e Usos, Diretoria de Pesquisas, Departamento de Contas Nacionais, Rio de Janeiro.

IPEA. Panorama Conjuntural. "O aumento do OCC em 1996". In: *Boletim Conjuntural*, n. 38, p. 37-45, julho de 1997.

IPEA. Panorama Conjuntural. "Necessidade de Financiamento e Poupança do Governo: Nota Metodológica sobre um Problema de R$30 Bilhões". In: *Boletim Conjuntural*, n. 36, p. 37-39, janeiro de 1997.

IPEA. Panorama Conjuntural. "Política Fiscal". In: *Boletim Conjuntural*, n. 34, p. 23-26, julho de 1996.

IPEA. "Boletim Finanças Públicas". Março de 1998, n. 2, ano 2.

Keller, W. (1997). "Trade and Transmission of Technology", NBER Working Paper Series, 6113.

Kendrick, J. W. (1976). "The Formation and Stocks of Total Capital". Nova York: Columbia University Press.

Koopmans, Tjalling C. (1965). "On Concept of Optimal Economic Growth", in: *The Econometric Approach to Development Planning* (Rand-McNally, Chicago, IL).

Kume, H. (1996). "A política de Importação no Plano Real a e Estrutura de Proteção Efetiva", IPEA, Texto para Discussão, n. 423, maio.

Lipsey, Robert e Kirova, Milka (1998). "Measuring Real Investment: Trends in the United States and International Comparisons", NBER Working Paper, 6404.

Londoño e Székely (1997). "Distributional Surprises After a Decade of Reforms: Latin America in the Nineties" OCE Working Paper, n. 348, IDB.

Lucas, Robert E., Jr. (1988). "On the Mechanics of Economic Development", *Journal of Monetary Economics*, 22 (julho):3-42

Mankiw, N. Gregory, Romer, David e Weil , David N. (1992). " A Contribution to the Empirics of Economic Growth". *Quaterly Journal of Economics*, 107 (maio):407-437

Martone, C. "Mais um Programa de Estabilização Inconsistente", *Revista Brasileira de Economia*, Edição Especial sobre o Plano Collor, janeiro de 1991.

Mattos, Cesar (1997). "The Recent Evolution of Competition Policy in Brazil: An Incomplete Transition". CERES/EPGE.

Mendonça de Barros, J. R. e Almeida Jr. Mansueto, (1997). Análise do Ajuste do Sistema Financeiro no Brasil, mimeo, Ministério da Fazenda.

McKinsen Global Institute (1998). "Produtividade: A Chave do Crescimento Acelerado no Brasil", mimeo, São Paulo.

Oliveira, Gesner de (1996). "Brasil Real". São Paulo: Editora Mandarim.

Pastore, A. C. (1994). "Déficit Público, a Sustentabilidade do Crescimento das Dívidas Interna e Externa, Senhoriagem e Inflação: Uma Análise do Regime Monetário Brasileiro", *Revista de Econometria*, 14, n. 2. 20.

Ramsey, F. P. (1928). "A Mathematical Theory of Saving". *Economic Journal*, 38 (dezembro): 543-559. Reproduzido em Stiglitz e Uzawa (1969).

Resende, Gervásio, Nonnenberg, C., Marques M. e César M., (1997). "Abertura Comercial, Financiamento das Importações e o Impacto sobre o setor Agrícola", Anuais da ANPEC, XXV Encontro Nacional de Economia – Recife, dezembro de 1997, Anais, vol. 1, p. 605.

Romer, David (1996). "Advanced Macroeconomics", Nova York: The McGraw-Hill Companies, Inc.

Roubini e Sachs (1989). "Political Economy and Economic Determinats of the Buget Defecit in Industrial Democracies" *European Economic Review*, 33: 903-38

Simonsen, M. H., (1991). "Aspectos Técnicos do Plano Collor", in Plano Collor – Edição Especial do RBE, vol. 45, FGV, Rio de Janeiro.

Simonsen, M. H. (1995). "Trinta Anos de Indexação". Rio de Janeiro: Editora da FGV.

Simonsen, M. H. e Cysne, R. P. (1992). *Macroeconomia*. Rio de Janeiro: Ao Livro Técnico, 1ª ed.

Simonsen, M. H. e Cysne, R. P. (1994). "Welfare Cost of Inflation: The Case for Interest Bearing Money and Empirical Estimates for Brazil", Ensaio Econômico da EPGE, n. 245, EPGE-FGV.

Simonsen, M. H. e Cysne, R. P. (1995). *Macroeconomia*. Rio de Janeiro: Ao Livro Técnico, 2ª ed.

SOBEET, Carta Bimestral, março/abril de 1998.

Varsano, R. e outros (1998). "A Carga Tributária Brasileira", Boletim Conjuntural IPEA, n. 40, janeiro de 1998, pp. 37-43.

Varsano, R. "De Ônus a Bônus: Política Governamental e Reformas Fiscais na Transformação do Estado Brasileiro". A Economia Brasileira em Perspectiva – 1996, p. 1-17, 1996.

Weinhold e Rauch (1997). "Openness Specialization and Productivity Growth in Less Developed Countries", NBER Working Paper Series, 6131.

Capítulo 3

As Políticas Sociais nos Anos 1990

Sônia M. Draibe

Introdução

É conveniente, para fins de exposição, examinar as trajetórias recentes das políticas sociais brasileiras através de dois ciclos de reformas, o que se dá nos anos 1980, no quadro de instabilidade econômica e da democratização, e o da segunda metade dos anos 1990, pautado pela complexa agenda da estabilização, reformas institucionais e consolidação democrática.

Com efeito, desde o final dos anos 1970, a democratização projetou também para a área social uma agenda reformista da transição democrática (Draibe, 1997), cujo processamento, moldado sobretudo na Constituição de 1988, esbarrou nas mesmas contradições e indefinições do movimento político maior em que se inscreveu, ainda que tenha introduzido mudanças significativas, entre elas a valorização do princípio do direito social; impulsos à universalização do acesso dos programas e, no caso da seguridade social, um certo afrouxamento do vínculo contributivo como princípio estruturador do sistema e a determinação de valores mínimos dos benefícios.

Entretanto, se é verdade que essa agenda conferiu centralidade à questão social, é certo também que seu processamento foi parcial e modesto, provavelmente em conseqüência dos movimentos e sinais contrários emanados tanto das restrições econômicas quanto das distorções corporativistas dos interesses organizados. Vejamos:

- Em que pese o esforço para ampliar e diversificar as fontes, o financiamento permaneceu ainda muito dependente de contribuições sociais e, em decorrência, das oscilações econômicas que afetam diretamente a massa salarial.
- Em certa medida como decorrência do anterior, os recursos financeiros destinados às políticas sociais permaneceram muito centralizados no Executivo federal, apesar da descentralização fiscal, de forte teor municipalista, realizada pela reforma tributária de 1988.
- A permanência de fortes privilégios corporativos no sistema de políticas sociais. Em outras palavras, as diretrizes igualitárias e universalistas não foram suficientemente fortes para enfrentar a defesa corporativista de benefícios especiais e, em conseqüência, de comprometimento de parte dos recursos com privilégios de categorias sociais particulares.

Desde a metade da década de 1990, sob uma nova agenda, tem início um outro ciclo reformista na área social, definido agora no ambiente mais amplo – e sem dúvida mais complexo – do ajustamento econômico, da complementação das reformas institucionais e da consolidação da democracia. Mais que pela introdução de algumas mudanças, a etapa se caracteriza pela tensa conciliação dos objetivos macroeconômicos da estabilização com metas de reformas sociais teoricamente voltadas para a melhora da eficiência e da eqüidade.

Considerados os dois períodos ou ciclos, não se pode deixar de constatar o modesto saldo das mudanças e inovações, apesar das alterações logradas. Com efeito, efetivamente reformada foi apenas a política de saúde, embora tenham sido significativas as mudanças no campo dos programas assistenciais e de enfrentamento da pobreza. A reforma da previdência é recente e parcial, nem mesmo tendo completado a etapa legislativa da implementação. Na política educacional, as importantes mudanças restringiram-se ainda praticamente ao ensino fundamental. Áreas como habitação, saneamento básico e transportes coletivos praticamente estiveram ausentes da recente agenda mudancista.

O Quadro 3.1 registra, nos dois ciclos referidos, as etapas de introdução e implementação de reformas nas políticas sociais setoriais.

Este trabalho examina, sob tal perspectiva, o movimento de reestruturação dos programas sociais brasileiros, enfatizando o perfil e desempenho do gasto público social e as principais inovações e mudanças presentes nas áreas de educação, capacitação profissional, saúde, previdência social e programas de enfrentamento da pobreza.

1. O Gasto Social Público Brasileiro: Perfis e Desempenho Recente

Ao se desencadear o primeiro ciclo de reformas dos programas sociais, três características destacavam-se no gasto social público brasileiro: a incoerência

Quadro 3.1

Brasil: Políticas e Programas Sociais: Ciclos de reformas e Status da Implementação (1980-1998)

Áreas/Programas	Ciclos de reformas e status da implementação		
	1º Ciclo de Reformas	*2º Ciclo de Reformas*	*Status da Implementação*
Investimento em Recursos Humanos			
Educação			
• Educ. Ens. Fundamental	ausente da agenda	reformada	implementada
• Educ. Ens. Médio	ausente da agenda	introduzida	em discussão
• Educ. Ensino Superior	ausente da agenda	ausente da agenda	ausente da agenda
• Ensino Técnico (2º grau)	ausente da agenda	introduzida	em discussão
Saúde	reformada	completa a implementação enfrentando forte dificuldades	em ajustamento
Previdência Social	parcialmente reformada	reabertura da agenda e discussão, sob forte oposição	parcialmente aprovada (legislativa)
Capacitação para o Trabalho			
• Programa Público Federal	ausente da agenda	introduzida	completa a implementação
• Sistema S (empresarial)	ausente da agenda	ausente da agenda	ausente da agenda
• Prog. Capacitação de Jovens	ausente da agenda	introduzida	implementada
• Prog. Alfabetização Solidária	ausente da agenda	introduzida	implementada
Eliminação da Pobreza e Defesa de Direitos			
Assistência Social	reformada	em implementação	implementada
Programa de Combate Pobreza	ausente da agenda	introduzida	implem. enfrentando fortes dificuld.
Programas de Crédito Popular	ausente da agenda	introduzida	em implementação
Reforma Agrária	fracamente na agenda	fracamente na agenda	implem. enfrentando fortes dificuld.
Defesa de Direitos de Minorias			
• da Mulher	introduzida	em implementação	em implementação
• Crianças e Adolescentes	introduzida	em implementação	em implementação
• Negros	ausente da agenda	ausente da agenda	ausente da agenda
Erradicação do Trabalho Infantil	ausente da agenda	introduzida	em implem. (chances positivas)
Erradicação do Trabalho Escravo	ausente da agenda	em discussão	em discussão
Defesa dos Direitos Humanos	ausente da agenda	introduzido	em discussão

entre um nível relativamente alto de despesas e a sua inefetividade; a significativa importância das contribuições e fundos sociais na composição e vinculação das receitas e, finalmente, a forte centralização federativa do financiamento e da execução dos recursos. Com efeito:

- Na metade dos anos 1980, *o nível do gasto* social brasileiro comparava-se ao alcançado por países de desenvolvimento social médio – cerca de 15% do PIB – mas destacava-se pela sua baixa efetividade, tendendo, proporcionalmente, a beneficiar menos os grupos mais necessitados da população (IPEA, 1998).
- No que se refere à *origem e composição das receitas* – muito pouco alteradas, aliás, nos dois ciclos posteriores de reformas – destacava-se a alta participação das contribuições sociais nos recursos públicos totais destinados à área social,[1] correspondendo à metade das receitas federais totais e a cerca de 1/3 da carga tributária total do país.[2] A multiplicidade de *fundos sociais,*[3] além de vincular o gasto a programas específicos, tende a tornar a receita muito sensível aos movimentos da economia.
- Na *dimensão federativa,* apesar do padrão ainda centralizado, a progressiva absorção, por parte de estados e municípios, desde 1998, de maiores responsabilidades no financiamento dos programas sociais, decrescendo em contrapartida o volume de recursos empenhados pelo governo federal nesses mesmos programas[4] (Afonso, 1994 e Rezende, 1995).

1.1. Distribuição federativa e composição setorial

Tanto a estrutura atual do gasto quanto as tendências recentes de desempenho confirmam, em boa medida, as observações anteriores. Com efeito, no período 1982-1992, embora ainda se verifique a predominância da participação da

---

[1] Estimativas referentes a 1986 indicavam que as contribuições sociais respondiam por aproximadamente 35% do total do gasto social público consolidado e por 70% do gasto social federal. Em 1988, as contribuições sociais alcançavam 6,3% do PIB, sendo que a destinada à seguridade social equivalia a 4,1% do PIB, enquanto toda a receita de impostos da União equivalia a 8,7% (Draibe et alii, 1994).

[2] Em 1990, a carga tributária total correspondeu a 25,5% do PIB: 17,3% correspondiam a receitas federais das quais 8,6 eram formadas por tributos e 8,7% por contribuições sociais. As receitas estaduais correspondiam a 7,3% do PIB e as municipais a 0,8% (idem).

[3] Tratam-se de fundos gerados por contribuições ou taxações especiais, com sua execução vinculada a fins específicos. Hoje ainda somam mais de 8, os mais importantes sendo o Fundo da Previdência e Assistência Social (para custear benefícios previdenciários); o FNDE – Fundo Nacional de Desenvolvimento da Educação (gerado por contribuições empresariais – o salário-educação, para apoiar o ensino fundamental); o FGTS – Fundo de Garantia do Tempo de Serviço (fundo patrimonial gerado por contribuição empresarial, destinado a amparar o trabalhador desempregado e a financiar a política habitacional); o FAT – Fundo de Apoio ao Trabalhador (destinado ao financiamento do seguro-desemprego) (Draibe et alii, 1994).

[4] Em 1988, por exemplo, a participação das esferas de governo no gasto público social de US$67,5 bilhões foi, respectivamente, de 64,1% da União; 22,3% dos estados e 13,6% dos municípios (idem).

Quadro 3.2
Brasil, 1995: Gasto Social Público Consolidado, Segundo Origem dos Recursos,* por Unidade da Federação e Área Social – Composição e Participação no PIB

(R$ milhões correntes e %)

Áreas/ Programas	*Gasto percentual por área, nível de governo e % PIB*						
	Gov. Feder (F) % total federal	*Estados (E) % total estadual*	*Municí-pios (M) %total munic*	*% PIB* F	E	M	*Conso-lidado* (% PIB)
% Total do Gasto Social	59,5	23,7	16,7	12,4	4,9	3,5	20,9
Previdência Social	99,7	0,0	0,0	5,4	0	0	5,4
Benefícios a Servidores	56,9	36,8	6,2	2,6	1,7	0,2	4,7
Educação e Cultura	24,8	47,1	27,9	1,0	2,0	1,2	4,3
Saúde	62,9	20,6	16,3	2,1	0,7	0,5	3,3
Habitação e Urbanismo	3,8	13,8	82,3	0,4	0,1	0,9	1,1
Emprego/Defesa Trabalhador	98,0	1,9	–	0,4	0	0	0,4
Assistência Social	34,0	39,8	26,0	0,1	0,1	0,1	0,4
Transporte Urbano de Massa	17,7	15,1	67,0	0	0	0,2	0,4
Saneamento	23,7	20,6	55,6	0	0	0,1	0,2
Organização Agrária	94,9	5,0	–	0,1	0	0	0,1
Alimentação & Nutrição	95,9	0,9	3,0	0,1	0	0	0
Ciência & Tecnologia	100,0	–	–	0	0	0	0
Meio Ambiente	16,4	51,8	31,6	0	0	0	0
Capacitação Rec. Humanos	100,0	–	–	0	0	0	0

Fontes: IPEA/DIPOS, com base nos sistemas SIAFI/SIDOR para o Governo Federal, IBGE/DECNA, para os governos estaduais e municipais; IPEA/DIPES, para o PIB.

*No conceito de *origem de recursos* se indica de que esfera governamental provêm os recursos.

esfera federal, ganha destaque o crescente aumento da participação dos estados e municípios: enquanto a participação relativa do gasto municipal aumentou em seis pontos percentuais (10,6% a 16, 5%), a dos estados cresceu cerca de 2% (Médici & Maciel, 1996).

Confirmam o esforço de gasto e a tendência à sua descentralização as informações referentes ao ano de 1995, apresentadas no Quadro 3.2.

O comprometimento de cerca de 21% do PIB com programas sociais públicos, principalmente nas áreas de previdência social, benefícios a servidores, saúde, educação e cultura[5] registra o razoável esforço de gasto social do país, em 1995. Do ponto de vista da descentralização, as informações disponíveis confirmam a tendência anteriormente assinalada, de maior participação de estados e

[5] Dado um PIB *per capita* de R$4.186, em 1995, o gasto público social *per capita* estimado era de R$868,90, cerca de 20% do total (IPEA, 1998 p. 20).

municípios e, mais ainda, de descentralização da execução das despesas. Distinguindo os recursos pela origem e execução, o Quadro 3.3 registra, em percentuais do PIB, a participação relativa das unidades federadas no crescimento do gasto social consolidado, durante os anos 1994 e 1995.

Quadro 3.3
Brasil: Gasto Social Consolidado, por Esfera de Governo, Segundo a Origem dos Recursos e a Responsabilidade da Execução (em % do PIB)

Esfera de governo	Origem				Execução			
	1994		1995		1994		1995	
	% PIB	% Gasto Total	% PIB	% Gasto Total	% PIB	% Gasto Total	% PIB	% Gasto Total
União	12,3	62,4	12,8	62,4	11,2	56,7	11,6	56,5
Estados	4,3	21,9	4,4	21,7	5,1	25,8	5,2	25,6
Municípios	3,1	15,7	3,3	15,9	3,4	17,5	3,7	17,9
Total	19,7	100,0	20,5	100,0	19,7	100,0	20,5	100,0

Fonte: STN/IPEA/DIPOS.

Do ponto de vista da eqüidade, vale a pena registrar as fortes discrepâncias do gasto entre regiões, as menos desenvolvidas apresentando valores *per capita* até duas vezes inferiores aos verificados nas regiões e estados mais ricos.

1.2. Evolução e Dinâmica Recente do Gasto

A trajetória recente do gasto social permite extrair algumas conclusões importantes acerca das tendências atuais de crescimento das despesas sociais públicas:

Quadro 3.4
Brasil: Evolução do Gasto Social Federal, por Área (1989-1993) (Números Índices: 1989=100)

Áreas	1989	1990	1991	1992	1993
Saúde	100	71,2	59,2	52,2	68,6
Educação	100	79,1	57,0	49,2	73,1
Trabalho	100	233,7	160,5	150,1	103,7
Assistência	100	55,7	106,6	158,4	209,8
Previdência	100	86,9	77,8	84,1	119,0
Alimentação	100	95,4	50,3	15,3	50,7
Saneamento	100	78,4	93,1	67,5	67,8
Hab./Urbanismo	100	86,9	148,6	132,2	88,8

Fonte: IPEA/DIPOS- *Evolução do Gasto Social Federal*, FSP, 22/03/1997.

- Ao longo dos anos 1980, o gasto social federal oscilou acentuadamente, porém não apresentou, como muitos países da região, tendência à queda. Alavancado por forte recuperação em 1986, sob o Plano Cruzado, atinge em 1989 um patamar superior ao apresentado em 1980 (Draibe, 1994).
- Nos anos 1990, é sob o Governo Collor (1990-1992) que o gasto social federal sofre o mais forte impacto negativo, alcançando em algumas áreas, em 1992, cerca da metade do patamar de 1989.
- Um esforço de recuperação tem início já no governo Itamar Franco (1993/1994) e acentua-se entre 1994 e 1996, sob o governo de Fernando Henrique Cardoso. As estimativas do IPEA apontam uma evolução (Quadro 3.5).
- No plano do financiamento, apesar das mudanças constitucionais, o gasto social mantém sua dependência de fundos formados pelas contribuições sociais, que cresceram notavelmente no período 1994-1996, já sob impacto da estabilização promovida pelo Plano Real.
- Registrou-se, no período recente (1994-1996) uma forte redução da despesa com pessoal ativo, no total dos gastos sociais federais, passando o dispêndio com essa rubrica de 12,4% em 1994 para 7,6% em 1996; já a despesa com pessoal inativo cresceu de 9,2% para 12,1% do total do gasto.[6]
- Aumentou cerca de 22% a transferência de recursos federais para estados e municípios, principalmente devido ao aumento das transferências negociadas, o que sinaliza o esforço deliberado de descentralização da execução do gasto, já referido.

Quadro 3.5
Brasil. Gasto Público Federal Total, Per Capita e em Percentual do PIB, por Diferentes Anos e Segundo a Evolução no Período (1994-1996)

				Evolução (nº índice)		
Gasto Social / Tipos	*1994*	*1995*	*1996*	*1994*	*1995*	*1996*
Gasto social total (em R$ milhões correntes)	42 111,6	78 847,1	92 176,8	100	187,2	218,9
Gasto social per capita (em R$ correntes)*	275,21	508,54	586,81	100	184,8	213,2
Gasto social total/PIB – Em (%)	11,7	12,0	12,3	100	102,7	104,8

Fonte: IPEA/DIPOS

* Excluídas as despesas financeiras alocadas em programas sociais

[6] O crescimento do pessoal inativo deve-se principalmente às incertezas acerca da reforma da previdência social; já a queda da despesa com ativos deve refletir principalmente as perdas salariais verificadas desde 1994 (IPEA, op. cit., 34).

- Entre 1986 e 1996, a mais forte alteração de estrutura do gasto social federal refletiu o acelerado crescimento da participação da Previdência Social (pública e privada) no gasto total, em função de vários fatores, entre eles o envelhecimento da população, a universalização dos direitos e a valorização dos benefícios definida pela Constituição de 1988 e implementada a partir de 1992-1993. Assim, para um crescimento do gasto social federal de 68%, as despesas federais com benefícios previdenciários cresceram mais de 80%, enquanto o gasto não-previdenciário cresceu apenas 44%. Em conseqüência, este último passou de 43,4% do gasto total, em 1986, para tão somente 37%, em 1996 (IPEA, 1997).
- Entre 1994 e 1996, também variam consideravelmente as evoluções setoriais do gasto social federal. Uma vez mais se verifica o forte crescimento da Previdência Social, nos três anos, e o recuo de recursos em áreas como a de educação, provavelmente em função do comportamento dos salários (que não cresceram) e da redução do pessoal, devido ao grande volume de aposentadorias.

As prioridades da política social federal revelam-se também através do comportamento do gasto de alguns programas. Assim, no período 1995-1996, além da área previdenciária, cresceram significativamente os gastos com qualificação profissional (60%), com saneamento básico (45%), ensino fundamental (26%), saúde (20%) e seguro-desemprego (15%).[7] Entre 1996 e 1997, os benefícios monetários a idosos e inválidos cresceram cerca de 300% (IPEA, 1997).

Vejamos, agora, no plano real dos programas sociais, as principais mudanças recentemente verificadas.

2. Reformas Recentes dos Programas Sociais Brasileiros

É principalmente sob a ótica dos investimentos em recursos humanos e do esforço de enfrentamento da pobreza que as mudanças recentes dos programas sociais brasileiros serão aqui analisadas. As áreas de política social privilegiadas são, basicamente, as de educação e capacitação profissional, saúde, previdência social e programas de enfrentamento da pobreza – fundamentais para que se examine as reformas em curso sob o prisma de eqüidade e ampliação das oportunidades.

2.1. Sistema de Ensino e Reforma Educacional

O país chega aos anos 1990 com um sistema educacional público marcado por distorções e dificuldades, entre as quais destacam-se suas grandes dimen-

---

[7] IPEA, *Evolução do Gasto Social Federal,* FSP, 22/03/1997.

sões,[8] uma cobertura educacional insuficiente em todos os níveis de ensino, com exceção do ensino fundamental; baixa qualidade do ensino ministrado e distâncias significativas entre os novos requisitos de formação de mão de obra e os conteúdos educacionais. Além disso, a acentuada heterogeneidade do sistema educacional traduz-se nas desigualdades de acesso, cobertura e desempenho escolar entre os grupos e categorias sociais; entre regiões e no seu interior; entre redes públicas municipais e estaduais. A agenda reformista que se arma na área envolve muitos, senão todos, esses aspectos e desafios.

2.1.1. Algumas características do sistema educacional brasileiro

O sistema educacional brasileiro é predominantemente público, nos níveis fundamental e médio, e privado, no nível superior.[9] Do ponto de vista da participação federativa, são os estados e os municípios que respondem pela oferta de ensino básico e secundário e, no caso dos municípios, pelo ensino pré-primário, o que retrata acentuada descentralização do sistema.[10] Ainda assim, é forte o poder regulador e econômico do governo federal e, portanto, a dependência dos entes subnacionais, particularmente os das regiões mais pobres do país. A descentralização da política educacional transformou-se em uma das principais diretrizes de reorganização do sistema, embora medidas concretas tenham sido implementadas apenas na metade dos anos 1990.

- *Características do gasto educacional*

O *gasto público com educação* estava estimado, em 1995, em aproximadamente 5% do PIB e US$223 por habitante, mas enquanto o gasto público anual por aluno do ensino fundamental foi da ordem de US$870, o gasto por aluno universitário foi de US$14.303 (Negri, 1996; Afonso, 1996).

Em 1995, registrando um já razoável índice de descentralização: a União respondia por 25% do total, enquanto estados e municípios respondiam, respectivamente, por 44% e 30% da execução das despesas. Mesmo as transferências efetuadas pela União em favor dos governos subnacionais representam apenas 12% do total dos gastos do governo geral consolidado (Afonso, *op. cit.*, 12).

---

[8] Em 1997, o sistema educacional público e privado abrigava 46,5 milhões de alunos, 35 milhões dos quais freqüentavam o ensino fundamental, 5,1 milhões o médio e 1,6 milhão, o superior.

[9] Em 1994, a rede pública respondia por 84,1% das matrículas totais, contra 15,9% no privado; no ensino fundamental, respondia por 88,4% das matrículas e 86,3% dos docentes.

[10] Os estados respondem por 64% das matrículas do ensino fundamental e por 90% do médio, enquanto os municípios respondem por mais de dois terços das matrículas pré-escolares. A União, seguida pelos estados, responde pela maior parte das matrículas públicas de ensino superior. Entretanto, há forte variação, entre as regiões, *da participação dos estados e municípios na oferta do ensino fundamental.* Enquanto os municípios são importantes provedores da oferta pública na região Nordeste (47%), nas regiões Sul, Norte, Centro-Oeste e Sudeste são minoritários, respondendo, respectivamente, por 36%, 32%, 26% e 20% do total dos alunos matriculados. De todo modo, em 1994, os municípios já respondiam, no país, por cerca de 32% das vagas oferecidas no ensino fundamental.

• *Principais indicadores educacionais*

Duas características destacam-se no comportamento dos indicadores educacionais, a aceleração da melhora no período recente e taxas mais acentuadas de melhora nos grupos etários mais jovens. Ainda assim, o perfil educacional da população mostra-se insatisfatório, principalmente quando medido em termos comparativos internacionais.

Com efeito, apoiado nas fortes taxas de expansão das matrículas nas décadas de 1970 e 1980, o acesso ao ensino fundamental universaliza-se, apresentando, nos anos 1990, uma taxa de atendimento de mais de 95% da faixa etária de 7 a 14 anos (cerca de 36 milhões de alunos). Entretanto, é ainda muito baixa a terminalidade da educação básica – apenas cerca de 50% dos alunos que entram logram terminar aquele nível de ensino – assim como é ainda forte a defasagem série-idade entre os alunos desse nível de ensino. Provavelmente em decorrência dessas distorções, a taxa de *cobertura do ensino médio* seja notavelmente baixa, não ultrapassando 25% do grupo etário correspondente, embora a taxa de crescimento das matrículas tenha sido muito alta entre 1985 e 1994 (quando passam de cerca de 3 para mais de 5 milhões de alunos).

Entre 1980 e 1996, caiu também a taxa de analfabetismo das pessoas de 15 anos ou mais, de 25,4% para 14,7%, embora as diferenças regionais mantenham-se altas: a região nordeste ainda apresenta taxa de analfabetismo da ordem de 30%.

Também o perfil educacional da população brasileira apresentou sensível melhora, quando medido em termos de anos de estudos da população adulta: entre 1980 e 1996, o número médio de anos de estudos da população de 25 anos ou mais passou de 3,9 para 5,7 anos para os homens e de 3,5 para 6,0 anos para as mulheres. Entretanto, esse nível é reconhecidamente baixo, inferior ao da maioria dos países latino-americanos.

2.1.2. A reforma educacional recente

A reforma educacional integra a agenda de reformas institucionais hoje em curso no país, orientando-se por objetivos simultâneos de melhora da eficiência do sistema, da qualidade do ensino e da eqüidade do acesso. A estratégia reformista assenta-se em um conjunto relativamente integrado de linhas e frentes de ação, de âmbito geral, ainda que até agora tenha afetado principalmente o ensino fundamental. As principais dimensões e conteúdos das mudanças podem ser vistas no Quadro 3.6.

Quadro 3.6
Brasil: Reforma Educacional Recente: Dimensões e Conteúdos

Dimensões das reformas	*Conteúdos e orientações*
Financiamento e gasto	• redistribuição de recursos em benefício do ensino fundamental • descentralização da execução do gasto • reforço da progressividade e redistributividade dos recursos • reequilíbrio regional da alocação
Estrutura organizacional e sistema decisório (redes e programas)	• descentralização • desconcentração dos recursos e funções
Relações público/privado	• participação dos pais • parcerias com a sociedade civil
Dimensão didático-pedagógica	• modernização dos conteúdos • diversificação das carreiras • criação de sistemas nacionais de capacitação docente
Introdução de programas novos	• programas de apoio ao ensino fundamental
Acompanhamento e controle qualitativo	• criação de um sistema nacional integrado de avaliações educacionais

Além da modernização dos conteúdos e investimentos na qualidade do ensino,[11] vale a pena destacar dois ou três exemplos do recente esforço mudancista.

Novas orientações do financiamento e gasto educacional

- *Elevação do gasto e redução das desigualdades: a nova lei de financiamento do ensino fundamental: Fundo e Plano de Desenvolvimento do Ensino Fundamental e de Valorização do Magistério – FUNDEF*

A medida mais radical de reforma da educação, aprovada em 1996 e iniciada em 1998, foi a criação do Fundo de Desenvolvimento do Ensino Fundamental e de Valorização do Magistério (FUNDEF), com o objetivo de disciplinar a distribuição dos recursos entre os entes federativos, introduzir progressividade na sua alocação e estimular a valorização salarial dos docentes.

[11] Dois programas destacam-se, entre os destinados à melhora da qualidade do ensino fundamental. O *Programa TV Escola* constitui um complexo de ações televisivas destinadas à capacitação docente e à ampliação do acesso dos alunos às novas informações, organizando-se em torno a um canal de televisão, exclusivo para educação, cujos sinais são gerados pela Fundação Roquette Pinto para o satélite de comunicação Brasilsat-1 e transmitidos em circuito fechado, para todo o país. Em 1998, cerca de 1.500 filmes já haviam sido emitidos e o programa já se fazia presente em aproximadamente dois terços das escolas públicas brasileiras (50 mil estabelecimentos), atingindo cerca de 73% dos alunos (21,9 milhões) e 70% dos docentes (840 mil) do ensino fundamental público. O Programa Nacional do Livro Didático fornece cerca de 90 milhões de livros a todos os alunos do ensino fundamental das escolas públicas. Em 1996 e 1997, foram avaliados e distribuídos 100 milhões de livros de Língua Portuguesa, Ciências, Matemática, História e Geografia, para os estudantes de 1ª a 4ª séries, iniciando-se também o processo para os livros de 5ª a 8ª séries. O gasto com o programa é da ordem de US$100 milhões, beneficiando cerca de 34 milhões de alunos.

Com efeito, o sistema de partilha federativa no financiamento do ensino fundamental foi fortemente alterado pela nova legislação, que começou a ser implementada em janeiro de 1998: 60% do total de recursos constitucionalmente destinados à educação por estados e municípios – ou 15% das receitas e transferências fiscais disponíveis – foram centralizados, em cada estado, em fundo estadual a ser redistribuído ao próprio estado e aos municípios, em valores proporcionais ao número de alunos de primeiro grau efetivamente matriculados nas suas respectivas redes, segundo o parâmetro de US$300 por aluno/ano. Ainda segundo a nova sistemática, pelo menos 60% dos recursos totais do fundo devem ser destinados à remuneração dos docentes de nível fundamental, o nível salarial mínimo sugerido sendo equivalente ao gasto anual *per capita* com alunos. Cabe à União complementar os fundos estaduais que, por insuficiência de recursos, não atinjam o patamar mínimo de gasto.[12]

Fortes reações cercaram a medida, logrando postergar por um ano sua implementação.[13] Entretanto, há apenas um ano do seu início, efeitos significativos da nova sistemática já puderam ser registrados, em especial *efeitos regionais redistributivos,*[14] *o aumento do gasto médio por aluno*[15] e a *elevação dos salários docentes.*[16]

Também verificam-se *impactos do programa sobre a municipalização*[17] e no plano da *qualidade do ensino*, através da *redução do número dos professores leigos e da melhora da qualificação dos docentes.*[18]

---

[12] Segundo projeções do MEC para 1998, 20 dos 26 estados brasileiros transfeririam recursos aos seus municípios, mas em 6 estados (São Paulo, Roraima, Goiás, Espírito Santo, Minas Gerais e Santa Catarina), o sentido seria o inverso, ou seja, os municípios "perderiam" recursos em benefício da rede estadual dos respectivos estados, caso não ampliassem matrículas. FSP 19/03/1999.

[13] As resistências originaram-se em estados e municípios que, obviamente, perderiam recursos com a nova sistemática, por não oferecerem matrículas de nível fundamental na proporção de 15% de suas receitas. Em alguns casos, a reação expressou também a preocupação com a carência de recursos para o financiamento de outros níveis de ensino, em especial, a pré-escola e o ensino médio (idem).

[14] O movimento geral de transferências do FUNDEF, em 1998, foi da ordem de R$13,3 bilhões ou, aproximadamente, US$7,3 bilhões. Os efeitos redistributivos e a conseqüente redução de desigualdades regionais são claros: R$2,02 bilhões foram transferidos a municípios que não alcançavam o patamar mínimo de recursos, dos quais R$931,1 milhões (46%) foram para o Nordeste e R$160,9 para o Norte (8%), as duas regiões que antes registravam menores gastos por aluno. A União participou com R$500 milhões, nessas transferências, devendo destinar ao mesmo objetivo cerca de R$900 milhões em 1999 (idem).

[15] A *elevação do gasto per capita* com alunos foi da ordem de 22,7% no país, mas bastante acentuada nas duas regiões mais pobres, a Região Norte (47%) e a Região Nordeste (90%). Dos 5.506 municípios brasileiros, 2.703 (49%) – que atendem 10,9 milhões dos 32,3 milhões do ensino fundamental – aumentaram o gasto anual por aluno. Em 1997, a média do gasto por aluno desses municípios era de R$167, passando em 1998 a R$375, aumento da ordem de 129% (idem).

[16] O aumento médio, no país, foi de 10%, entre 1997 e 1998, mas em alguns municípios, foi notável: 270% em Girau do Ponciano, Alagoas; 195% em Boa Viagem, Ceará; 180% em Coroatá, Maranhão; 175% em Itabaiana, Sergipe; 165% em Redenção, Ceará; 150% em Santo Antônio de Jesus, Bahia e Barras, Piauí; 13% em Araci, Bahia; 1125% em Anápolis, Goiânia; e de 85% a 110% em Marapanim, Paraíba, Ceará-Mirim, e Macaíba, Rio Grande do Norte (idem).

[17] Entre 1997 e 1998, o número de matrículas na rede municipal aumentou em 21,5%, enquanto o da rede estadual caiu em 4,6%. Ainda que a participação das matrículas estaduais continuem majoritárias (53,3% em 1998), reduziu-se entretanto em 6%, que correspondem ao aumento da participação das matrículas municipais (46,7% em 1998). Aqui também os aumentos mais acentuados de crescimento da participação municipal foram nas regiões Norte (11,1%) e Nordeste (5,1%) (idem).

[18] Registrou-se aumento de 7,6% da participação de professores com segundo grau completo e de 12% dos que fizeram pós-graduação (idem).

- *Descentralização e reforço da redistributividade do gasto*

A transferência e a delegação, para estados, municípios e as próprias escolas, de funções de execução do gasto pautaram a nova sistemática de implementação de quase todos os programas federais de apoio ao ensino fundamental. Modalidades radicais dessa descentralização podem ser verificadas no programa da Merenda Escolar, ou no programa de aquisição de equipamento para a TV Escola ou, ainda, no Programa Escola Pública – Gestão Eficiente, no âmbito do qual o MEC implantou, desde 1995, o Programa de Manutenção e Desenvolvimento de Ensino – PMDE, que transfere recursos diretamente à unidade escolar.

O *Programa de Manutenção e Desenvolvimento do Ensino – PMDE*, atualmente *Programa Escola Pública – Gestão Eficiente*, foi iniciado pelo MEC em 1995 com a dupla orientação de reforçar a autonomia da escola e, simultaneamente, estimular a participação da comunidade de pais. O programa transfere, anualmente, recursos financeiros às escolas públicas municipais e estaduais de ensino fundamental com o objetivo de agilizar pequenas despesas de funcionamento da escola e manutenção física dos prédios escolares.[19] Mobilizando a cada ano um valor da ordem de US$250 milhões, destina a cada escola um montante de recursos definido segundo o porte do estabelecimento e sua localização regional.[20] Enquanto o primeiro critério garante uma orientação universalista ao repasse de recursos, o segundo enfatiza a ação redistributiva e compensatória de desigualdades regionais por parte do governo da União.

O PMDE estimula a maior participação da comunidade escolar – professores e pais de alunos – na gestão escolar. De fato, a legislação determina que os recursos do programa cheguem diretamente ao órgão colegiado da escola, em geral organizado nos moldes de associações de pais e mestres. Para cumprir a função de executor financeiro, o órgão colegiado deve ter personalidade jurídica adequada.[21]

---

[19] Em 1995 o PMDE transferiu US$229 milhões às escolas e, em 1996, US$269 milhões. Segundo a legislação que instituiu o programa, os recursos recebidos pelas escolas podem ser gastos nas seguintes rubricas: manutenção e conservação do prédio escolar; aquisição de material pedagógico e de consumo; capacitação e aperfeiçoamento de profissionais de educação; avaliação de aprendizagem; implementação de projeto pedagógico; desenvolvimento de atividades educacionais diversas. Em 1997, foram autorizados gastos com material permanente.

[20] Os valores variam, por escola, de um mínimo de R$500,00 (escolas com 100 alunos ou menos) a um máximo de R$10.000,00 (escolas com 2 000 alunos ou mais), nas regiões Sul, Sudeste e Centro-Oeste. Nas regiões Norte e Nordeste, o valor é 50% maior, variando de R$600,00 a R$15.000,00.

[21] Nos dois primeiros anos de operação do PMDE, as Secretarias Estaduais e, em larga medida, as Prefeituras, além de convenentes, operaram também como executoras do gasto, dado o alto percentual de escolas de suas respectivas redes que não possuíam colegiados ou cujos órgãos de representação não estavam devidamente registrados. Também a inadimplência de muitas prefeituras junto ao governo federal fez com que secretarias estaduais de educação assumissem a função de convenente para efeitos de repasse de recursos para as escolas municipais, nestes casos as Prefeituras enquadrando-se como subconvenente. Já em 1997, participaram do programa apenas as escolas que possuíam órgãos colegiados devidamente registrados como figuras jurídicas sem fins lucrativos. A partir de 1998, as transferências passaram a ser diretas para os colegiados de pais – agora criados na quase totalidade de escolas – sem a intermediação do convênio entre níveis de governo.

Também a descentralização do *Programa da Merenda Escolar – PNAE* segue a lógica de autonomização tanto do município quanto da própria escola. O programa transfere anualmente recursos federais destinados à alimentação dos escolares do ensino público fundamental, na proporção de R$0,13 por aluno (e, até 1998, R$0,20 para alunos dos municípios mais pobres, pertencentes ao programa Comunidade Solidária). Entre 1995 e 1998, o programa alcançou cerca de 95% das escolas e passou de 180 para 200 dias de atendimento em cerca de 95% das escolas públicas municipais e estaduais de ensino fundamental de todo o país, distribuindo uma refeição diária a aproximadamente 35 milhões de alunos. Os recursos da Merenda Escolar são de origem fiscal e integram o orçamento do MEC. A evolução do gasto, em milhões de Reais, no período recente, foi a seguinte: 1995 – 625,0 ; 1996 – 628,0; 1997 – 673,0; 1998 – 785,0. A previsão orçamentária para 1999 é de R$903 milhões.

O processo de descentralização acelerou-se nos últimos anos, a municipalização do programa passando de 1532 municípios em 1994 para 4.134 em 1998, ou seja, aproximadamente 80% dos municípios brasileiros. Também a modalidade de descentralização para a unidade escolar avançou, estando presente hoje em 27% das escolas do país.

Resultados positivos da descentralização em termos da eficácia e efetividade dos programas têm sido evidenciados em estudos e pesquisas recentes (NEPP, 1998), apontando para melhoras da cobertura e regularidade dos serviços. Dada a heterogeneidade regional e das próprias redes escolares, são ainda insatisfatórios os efeitos sobre a qualidade do ensino. Programas nessa direção, em especial os de capacitação docente e melhora do material didático,[22] têm sido implementados pelo MEC, entre os quais o programa de Educação à Distância – TV Escola[23] e, mais recentemente, o Programa Nacional de Informática na Educação – PROINFO.[24]

- *Mudanças nas relações público/privado e incremento da participação social no sistema educacional público*

A privatização *strictu senso* ou mesmo a *descentralização por envolvimento do setor privado*, com ou sem fins de lucro, não têm orientado a política governamental dirigida ao ensino público de nível elementar e médio. Aliás, o movi-

[22] Além do livro didático, o MEC distribui material escolar e de manutenção a escolas públicas.

[23] Iniciado em 1996, o Programa do KIT Pedagógico distribuiu aparelhos de TV, vídeo e antena parabólica a cerca de 52 mil escolas (praticamente a totalidade das escolas com mais de 100 alunos). O equipamento destina-se a apoiar o Programa TV Escola, de capacitação docente.

[24] O PROINFO teve início em 1997 com o objetivo de implantar a informática como instrumento de apoio ao processo ensino-aprendizagem e à modernização da gestão escolar. Na primeira etapa, distribuiu cem mil microcomputadores a seis mil escolas, e implantou duzentos Núcleos de Tecnologia Educacional – NTE para capacitar mil multiplicadores, atuantes junto a 25 mil professores e 6,4 mil técnicos.

mento recente foi mesmo o de redução da participação do setor privado na oferta de vagas, no caso do nível fundamental.

Entretanto, a relação do estado com o setor privado, na área educacional, tem se modificado fortemente em dois campos. De um lado, pela visível tendência de *aumento da participação* dos pais na gestão escolar, através dos conselhos escolares e colegiados de pais e mestres, aos quais a política governamental tende a transferir recursos e delegar crescentes funções. De outro, pelo forte aumento da *participação de ONGs e do setor empresarial* em atividades de apoio à rede pública de educação.[25] No caso das ONGs, a participação é bastante variada[26] e realizada, na maioria das vezes, em parceria ou contrato com o setor público, que financia parte ou toda a ação.

No caso do ensino superior, as propostas de reformas adquirem especificidade, ainda que até agora careçam de nitidez. O gasto *per capita* (por aluno) muito alto e a forte participação das universidades no gasto público federal são os principais argumentos apontados seja para demandar maior eficiência do sistema universitário, seja para apoiar a proposta de recuperação de custos (através do pagamento das matrículas ou de algum mecanismo do tipo da *tuition),* recorrentemente apresentada como alternativa para a correção da outra forte distorção presente no sistema universitário brasileiro: as universidades públicas são, em geral as de melhor qualidade, mas são freqüentadas principalmente por estudantes oriundos de famílias de média e alta renda, que tiveram acesso a escolas privadas de excelência no ensino elementar e médio e, por isso, têm êxito nos concorridos concursos de entrada na rede pública. Setores mais carentes do alunado freqüentam a rede privada de ensino superior, em geral de má qualidade.

A introdução do pagamento das taxas universitárias não é, entretanto, posição dominante na agenda governamental e enfrenta forte resistência de diferentes grupos da sociedade além, obviamente, da corporação docente, que nela vê forte mecanismo de privatização.[27] A autonomia de gestão – concretizada através da fixação de um percentual de receitas – foi a inovação introduzida na área desde meados da década passada. Experimentada com relativo êxito por universidades públicas estaduais, não se espraiou entretanto pela rede federal, também por resistências das próprias universidades.[28]

---

[25] Atuando junto às redes públicas, em atividades de capacitação, produção de material didático, avaliações, projetos educacionais especiais com alunos, as fundações ligadas às grandes empresas contam já com uma associação nacional, o Grupo de Fundações Educacionais – GIFE, que articula suas ações e interesses.

[26] Reforço da aprendizagem, capacitação docente, produção de material didático, avaliações de projetos etc.

[27] Dada a baixa proporção do gasto que a cobrança das matrículas eventualmente cobriria (de 15 a 20%, segundo algumas estimativas), o cálculo político da relação custo x benefício não chega a motivar outros atores.

[28] Também no plano do ensino fundamental e médio, foram poucas e não-exitosas as experiências de contratação do setor privado para gerenciar as unidades escolares. Neste caso, a agenda atual de mudança parece optar pela introdução de conteúdos e práticas gerenciais na cultura interna da rede escolar pública, através de cursos de capacitação de diretores.

Em síntese, ainda que tenha se mostrado efetiva apenas no nível do ensino fundamental, já podem ser creditados alguns sucessos à reforma educacional:

- Êxitos quantitativos e de impactos redistributivos e sobre a eqüidade
  - avanço da universalização do ensino fundamental e aumento da cobertura do ensino médio
  - maior redistributividade regional e individual do gasto
- Êxitos qualititativos: melhora dos conteúdos e dos processos educacionais
- Êxitos político-institucionais:
  - aumento da credibilidade da política e das autoridades educacionais
  - ampliação da coalisão de apoio às mudanças na área
  - democratização da informação
- Melhoras dos sistemas de avaliação e controles dos resultados educacionais
- Melhora da quantidade, qualidade e agilidade das informações e estatísticas educacionais
- Introdução e ampliação dos sistemas de avaliações educacionais nos três níveis de ensino

Entretanto, é ainda grande a margem de melhoras a ser perseguida pelo impulso mudancista. Como já se disse, os níveis médio e superior de ensino ainda carecem de projetos estruturados e coerentes de mudanças. No caso do nível médio, apesar do crescimento recente das matrículas, a cobertura é ainda muito insuficiente, além do que este nível de ensino se ressente da falta de recursos adequados para seu financiamento atual e sua expansão futura.

Finalmente, a todos os níveis do sistema, a questão da melhora da qualidade impõe-se como central no encaminhamento futuro da agenda setorial.

Em outro plano, voltado mais diretamente para o mercado de trabalho, o investimento em recursos humanos envolve os programas de capacitação profissional, e sua reestruturação atual, em face dos novos requisitos do padrão de crescimento.

2.2. Formação e Capacitação de Mão-de-Obra

Desde meados dos anos 1980, frente às taxas crescentes e oscilantes de desemprego, a questão da capacitação profissional e de programas de estímulo a formas autônomas de trabalho é introduzida na agenda social, mas seu processamento só se dará nos anos 1990, através da criação e implementação de programas inovadores nesse campo. Entre as recentes inovações institucionais está a introdução de programas do tipo "produtivo", cujo objetivo é a geração de emprego e oportunidades de geração de renda, assim como melhora da "empre-ga-bilidade" das pessoas.[29]

- *Programas de capacitação profissional*
- Plano Nacional de Educação Profissional – PLANFOR

Englobando e ampliando os anteriores planos estaduais de qualificação profissional, o *Plano Nacional de Educação Profissional* – PLANFOR foi proposto para o período 1966-1999 como um dos projetos prioritários do governo federal com o objetivo de qualificar, a cada ano, a partir de 1999, 20% da PEA, percentual aproximadamente 4 vezes superior ao atual. De responsabilidade da SEFOR – MTb (Secretaria de Formação e Desenvolvimento Profissional do Ministério do Trabalho), seu financiamento usa recursos do Fundo de Amparo ao Trabalhador (FAT). Entre seus *objetivos gerais*, pretende:

– qualificar ou requalificar a FT, com foco na empregabilidade e nas potencialidades dos mercados regionais e locais de trabalho;

– elevar o nível de escolaridade da PEA, através da erradicação do analfabetismo e da elevação da sua escolaridade até pelo menos o nível básico;

– estimular e apoiar a oferta de emprego e de oportunidade de geração de renda, através de alternativas de trabalho autogerido, associativo ou em micros e pequenos empreendimentos.

A sua *estratégia de implementação* é descentralizada e repousa em três eixos: *os Planos Estaduais de Qualificação,*[30] as *parcerias* com toda a rede de instituições de educação profissional do país[31] e o *mecanismo dos conselhos e comissões* como base do processo decisório (o CODEFAT e as Comissões Estaduais).

No plano conceitual, o PLANFOR indica o conceito de *empregabilidade* como básico para a orientação da política de capacitação, assim como aponta como núcleo da formação profissional a *conjugação das habilidade básicas, específicas e de gestão.*

O programa cresceu aceleradamente entre 1996 e 1998, assim como os recursos nele investido, como se verifica pelo Quadro 3.7: o crescimento do programa tem sido acelerado – atingiu cerca de 1,2 milhões de trabalhadores em 1996 e aproximadamente 1,8 milhões em 1997 – cobrindo cerca de 12% dos desempregados (aproximadamente 5% do total dos ocupados).

---

[29] Além de programas de capacitação, têm sido introduzidos ou reforçados programas de crédito popular.

[30] Coordenados pelas respectivas Secretarias Estaduais do Trabalho, sob orientação das Comissões Estaduais e Municipais de Emprego e financiados com recursos do FAT, iniciados em 1994.

[31] Integrada pelos seguintes conjuntos de agências formadoras: os sistemas de ensino técnico federal, estadual e municipal; as universidades públicas e privadas; as entidades do Sistema S (SENAI/SESI, SENAC/SESC; SENAR; SENAT/SEST, SEBRAE); os sindicatos de trabalhadores; as escolas e fundações de empresa; organizações não-governamentais; escolas ligadas ao ensino profissional livre.

Quadro 3.7
PLANFOR: Evolução do Número de Treinandos e do Investimento (1994-1998)

Nos abs. e variação anual

	Número de Treinandos (em mil), variação anual (em %)						
PLANFOR	1994	1995	1996	1997	95/94	96/95	97/98
Brasil	83,1	153,4	1.193,1	1.800,0	185%	778%	51%
	Investimentos (em R$ MIL) e variação anual (em %)						
	14.932,3	28.214,2	226.442,2	–	189%	803%	–

Fonte: MT/Sefor, 1998 in Azeredo, B. (1998), p. 201.

- *Programas do Conselho da Comunidade Solidária: Capacitação Solidária e Alfabetização Solidária*

Por sua vez, o Conselho da Comunidade Solidária implementa, desde 1996, dois programas voltados especialmente para a capacitação de jovens carentes, público-alvo praticamente desprovido de proteção social: *o Programa Capacitação Solidária*, destinado à iniciação profissional de jovens pobres residentes nas regiões metropolitanas e o *Programa de Alfabetização Solidária*, destinado à alfabetização de jovens residentes nos municípios do Norte e do Nordeste que apresentam as mais altas taxas de incidência de analfabetismo jovem e adulto.

O primeiro, financiado exclusivamente por privados, tem por objetivo a capacitação de jovens do grupo etário de 14 a 21 anos, residentes nas regiões metropolitanas – com o objetivo de facilitar sua inserção no mercado de trabalho. Entre 1996 e 1999, capacitou aproximadamente 22 mil jovens. Já o segundo, apoiado em recursos públicos e privados, objetiva minimizar ou reverter o quadro de altas taxas de analfabetismo de jovens de 12 a 18 anos nos municípios que concentram as mais altas taxas de analfabetismo daquela faixa etária – passo indispensável para qualquer esforço de capacitação profissional desses grupos. Entre 1997 e 1998, alfabetizou cerca de 200 mil jovens.

2.3. A Política de Saúde. Panorama Geral da Reforma Sanitária e de sua Implementação

Até a década de 1980, a política de saúde operou, no país, através de um quadro institucional muito fragmentado, segmentado também pela dicotomia entre prevenção e cura.[32] Entre suas principais características, cabe destacar:

[32] O próprio setor público dividia-se entre a medicina preventiva/coletiva (a cargo do Ministério, das Secretarias da Saúde dos estados e de alguns municípios grandes e médios) e a curativa/individual sob responsabilidade do Instituto Nacional de Assistência e Previdência Social – o INAMPS, integrante do Sistema Nacional de Previdência Social. Estados e municípios médios e grandes atuavam também na área hospitalar.

- No *modelo assistencial*, o predomínio da medicina urbana e curativa, operada em hospitais, em detrimento das ações preventivas e básicas, principalmente as de atendimento da população rural.
- Na *composição da oferta*, articulação do setor público e setor privado na prestação dos serviços, o segundo respondendo por 70% de serviços médicos[33] contratados pelo setor púbico e, desde o final da década de 1980, por mais de 30% do mercado de saúde.
- No *acesso aos serviços*, a tendência de universalização a partir do segmento do seguro social.

2.3.1. O primeiro ciclo de reforma: anos 1980

O forte movimento social de apoio à reforma sanitária, desde o final dos anos 1970, orientou-se pelos seguintes e principais princípios:

- Descentralização, com ênfase na unidade federada e aumento do papel dos municípios.
- Integração de autoridade gestora em cada nível de governo.
- Participação da sociedade civil como forma de controle social.
- Integração, de forma sistêmica, das ações preventivas e curativas.

Já no ambiente da democratização do país, a vitoriosa reforma culminou com a consagração, na Constituição de 88, da nova armação institucional, denominada Sistema Unificado de Saúde – SUS, integrada à Seguridade Social, juntamente com a Previdência Social e a Assistência Social[34] e apoiada no direito universal da população à saúde. Entre as características organizacionais da nova política, devem ser enfatizados:

- No *modelo assistencial*. Sistema de livre demanda e acesso universal da população a qualquer tipo e nível de complexidade dos serviços.

---

[33] Em 1978, 67,1% dos estabelecimentos tinham convênios com o setor público e esta proporção se reduziu para 57,8% em 1984, provavelmente em decorrência da deterioração dos repasses financeiros do setor público e do *bias* dos convênios públicos com as entidades filantrópicas, cuja participação sobe de 69,3% para 72,9% no mesmo período. No atendimento ambulatorial, é o vigoroso crescimento relativo do setor público – que cresce a uma taxa de 19,3% entre 1978-1985 – e a redução relativa da participação do setor privado – que cresce a uma taxa de apenas 2,3% ao ano.

[34] A seguridade social compreende as ações integradas dos poderes públicos e da sociedade para que sejam assegurados os direitos de saúde, previdência social e assistência social. A Constituição destaca, entre os objetivos da seguridade social: a – a universalidade da cobertura e do atendimento; b – a uniformidade e equivalência dos benefícios e serviços às populações urbanas e rurais; c – a seletividade e distributividade na prestação dos benefícios e serviços, d – a irredutibilidade do valor dos benefícios; e – a eqüidade na forma de participação no custeio; f – a diversidade da base de financiamento e g – o caráter democrático e descentralizado da gestão administrativa, com a participação da comunidade, em especial dos trabalhadores, empresários e aposentados.

- No *plano organizacional* . Sistema estruturado de acordo com os princípios da descentralização e municipalização, hierarquização, regionalização, integração e comando único.
- No *sistema de financiamento.* Recursos da seguridade (contribuições sobre folha de salários), fontes fiscais (receitas de impostos e taxas dos governos federal, estaduais e municipais), contribuição sobre faturamento das empresas (CONFINS), imposto sobre lucro líquido e, finalmente, recursos originados em outras fontes (jogos de azar, impostos sobre produtos nocivos etc.).
- Na *distribuição federativa das competências.* Competências comuns da União, dos estados e dos municípios: cuidados com a saúde, assistência pública aos necessitados e proteção às pessoas portadoras de deficiências. Supõe-se a descentralização e a municipalização das ações básicas e preventivas e a cooperação técnica e financeira da União e do Estado, na prestação dos serviços de atendimento à saúde da população.

A descentralização do SUS foi lenta. Em 1994, foram definidas as *modalidades de descentralização* e gestão: a *gestão incipiente,*[35] a *gestão parcial*[36] e *a gestão semi-plena,*[37]

---

[35] Na qual os municípios que a ela se habilitam podem assumir, *progressivamente,* as seguintes prerrogativas e responsabilidades: contratar e autorizar o cadastramento de prestadores; programar e autorizar a utilização de AIH (Autorizações de Internação Hospitalar) e dos procedimentos a serem prestados por unidade; controlar e avaliar os serviços ambulatoriais hospitalares públicos e privados, com ou sem fins lucrativos; demonstrar disposição de assumir o gerenciamento das unidades ambulatoriais públicas e/ou federais; incorporar à rede de serviços ações básicas de saúde, nutrição, educação, vigilância epidemiológica e sanitária, controle de vetores e zoonoses; e desenvolver ações de vigilância de ambiente e processos de trabalho e de assistência e reabilitação do acidentado do trabalho e portador de doenças ocasionadas pelo trabalho. Nessa modalidade, os estados, através dos Conselhos Estaduais de Saúde, credenciam e avaliam a atuação dos municípios e partilham com cada município da gestão das cotas de pagamento dos serviços hospitalares (AIH).

[36] Na qual o município habilitado deve assumir de imediato todas as atribuições da gestão incipiente e, ainda, receber mensalmente recursos federais destinados ao pagamento dos serviços prestados pelas unidades hospitalares e ambulatoriais públicas e privadas existentes no município. Nesta modalidade de gestão parcial, cabe à Secretaria Estadual de Saúde: responsabilizar-se pela programação integrada com os municípios, abrangendo manutenção e investimento e gestão dos recursos próprios e transferidos; cadastrar, programar e distribuir quotas hospitalares e ambulatoriais; controlar e avaliar a rede de serviços; coordenar a rede de referência estadual e gerir sistemas de alta complexidade; coordenar ações de vigilância epidemiológica, hemocentros e rede de laboratórios; formular, executar e controlar vigilância da condições de trabalho.

[37] Na condição de gestão semi-plena, a Secretaria Municipal de Saúde assume a completa responsabilidade sobre a gestão da prestação de serviços: planejamento, cadastramento, contratação, controle e pagamento de prestadores ambulatoriais e hospitalares públicos e privados, o gerenciamento de toda a rede pública existente no município, exceto unidades hospitalares de referência sob gestão estadual; bem como a execução e o controle das ações básicas de saúde, nutrição e educação, de vigilância epidemiológica, de vigilância sanitária, controle de vetores e zoonoses e de saúde do trabalhador em seu território. Assim, nessa modalidade o município é totalmente responsável pela gestão e prestação de serviços em seu território. Seu credenciamento é de responsabilidade do Ministério da Saúde e o total das transferências de recursos financeiros para custeio corresponderão aos tetos ambulatorial e hospitalar previamente acordados. Recursos adicionais são previstos, nesta modalidade, tanto como incentivo quanto para apoiar as ações mais complexas.

mas até o final de 1997, apenas pouco mais da metade dos municípios já se enquadrava nas mesmas.[38]

O financiamento do sistema revelou crescente instabilidade e insuficiência de recursos. Além da forte dependência para com a União, dois processos pressionaram especialmente o SUS: a eliminação da folha de pagamentos como fonte para a saúde, em 1993[39] e, desde 1994, as restrições do ajustamento fiscal e a operação do Fundo Fiscal de Emergência.

2.3.3. O segundo ciclo de reformas do SUS

Desencadeado em 1995 e 1996, *a fisionomia do SUS* vem sendo alterada por um conjunto de medidas, cujos eixos e principais conteúdos estão registrados no Quadro 3.8:

- *Diversificação de fontes e critérios de transferências de recursos*

As instáveis bases de financiamento do SUS suscitaram uma nova e específica fonte de recursos, aprovada em 1996, sob forma de imposto do cheque, a CPMF.[40]

- *Aceleração da descentralização*

Em 1996, foi alterada a sistemática de descentralização e enquadramento, agora simplificada para apenas duas modalidades de gestão: *a Plena de Atenção Básica* – dotada de menor grau de autonomia, e a *Plena do Sistema Municipal* (ou estadual, no caso do enquadramento dos estados) – que supõe a assunção total da gestão da saúde por parte do município. Ao final do ano de 1998, do total de 5.506 municípios, 5.136 (93%) estavam já enquadrados, sendo 4.665 na modalidade Plena de Atenção Básica e 471, na Plena do Sistema Municipal.

- *Focalização das ações básicas e da população carente. Programas prioritários.*

– *PAB* e a *Farmácia Básica*

Com o objetivo de preservar e ampliar o espaço da atenção básica, foi introduzida, em 1997, uma nova sistemática de repasse de recursos aos estados

[38] Dos aproximadamente 5.100 municípios brasileiros, 57% estavam enquadrados em gestão incipiente ou parcial (2.941 municípios) e apenas 2% em gestão semi-plena (137 municípios, cobrindo cerca de 16% da população), enquanto 40% ainda permaneciam sem nenhum enquadramento.

[39] A implementação, desde 1991, das decisões constitucionais acerca de valores dos benefícios previdenciários levou à extinção da folha de pagamentos como fonte para a saúde, tendo cessado, em 1993, as transferências da seguridade social para custear do SUS.

[40] Contribuição Provisória sobre a Movimentação Financeira. Tendo enfrentado fortes resistências, a nova contribuição foi ainda assim renovada por duas vezes; em 1999, aprovou-se também a elevação da sua alíquota, de 0,2% a 0,38% sobre as transações financeiras.

Quadro 3.8
Brasil: Reformas Recentes da Política de Saúde – Dimensões e Conteúdos

Dimensões das reformas	*Conteúdos e orientações*
Financiamento e sistema de transferências	• Diversificação/ampliação das fontes – CPMF • Redistribuição de recursos em benefício da atenção básica – PAB • Introdução do per capita individual como parâmetro de transferência intergovernamental – PAB
Autonomização e descentralização da gestão e do gasto	• novas modalidades de descentralização e enquadramento dos municípios (NOB 96)
Focalização das ações básicas e da população carente	• Programa do Médico de Família • Programa de Agentes Comunitários de Saúde • PAB • Farmácia Básica
Programas prioritários	• Combate à Mortalidade Infantil • Saúde da Mulher
Reorganização do aparato regulatório do Estado	• Modernização dos sistemas de regulação e controles

e municípios, através do *PAB – Piso de Atenção Básica*, que destina um valor de no mínimo R$10,00 (cerca de US$8,80) por habitante/ano para custear ações básicas de saúde.[41] O mecanismo do PAB eleva o patamar de gasto de um número expressivo de municípios – especialmente os que não gastavam com saúde um valor correspondente ao piso.[42] A *Farmácia Básica*, por sua vez, destina medicamentos a aproximadamente 4 mil municípios com menos de 21 mil habitantes, cobrindo aproximadamente 33 milhões de habitantes, em volume correspondente a R$2,00 por habitante/ano.

– *Focalização da população pobre: Agentes Comunitários de Saúde e Programa de Saúde da Família*

[41] São as seguintes as ações que podem ser custeadas com os recursos do PAB: consultas médicas em especialidades básicas; atendimento odontológico básico; visita/atendimento ambulatorial e domiciliar pela equipe de Saúde da Família; vacinação; atividades educativas a grupos da comunidade; assistência ao pré-natal; atividades de planejamento familiar; pequenas cirurgias; atendimentos básicos por profissionais de nível médio; atividades dos Agentes Comunitários de Saúde; assistência a parto domiciliar por médico do PSF; primeiro atendimento de urgência (pronto atendimento). Além desses, estão contemplados também os seguintes componentes: saúde bucal; combate às carências nutricionais; Vigilância Ambiental; Vigilância Sanitária; Vigilância Epidemiológica e Farmácia Básica.

[42] De fato, dado o piso de R$10,00/ano, para muitos municípios o valor recebido pelo PAB aumenta de 2 a 9 vezes o que recebiam anteriormente. Em conseqüência dessa maior redistributividade, verifica-se, entre os municípios, uma redução de 25 para 2,5 vezes da diferença de recursos recebidos pelo Ministério da Saúde.

Seguramente, a inovação programática e de concepção mais forte corresponde ao PSF – Programa Saúde da Família e, neste, ao Programa Agentes Comunitários de Saúde. Saúde da Família.

O *Programa Saúde da Família – PSF* exprime uma estratégia de implantação da atenção comunitária, visando a reorientação da atenção básica, o fortalecimento de sistemas locais de saúde e, no limite, a própria mudança do modelo assistencial vigente.[43] Nos primeiros meses de 1998, 1.472 equipes do PSF atendiam 6,6 milhões de pessoas ou 1,47 milhão de famílias em 567 municípios (aproximadamente 81% da meta daquele ano).

O *PACS – Programa de Agentes Comunitários de Saúde* treina e mobiliza pessoal da própria comunidade para realizar ações educativas e básicas de saúde junto às famílias pobres, especialmente da zona rural.[44] Desde 1995, seu crescimento foi bastante expressivo, passando de 34 mil a 88 mil o número de agentes e de 22 milhões a 41 milhões a população coberta (26% da população total, em 1998).

Entre as fortes inovação desses programas, duas seguramente representam, senão um avanço, pelo menos uma correção de insuficiências do SUS: a *adscrição territorial da clientela*[45] e a opção pela *unidade familiar* como unidade de referência.[46]

Central nas ações programáticas dos dois programas anteriormente citados – PACS e PSF – o PRMI é também integrado pelo Programa Nacional de Imunizações – através das tradicionais e exitosas Campanhas Nacionais de Vacinações[47] – e pelos programas de Combate às Carências Nutricionais, de Sanea-

---

[43] Cada equipe do PSF é formada por médico generalista, 2 auxiliares de enfermagem e 6 agentes comunitários de saúde, devendo cobrir mil famílias ou cerca de 4.500 habitantes/ano e referenciar-se a uma unidade básica de saúde, que assegura o acesso do paciente na rede do SUS. Em termos de financiamento, se prevê o teto de R$22.500,00/equipe/ano ou R$5,00 habitante/coberto.ano.

[44] Cada agente tem a responsabilidade de atender 167 famílias, sendo remunerado à base de um salário mínimo/mês. De início, o PCAS implantou-se nas regiões Norte e Nordeste, mais tarde se estendeu às outras regiões e aos municípios do Comunidade Solidária.

[45] A unidade de saúde da família trabalha com uma definição de território de abrangência e cada equipe é responsável por área de residência de 600 a 1000 famílias, variação que leva em conta as diversidades regionais.

[46] A inscrição da população se faz via *cadastramento das famílias* pelas equipes do PSF/PACS, com ênfase nos componentes familiares, a morbidade refere-se às condições de moradia, saneamento e condições ambientais das áreas de residência.

[47] O governo federal realiza, desde princípios dos anos 1980, campanhas nacionais de vacinações, de grande eficiência. Em 1997, as coberturas foram de 79% contra a poliomielite, 92,9% contra o sarampo, 64,5% contra coqueluche, tétano e difteria e 100% contra a tuberculose.

mento Básico e de Assistência Integral à Saúde da Criança e da Mulher. Alguns resultados positivos têm sido creditados a tais orientações.[48]

- *Reorganização do aparato regulador do Estado*

Provavelmene uma das iniciativas mais decisivas do novo ciclo de mudanças da política de saúde diz respeito à modernização dos códigos e dos sistemas de regulação e controles públicos sobre a prestação privada dos serviços médico-sanitários. O amplo, forte e diversificado mercado de saúde pautou-se, tradicionalmente, por um sistema de normas e instituições bastante frouxo e tradicional, de baixa efetividade para disciplinar o mercado e garantir os direitos dos consumidores.

Medida importante foi, em 1998, a aprovação, pelo Congresso, *da nova lei que regulamenta os seguros privados*, cujas inovações principais foram a extensão da cobertura do risco para tratamentos de enfermidades crônico-degenerativas e AIDS, além da exigência de contrapartida financeira das seguradoras, quando seus segurados se utilizam dos serviços públicos de saúde.

No plano dos sistemas de controles e vigilância, o principal significado das mudanças é o reforço dos controles próprios da vigilância sanitária e a agilização dos procedimentos de autuação dos infratores, em especial no campo dos medicamentos.

Em boa medida, o comportamento do gasto reflete e reforça tais tendências.

2.3.3. O gasto com saúde: nível, composição e desempenho recente

O gasto público total com saúde oscilou, entre 1995 e 1997, entre 3,4% e 3,2% do PIB, respectivamente. Somado ao gasto privado (1,9% do PIB, em 1997), tem-se um gasto total de 5,1% do PIB (IPEA, 1998 e MS, 1998). Sua evolução recente revela duas tendências nítidas: o crescimento do gasto, que muda de patamar e, em termos de composição, as maiores participações dos governos subnacionais no gasto público total.

2.3.3.1. A evolução do gasto

A forte oscilação e o crescimento do gasto social total e *per capita* são as duas claras tendências de evolução do gasto com saúde, nas duas décadas consideradas. Veja-se, por exemplo, as informações referentes à década passada:

[48] A mortalidade infantil registrou redução de 48,4 para 33,7 óbitos em cada mil nascidas vivas, entre 1995 e 1997.

Quadro 3.9
Gastos Públicos com Saúde nas Esferas de Governo (1980-1990)

(Em US$ milhões médios de 1992)

Anos	*Gastos Federais*	*Gastos Estaduais*	*Gastos Municipais*	*Gastos Totais*	*Gastos Federais p/capita (US$)*	*Gastos Totais p/capita (US$)*
1980	7.356,3	1.666,3	687,5	9.710,1	61,82	81,59
1981	6.846,3	1.560,1	641,7	9.048,1	56,46	74,62
1982	7.148,3	1.379,0	755,1	9.282,4	57,86	75,13
1983	5.715,6	1.291,0	632,1	7.638,7	45,41	60,68
1984	5.956,6	1.470,0	728,5	8.155,1	46,44	63,58
1985	6.857,3	1.553,6	827,5	9.238,4	52,47	70,69
1986	7.340,9	1.962,9	1.061,7	10.365,6	55,13	80,03
1987	10.624,4	906,4	982,2	12.513,0	78,31	92,23
1988	10.030,2	–59,0	1.535,0	11.506,2	72,56	83,24
1989	11.320,3	1.159,2	1.260,4	13.979,8	80,37	99,26
1990	9.451,6	1.621,1	1.424,0	12.496,7	65,86	87,13

Fonte: Médici, 1999 (Balanços Gerais da União).

Veja-se em seguida os dados relativos ao período 1989-1998, em US$ milhões médios de 1996:

Quadro 3.10
Brasil: Gasto com Saúde da União, Estados e Municípios

(Em US$ milhões médios de 1996)

Anos	*União*		*Estados*		*Municípios*		*Total*	
	Abs	*%*	*Abs*	*%*	*Abs*	*%*	*Abs*	*%*
1989	12,3	82,0	1,3	8,7	1,4	9,3	15,0	100,0
1992	7,2	72,0	1,5	15,0	1,3	13,0	10,0	100,0
1995	14,9	60,6	5,5	22,4	4,2	17,0	24,6	100,0
1998(*)	16,7	66,8	4,5	18,0	3,8	15,2	25,0	100,0

Fonte: Médici, 1999.
(*) Estimativas baseadas em orçamentos.

O confronto das duas séries mostra significativa elevação do nível do gasto, entre a década de 1980 e o final da década de 1990, da ordem de 70%. Também em termos relativos, a variação é importante: em média, o gasto *per capita*, no período 1980-1990, foi de 2,44% do PIB, enquanto na segunda metade da década de 1990 é de aproximadamente 3,3% do PIB. O Gráfico 3.1 registra a evolução do gasto entre 1980 e 1998, por períodos de governo.

Gráfico 3.1
Brasil: Evolução do Gasto Federal com Saúde e do Gasto Per Capita com Saúde (1980-1998)

(Em US$ de dezembro de 1996)

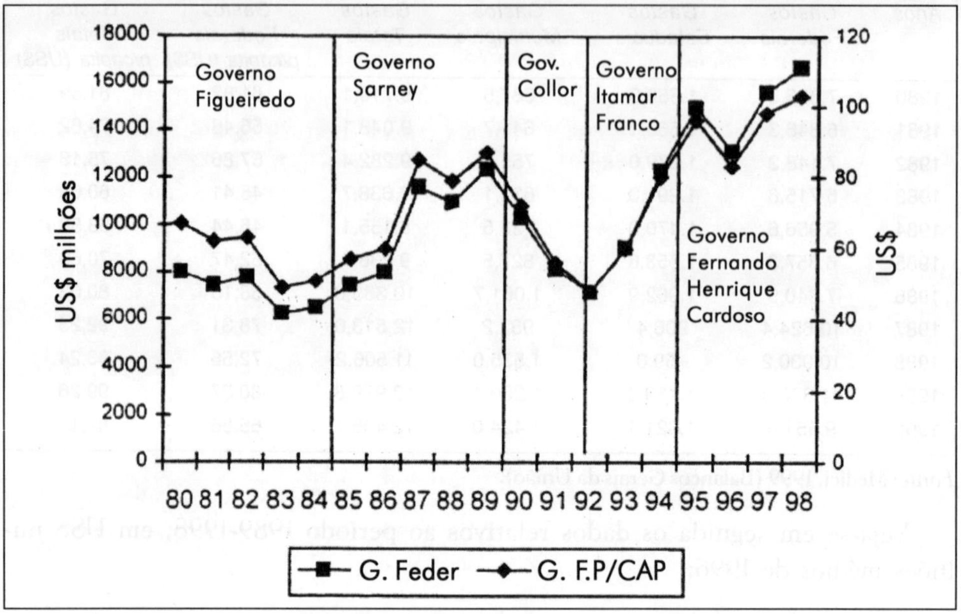

Fonte: Médici 1999.

2.3.3.2. Descentralização federativa e mudanças de composição do gasto

Foi acentuada a *descentralização* do gasto com saúde ao longo da estrutura federativa de governos. É ainda forte a participação do governo federal, mas refletindo provavelmente a rápida municipalização do SUS, a participação dos municípios aumentou em mais de 60% entre 1989 e 1998, enquanto a dos estados cresceu em 50%.

A descentralização, entretanto, vai além, expressando-se também na menor participação da União na *execução do gasto*, mesmo quando se mantém alta sua participação no financiamento do sistema (origem dos recursos), como se verifica pelo Quadro 3.11.

Quadro 3.11
Brasil: Participação dos Entes Federados no Gasto Público Consolidado com Saúde (1995)

Base da participação	*Gov. Federal*	*Estados*	*Municípios*
Participação pela origem dos recursos	63,0%	19,7%	16,4%
Participação na execução do gasto	58,0%	21,5%	20,5%

Fonte: IPEA/DIPOS, 1998.

Enfim, o período recente registra também mudanças importantes na composição interna do gasto público com saúde, reflexo do ajustamento geral do setor público. Com efeito, quando se acompanha a *evolução dos componentes do gasto público federal*, nos anos de estabilidade (1994-1996), verifica-se a significativa redução das despesas com pessoal, a quase nula e decrescente participação do investimento[49] e o aumento da carga de amortização da dívida, alterações entretanto acompanhadas de esforço inequívoco de manutenção do patamar de despesas com a atenção médica e do aumento significativo das transferências negociadas a estados e municípios. É o que mostra o Quadro 3.12.

Quadro 3.12
Brasil: Evolução do Gasto com Saúde Segundo Componentes do Gasto (1994-1996)

Componentes do Gasto	*1994 (%)*	*1995 (%)*	*1996 (%)*
Pessoal	26,1	18,4	18,0
Despesas Correntes (AIH/ Atend. Ambulatorial)	61,3	60,2	62,1
Investimentos	1,2	1,2	0,6
Desp. Capital (amortizações)	2,5	9,3	3,0
Transferências Negociadas	9,0	11,0	16,2
Total	100	100	100

Fonte: IPEA/DIPOS, 1998.

Os recursos públicos destinados à saúde têm sido insistentemente criticados, pela sua insuficiência, mesmo quando aumentam substantivamente. As correções de ineficiência por isso mesmo têm constituído objetivo permanente, na implementação do SUS. Mas sem dúvida, a preservação e o aumento de recursos de área tão crítica, do ponto de vista social, durante o período de severo ajustamento fiscal e forte recessão confere interessante e importante especificidade ao caso brasileiro.

2.3.4. Dimensões do SUS: alguns indicadores de cobertura, produção e produtividade

Em boa medida, o movimento de reformas traduziu-se em alteração significativa nas dimensões do sistema de saúde e nos indicadores de produção e produtividade.

[49] Atualmente, o programa mais destacado de investimentos é o Projeto Reforço à Reorganização do SUS – REFORSUS, implantado em 1997. Financiado com empréstimo do BID, prevê investimentos de US$650 milhões, em três anos, em projetos de readequação física e tecnológica da rede assistencial, ao Programa de Saúde da Família, aos serviços hematológicos e hemoterápicos e a laboratórios de saúde pública.

Cobertura e indicadores de desempenho. Com a implantação do SUS, o "mercado de saúde" passou a envolver três subsistemas: o de alta tecnologia, atendendo a 3% da população e consumindo cerca de 35% dos recursos do SUS; o nível intermediário, cobrindo cerca de 22% da população, atendido basicamente pelo setor privado, através dos seguros de saúde, da medicina de grupo, das cooperativas médicas e dos grupos de autogestão,[50] e o de atendimento universal, do próprio SUS, cobrindo aproximadamente 110 milhões de pessoas, atendidas em todos os níveis de complexidade, em situação em geral precária e de qualidade muito heterogênea.

As enormes dimensões do SUS podem ser verificadas através dos seguintes indicadores:

SUS, 1992: Indicadores de capacidade e produção

	Clientela	
clientela potencial (população total)		150.000.000
clientela estimada do sistema público		110.000.000
	Equipamentos/Produção de serviços	
Nº de postos de saúde		49.676
Nº de internações		19.864.441
% da população	13.3%	
Nº de consultas médicas		394.575.147
% da população total	264,2%	
Nº de leitos hospitalares		544.357
% da população total	0,36%	

Entre os anos 1970 e os anos 1990, a *capacidade instalada do sistema de saúde* cresceu vigorosamente. O número de *centros e postos de saúde* aumentou mais de 13% entre 1976 e 1986 (de 13.133 a 30.672) e mais 60% nos anos seguintes, chegando a 50 mil em 1992. A maior parte desse crescimento se deu em unidades sem internação – que passam de 7.823 para 42.246 entre 1976 e 1992 – embora a taxa de internação por 100 habitantes tenha crescido de 11,0 em 1981 para 13,3 em 1992.

O número de *leitos hospitalares* apresentou tendência similar de crescimento: a relação de 3 leitos/1.000 habitantes de 1960 sobe para 4,2 em 1982 e para 3,6 em 1986, permanecendo a mesma até 1992. Nesse movimento, cai a participação relativa do setor público, que antes respondia por 27% dos leitos hospitalares (1976) e, em 1992, respondia apenas por 24,8%, mas em todos os casos, verifica-se melhora da posição relativa das regiões menos desenvolvidas, principalmente no período 1990-1994.O número de *consultas médicas per capita* (habitante/ano) elevou-se de 0.9 em 1981 para 2.6 em 1992.

---

[50] Este foi, aliás, o segmento que mais cresceu, tendo passado de aproximadamente 22,4 milhões da população, em 1987, a 35 milhões, em 1995.

A quantidade de *pessoal de saúde* – médicos, enfermeiros e paramédicos – cresceu também durante entre 1981 e 1992, quando o número total de postos de trabalho passou de 515.800 para 1.438.708 e o de médicos cresceu de 155.819 para 293.204.

Indicadores da descentralização. O setor público respondia, em 1992, por 54% do total de estabelecimentos de saúde, mas a participação do setor privado cresceu expressivamente, passando de 22% para 45% entre 1980 e 1992, principalmente no segmento hospitalar, 78,2% do qual sob sua administração no último ano do período. Porém, desde o início da implantação do SUS, a mais significativa mudança do sistema de saúde foi a *descentralização da participação pública, sob a forma da municipalização, isto é, do aumento da participação dos municípios na oferta global dos serviços.*

De fato, entre 1980 e 1992, a participação das redes municipais no *total de estabelecimentos* aumentou de 14,6% para 37,6% e nos públicos, de 26,6% para 69%; no emprego total público de saúde, de 16% para 44% (Costa, 1999).

A tendência à municipalização mostrou-se acentuada também no período posterior. De fato, entre 1991 e 1994, a rede hospitalar municipal passou de 4,4% para 8,1% do total de internações do SUS, do mesmo modo que aumentou de 3,9 para 7% a sua participação na oferta total de leitos.[51]

2.3.5. Os desafios atuais

A reforma sanitária dos anos 1980 legou, para a atual década, um sistema de saúde de enormes dimensões, organizado segundo princípios generosos e universalistas de atenção e dispensa de serviços, mas cuja implementação mostrou-se complexa, de difícil consecução. Entre os desafios enfrentados pela agenda atual de mudanças, destacam-se:

- Universalização excludente, uma vez que incorpora contingentes anteriormente excluídos, mas "expulsa" para o segmento privado proporção equivalente de antigos usuários.
- Insuficiência e baixa qualidade dos serviços prestados, gerando insatisfação crescente com o atendimento.

No plano do perfil e dinâmica da política de saúde, essas dificuldades inegavelmente derivam de fortes limitações e problemas, entre os quais destacam-se:

[51] No mesmo sentido, sua participação nas despesas com internações do SUS passa, no mesmo período, de 2,9 para 5,4%. Decresceram, nos dois indicadores, as participações da rede hospitalar federal (a 1% ou menos) e da rede contratada/filantrópica (de 80,6% a 72,2% nas internações e de 78% a 65% nas despesas com internações). Também é expressiva a municipalização, quando examinada pela participação da rede hospitalar municipal na oferta de leitos, tendo crescido de 3,9 a 7%, entre 1991 e 1994 (Ipea, 1995: 10.8).

- Um modelo assistencial fundado na livre demanda, do qual estão absolutamente ausentes claros princípios de adscrição de clientela e de identificação da "porta de entrada", apenas recentemente delineados.
- A lentidão do processo de descentralização, tanto de enquadramento dos municípios nas modalidades mais autônomas de gestão descentralizada,[52] quanto do aumento da proporção das transferências diretas de recursos aos fundos estaduais e municipais, com a proporcional redução da remuneração aos prestadores de serviços.[53]
- Distorções e insuficiência do investimento, acarretando a implantação incompleta das redes intermediárias e básicas de serviço, o que tende a sobrecarregar e comprometer a efetividade do sistema hospitalar.
- Insuficiência mas principalmente, ineficácia dos recursos: o alto custo do sistema, como um todo, convive com níveis absolutamente insatisfatórios de remunerações de pessoal e de serviços.
- Antiquadas e inadequadas organização e gestão do sistema e de suas unidades organizacionais.

Não se pode deixar de reconhecer, então, a natureza paradoxal da trajetória recente da política de saúde, no Brasil, e a ambivalência com que vêm sendo avaliados tanto o processo quanto seus resultados: para alguns sinaliza a urgência de uma outra e distinta pauta de reformas, que reverta os princípios de organização do SUS, em especial o seu unversalismo e gratuidade; já para outros, trata-se antes e apenas, de corrigir e ajustar o modelo atual que, em grande medida, não teria podido ainda revelar todas as suas virtudes e potencialidades.

Para além da polarização, é indiscutível que a agenda mínima atual da área impõe a busca de soluções para pelo menos quatro aspectos essenciais: no plano dos recursos e gasto, a combinação virtuosa de mais recursos, mais regularidade e sobretudo, melhor eficiência do gasto; no plano do modelo assistencial, a introdução de algum tipo de filtro à demanda;[54] no plano das relações público/privado, o fortalecimento da capacidade regulatória dos estados e, enfim, no plano da gestão do sistema (nos seus vários níveis), a modernização e profissionalização dos procedimentos.

---

[52] Mesmo com a aceleração introduzida pela NOB 96, a proporção dos enquadrados na modalidade Plena do Sistema Municipal era de apenas 8% (411 municípios), enquanto os enquadrados na gestão Plena da Atenção Básica (3.706) alcançavam 72% do total.

[53] As transferências "fundo a fundo" somente foram regulamentadas em agosto de 1994 . Em dezembro de 1996, essas transferências diretas e automáticas representavam ainda apenas 23% dos recursos destinados à assistência médica (Levcovitz, 1997: 236).

[54] Piola & Viana remetem ao conceito de *gatekeeper* (e da correlata adscrição de clientela) para traduzir apropriadamente a idéia de filtro à demanda, lembrando o papel assim cumprido pelo *general practicioner* do sistema britânico de saúde. Registram ainda que o Programa de Saúde da Família, de algum modo, opera como tal. Outras experiências de mesmo sentido têm sido implementadas, entre elas o PAS – Programa de Assistência à Saúde, do município de São Paulo. (Piola, Vianna e Reis, 1998).

2.4. A Reforma da Previdência Social

Apenas ao final de 1998, o sistema previdenciário brasileiro passou por uma reforma significativa, embora parcial. Ajustamentos e alterações ocorreram, entretanto, no primeiro ciclo de reformas e mesmo na primeira metade dos anos 1990. Algumas características permitem identificar os fatores que, dinamicamente, vêm colocando em desequilíbrio o sistema, no período recente.

2.4.1. Características gerais

O sistema previdenciário brasileiro, nos seus dois ramos – o dos segurados do setor privado e os funcionários públicos dos três níveis de governo – abrange aproximadamente 32 milhões de segurados e envolve gastos da ordem de 10% do PIB, equivalentes à metade do gasto social consolidado dos três níveis de governo. O Quadro 3.13 registra estas e outras dimensões:

Quadro 3.13
Dimensões do Sistema de Seguridade Social – INSS e Funcionalismo Público

Dimensões	*Reg. Geral(A)*	*Reg Funcionalismo Público*			
		Fed. (I)	*Estad/ Munic. (II)*	*Total B = I + II*	*Total A+B*
Contribuintes (1996) (em 1000)	28.278	953	2.837	3.790	32.068
Beneficiários (1996) (em 1000)	16,912	892	2,000	2,892	19,804
Receitas (1998) (em US$ 1000)	38,347	2,197	3,351	5,548	43,894
Gastos (1998) (em US$ 1000)	44,859	17,481	16,796	34,276	79,135
Gastos como % do PIB (1998)	5,95	2,32	2,23	4,54	10,49
Despesas como % dos gastos públicos(1995)	43,5%[1] 25,9[2]	21,4[1] 0,08[4]	34,9[3]	22,4[2]	48,5[2]

Fonte: Beltrão & Barreto, 1997 e MPAS. Anuário Estatístico da Previdência Social, 1997.

1 – % de gastos sociais federais
3 – % de gastos sociais estaduais
2 – % de gastos sociais combinados
4 – % de gastos sociais municipais

O *segmento privado*, gerido pelo Instituto Nacional de Seguridade Social (INSS), opera à base do regime de *repartição simples e contribuição definida*. Ao avançar para a década de 1980, além de diferenciar-se significativamente dos regimes correspondentes aos funcionários públicos – civis e militares – outros três grandes traços o distinguiam:

- A forte desigualdade com que protegia trabalhadores urbanos e rurais.[55]

[55] Ao longo do período 1930-1980, o sistema foi incorporando as mais diversas categorias de trabalhadores e assalariados de classe média, através de uma seqüência de incorporação não muito distinta da observada em outros países. Reformas ocorridas em 1967 e 1977 lograram harmonizar e unificar os distintos regimes dos trabalhadores urbanos, padronizando contribuições e regras de cálculo de benefícios. Apesar da manutenção de iniqüidades internas quanto aos tipos de benefícios, o sistema atingiu um grau bastante elevado de homogeneidade, salvo no tocante aos trabalhadores rurais.

- Uma cobertura ampla de riscos, no plano urbano, com exceção do seguro-desemprego, introduzido apenas na segunda metade dos anos 1980 e fora do sistema previdenciário.
- Fato de que foi sobre seu subsistema de assistência médica que se apoiou o processo de universalização da política de saúde no país.

Já os *regimes correspondentes ao funcionalismo público* especificavam-se, entre outras, pelas seguintes características:

- A ausência de qualquer regra atuarial e vinculação entre contribuições e benefícios.
- Heterogeneidade de regras, contribuições e benefícios entre os três níveis de governo, entre as diferentes carreiras do funcionalismo e entre os diferentes organismos da administração direta e indireta dos respectivos governos.
- Sistema de direitos/privilégios facilitador da aposentadoria precoce, das taxas integrais e mesmo superiores de reposição.

No Regime Geral, o *custeio do sistema* se faz com base em contribuições sobre a folha salarial: o empregado paga de 8 a 11% de seu salário, respeitada a sua faixa de rendimentos, e os empregadores, de 21 a 23% da folha, variação que contempla as diferenças de risco da atividade laboral.[56] A participação do Estado restringe-se a gastos administrativos e de pessoal e, no plano federal, ao pagamento das pensões dos funcionários públicos federais. Já no caso dos *funcionários públicos,* os regimes são diferenciados: os três níveis de governo dispõem de sistemas próprios de aposentadorias e pensões, para os quais os funcionários ativos contribuem com alíquotas variadas.[57]

Em relação aos benefícios, vale lembrar que somente após a Constituição de 1988, equipararam-se os segurados urbanos e rurais. Chamam ainda a atenção a variação e as desigualdades dos tipos e valores das aposentadorias: por invalidez, por idade,[58] por tempo de serviço,[59] proporcionais (ao tempo de serviço) e especiais.[60] Incluiu também, entre 1974 e 1994, uma espécie de "pensão social" – a

---

[56] Duas outras contribuições empresariais, incidentes respectivamente em 2% sobre o faturamento da empresa (COFINS) e em 10% sobre o lucro líquido (Contribuição sobre o Lucro Líquido das Empresas), também se destinam à Seguridade, em princípio para financiar as áreas de Saúde e Assistência Social.

[57] Embora seja freqüente a de 6%, na última década elevaram-se as alíquotas até o patamar de 11%, aproximadamente o mesmo do Regime Geral. Os governos, enquanto "empregadores", geralmente não contribuem.

[58] Até 1988, as idades previstas para as aposentadorias compulsórias eram de 70 anos para homens e 65 anos para mulheres; depois dessa data, passaram a respectivamente, 65 e 60.

[59] 35 anos no caso de homens e 30 anos, no das mulheres. São muito raros os países que ainda preservam este tipo de benefício.

[60] Professores aposentam-se com 30 anos (homens) ou 25 anos (mulheres).

Renda Mensal Vitalícia – destinada a idosos e inválidos carentes, não habilitados para aposentadorias e pensões.[61]

Já os *funcionários públicos* contam com esses mesmos tipos de aposentadorias, mas ainda:

- Aposentam-se com o valor integral do seu último salário, com um acréscimo de 20%, no caso dos funcionários federais. Não estão, portanto, sujeitos a nenhum teto de benefício.
- Suas aposentadorias são indexadas aos salários dos ativos, sendo corrigidas sempre que estes o forem.

Em parte por essa razão, os regimes de funcionários públicos passaram a ser gradativamente financiados apenas com recursos fiscais, perdendo-se a relação entre contribuição e benefícios. Nos anos 1990, são esses sistemas públicos os que apresentam as mais graves situações de bancarrota financeira.[62]

2.4.2. Principais fatores de desequilíbrio dinâmico do sistema

- A questão demográfica e a relação com o mercado de trabalho.

O crescimento do sistema previdenciário foi acelerado, particularmente no que tange aos segurados do Regime Geral: em 1970 somavam 7,6 milhões, em 1980, 23 milhões, chegando a 32 milhões em 1990. Os beneficiários apresentam uma curva menos acentuada de crescimento até a década de 1980, quando então ingressam em rota vertiginosa de aumento, com seu contingente passando de 9 milhões em 1980, para aproximadamente 13 milhões em 1990, e mais de 16 milhões em 1996.

Entre os segmentos de beneficiários que mais cresceram, estão os trabalhadores rurais: estes, que não passavam de 4 milhões em 1991, ultrapassaram os 6 milhões em 1994. Em decorrência, os benefícios rurais passaram a representar cerca de 40% do número total de benefícios e aproximadamente 50% dos benefícios de valor mínimo (iguais a um salário mínimo). Esses números revelam um quadro particular e interessante. Em função das mudanças introduzidas pela Constituição de 1988 – a ampliação dos direitos dos trabalhadores rurais a uma gama maior de benefícios; a elevação ao patamar mínimo de um salário mínimo de todos os benefícios e, enfim, a facilitação das regras de concessão – o que ocorre no país, nos primeiros anos da década de 1990, é *a onda de incorporação*

[61] Em 1993, tal benefício foi substituído pelo *benefício do idoso*, no valor de 1 sm concedido, sob teste de meios, a idoso carente cuja renda familiar *per capita* não ultrapasse 25% do salário mínimo.

[62] Em 1998, os estados do Rio de Janeiro, Rio Grande do Sul, Piauí, Espírito Santo e Alagoas consumiam já, respectivamente, 36%, 35%, 35%, 34% e 30% das suas receitas totais com inativos e pensionistas. Apenas dois outros, Ceará e Bahia, consumiam até 10% das receitas. OESP 29/11/1998.

dos trabalhadores rurais ao sistema previdenciário, movimento que até então, como já se disse, havia sido restrito. Sem dúvida, este é um crédito do ciclo democratizante de reformas dos anos 1980.

Mas o crescimento do sistema deve ser examinado também sob o prisma dos fatores de ordem estrutural que contribuem para o desequilíbrio financeiro da previdência social. De um lado, tem-se a relação com o mercado de trabalho, mais precisamente com a tradicionalmente baixa cobertura da PEA pelo sistema previdenciário, em razão principalmente das grandes dimensões do mercado informal de trabalho, como mostra o Quadro 3.14.

Quadro 3.14
Brasil: Percentuais da População Economicamente Ativa Segundo Natureza da Inserção no Mercado de Trabalho e Vinculação com a Previdência Social (1981-1997) (em %)

PEA /PEO	*1981*	*1985*	*1989*	*1991*	*1993*	*1995*	*1997*
Com carteira (% na PEO)	–	55,8	58,8	58,8	53,8	48,4	46,5
Contribuintes	49,9	47,2	50,6				
Não Contrib.	50,1	52,8	49,4			55,6	

Fonte: PNAD/IBGE citado em Câmara dos Deputados, 1992. Relatório Britto.

A modesta recuperação da cobertura da PEA, na segunda metade da década de 1980, parece ter se revertido fortemente nos anos 1990, em conseqüência da desestruturação do mercado de trabalho provocada tanto pelas mais altas taxas de desemprego quanto pela mais forte taxa de informalização das relações de trabalho. A cobertura previdenciária, que havia girado em torno de 50% na década anterior, em 1995 reduz-se a aproximadamente 44%. Com certeza, reside nessa relação negativa com o mercado de trabalho um dos principais fatores que, hoje, tendem a desequilibrar financeiramente a previdência social.

Outros fatores de desequilíbrio – também de ordem estrutural – têm origem nas tendências recentes da *transição demográfica* e no conseqüente *envelhecimento da população*. Além do crescimento da participação das pessoas de 60 anos e mais na população total, aumenta também a esperança de vida e – no que interessa diretamente à previdência social – o número de anos de usufruto do benefício da aposentadoria.[63] Em decorrência, a *taxa de dependência* do sistema previdenciário, que foi de 3,18 em 1980, hoje se encontra no patamar de 2,5 contribuintes ativos para cada beneficiário, próxima da de países com estruturas etárias mais velhas, como o Japão, os Estados Unidos, a França e a Alemanha. As projeções indicam que essa relação poderá chegar a 1,2 em 2020 ou até me-

[63] As projeções mostram que a população idosa, com 65 anos e mais, deverá atingir 8,7 milhões no ano 2002, em 2020, cerca de 18 milhões.

nos, caso não aumentem as taxas de formalização do mercado de trabalho ou não mudem rapidamente as regras da concessão de benefícios (Barreto, 1997; Além & Giambiagi, 1997 e Camarano, 1998).

• O desequilíbrio financeiro da Previdência Social – 1994-1997

Até os anos 1980, o sistema previdenciário brasileiro viveu sua fase áurea, ou seja, incorporou contribuintes a taxas mais altas do que as de crescimento da PEA e dos beneficiários – típica situação dos sistemas jovens, de regimes demográficos positivos e de crescimento do emprego. A inflexão da tendência tem início nos anos 1980, quando a estagnação da PEA e a transição demográfica pressionam a relação contribuintes ativos *versus* beneficiários, no mesmo momento em que, em direção contrária, estavam sendo recompostos os valores dos benefícios, em obediência às determinações constitucionais.

Os efeitos sobre o equilíbrio financeiro do sistema são expressivos. É verdade que, em sentido estrito e técnico, o Regime Geral não atingiu situação de falência. Ao contrário, entre 1994 e 1997, o seu comportamento financeiro foi positivo, refletindo os ganhos derivados da estabilização. Entretanto, a redução paulatina desses ganhos sinalizou, já em 1996, uma elevação do risco de déficits.[64]

Entretanto, uma série mais longa é capaz de demonstrar que, desde o final dos anos 1980, receitas e despesas do sistema vinham em rota crescente de desequilíbrio, ao qual se chegou, com efeito, em 1996. Quando se somam as responsabilidades previdenciárias da União, verifica-se que o déficit já se fazia sentir desde 1994, multiplicando-se por quatro em quatro anos:[65]

Quadro 3.15
Brasil: Receitas Arrecadadas e Despesas da Previdência Social (1989-1997) em R$ Milhões

Arrecadação/Despesas	*1988*	*1989*	*1990*	*1991*	*1992*	*1993*	*1994*	*1995*	*1996*	*1997*
Arrecadação líquida*	33,8	34,7	36,6	34,4	33,6	35,9	33,4	39,4	44,6	45,3
Despesa com benefícios**	19,5	21,6	22,7	24,8	26,7	33,8	33,7	39,4	44,6	45,3
Saldo	14,2	13,0	13,8	9,5	6,8	2,0	(97)	(1,0)	(1,1)	(4,6)

Fonte: MPAS ,1998
* Arrecadação total menos transferências a terceiros.
** Inclui benefícios assistenciais e benefícios de responsabilidade do Tesouro Nacional.

O agravamento da situação, no caso do Regime Geral, foi acompanhado, nos quatro ou cinco últimos anos, pela crescente consciência do absoluto desequilíbrio que cerca os regimes previdenciários dos funcionários públicos.

---

[64] A arrecadação das contribuições previdenciárias cresceu acima da inflação, em 26%, 11% e 4% respectivamente, em 1995, 1996 e 1997.

[65] Segundo estimativas de 1998, somados os gastos com aposentadorias e pensões da União, dos estados e dos municípios, o déficit alça a R$42,2 bilhões, cabendo à União R$18,3, aos estados R$13,5 e aos municípios, R$2,5 bilhões (FSP, 6/11/98)

2.4.2. *Ciclos e agendas de reformas: objetivos e principais medidas*

Três objetivos foram perseguidos pelos reformadores dos anos 1980 no campo da previdência social: universalizar e tornar mais equânime o sistema; corrigir as principais distorções internas e diversificar as fontes de financiamento, de modo a protegê-lo das mais fortes oscilações da economia.

Entre as inovações e alterações introduzidas pela Constituição de 1988, registram-se:

- Estabelecimento do conceito de Seguridade Social (abrangendo previdência, saúde e assistência) como fundamento do sistema.
- Redução da desigualdade entre segurados urbanos e rurais.
- Estabelecimento de piso mínimo para benefícios previdenciários (1 sm), afrouxando portanto os vínculos contributivos.
- Introdução do princípio da seletividade, com o objetivo de reforçar a proteção aos segmentos de menores rendas, entre os segurados.
- Especialização da folha de pagamentos como base para as contribuições exclusivas da previdência, e diversificação de fontes para outras áreas da Seguridade Social (Saúde e Assistência).

Entre 1998 e 1993, foram implementadas essas medidas e o resultado mais palpável, como vimos, fez-se sentir na elevação do patamar de gastos do sistema, a um nível para o qual as fontes de receitas, pressionadas também pelo mercado de trabalho, pareciam e parecem ainda insuficientes, assim também gradativamente percebida pelos atores sociais. Nos anos 1990, ao abrir-se uma nova agenda reformista nesse campo, pode ela contar com uma base difusa de descontentamentos e frustrações.

Abrindo o segundo ciclo, um esforço de construção consensual de projeto de reforma foi realizado, entre 1992 e 1993, no meio parlamentar. Mas apenas em 1995 foi apresentado, pelo executivo, o novo projeto de reforma da previdência. Após várias derrotas parlamentares e negociações, as principais propostas ali contidas foram aprovadas em dezembro de 1998. O Quadro 3.16 registra os dois ciclos e medidas das mudanças.

2.4.4. *A reforma incompleta*

Há um certo consenso acerca da incompletude da reforma realizada. Do ponto de vista do enfrentamento do déficit, calcula-se que, embora a reforma reduza as despesas do INSS em R$1,7 bilhões, em 1999, o déficit ainda deverá ser de R$10 bilhões.[66] Em certa medida, a limitação reflete estratégias políticas mal desenhadas, tanto do governo quanto dos vários grupos de oposição à reforma.

[66] Segundo o MPAS, no caso da União, a economia será de R$1,33 bilhões, enquanto para os estados, deverá ser de R$1 bilhão.

Quadro 3.16
Previdência Social Brasileira: Situação Ex-Ante e Ciclos Recentes de Reformas (1988-1998)

Dimensões		*Situação Ex – Ante*	*1º Ciclo de reformas –1988/1994*	*2º Ciclo de Reformas (1998)*
Organização Institucional		Compreensiva Previdência / Saúde / Assistência Social	Conceito de Seguridade Social Separação Funcional Previdência (MPAS/INSS) – Saúde (MS) Assistência Social (LBA)	• sistema básico reduzido, combinado com seguro complementar privado
Regime Financeiro (Regime Geral)		• repartição simples • teto 20 sm contr/benefício • fundo previdenciário único	• repartição simples • teto de 10 sm contri./ benef • piso de 1 sm • fundo previdenciário único	• suprime regimes especiais de funcionários públicos • teto 10 para contr. e benef. (R$1,2 mil) inclusive para funcionários públicos • elevação de alíquotas de contr. a 20% (ativos e inativos) • contas individualizadas no fundo[1]
Plano de Benefícios		Extensivo e eqüitativo	Extensivo	• Limitado a benef. previd. e acidentes de trabalho • salário-família limitado a segurados de baixa renda
Apo-senta-dorias	Taxa de reposição (Valor)	• func. públicos: 100% do salário • indexação ao salário do ativo • regime geral: 100% com 30/35 anos contr.	• sem mudanças	• elimina reg. especial de funcionários (exceção: militares) • reg geral: introduz teto de benef. (R$1,2 mil) inclusive para funcionários públicos
	Tipos	• idade M: 60 H: 65 • Rural – H/M: 70 anos • tempo de serviço 30 M 35 Hs • especiais e proporcional 25 M 30 H • invalidez	• Rural- H/M: 67 anos	• extingue aposentadoria por tempo de serviço • extingue aposentadoria proporcional • restringe aposentadorias especiais a professoras do ensino fundamental • idade M: 60 H: 65 • Rural- M:55 H: 60
	Acúmulo	permitido	limitado	proíbe acúmulos (exceção: professores e médicos)
Acidente de Trabalho		• alíquotas de 1% a 3% sobre folha (empregador) • cobertura exclusiva do INSS	sem mudanças	permite cobertura pelo setor privado
Fundos de Pensão (Empresas Estatais)		contr. empresa / empregaco = 2/1	sem mudanças	equipara contribuições 1/1

1 – Tal medida prepara a transferência (pretendida) das aposentadorias para o sistema de capitalização individual.

Do lado do Executivo, o caráter gradual da reforma da previdência foi mesmo apresentado como uma estratégia, ou pelo menos, como uma análise resignada dos fatos. Obviamente, aqui como em outros países que realizam reformas previdenciárias em regimes democráticos, o processo previdenciário mobiliza praticamente toda a sociedade, todos os grupos de interesse e, por isso mesmo, tende a ser demorado, negociado.

Entretanto, no caso brasileiro, o processo transcorrido entre 1995 e final de 1998, foi moroso, atabalhoado e mal conduzido pelo Executivo. Em parte porque uma desafiante negociação política teve prioridade (a aprovação da mudança constitucional que permitiu a reeleição presidencial), em parte pelas urgentes negociações impostas pelo calendário eleitoral (eleições presidenciais de outubro de 1998), a proposta do governo não foi "dirigida" com forte vontade política – ou pelo menos não foi assim percebida – nem acompanhada por um sistema eficiente de informação e formação da opinião pública. Menos ainda por uma apresentação coerente do significado mais geral do conjunto das propostas ou, se se quiser, do perfil final do sistema de proteção a elas subjacente. Além de deformação e incoerências, o projeto aprovado não parece conter todos os elementos capazes de reinstaurar, sustentadamente, o equilíbrio do sistema.

Do lado dos atores políticos que a ela se opuseram, o panorama é também desalentador, menos pelas derrotas, antes pelas dubiedades com que enfrentaram as questões difíceis, estendendo o veto para itens moral e socialmente irrecusáveis, ou assumindo inglórias defesas de posições regressivas e injustas, do ponto de vista social. O enfraquecimento político daí decorrente poderá ser desastroso agora que já se anunciam os termos do novo *round* da reforma previdenciária.

Os elementos são insuficientes para que se projete, com detalhe, o novo desenho, mas seguramente a implementação da atual reforma parece estar destinada a conviver com um outro projeto reformista que, em alguma medida, nega as bases em que a atual foi, até agora, negociada.[67]

2.5. Assistência Social e Programas de Combate à Pobreza

É bastante significativa a mudança já acumulada, na última década, na área de programas assistenciais e de enfrentamento da pobreza, em especial se se toma por parâmetro o legado do período anterior, um conjunto descoordenado de programas, marcados pela forte centralização no governo federal; pelo caráter fragmentado e descontínuo das ações; pela grande ineficácia, em termos dos

---

[67] A crer nas fontes jornalísticas e nas referências constantes do acordo firmado com o FMI, o novo projeto de reforma contemplaria as seguintes opções: introdução do regime de capitalização individual, gerido por seguradoras privadas; regime geral garantido a um patamar mínimo de benefícios; estratégia da transição de um regime ao outro; adoção de um regime de capitalização escritural, destinando as atuais contribuições ao pagamento de benefícios, mas calculadas de modo que a taxa de reposição de cada benefício seja associada às expectativas de sobrevida do segurado; redução gradual da contribuição patronal, de modo a reduzir os encargos sociais das empresas.

seus resultados e impactos junto aos grupos necessitados e, mais que tudo, pelo acentuado grau de clientelismo com que eram operados.

2.5.1. *A inflexão da política: um rápido balanço*

Ainda que medidas de natureza legislativa delimitem, nos dois ciclos de reformas, as principais mudanças da área, as alterações efetivas vêm se dando de modo incremental e cumulativo, afetando sobretudo concepções valorativas e estilos de políticas. Entre as opções estratégicas que tendem hoje a nortear a área, cabe destacar:

- A ênfase no direito social como base normativa dos programas.
- A preferência por programas que reforcem a autonomia dos sujeitos.
- O reforço da seletividade e da focalização combinadas com programas universalistas.
- A parceria com a sociedade civil concebida como estratégia eficiente de enfrentamento da pobreza.
- Estruturas decisórias participativas.
- Padrões mais eficientes, descentralizados e transparentes de gestão.
- A introdução de *procedimentos inovadores na operacionalização dos programas*, afetando especialmente os processos e sistemas de seleção dos beneficiários e a prestação de contas dos resultados.

Quadro 3.17
Brasil. Programas Federais de Assistência Social (1995-1998)

Objetivos/Programas	*Beneficiários (maio/1998)*	*Recursos executados 1995/ 1998*
Atendimento de Crianças e Adolescentes		
• Apoio à Criança Carente (0-6 anos)	1.465.568 crianças	665.570.240,00
• Programa Brasil Criança Cidadã	403.752 crianças e adolesc.	194.671.380,00
• Combate ao Trabalho Infantil e Degradante	43 mil crianças/24 mil famílias	20.495.235,00
Apoio a Idosos e Portadoras de Deficiência		
• Benefício Mensal (1 sal. mín/mês)	737.999 pessoas amparadas	1.259.464.734,00
• Serviços de Apoio à Pessoa Idosa	274.268 idosos	78.459.701,00
• Serviços de Apoio a Pessoa Portadora de Deficiência	128.262 portadores de deficiências	183.027.947,00
Programas de Geração de Renda / Comunit.		
• Geração de Renda	12.484 projetos apoiados	35.935.960,00*
• Ações Comunitárias	112.919 fam. e 564.595 pessoas	
	1985 munic; 129.662 famílias	12.775.109,00*
	648.310 famílias	
Outros Programas		
• Lavouras Comunitárias	51.114 famílias	28.083.837,00
• Projeto Meia Ponte (Goiânia)	15.000 pessoas abrangidas	1.490.000.00

Fonte: MPAS/SNAS, 1998.
* = 1997

No primeiro ciclo de reformas, impulsionado pela democratização, o momento institucional decisivo de tal processo deu-se com a Constituição de 1988, desdobrando-se até 1993, quando foi aprovada a Lei Orgânica da Assistência Social – LOAS. No caso da política para a pobreza, desde 1995, o *Programa da Comunidade Solidária* atua nas comunidades mais carentes e, juntamente com a sociedade civil, implementa também, através do seu conselho, os programas Universidade Solidária, Capacitação Solidária e Alfabetização Solidária.

No âmbito governamental, os principais programas federais na área assistencial estão registrados no Quadro 3.17.

3. Observações finais

As reformas dos programas sociais no Brasil são ainda incompletas, havendo ampla margem para sua melhora em matéria de eficiência e eqüidade.

A modéstia dos resultados de nenhum modo faz justiça à intensidade das mudanças que, mesmo na ausência de grandes reformas, vêm afetando os programas sociais desde a década de 1980, introduzindo inflexões importantes no perfil do Welfare State distorcido e centralizado que herdamos do regime autoritário.

Com efeito, os últimos quinze anos registram um já expressivo volume de alterações e inflexões nos diferentes programas, afetando desde concepções até financiamento, organização, modo de operação e estilo de gestão. Como se tratou de enfatizar neste trabalho, o resultado, no conjunto das áreas sociais, permite verificar significativa mudança nos objetivos, eixos e orientações, mesmo quando nem todos os novos contornos das políticas tenham sido já suficientemente redesenhados.

De modo a registrar o sentido da reorientação em curso, o Quadro 3.18 sintetiza, para o conjunto do sistema brasileiro de políticas sociais, as principais linhas de frente afetadas pelas mudanças, ao longo dos dois ciclos de reformas referidos.

Não será exagerado, portanto, afirmar uma *inflexão do padrão brasileiro de proteção social,* introduzida ao longo dos últimos 15 anos. Não estão dados ainda todos os supostos do padrão emergente. Por outro lado, o caráter recente das alterações impede uma definitiva separação entre elementos permanentes e outros, mais circunstanciais, próprios de orientações de governos e administrações específicas. Ainda assim, pelo menos três características, entre as novas assinaladas neste trabalho, parecem estar alterando de forma mais definitiva a fisionomia do sistema nacional de políticas sociais: a descentralização, os novos parâmetros de alocação de recursos e a redefinição da relação público-privado no financiamento e na provisão de bens e serviços sociais.

Quadro 3.18
Brasil. Políticas e Programas Sociais: Principais Eixos e Conteúdos das Mudanças

Eixos de Mudança	*Principais conteúdos das alterações*
Na concepção	
• No fundamento da política	Direito Social como fundamento da política
• Nos critérios de justiça	Afirmação do universalismo e gratuidade dos programas básicos (ensino fundamental; saúde)
	Reforço da seletividade e apuração dos critérios de focalização
	Maior progressividade do gasto
• No estilo de política/gestão	Redução do clientelismo
Na relação público/privado	
• No financiamento	Introdução da participação do setor privado empresarial
• Na provisão	Reforço das parcerias com o terceiro setor
Na natureza dos programas implementados	Introdução e/ou reforço de programas de transferências monetárias
	Introdução de programas de tipo "produtivo" – capacitação e crédito popular
Na armação institucional das políticas	
• No sistema de financiamento	Descentralização do poder decisório e de recursos
• No sistema decisório	Delegação federativa de funções
• No sistema de supervisão e controles	Ampliação e institucionalização da participação social (forma conselhista)

A tradução dessas tendências em cada área de política foram pormenorizadamente apresentadas neste estudo. Vale a pena enfatizar, entretanto, nestas considerações finais, duas peculiaridades que, de certo modo, tendem a distinguir o caso brasileiro de outras experiências de reformas no campo social. De um lado, como já sublinhamos, a elevação do gasto público social concomitantemente ao ajustamento fiscal, mesmo quando, em muitos momentos, os contingenciamentos e cortes tenham impostos inegáveis dificuldades à sua execução.

De outro, o desdobramento do movimento reformista em dois ciclos de orientações e sentidos distintos, até mesmo contraditórios, mas de todo modo interpenetrados, o que inegavelmente impôs a busca de alternativas mais complexas e inovadoras que as preconizadas pelo simplismo neoliberal da década de 1980, para o prosseguimento das ações. O perfil final com que o novo sistema de proteção social emergirá desse processo provavelmente expressará a peculiaridade da situação e das alternativas logradas.

Referências Bibliográficas

Afonso, J. R. (1996). *Um Diagnóstico (Breve e Preliminar) do Atual Padrão de Financiamento e Gasto com Educação no Brasil,* Brasília: mimeo.

Afonso, J. R. (1994). *Descentralização Fiscal na América Latina: Estudo de Caso do Brasil.* Série Política Fiscal, n. 61, Santiago, 1994.

Além, A. C. D. e Giambiagi, F. (1997). *Despesa Previdenciária: Análise da Sua Composição, Efeitos da Inflação e Bases para uma Alternativa Intermediária de Reforma.* Rio de Barreto.

Barreto Oliveira, F. E. B; Beltrão, K. I e Ferreira, M. G. (1997). *Reforma da Previdência,* Rio de Janeiro: IPEA, Texto para discussão.

Câmara dos Deputados (1992). Relatório Brito. Documento do Congresso Nacional. Brasília.

Costa, Nilson R.; Mendes, José (1997). *Descentralização e Política Social: o caso do setor saúde,* paper.

Camarano, A. A., Beltrão, K. I, Médici, A. C. e Oliveira, F. E. B. 1998. *Aposentadoria por Tempo de Serviço: Onde a Esperança de Vida é o Menos Importante.* Brasília, Diretoria de Política Social do IPEA.

Draibe, Sônia M.; Azeredo, B. e Guimarães de Castro, M. H. (1995). *The System of Social Protection em Brazil, Democracy and Social Policy, Democracy and Social Policies Series, Working Paper #3,* Primavera de 1995, Kellog Institute: University of Notre Dame, 90 págs.

_____. (1997). *O Sistema Brasileiro de Proteção Social; o legado desenvolvimentista e a agenda de reformas.* Texto preparado para PNUD. Relatório sobre o Desenvolvimento Humano 1998, PNUD/IPEA: Brasília.

FSP (1997). *Folha de São Paulo,* edição de 22 maço de 1997 p. 19.

IPEA. Instituto de Pesquisa Econômica Aplicada (1997). *Evolução do Gasto Social Federal* in *Folha de São Paulo.* FSP 22 de março de 1997, p. 19.

Lecovitz, Eduardo. (1997). *Transição X Consolidação: o dilema estratégico da construção do SUS.* Rio de Janeiro: Instituto de Medicina Social da UERJ (Tese, Doutorado em Saúde Coletiva).

Médici, André Cezar. *História e Políticas de Saúde no Brasil: um balanço do processo de descentralização.* São Paulo: Departamento de História Econômica da USP (Tese, Doutorado em História Econômica).

Médici, André Cézar; Maciel, M. C. (1996). *A Dinâmica do Gasto Social nas Esferas de Governo: 1980-1992,* São Paulo: FUNDAP.

MPAS. (1997). *Anuário Estatístico,* Brasília.

MPAS/SNAS (1998). Assistência Social. Relatório Anual. Brasília.

Negri, B. (1996). O financiamento da Educação Pública, *mimeo,* Brasília.

Rezende, F. (1995). *Descentralização e Desenvolvimento: Problemas atuais do Financiamento das Políticas Públicas. Paper.* FUNDAP: São Paulo.

OESP. *O Estado de São Paulo,* edição de 29 de novembro de 1998.

Vianna, Solón M.; Piola, Sérgio (1987). *Recesso e gasto social: A conta social consolidada, 1980-1986.* Brasília: IPEA/IPLAN.

Vianna, Solon M. Piola, Sérgio F. e Reis, Carlos Octávio Ocké. (1998). *Gratuidade no SUS: Controvérsia em torno do co-pagamento.* Brasília, D.F.: IPEA (Texto para Discussão, n. 587).

Capítulo 4

Formação de Capital no Ambiente das Reformas Econômicas Brasileiras dos Anos 1990: Uma Abordagem Setorial

*Ricardo Bielschowsky (coordenador)**
*Marcos Thadeu Abicalil***
*José Clemente de Oliveira****
*Sebastião Soares*****
*Marcio Wohlers******

1. Introdução

1.1. Conteúdo

A análise deste capítulo concentra-se no período 1994-98, que constitui uma primeira fase de transição a um novo "modelo" de comportamento dos agentes investidores no Brasil, após a estabilização e a abertura e durante as privatizações. Ou seja, volta-se justamente a uma fase em que não só a decisão de investir esteve muito "carregada" de circunstâncias *transitórias*, como boa parte das mudanças no marco regulador ainda estavam sendo implantadas.

---

* CEPAL – Escritório em Brasília.

** Consultor do PMSS.

*** Consultor da COPENE.

**** Diretor-Presidente da Desenvolvimento, Consultoria e Planejamento Ltda.

***** Professor da Unicamp.

Os setores examinados são aqueles que tradicionalmente têm tido a função, no Brasil, de afetar a taxa global do investimento: indústria, petróleo e mineração, entre os bens "transáveis" ou de exportação/importação, e transportes, saneamento, telecomunicações e energia elétrica, na infra-estrutura. A indústria de transformação é o único entre eles em que já se encontrava concluída em 1995 a implantação do novo "modelo", aberto e privatizado. Por essa razão, o presente estudo é, em grande medida, uma análise do comportamento investidor *durante* o processo de transição.[1]

A Seção 2 apresenta os números relevantes à discussão aqui realizada. Traz, como novidade, séries estatísticas setoriais que dão comparabilidade histórica às cifras correntes do esforço investidor no país. As sete seções subseqüentes resumem os estudos setoriais. A seção conclusiva sintetiza os principais resultados encontrados.

1.2. O contexto macroeconômico do período 1995-98 e a decisão de investir

A questão da evolução do quadro macroeconômico brasileiro depois do Plano Real tem sido objeto de numerosas análises, que não cabe reproduzir aqui. No que se refere à questão dos investimentos, basta assinalar que desde então o contexto macroeconômico combinou sinais "favoráveis" e "desfavoráveis" para a decisão de investir. De forma muito estilizada, pode-se sugerir que contribuíram, pelo lado favorável ao investimento, o êxito no controle inflacionário, o aumento nos salários reais em cerca de 30% (entre julho de 1994 e fins de 1997), o restabelecimento de financiamento ao consumo de bens duráveis, o barateamento nos preços dos bens de capital, e o fenômeno de "efeito riqueza"; como fatores que impactaram desfavoravelmente, encontram-se o baixo e altamente instável crescimento agregado, a forte apreciação da taxa de câmbio (com efeito ambíguo sobre a decisão de investir, porque, por um lado, barateia o preço dos bens de capital, mas, por outro, deprime a rentabilidade nos setores de bens "transáveis"), o forte desequilíbrio no balanço de pagamentos, o volumoso déficit e endividamento do setor público e as elevadas taxas de juros internas.

Para efeito do presente documento – em que se destaca a relação entre rentabilidade e riscos/incertezas que norteia as decisões de investir do empresariado – vale observar que, não obstante o enorme avanço promovido pela estabilidade de preços, o quadro macroeconômico deu lugar a uma atitude de cautela por parte dos empresários. Esse foi, aliás, um dos resultados do questionário respondido por 730 empresas industriais, e confirmado por entrevistas realizadas

[1] Este capítulo sintetiza os trabalhos apresentados no livro *Investimento na transição brasileira dos anos 1990*, a ser publicado pelo IPEA, que têm por base pesquisas realizadas no âmbito dos Convênios Cepal-Ipea e Cepal-Previ. Os autores agradecem a Antonio Barros de Castro, Carlos Mussi, Graciela Moguillansky e Renato Baumann pelo inestimável apoio intelectual recebido ao longo de toda a pesquisa.

com executivos de empresas desse setor, nacionais e estrangeiras. Tal "clima" refletia-se continuamente nas previsões que um bom número de analistas macroeconômicos faziam sobre o futuro da economia brasileira, onde destacavam, por um lado, as preocupações com a valorização cambial e o déficit externo – ou seja, com a vulnerabilidade externa do modelo de âncora cambial – e, por outro, com os juros elevados, a dívida pública e o déficit público.

O referido clima estava instalado com anterioridade aos problemas que emergiram com a crise asiática e, mais recentemente, com a instabilidade internacional manifestada durante e após a crise da Rússia. Nessas circunstâncias, passa a pesar acentuadamente o problema da "vulnerabilidade externa", de modo que os acontecimentos no plano internacional a partir de setembro de 1997 podem ser vistos como uma acentuada agudização de problemas de balanço de pagamentos intrínsecos ao modelo.

Tabela 4.1
Grau de Avanço das Principais Reformas até 1998

Setor	*Abertura Comercial*		*Reforma do Marco Regulador e Privatização*	
	Datas Básicas	*Grau de Avanço*	*Datas Básicas*	*Grau de Avanço*
Indústria de Transformação	1989-1994	Concluída	1991-92	Concluída
Mineração	1989-1994	Concluída	1997	Concluída
Petróleo	1997-2000	Baixo, aceleração projetada para 1999 em diante	1995-2000	Fim do monopólio estatal em 1997, início de implementação de parcerias e de ambiente competitivo em 1998-2000
Telecomunicações	–	–	1997-1998	Reforma concluída, faltando concessionar as empresas "espelho", formadoras dos duopólios regionais
Energia Elétrica	–	–	1993-2000	Lei de concessões aprovada em 1995, parcerias estatais/setor privado iniciadas em 1994/5, privatização de distribuição concluída em 1998, privatização de geração em curso entre 1998/2001
Transportes	–	–	1995-2002	Lei de concessões aprovada em 1995, privatização de ferrovias praticamente concluída em 1997, concessão a privados em rodovias e portos incipiente.
Saneamento	–	–	1996-2001	Lei de concessões aprovada em 1995, ausência de marco regulador setorial, permanência de indefinição sobre a titularidade, escassa privatização até 1998, aceleração projetada para 1999-2001.

1.3. Quadro-síntese do andamento das reformas até 1998

A Tabela 4.1 traz uma brevíssima síntese das duas dimensões do processo de reformas que mais diretamente atingem a decisão de investir, ou seja, a liberalização comercial e a privatização.

O setor industrial foi o único a entrar na fase de estabilização pós-Real com as reformas praticamente implantadas, já que não somente o ciclo básico de abertura comercial foi sendo encerrado em 1994, como as privatizações já haviam terminado, nos dois setores em que era forte a participação estatal, siderurgia e petroquímica. No setor mineral a privatização da Cia do Vale do Rio Doce só ocorreu alguns anos depois da abertura, ou seja, em 1997. Já no terceiro entre os setores de bens transáveis estudados – petróleo – projeta-se a gradual implantação de comércio internacional desregulado a partir de 1998, e preços liberados até o ano 2000.[2]

Entre os setores de infra-estrutura, o que teve reforma mais rápida foi o de telecomunicações. O marco regulador foi aprovado em 1997, e a privatização concluída em 1998. No setor de energia elétrica, a Lei de Concessões generalizou a possibilidade de formação de parcerias entre setor público e privado a partir de 1995; mas o desenho do marco regulador que condicionará o funcionamento futuro do setor só ficou pronto em 1997, e a reforma vem sendo lentamente instituída através de decretos-leis presidenciais. Foi iniciada a partida na privatização em 1995, e já se encontra em sua maior parte sob a responsabilidade do setor privado. A privatização do segmento de geração foi iniciada em 1998, e prevê-se sua realização quase completa entre 1998 e 2001. A aprovação da Lei de Concessões dos serviços públicos de 1995 cobriu o setor privado de garantias básicas para investimentos nos setores de serviços públicos em geral, e introduziu, dessa maneira, o ambiente institucional para a participação do setor privado em transportes e em saneamento básico. No caso de transportes, ocorreu a quase integral privatização das ferrovias em 1997 e, nos casos de portos e rodovias, houve pouca concessão a privados até 1998, projetando-se aceleração a partir de 1999. No caso de saneamento, houve até o momento pouca participação privada, em função da concentração dos serviços nas empresas estaduais, ainda não privatizadas, e de problemas reguladores, como indefinições sobre a titularidade dos serviços de interesse comum e ausência de um marco regulador específico.

2. Os Números Relevantes

Esta seção apresenta um quadro de referência numérico para ajudar a pensar sobre as questões discutidas no restante do artigo.

[2] O monopólio da empresa estatal Petrobras foi extinto por emenda constitucional em 1995, e a lei que regulamenta a competição no setor e as operações da empresa é de 1997. O sistema de parcerias entre a Petrobras e companhias estrangeiras insinua-se como a inovação mais promissora.

A tabela 4.2 mostra como evoluiu a formação bruta de capital fixo, entre 1971 e 1998, de acordo com distintos períodos por que passou o processo de investimento no país.[3] No início dos anos 1980 houve um marcado declínio pró-cíclico, seguido de uma relativa estabilidade nas taxas de investimento. Um segundo declínio pró-cíclico ocorreu durante a recessão do início dos anos 1990, seguido de gradual aumento na taxa de investimento até 1998, quando ocorreu uma reversão da tendência.

Tabela 4.2
Brasil, Taxas Anuais de Crescimento do PIB e da Formação Bruta de Capital Fixo (FBKF), e coeficiente de investimento (FBKF/PIB), médias de períodos

(a preços constantes de 1980)

	1971/80	*1981/83*	*1984/89*	*1990/92*	*1993*	*1994*	*1995*	*1996*	*1997*	*1998*
Taxas anuais de crescimento do PIB (%)	8,4	–2,8	4,6	–1,7	4,1	5,8	4,1	3,0	3,3	0,2
Taxas anuais de crescimento da FBKF (%)	9,3	–11,5	4,7	-7,1	7,1	12,4	12,9	2,4	12,7	-2,7
FBKF/PIB (%)	23,5	19,1	17,1	14,9	14,4	15,3	16,6	16,5	18,0	17,5

Fonte: IBGE.

A Tabela 4.3 mostra uma primeira desagregação setorial. Observa-se que em todos os grandes grupos de setores houve queda dos investimentos como proporção do PIB nos anos 1980 (a exceção foi a construção residencial). Na primeira metade dos anos 1990 essa queda se acentuou. Observa-se que, nesse período, os investimentos que deram o dinamismo da economia nos anos 1970, em infra-estrutura e em "tradeables" – ou seja, indústria, mineração e petróleo – alcançavam menos da metade dos níveis registrados nos anos 1990, como proporção do PIB, registrando-se uma queda de 11,0% a 4,9% do PIB.

Tabela 4.3
Brasil: Formação Bruta de Capital Fixo, Total e Setores Selecionados (em % do PIB)

(a preços constantes de 1980)

	1971-80	*1981-89*	*1990-94*	*1995-97*
Indústria de transformação	4,5	3,2	2,0	3,3
Extrativa mineral	0,21	0,19	0,08	0,08
Petróleo	0,9	1,0	0,4	0,4
Infra-estrutura	5,4	3,7	2,3	2,2
Subtotal	11,0	8,1	4,8	6,1
Governos (exceto transportes)	3,1	1,5	1,9	1,7
Construção residencial	4,8	4,7	4,1	4,1
Outros	4,7	3,5	4,1	5,3
Total	23,5	17,8	14,9	17,1

Fonte: Bielschowsky, R. (1998a).

[3] Tal como no restante do capítulo, os dados são apresentados a preços constantes de 1980.

Essa queda, de 6,2 pontos percentuais do PIB nos investimentos em infra-estrutura, petróleo, mineração e indústria, corresponde a mais de 70% da redução de 8,7 pontos percentuais do PIB registrada na economia como um todo entre os dois períodos (de 23,5% a 14,6%). Em boa medida, a recuperação na taxa agregada de investimentos no país depende do comportamento desses segmentos, justamente aqueles que estão analisados nas outras seções deste capítulo.

No triênio 1995-97, a recuperação do investimento ficou essencialmente por conta da indústria de transformação e de outros segmentos comandados pelo setor privado. A principal exceção no setor público foi o de telecomunicações. As indicações disponíveis são de que, afora telecomunicações, os investimentos comandados pelo setor público teriam permanecido deprimidos em 1995-96 e teriam tido uma primeira recuperação em 1997.

Quando se considera que o período recente foi de forte apreciação na taxa de câmbio, as cifras são à primeira vista surpreendentes, já que seria de se esperar que a indústria ficasse deprimida e que os setores de infra-estrutura investissem em forma desproporcional. A explicação reside no fato de que os investimentos em infra-estrutura ainda eram públicos, e portanto moveram-se por considerações outras que não as de preços relativos – essencialmente por controles fiscais e financeiros – e que os investimentos em indústria moveram-se, como se comentará mais adiante, por estímulos transitórios que determinavam uma reação muito particular por parte dos agentes econômicos.

As Tabelas 4.4 e 4.5 avançam um pouco mais em termos da desagregação de informações.

Tabela 4.4
Brasil: Formação Bruta de Capital Fixo, em Setores de Infra-estrutura (em % do PIB)

(a preços constantes de 1980)

	1970/80	*1981/89*	*1990/94*	*1995*	*1996[1/]*	*1997*
Energia elétrica	2,10	1,55	0,91	0,52	0,57	0,57
Telecomunicações	0,80	0,43	0,49	0,53	0,79	0,78
Transportes	2,06	1,49	0,75	0,77	0,77	0,85
Saneamento	0,46	0,24	0,10	0,10	0,17	0,25
Total	*5,42*	*3,71*	*2,25*	*1,92*	*2,30*	*2,45*

Fontes: Bielschowsky, R. (1998a).

A Tabela 4.4 mostra o conjunto dos setores de "infra-estrutura". Observa-se que em todos os segmentos a retração vai-se acentuando com o tempo, e coloca os investimentos no período 1990-94 a níveis que variam entre aproximadamente a metade e um terço dos realizados nos anos 1970. Relativamente a essa primeira metade dos anos 1990, os dados relativos a 1995-96 mostram uma nova queda acentuada no caso de energia elétrica, uma relativa estabilidade no caso de transportes e uma recuperação em saneamento, e uma acentuada elevação em telecomunicações, especialmente em 1996. Os dados disponíveis relativos a 1997 indicam que o quadro não sofreu grandes alterações nesse último ano.

A Tabela 4.5 mostra a evolução dos investimentos nos principais segmentos da indústria de transformação. Contrastando-se as taxas observadas no triênio 1995-97 com as que ocorreram na década de 1980, observa-se que, à exceção de metalurgia/siderurgia, os segmentos que apresentam comportamento relativamente favorável são os produtores de bens de consumo. Já o conjunto que apresenta comparação desfavorável com os anos 1980 reúne os segmentos de bens intermediários e de bens de capital (mecânica), ou seja, quase toda a extensa retaguarda da cadeia produtiva industrial brasileira.

Tabela 4.5
Taxas de Investimento Fixo na Indústria de Transformação (em % do PIB), 1970/88 (médias) e 1995-97

(a preços constantes de 1980)

	1971-80	*1981-88*	*1995-97*
Siderurgia/Metalurgia	0,70	0,77	0,75
Automotriz/Material de transporte	0,42	0,21	0,44
Alimentos	0,52	0,31	0,37
Material elétrico e eletrônico	0,21	0,14	0,15
Plásticos	0,10	0,09	0,12
Farmacêutica	0,08	0,02	0,06
Têxtil	0,29	0,16	0,19
Subtotal	*2,32*	*1,70*	*2,08*
Química	0,63	0,53	0,33
Mecânica	0,37	0,21	0,17
Não-metálicos	0,30	0,18	0,13
Papel e celulose	0,17	0,13	0,10
Borracha	0,06	0,03	0,03
Subtotal	*1,53*	*1,08*	*0,77*
Outros	0,66	0,44	0,44
TOTAL	*4,51*	*3,22*	*3,29*

Fonte: Elaboração própria com base em R. Fonseca (1997) e IBGE, relativamente a 1971-88, e com base em CNI/CEPAL (1997), relativamente a 1995-97.

A sensação deixada pelas cifras apresentadas até agora não é animadora, porque, à exceção de telecomunicações, os setores estudados têm investido sempre muito menos do que nos anos 1970 e em sua maioria menos também que nos anos 1980, como proporção do PIB.

Há, no entanto, um aspecto que pode atenuar o desânimo com as cifras: o fato de que ao que tudo indica alguns dos segmentos estudados – telecomunicações, energia elétrica, indústria de transformação e petróleo, pelo menos – parecem estar passando por uma fase de altos rendimentos de capital, produto de variadas circunstâncias quase sempre específicas a cada segmento.[4]

Isso significaria que o investimento em indústria e em infra-estrutura estaria por colher frutos de esforços anteriores, e estaria em fase de "rendimentos crescentes". Se isto for correto, como a pesquisa indicou, então o que se sinaliza é a possibilidade de que no curto e médio prazos a relação incremental capital-produto brasileira venha a ser inferior à que se observou no passado recente. Bastaria uma elevação apenas razoável no esforço de poupança/investimento, relativamente ao período 1990-95, para conseguir-se uma série de avanços fundamentais na supressão de pontos de estrangulamento físicos, na melhoria da competitividade sistêmica e na geração de divisas estrangeiras. Se assim é, então o fato de ter-se investido pouco nos últimos anos também significa que o país tem desperdiçado a oportunidade de crescer com a comodidade de ter que realizar um esforço incremental de investimento/poupança relativamente pequeno.

Antes de prosseguir, cabe uma observação sobre a relação entre investimento estrangeiro direto (IED) e a formação bruta de capital fixo por parte do capital estrangeiro. Como se sabe, e conforme se observa na Tabela 4.6, houve nos últimos anos um verdadeiro surto de IED, a ponto de recuperar a participação brasileira no IED mundial, e de elevar a níveis sem precedentes o valor da IED como proporção dos valores do PIB e da formação bruta de capital fixo.

No entanto, há que tomar cuidado com a interpretação dessas cifras. Os valores de IED são relativos a fluxos financeiros, e sua relação exata com o investimento fixo – que é uma variável econômica não-financeira – é desconhecida. Sabe-se que boa parte da entrada recente dirige-se a mudanças patrimoniais – estima-se que em 1997 cerca de 50% refere-se a privatizações e "take-overs", mas desconhece-se que parcela do restante teria sido atraída ao país para investimentos fixos.

Trata-se de uma situação atípica, resultante de oportunidades especiais conferidas pelas reformas econômicas, de modo que o volume de ingresso deverá reduzir-se substancialmente. O fato de que está crescendo a participação de capital estrangeiro no estoque de capital acumulado no país significa que muito provavelmente a responsabilidade desse capital na expansão dos investimentos no futu-

---

[4] As causas para esse fenômeno podem estar envolvendo, centralmente, três fatores: progresso técnico nos bens de capital (caso típico de telecomunicações), maior eficiência na execução dos projetos, e o fato de que os anos 1970 e parte dos anos 1980 corresponderam a um período de "sobrecarga" de investimentos, com parte importante da formação de capital social básico da economia, "aliviando" o futuro, e permitindo a queda de investimentos daí para a frente, como proporção do PIB. (Não se adiciona aqui a tendência à queda nos preços dos bens de capital, porque os números já o incluem, na medida em que os cálculos são feitos a preços constantes de 1980.)

ro será superior ao observado no passado, mas diz pouco com relação aos investimentos fixos recentes. Entre os sete setores estudados na presente pesquisa, o único em que há claras indicações de aumento na participação dos investimentos estrangeiros no total do investimento fixo é o setor industrial – mesmo porque no período estudado os demais segmentos eram essencialmente estatais.

3. Investimentos na Indústria Brasileira depois da Abertura e do Real: O Miniciclo de Modernizações, 1995-98[5]

Nesta seção resumem-se os resultados de uma pesquisa sobre os determinantes da formação de capital fixo na indústria manufatureira brasileira, depois de implementado o programa de estabilização de preços (Plano Real) e de concluídas as reformas.

Tabela 4.6
Investimento Estrangeiro Direto (IED) no Brasil, Indicadores Selecionados (1976-98) [a]

(a preços correntes)

	IED no Brasil como % do IED mundial	*IED/PIB (%)*	*IED/FBKF (%)*
1976-85	5,3	0,7[c]	3,3[c]
1986-94	1,1	0,2	1,1
1995	1,5	0,6	3,1
1996	2,7	1,3	6,9
1997	3,9	2,0	10,4
1998[b]	6,0	3,0	15,6

Fontes: Elaboração própria, com base em Unctad (WIR, vários números), Sobeet/Carta n.4/1997, Banco Central do Brasil, e Giambiagi e Reis (FGV, Conjuntura Econômica, Dezembro 1997).

(a) Valores de IED incluem reinvestimento e excluem portfólio; Hipótese de investimento de portfólio igual a zero entre 1976 e 1996, devido à inexistência de informação; (b) Preliminar; (c) 1978-85.

Como se sabe, a indústria brasileira passou por um processo de radical liberalização durante a primeira metade dos anos 1990, dentre as quais a mais impactante foi, evidentemente, a abertura comercial. A pesquisa estudou o comportamento inversor nesse novíssimo contexto, e chegou a dois conjuntos de resultados centrais.

Primeiro, identificou, a nível da indústria como um todo, um "miniciclo de modernizações". Relativamente à deprimida primeira metade da década, houve no período forte recuperação de investimentos. Estes chegaram a superar ligei-

[5] O texto que deu origem a esta seção foi concebido a partir de uma pesquisa CNI/CEPAL, que o autor coordenou em colaboração com Flávio Castello Branco e José Guilherme dos Reis, da CNI.

ramente os níveis alcançados nos anos 1980 (como proporção do PIB), mas ficaram muito abaixo do que se registrou nos anos 1970 (ver Tabelas 4.3 e 4.5, na Seção 2).

Ainda que os segmentos mais dinâmicos tenham estendido o investimento além da modernização, o movimento mais importante e generalizado foi o de modernização. De fato, as 730 grandes empresas que responderam ao questionário e as 40 entrevistas realizadas não deixaram margem a dúvidas: a onda inversora no período esteve destinada centralmente à reposição de equipamentos, à desobstrução de gargalos, à eliminação de desperdícios etc., ou seja, à modernização redutora de custos.

O argumento analítico é o de que o processo foi viabilizado pelo fato de que o investimento em modernização caracteriza-se por um alto rendimento, porquanto eleva a eficiência de todo o estoque de capital preexistente. O argumento resolve um "enigma", qual seja, o de que, em circunstâncias de baixa rentabilidade (associada à taxa de câmbio valorizada), elevadas incertezas (ainda que muito inferiores ao período mega-inflacionário) e juros altos, a indústria tenha elevado substancialmente a taxa de investimento, pelo menos em relação aos níveis prévios ao Plano Real. Durante o miniciclo, a eficiência marginal do capital foi alta, superior mesmo ao alto "custo de oportunidade do capital", que são as taxas de juros astronômicas pagas pelos títulos públicos (média de 20% ao ano no triênio 1995-97, em termos reais).

O alto rendimento explica-se por três motivos: a) obsolescência relativa do parque produtivo previamente instalado; b) modernização feita sobre um parque produtivo que acabava de passar por intensa racionalização, e c) queda acentuada nos preços dos equipamentos, devido à abertura e à valorização cambial.

O miniciclo correspondeu a uma etapa relativamente fácil de recuperação de investimentos pós-reformas e estabilização de preços, porque caracterizada pelos altos rendimentos do investimento de modernização. A etapa "difícil", que ainda está por ocorrer, seria aquela caracterizada por investimentos em expansão e em novos produtos. Seria "difícil" porque, enquanto o cálculo empresarial nos investimentos em modernização teve por objetivo a sobrevivência do estoque de capital já enraizado – acossado pela competição internacional – o cálculo com relação a novos empreendimentos inclui os temores gerados pelas incertezas quanto ao futuro, tornando a decisão muito mais complexa e cautelosa.[6]

---

[6] Diga-se de passagem, a idéia de distinção de etapas também poderia ser aplicada ao comportamento tecnológico das empresas. O forte aumento de produtividade entre 1991 e 1997, resultante principalmente de racionalização (1991-94) e reposição de equipamentos (1994-97), teria sido a etapa "fácil", forçada pela necessidade de sobrevivência das empresas no mercado aberto. A etapa "difícil" corresponderia ao aumento de produtividade e competitividade através da introdução de inovações de forma permanente e rotineira nas empresas sediadas no país – campo em que as evidências mostram escassos avanços.

O material empírico utilizado para avaliar o comportamento dos investimentos em seu conjunto indicou também que a referência fundamental é o crescimento do mercado interno. Houve intenção de aumentar o coeficiente exportado, mas o investimento teve como orientação fundamental o mercado doméstico – tal como no passado. A determinação por um mercado interno cujo crescimento esteve essencialmente "travado" pelas restrições na balança de pagamento significa que se estabeleceu um círculo vicioso, em que as exportações não cresceram porque o mercado interno não crescia, e o mercado interno não podia crescer pelas limitações que a falta de expansão das exportações impunha.

Segundo, o trabalho hierarquizou o grau de dinamismo relativo entre os distintos setores da indústria e explicou o que determinou essa hierarquia. A análise dos determinantes dos investimentos concentrou-se nos impactos da evolução macroeconômica e da organização industrial pós-abertura sobre a rentabilidade, o crescimento e os investimentos das empresas dos distintos setores. Buscaram-se os determinantes, por um lado, no crescimento da produção e na rentabilidade do capital e, por outro, na relação entre a "trilogia" investimento/crescimento/rentabilidade e as condições em que a organização "microeconômica" de cada setor enfrentou a concorrência internacional.

Verificou-se que o grupo dos segmentos mais dinâmicos constituiu-se principalmente dos setores produtores de bens de consumo (a exceção é a siderurgia). Com algumas exceções, esse grupo tem rentabilidade média muito superior ao grupo dos menos dinâmicos e foi beneficiado por um forte crescimento da demanda, devido ao aumento dos salários reais – e, no caso dos duráveis, também pela reintrodução do financiamento de médio prazo ao consumo. Foi, ademais, beneficiado por estratégias de posicionamento das empresas multinacionais a longo prazo no mercado interno – e no Mercosul – que atenua as incertezas provenientes da macroeconomia. E, não menos importante, os efeitos favoráveis da abertura sobre sua competitividade foram largamente superiores aos desfavoráveis, porque ao mesmo tempo em que puderam importar máquinas e insumos mais baratos, estiveram protegidas por tarifas elevadas (bens duráveis), incentivos fiscais (eletrônica em Manaus, automobilística em alguns estados), custos de transporte/armazenagem (alimentos), normas técnico-sanitárias e patentes (farmacêutica/higiene), e custos de distribuição altos, devidos às baixas escalas e à dispersão do mercado consumidor (demais não-duráveis).

Os menos dinâmicos têm menor proteção e, por isso, foram especialmente castigados pela valorização cambial, provocando taxas de rentabilidade muito baixas. É possível dividir esse grupo em dois, segundo sua competitividade e seu potencial de recuperação de dinamismo nos investimentos.

Primeiro estão aqueles com maiores possibilidades de recuperação de dinamismo em circunstâncias favoráveis na economia brasileira: os bens intermediários – química, papel e celulose, minerais não-metálicos (materiais de construção) e metalurgia básica de alumínio – os bens de capital sob encomenda, e o setor de autopeças. A desvalorização cambial de janeiro de 1999 também pode trazer alívio à indústria têxtil, mas esse segmento tem poucas perspectivas de forte expansão, devido ao reduzido dinamismo potencial do mercado interno e às dificuldades de competição no mercado internacional.

O segundo grupo é formado pelos setores mais problemáticos em termos de recuperação de dinamismo. Aqui estão os bens de capital seriados, os componentes eletrônicos e os fármacos – ou seja, um conjunto de setores altamente intensivos em tecnologia.

A conclusão geral que se depreende dos parágrafos anteriores é a de que o novo quadro, posterior ao Plano Real, deu fortes estímulos ao investimento na produção de bens de consumo, mas desincentivou o investimento em praticamente toda sua "retaguarda" produtiva, ou seja, bens de capital, a maior parte dos insumos básicos, e componentes.

É impossível isolar a contribuição de cada um dos dois elementos analisados – abertura e estabilidade de preços – para esse resultado. A dificuldade metodológica é comum à maioria das experiências latino-americanas, especialmente aquelas que saíram de condições de alta inflação para estados de estabilização ancoradas em câmbio.

No caso brasileiro, os impactos oriundos da evolução da macroeconomia nos anos 1990 – ou seja, turbulências anteriores ao Plano Real e dificuldades posteriores ao mesmo – misturaram-se com os que advieram da abertura, e seguramente comprometeram alguns dos efeitos potencialmente benéficos da mesma sobre a competitividade da indústria. E conspiraram contra esses efeitos também no que se refere a eventuais impulsos positivos à decisão de investir.

A isto aliaram-se incertezas quanto ao crescimento futuro. A pesquisa confirmou estudos anteriores, ao revelar que o que move os investimentos é essencialmente o crescimento do mercado interno. A intenção de aumentar as exportações não está ausente da decisão de investir, mas essa decisão determina-se essencialmente pelas perspectivas do mercado doméstico. Ocorre que, como havia consenso no país de que existiam problemas para que o modelo de estabilização com âncora cambial se sustentasse a médio prazo, e de que enquanto se sustentasse exigiria taxas de crescimento baixas, as expectativas quanto à rentabilidade futura também se deprimiam.

A dificuldade metodológica apontada não impede que se extraia pelo menos uma lição da recente experiência brasileira. Confirma-se a validade do reconhecido postulado de que uma política de abertura é deficiente se for acompanhada de valorização cambial, porque compromete a competitividade e os investimentos do setor real da economia no segmento de bens *tradeables* e, a partir daí, sacrifica a balança comercial e introduz incertezas quanto à estabilidade de preços a médio e longo prazos.

A indústria brasileira está vivendo seus primeiros momentos de uma nova etapa, cujo "modelo de acumulação" é completamente distinto do que regeu as decisões de investir no passado.

Durante as várias décadas em que o produto industrial cresceu aceleradamente, e em que o investimento industrial ampliou-se em velocidade ainda superior, os cálculos empresariais estavam cercados por circunstâncias extremamente favoráveis ao investimento.

A proteção contra importações limitava a concorrência aos agentes domésticos, gerando rentabilidades elevadas e um comportamento relativamente pouco avesso aos riscos e incertezas inerentes a um mercado aberto. Além disso, o próprio êxito do crescimento ininterrupto confirmava as expectativas favoráveis quanto a riscos e incertezas. O quadro da economia aberta dos anos 1990 foi radicalmente menos favorável ao investimento. Primeiro, as margens de lucro "supérfluas" permitidas pelo fechamento tenderam a ser eliminadas. Segundo, os riscos e incertezas do mercado mundial passaram a somar-se aos da economia nacional em intensidade que não ocorria no passado.

Neste início da nova etapa, somam-se, a essas circunstâncias relativamente menos favoráveis à decisão de investir, o fato de que o *animal spirit* empresarial está enfraquecido por quase duas décadas de desempenho medíocre da economia brasileira, por desconfianças com relação às possibilidades de início de um novo ciclo de crescimento rápido sustentável, e por completa ausência de políticas governamentais de suporte ao investimento e ao progresso técnico industrial.

Isso significa que, daqui por diante, é provável que o investimento reaja de forma mais cautelosa do que no passado à expansão da economia e à estabilidade macroeconômica.

4. Mineração: Investimentos Deprimidos, e Indefinição Quanto à Recuperação Pós-privatização

O ciclo de investimentos na região de Carajás, nos anos 1980, foi o último momento de forte atividade inversionista no setor mineral brasileiro. Comparativamente às décadas de 1970 e 1980, os investimentos em mineração mantiveram-se relativamente deprimidos em toda a década de 1990, mesmo depois da implantação do Plano Real, em julho de 1994 (ver Tabela 4.3, na Seção 2). Esse coeficiente corresponde a um investimento de cerca de US$700 milhões por ano, cifra muito aquém daquela preconizada pelo planejamento indicativo do setor.[7]

---

[7] O Plano Plurianual para o Desenvolvimento do Setor Mineral é o documento oficial para o setor mineral, elaborado em 1994, pelo Departamento Nacional da Produção Mineral, do Ministério das Minas e Energia. Abordou, então, uma evolução produtiva que não se alterou significativamente, e projetou três cenários de desenvolvimento setorial, até o horizonte de 2010. Até aqui os investimentos realizados têm se situado muito aquém das projeções.

A estagnação ocorreu durante um período em que o setor passa por significativas mudanças organizacionais.

O setor mineral brasileiro foi, até recentemente, uma área de atividade fomentada pelo Estado, através da estatal Companhia do Vale do Rio Doce, CVRD, e de uma série de empreendimentos de grandes grupos privados nacionais, freqüentemente apoiados por esquemas de incentivos. A participação do capital estrangeiro foi relativamente modesta.

Nos últimos anos, três alterações estão mudando radicalmente o quadro institucional. Primeiro, desde o início da década o setor foi exposto ao processo de abertura, que beneficiou os segmentos exportadores de maior competitividade, como ferro e alumínio, e fragilizou os segmentos importadores e menos competitivos, como são os casos do cobre e dos minerais empregados na produção de fertilizantes.

Segundo, em 1995 foi feita uma emenda à Constituição de 1988, reabrindo-se ao capital estrangeiro o acesso à atividade mineral em igualdade de condições com as empresas nacionais. Com essa modificação, os legisladores esperam potencializar investimentos das grandes mineradoras mundiais, várias das quais já atuavam no país há muitas décadas, ainda que com presença bem menos relevante que o conjunto das empresas nacionais.

Terceiro, foi realizada, em 1997, a privatização da Companhia Vale do Rio Doce, responsável por mais da metade do produto mineral brasileiro. A CVRD é a terceira maior mineradora do mundo (3,3% do valor da produção mundial), ficando abaixo apenas da Anglo American e da Rio Tinto Zinc (com respectivamente 8,6% e 5,4% desse valor).

A extensão territorial e as características da geologia brasileira indicam grande riqueza mineral *potencial*. No entanto, as reservas conhecidas e a exploração estão aquém do que pode ser esperado de tais atributos. Devido ao não aproveitamento do potencial mineral, e ao fato de que a economia do país é muito diversificada, a mineração é uma atividade que tem escassa participação no PIB brasileiro, situação que distingue o país de outras economias latino-americanas, como o Chile e o Peru. Em 1995, por exemplo, a produção mineral brasileira correspondeu a meros 1,0% do PIB total. Sua importância no cenário econômico do país dá-se, sobretudo, por seu peso nas exportações (mais de 80% concentrada em ferro, alumínio e ouro) e nas importações (concentrada em potássio, fosfato, cobre e carvão – além de petróleo e gás, não considerados na presente seção).

A explicação para a escassez de investimentos na década de 1990 reside na combinação de um poderoso conjunto de fatores adversos, destacando-se quatro grupos de causas: insuficiente conhecimento da geologia brasileira, comportamento estratégico da Cia. Vale do Rio Doce nos últimos anos, baixa atratividade ao capital, e insuficiente infra-estrutura.

No que se refere ao *insuficiente conhecimento da geologia brasileira*, se o quadro em realidade sempre foi de escassez de pesquisas no continente brasileiro, a situação tem-se deteriorado muito ultimamente.

Talvez a lacuna maior seja a debilidade da ação estatal na atividade básica de conhecimento geológico do território nacional, fundamental para o dinamismo da indústria de mineração em todos os países onde essa atividade existe. A situação não foi atenuada pelo comportamento privado, já que os grupos privados nacionais fizeram escassos investimentos em pesquisas geológicas.

Nesse cenário, a Companhia Vale do Rio Doce e a sua controlada Docegeo têm constituído a instituição mais ativa – além, é claro, da Petrobras, cuja atividade se restringe, no entanto, a petróleo e gás. Nos últimos 25 anos o Sistema CVRD realizou um grande e exitoso programa de pesquisa no território brasileiro, identificando novas reservas e, principalmente, acumulando enormes conhecimentos da geologia no país e um grande portfólio de direitos minerários a serem ainda pesquisados e desenvolvidos.[8]

A recente desestatização da CVRD trouxe como novos controladores agentes entre os quais não se inclui qualquer grupo minerador. São fundos de pensão brasileiros, bancos e fundos de investimentos nacionais e externos e grupo industrial brasileiro, originário do setor têxtil (em ritmo de vertiginoso crescimento nos últimos 5 a 7 anos). Não se sabem ainda as conseqüências desse evento, não havendo ainda segurança de que seja preservada a filosofia de prospecção (*grass root exploration*) na qual se baseou o trabalho da Docegeo desde a sua constituição. Há receio de que a mesma seja prejudicada por uma eventual atitude imediatista, que priorize a recuperação rápida do capital investido na privatização.

A segunda causa para a insuficiente atividade inversora reside *na estratégia da CVRD durante os anos 1990*, que foi a de reforçar a competitividade nas áreas de atuação tradicionais, prosseguir no levantamento geológico de oportunidades mineiras e, ao mesmo tempo, ampliar os novos investimentos em mineração de forma cautelosa.

Antes da privatização, executaram-se apenas projetos de pequena envergadura, em geral em reposição de equipamentos, desobstrução de gargalos etc. Os novos projetos de maior magnitude, como é o caso de Salobo (cobre/ouro/prata), foram mantidos em prateleira e, no momento, aguardam a decisão dos novos proprietários.

[8] A CPRM – Companhia de Pesquisa de Recursos Minerais –, realiza trabalhos de pesquisa geológica básica, mas tem sérias limitações orçamentárias, e seu acervo de pesquisas geológicas já concluídas compõe-se de informações pouco detalhadas, a ponto de não encontrar-se interessados em recente leilão destinado à iniciativa privada; o DNPM – Departamento Nacional da Produção Mineral – vem há muitos anos sofrendo reestruturações que o enfraqueceram sobremaneira, técnica e financeiramente, o mesmo ocorrendo com empresas e/ou órgãos de pesquisa geológica e mineral de estados da federação.

Na primeira metade dos 1990 a relativa contenção dos investimentos da CVRD não foi "improvisada", ou resultante exclusivamente do fato de que há relativa saturação no mercado mundial das matérias-primas em que ela se especializou. Obedeceu à decisão estratégica de manter-se cautelosa nos investimentos durante um período necessário para fortalecer sua produtividade e competitividade, priorizando o conhecimento geológico da rica província mineral de Carajás (descobrindo-se, entre outras, as minas de Salobo e Igarapé), o aumento da eficiência e integração dos serviços de transporte, portos e terminais, a elevação da produtividade e competitividade através de esforços de "Gerência de Qualidade Total" e a expansão dos recursos de energia elétrica.

Nesse período, à diferença de outras estatais, não parece ter sido necessária uma ação governamental restritiva sobre os investimentos da CVRD. Se houve alguma influência do governo sobre o investimento, esta teria ocorrido entre 1995 e 1997, quando a empresa passou a nortear suas ações em função da privatização iminente, decidida pelo governo.

O terceiro fator determinante da escassez de investimentos nos anos 1990 foi a *baixa atratividade do setor*, especialmente da ótica do investimento privado, mais avesso a risco e mais exigente em rentabilidade do que o estatal. Exemplo contundente da baixa atratividade são as taxas médias de rentabilidade do capital próprio das empresas do setor durante a década de 1990: em média, entre 1990 e 1995, alcançaram 2,9%. São taxas diminutas, considerando-se sobretudo o elevado risco inerente à atividade, as incertezas dos mercados mundiais e nacionais e as taxas de juros prevalecentes no país. Por certo, contribuiu para essa rentabilidade a forte valorização da taxa de câmbio, iniciada em fins dos anos 1980 e acentuada no Plano Real, em 1994.

As perspectivas quanto ao futuro tampouco parecem promissoras, pelo menos no que se refere ao mapa geológico conhecido. As previsões quanto ao crescimento do mercado interno estão influenciadas pelo baixo crescimento recente, e pelas circunstâncias próprias do modelo de âncora cambial, que, segundo se supõe, exige crescimento lento.

Mas o principal obstáculo à retomada dos investimentos, pelo lado da demanda, é a *saturação* do mercado mundial dos produtos nos quais o Brasil apresenta vantagens comparativas: minério de ferro, bauxita, cobre, níquel, estanho, chumbo e titânio.

Talvez a ilustração mais contundente da baixa atratividade seja o reduzido interesse que as grandes corporações mundiais do setor tem manifestado pelo Brasil. Diferentemente do que se poderia pensar, o desinteresse não resulta do dispositivo constitucional de 1988, que vetou investimentos em pesquisa e lavra por parte de empresas estrangeiras, Ele é anterior, e apenas reforçou-se por tais dispositivos. Mesmo com a eliminação das restrições determinada pela emenda constitucional de 1995, é provável que prevaleça uma atitude de cautela nos próximos anos, e de lenta avaliação das oportunidades que foram acumuladas por muitos anos de recessão e baixos investimentos. Até aqui, os grandes grupos mineradores externos que operam no país parecem estar privilegiando uma postura pragmática, de busca do retorno financeiro mais rápido, reproduzindo atitudes que têm em outras geografias do planeta. A tendência parece ser a de investir pouco em pesquisa mineral, e a preferência por associar-se a empreendimentos de menor taxa de risco. O interesse primordial do investidor estrangeiro parece estar sendo minimizar o risco buscando realizar negócios em torno de jazidas e ocorrências já pesquisadas e conhecidas, evitando, ele próprio, investir em pesquisa geológica e em investigações preliminares de jazimentos minerais.

É sugestiva, nesse sentido, a ausência dos grandes mineradores mundiais na desestatização da CVRD, ocorrida em 1997. Elas informaram-se sobre o leilão, mas apenas a Anglo-American pré-qualificou-se e participou do mesmo, em associação com o Grupo Votorantim, não logrando sucesso no certame.

Tendo em vista as características do Sistema CVRD – suas condições de liderança e de excelência em quase todos os setores onde atua e o baixo preço mínimo estabelecido – como se explica esse amplo desinteresse? É possível que exista um conjunto de causas, que vão desde as limitações estabelecidas para participação de concorrentes da CVRD (grandes mineradoras atuantes na Austrália e Canadá), passando pela dimensão e complexidade do conjunto de empresas/áreas de negócios desestatizado e chegando até as adversidades do "ambiente geológico" onde atua a CVRD, comparado com outras situações e alternativas, muito melhor conhecidas e definidas, existentes no mundo.

O quarto conjunto de elementos que tem pesado negativamente na atratividade do setor são os chamados fatores sistêmicos, ou, mais especificamente, a extensão territorial associada às insuficiências de infra-estrutura de energia e de transportes. Para minimizá-la, seria necessária uma postura governamental de definição de um projeto de desenvolvimento do país que contemplasse prioridade ao aproveitamento das riquezas minerais brasileiras com uma perspectiva de ocupação espacial bem definida.

5. Petróleo e Gás Natural: Investimentos Contidos, Antes e Durante as Reformas

O estudo sobre o setor de petróleo e gás revela um quadro de investimentos insuficientes frente à necessidade de atendimento por produção nacional da demanda em franca expansão. A escassez de investimentos contrasta com um exuberante desempenho da Petrobras em termos de eficiência produtiva.

Entre 1990 e 1997 o investimento se manteve relativamente deprimido. Conforme mostra a Tabela 4.3 (Seção 2), a taxa de investimento observada nos anos 1990 foi ligeiramente declinante, caindo de 0,39% na primeira metade da década para 0,35% do PIB no triênio 1995-97 (contra uma média de 1% nos anos 1980).

A organização do setor petroleiro no país está passando por grandes alterações. Em decorrência de dispositivo constitucional, a Petrobras até recentemente se confundia com o próprio setor em razão de que a ela era atribuída a exclusividade no exercício do monopólio estatal na atividade. A emenda constitucional 9/95 retirou da empresa essa exclusividade, abrindo a empreendedores privados a possibilidade de ingresso no setor.

Posteriormente, a lei 9478/97 introduziu uma série de regulações ao setor, restringindo a liberdade de ação da empresa. Entre outras inovações, obriga a empresa a submeter suas decisões de investimento à recém-criada Agência Nacional de Petróleo (ANP), a ceder a outros agentes o uso de suas instalações de transportes e terminais mediante remuneração por estipular, e a colocar à disposição da ANP seu acervo de conhecimentos geológicos para eventual utilização por outros agentes.

É necessário evitar distorções como essas, que estão fragilizando desnecessariamente a Petrobras, pois a solução para o país dista de ser fragmentação da empresa, já que o setor é internacionalmente muito exigente em economias de escala e de escopo. A princípio, as inovações básicas introduzidas na recente reforma institucional poderiam ao mesmo tempo permitir que a empresa aproveitasse plenamente as oportunidades de expansão, e que se abrisse ao setor privado espaço para uma acelerada inserção.

Mas, para que isso ocorra, é necessário vontade política por parte do governo federal. Nesse sentido, os últimos anos têm sido algo confusos, anos de indefinição, em que misturam-se desnecessariamente conflitos entre a Petrobras e o governo que são inerentes ao processo de esvaziamento da autonomia anteriormente desfrutada pela empresa, com uma prejudicial contenção pelo governo de sua capacidade de geração de benefícios para o país.

A história recente da Petrobras mostra um exitoso esforço brasileiro no sentido de: a) aumentar a produção nacional; b) repor as reservas de óleo segundo taxa superior à do consumo; c) ampliar a logística de suprimento; d) reduzir o custo unitário em pesquisa, exploração e refino; e) desenvolver tecnologia avançada em águas profundas.

Não obstante, o crescimento do consumo de derivados de petróleo continua absorvendo o crescimento da produção e preservando o déficit de abastecimento com produção doméstica.

De diferentes formas o governo conteve a Petrobras em suas pretensões investidoras. Cortou valores nas autorizações de investimento que a SEST concede a empresas públicas, controlou preços, e impediu-a de alavancar fundos no mercado financeiro compatíveis com sua capacidade de endividamento.

Essa postura correspondeu a um desperdício de oportunidades. A Petrobras atravessa uma fase de rendimentos elevados, em que a relação produto-capital marginal é muito superior à que se observou na história da empresa. Com pouco esforço adicional de poupança e investimento consegue-se muita produção adicional. Isto significa que a capacidade de contribuir para a redução do déficit no balanço de pagamentos em transações correntes através de investimentos de alta produtividade e competitividade foi sub-utilizada.

Os resultados no futuro próximo, entretanto, continuarão dependendo fortemente da capacidade de investir da Petrobras – e, portanto, de ser autorizada a alavancar os recursos nos montantes necessários. Isto porque é a única empresa com projetos em condições de implantação imediata, e porque os novos projetos requerem longo prazo para seu detalhamento e implantação.

Sendo a Petrobras empresa com tecnologia de ponta em pesquisa e exploração de petróleo em águas profundas (lâmina d'água de 1.000 metros, caminhando para 2.000 metros) nas condições brasileiras, é possível que, garantindo seu programa de investimentos, logo aproxime o país da auto-suficiência.

Não obstante essas vantagens competitivas desenvolvidas pela Petrobras, a nova regulamentação do setor petroleiro introduziu alguns procedimentos que podem gerar incertezas e perturbar o programa setorial de investimentos nos próximos anos.

Há pelo menos três fontes potenciais de incertezas. A primeira reside no fato de que de agora em diante a relação entre a Petrobras e o governo federal será regida pela nova institucionalidade, de maior submissão da Petrobras ao governo central, através da subordinação aos novos órgãos, ou seja, o CNPE e a ANP. A superação das incertezas geradas pela nova situação depende em boa medida da atitude mais ou menos restritiva que o governo federal venha a ter em relação à programação de investimentos da empresa, que é onde tem residido o maior foco de divergências.

Outra fonte de incertezas resulta da possibilidade, aberta pela legislação, de que os agentes que atuam no setor tenham acesso à logística de transporte e armazenagem de propriedade da Petrobras. A eventual utilização por terceiros da infra-estrutura logística é potencialmente conflitiva, porque é extremamente difícil calcular o preço justo para essa utilização. A disponibilização da infraestrutura pode ter uma influência desfavorável sobre a expansão dos investimentos setoriais. Isto porque se, por um lado, introduzem incertezas no planejamento operacional e na programação de investimentos da Petrobras, por outro lado não estimulam investimentos nas empresas privadas, já que estas não podem pautar sua inserção no setor por atividades sujeitas a intermináveis disputas jurídicas.

Terceiro, a exigência de repasse ao ANP de todo o acervo de conhecimentos geológicos acumulados pode ser um redutor da eficiência microeconômica da atividade petroleira no país, se o resultado for a compra de direitos de exploração por outras empresas de reservas em regiões de expansão "natural" da Petrobras, ou seja, os campos petroleiros periféricos aos que hoje concentram as atividades da empresa. De todo modo, a simples possibilidade teórica de que isto venha a ocorrer já tende a funcionar como elemento desnorteador na estratégia de expansão futura da empresa, introduzindo incertezas quanto à possibilidade de maximização dos ganhos oferecidos pela etapa de elevados rendimentos pela qual ela está passando no momento. Na medida em que esses ganhos dificilmente podem ser obtidos por outras empresas que venham a atuar nas referidas áreas, por falta de economias de escala, o resultado pode ser uma perda de eficiência para o país como um todo.

É possível, contudo, ter-se uma expectativa favorável quanto ao futuro dos investimentos do setor de petróleo no Brasil, dada pela definição cada vez mais clara de que a tendência da política governamental é a de estimular projetos de parcerias entre o setor privado e a Petrobras e, na ausência de interessados, liberá-la para atuar sozinha nos projetos de expansão.

O sistema de parcerias tem a vantagem para o governo e para a Petrobras de atrair recursos para o setor, e parece ser também o que mais convém ao setor privado, devido às vantagens comparativas que a Petrobras possui. O mecanismo possui também a virtude de minimizar incertezas e conflitos potenciais, tornando os agentes produtivos do setor – Petrobras e agentes privados – solidários no aproveitamento de potencial de expansão da produção de petróleo. Nas circunstâncias de incertezas típicas da nova organização industrial pós-reforma do setor petroleiro, o sistema de parcerias é, seguramente, o que melhor protege a expansão dos investimentos e a eficiência microeconômica e, dessa forma, o que melhor contribui para a geração de divisas tão necessária ao processo de estabilização da economia brasileira.

6. Investimento e Privatização nas Telecomunicações: Dois Vetores de uma Mesma Estratégia

De acordo com a Tabela 4.4, a partir de 1996, os investimentos da Telebrás apresentam marcada descontinuidade com relação aos anos anteriores. A taxa de investimento retornou aos níveis dos anos 1970, ou seja, cerca de 0,8% do PIB, correspondentes a cerca de R$7 bilhões. Trata-se de um patamar bastante superior à média praticada nos anos que o antecederam (1988-1995), que situou-se em torno de R$4 bilhões.

A elevação do investimento foi preconizada pelo programa de metas setoriais do Ministério das Comunicações (PASTE), anunciado em meados de 1995. Esse documento alertava para a necessidade de realização de grandes investimentos em telecomunicações como forma de preparação para o estabelecimento da infra-estrutura básica da Sociedade da Informação.[9]

---

[9] O programa previa a evolução do mercado até 2003 e a aplicação de 91,75 bilhões (de acordo com a nova versão divulgada em março de 1997 – valor original: R$75,06 bilhões, em 1995), oriundos dos setores público e privado, sendo a metade prevista para o primeiro período de sua execução (1995/99) e a outra metade no segundo período (2000/03). A previsão de ampliação dos acessos de telefonia fixa era de 13,3 milhões em 1994 para 26 milhões em 1999 e para 40 milhões em 2003, e de telefonia celular de 0,6 milhões em 1994 para 12 milhões em 1999 e para 23 milhões em 2003.

A reestruturação e privatização do setor tiveram início com a quebra do monopólio da Telebrás (1995), e com a instituição da chamada lei "mínima" (telefonia celular privada e outros serviços, em 1996-97); e prosseguiu através da Lei Geral de Telecomunicações (sancionada em julho de 1997) e da proposta de regionalização da Telebrás e subseqüente organização dos mercados regionais (conforme o Plano Geral de Outorgas). A mudança constitucional e o subseqüente reordenamento jurídico eram condições absolutamente indispensáveis para o sucesso da reforma, como havia sido demonstrado pela experiência prévia, na primeira metade da década de 1990, quando a negligência em relação aos aspectos legais havia sido um dos principais fatores que obstruíram a abertura da telefonia celular privada então programada.

Uma vez aprovada a modificação constitucional relativa à quebra do monopólio público, o Ministério das Comunicações estabeleceu uma estratégia de ação composta por três etapas básicas: a) Abertura imediata do mercado de telefonia celular privada – Banda B – por intermédio da Lei Mínima (1996-97); b) Elaboração e aprovação da Lei Geral de Telecomunicações (1997), abrangendo quatro capítulos: os princípios fundamentais; o órgão regulador ANATEL – Agência Nacional de Telecomunicações e as políticas setoriais; a organização dos serviços (classificados em regime público ou privado e interesse coletivo ou restrito); e a reestruturação e a desestatização; e c) Reorganização e privatização da Telebrás, com introdução de concorrência na rede básica (1998-99). O vetor condutor das reformas do setor seria o binômio concorrência/privatização.[10]

O modelo de privatização com regionalização da Telebrás (com concorrência na rede básica) envolveu os seguintes aspectos: a) Regionalização da Telebrás em quatro holdings, sendo três regionais (Tele Norte/Leste; Tele Centro/Sul e Telesp – Estado de São Paulo) – e uma nacional – Embratel ; b) Privatização dessas quatro holdings de telefonia fixa (as três regionais e a Embratel) e de oito operadoras regionais de telefonia celular da Telebrás (desmembradas do sistema vigente), totalizando 12 holdings desestatizadas; c) Introdução de concorrência na rede básica convencional por meio de concessões (regionais e nacionais) a novos entrantes (duopólios locais nas três regiões e na telefonia inter-regional e internacional até 2.002 e ausência de restrição para novas autorizações após esse ano – conforme projeto de Plano de Outorgas de 04.12.97.

---

[10] Deve ser ainda sublinhado que, ao priorizar a abertura imediata do mercado de telefonia celular privada (instituindo a chamada Lei Mínima) e encaminhar a Lei Geral em um segundo momento, o governo não apenas começou a abertura em um setor de alta atratividade econômica (e conseqüentemente alvo de forte pressão por parte do setor privado interessado em sua exploração), mas também agiu conforme as linhas de menor resistência política, uma vez que setores do governo previam que a elaboração, discussão e regulamentação da Lei Mínima consumiriam menos tempo do que o equivalente processo da Lei Geral. No entanto, a Lei Mínima não deixou de ser objeto de vários questionamentos constitucionais por parte dos partidos de oposição (PDT e PT, em particular), e sua implementação teve que ser compatibilizada com os dispositivos da Lei Geral.

À diferença do que viria a ocorrer, por exemplo, com o setor elétrico, onde os investimentos mantiveram-se deprimidos durante o período de reformas e de privatização, durante a transição institucional do setor de telecomunicações ocorreu, conforme se salientou, uma forte expansão dos investimentos.

Combinaram-se favoravelmente, no período, uma série de elementos: a recuperação da capacidade de financiamento das operadoras, propiciada principalmente pela forte elevação tarifária ocorrida a partir do final de 1995, a alta rentabilidade da telefonia celular, os ganhos de escala advindos da expansão da rede, a contenção de custos das operadoras do Sistema, e o mercado em rápida expansão (demanda altamente reprimida).

Não menos relevante, concorreu também para o bom desempenho a decisão política de modernizar e expandir como elementos preparatórios ao processo de privatização. Na medida em que o aumento do investimento e a subseqüente expansão do sistema ocorreram na mesma época em que foram dados os primeiros passos para a privatização da Telebrás, a história do período mostra com clareza que esses dois elementos, expansão e privatização, constituíram o núcleo da estratégia do governo no esforço de promover a transição/reestruturação global do setor, que pode ser sumarizada pela idéia de *expandir o sistema sob novas regras institucionais.*

A agenda política, que implicou no desbloqueio do investimento foi marcada pelos seguintes aspectos: (a) atendimento à reivindicação de imediata abertura da telefonia celular ao setor privado; (b) decisão de elevação do investimento juntamente com anúncio da privatização/concorrência (investir para privatizar e não para dar continuidade a uma estatal); (c) centralização de poder político do Ministro das Comunicações e rapidez nas decisões ("efeito Sérgio Motta").

De fato, o que sobressai no desempenho inversor durante o período de privatização é o fato de que desde o final de 1995 a Telebrás foi objeto de uma série de medidas destinadas à sua revitalização – contrariamente a muitas de suas congêneres latino-americanas, que somente após a privatização foram fortalecidas e receberam os investimentos necessários para a ampliação da rede. A elevação dos investimentos da Telebrás nesse período foi uma decisão típica de uma empresa monopolista amplamente regulamentada, onde há uma sobre-determinação política muito forte.

A decisão sustentou-se em boas bases econômico-financeiras e, mais ainda, fez parte de uma agenda de decisões políticas, cujo encaminhamento adaptou-se ao desbloqueio dos investimentos da Telebrás. Diferentemente de outros ministérios, o poder político do ministro Motta foi determinante tanto no aumento das tarifas públicas como no referido desbloqueio. Claro está que a facilidade política de passar essas medidas esteve muito relacionada ao fato de que elas faziam parte dos planos e da estratégia revelada, isto é, da preparação para a privatização da Telebrás.

A recuperação tarifária foi essencial para permitir que em 1997 os recursos próprios da sistema Telebrás – lucros retidos e fundo de depreciação – alcançassem 77% do valor dos investimentos, um nível que jamais havia sido atingido em toda a história da empresa.[11] Outro elemento que concorreu para isto foi a forte ampliação das receitas com a telefonia móvel, que alcançou em 1997 cerca de 20% da receita total, contra apenas 4% em 1997.[12]

Em 1997, o lucro líquido da Telebrás (consolidado) atingiu a cifra recorde de R$3,9 bilhões, correspondendo a uma margem líquida de 24,7% (praticamente triplicando em relação a 1994). Isto se explica tanto pela já notada recuperação tarifária, como por sensíveis ganhos de escala e por uma significativa contenção dos custos do sistema. O excelente desempenho da Telebrás – aliado a uma confortável situação de endividamento – foi responsável pela formidável valorização de suas ações desde 1995 – até a crise da Rússia. Isso contribuiu para que a empresa fosse considerada financeiramente saudável e atrativa no mercado financeiro (interno e externo), levando-a a ampliar sua captação direta de recursos externos (*Eurobonds*, *ADR – American Depositary Receipts* etc.).[13]

Ao lado da expansão dos investimentos das estatais, mesmo antes da privatização da telefonia básica, já ocorria – a partir de 1995 – forte expansão nos investimentos privados. O fenômeno foi decorrência direta da explosão de novos mercados, como os segmentos de telefonia celular, TV por assinatura, redes corporativas, desenvolvimento de redes especializadas etc. Os estímulos ao segmento mais expressivo, ou seja, a banda B da telefonia celular, incluíram, além de enorme demanda reprimida, a mencionada constituição de um duopólio temporário (cerca de 5 anos) em cada uma das dez áreas em que o país foi dividido, e de um marco regulatório que foi "complementado" de modo a favorecer as futuras operadoras privadas.[14]

As perspectivas de continuidade são boas, por várias razões. Os contratos de privatização incluem cláusulas de obrigatoriedade de expansão – Plano de

---

[11] É interessante assinalar que apesar das restrições tarifárias – devidas ao controle inflacionário – vigentes até 1995, a receita global do Sistema Telebrás evoluiu positivamente desde o início da década de 1990. No período 1990-1995, a receita líqüida cresceu a uma taxa média de 6,0% ao ano à custa da expansão da planta em serviço (ainda que relativamente lenta) e do crescimento do tráfego de longa distância nacional e internacional (cujas tarifas situavam-se em patamares internacionais).

[12] Uma novidade do período posterior ao reajuste tarifário foi uma forte redução dos subsídios cruzados entre telefonia local e de longa distância, que fez com que a primeira passasse a ter participação na receita total do setor superior à segunda.

[13] Os principais projetos de expansão do STB apresentam uma taxa de retorno superior às taxas de empréstimo ou de lançamento de títulos no mercado financeiro internacional, sendo razoável admitir um aumento na captação desses recursos, de forma a permitir uma alavancagem financeira positiva.

[14] De um lado, houve um compromisso não formalizado por parte da Telebrás, pelo qual, num primeiro momento, suas operadoras reservariam (ou seja, não atenderiam) cerca de 30% a 40% do mercado (no agregado) para que este possa ser explorado pelo setor privado. De outro, houve atraso proposital do lançamento dos editais de digitalização da banda A, impedindo a melhoria do atendimento do mercado por parte das operadoras públicas.

universalização (de cerca de 20 milhões de linhas fixas no momento da privatização a 33 milhões de linhas até fins de 2001). Dentre os fortes impulsos inversores deve-se destacar também o intenso progresso técnico e os investimentos antecipatórios de competição (manutenção ou ampliação de "market-share"). Não menos importante, o segmento é altamente atrativo ao investimento privado, pelas taxas de lucro e baixos períodos de "pay-back" e pela demanda fortemente reprimida, que garante alguns anos de rápida expansão futura.

Há, no momento, três motivos básicos para preocupações. Primeiro, entre os vencedores do leilão de privatização nem sempre se encontram empresas com escala e estrutura técnico-financeira adequadas para a competição internacional, a ponto de prever-se toda uma reconcentração futura do setor, nas mãos de campeões internacionais. Até lá, pode haver alguma descontinuidade no ritmo dos investimentos em alguns segmentos e regiões, com prejuízos para os usuários.

Segundo, ainda não foi aprovado o Fundo de Universalização, previsto pela Lei Geral de Telecomunicações, mediante o qual se financiariam serviços para comunidades longínquas e carentes, "Internet" para escolas, bibliotecas, centros de saúde, etc. Dessa forma a intenção governamental de universalizar os serviços ficou até aqui restrita às exigências de metas de telefonia individual e pública ("orelhão") constantes dos contratos de concessão.

Terceiro, igualmente não foi ainda aprovado o Fundo de Desenvolvimento Tecnológico das Telecomunicações, igualmente previsto na Lei Geral. Persistem, por isso, sérias dúvidas sobre o impacto da privatização junto à indústria doméstica de telequipamentos. Na medida em que novas operadoras do sistema incluem ampla presença de empresas estrangeiras, as quais já praticam um política de *sourcing global* próprio, persiste grande incerteza no tocante à magnitude e ao ritmo das importações de telequipamentos por parte das operadoras após sua privatização. Por um lado existe um grande parque industrial já instalado, composto por fornecedores domésticos de origem estrangeira e nacional aptos a continuarem abastecendo o mercado; por outro, dentre os objetivos pretendidos pelos novos operadores, pode estar a decisão de participar da privatização no Brasil justamente por este constituir um amplo mercado a ser disputado pelos fornecedores com os quais já mantém relações privilegiadas no exterior.

7. Energia Elétrica: Investimentos Deprimidos numa Transição Problemática

Houve no período 1993-98 a liberalização do mercado para a entrada de capital privado em novas usinas de geração, e ocorreu a privatização de todo o segmento de distribuição, mas a privatização da maior parte do segmento de geração está programada para o período 1999/2001, e ainda não há certeza sobre o que ocorrerá com a transmissão. Dessa forma, as decisões sobre investimentos em geração e transmissão permaneceram até aqui essencialmente sob a responsabilidade das empresas e autoridades estatais. Trata-se, portanto, da análise do processo de investimento de uma primeira etapa de transição, em que os investimentos ainda foram decididos e implementados pelo governo e por empresas estatais, em meio a um quadro institucional que apenas cumpria as primeiras etapas de distanciamento do modelo estatal, na direção da privatização e de um sistema regido essencialmente por regras de mercado.

À diferença do setor de telecomunicações, o desempenho inversor vem sendo medíocre. Conforme se observa pela Tabela 4.4, nessa fase os investimentos estiveram muito deprimidos: 0,6% do PIB entre 1995 e 1997, contra uma média de 2,1% nos anos 1970, 1,6% nos anos 1980, e 0,9% na primeira metade dos anos 1990.

Eles foram insuficientes para atender (sem romper com critérios básicos de segurança), a expansão da demanda, que superou todas as expectativas a partir do Plano Real. Felizmente, as abundantes chuvas dos últimos anos têm afastado a necessidade de racionamento de energia, que tem sido, ano pós ano, apontada como uma efetiva possibilidade pela Eletrobrás, com base em cálculos sobre "riscos de déficit". Segundo o Plano Decenal mais recente (1998-2007) os dois anos críticos com relação a "risco de corte na demanda de ponta" e "risco de déficit de energia" seriam 1999 e 2000.

Esclareça-se que ambos os conceitos são inerentes ao modelo energético brasileiro, baseado em hidroeletricidade: a) o risco de corte de demanda de ponta inexiste nos países que operam predominantemente com termeletricidade, porque dispõem de um estoque de velhas usinas termelétricas desativadas. Em caso de excesso de demanda, basta religá-las; não é o caso do Brasil, com o agravante de que o país não tem condições de importar energia de países vizinhos nos volumes exigidos; b) os países que operam com termelétricas não têm problemas quanto a suprimento de combustível, já que, na pior das hipóteses, o que ocorre é o aumento de seu preço; esse não é o caso da hidroeletricidade, em que o combustível, a água, é limitado pelas chuvas e pela capacidade de estocagem nos reservatórios das usinas.

A crise financeira do setor de energia, que vinha se arrastando desde a década de 1980, determinou o início da transição, em 1993. A partir daí ocorreu gradual introdução de inovações institucionais, mas o primeiro desenho propositivo do novo marco regulatório só seria concluído em meados de 1997, e a implantação desse novo marco só está ocorrendo gradualmente.

O modelo que está sendo implementado tem por objetivo estimular a concorrência na geração, podendo-se estimar que depois da privatização haverá cerca de dez grandes empresas geradoras hidrelétricas no Centro-Sul, e duas no Norte-Nordeste, além de muitas pequenas empresas hidrelétricas e de um bom número de novas termelétricas. Proíbe-se a verticalização, impondo-se às distribuidoras o limite de compra a empresas coligadas de apenas 30% de suas vendas. O regime tarifário obedece entre 1998 e 2005 a um período de transição, em que as tarifas prevalecentes quando da privatização das distribuidoras serão mantidos até 2002, e a partir daí serão gradualmente liberados, ao ritmo de 25% do volume de energia vendido a cada ano (as novas usinas já têm preços liberados desde o início). A característica básica do regime tarifário é a imposição de um teto para a tarifa cobrada pela distribuidora aos clientes cativos (residências, pequenas e médias empresas etc.), teto esse a ser estipulado pela nova agência reguladora do sistema, a ANEEL. Em meados de 1999 os critérios que deverão reger o valor desse teto ainda estavam em discussão.

A transição dos últimos anos tem sido problemática pelo menos por três motivos. Primeiro, não foi acompanhada de cuidados com o fato de o sistema ser hidrelétrico e desprovido de reservas, que exige que o país opere permanentemente com sobre-oferta de capacidade, para evitar eventuais estiagens de chuvas ou eventuais acelerações de consumo de energia; como se observou, o problema tornou-se evidente com a aceleração de demanda, resultante do Plano Real, e trouxe à tona o fato de que o investimento em expansão tem prazos de construção longos – principalmente em hidrelétricas, mas também em termelétricas, já que, no caso brasileiro, há necessidade de construção de dutos de gás de longo percurso.

Segundo, apesar de terem sido introduzidas inovações institucionais que franquearam ao capital privado o acesso ao segmento de geração, a natureza do processo de transição específico às condições brasileiras é tal que não existe nenhuma visibilidade com relação ao futuro mercado, expondo os cálculos privados de rentabilidade e risco às incertezas generalizadas sobre a evolução da demanda e da oferta. Há, por exemplo, uma enorme variedade de opiniões entre especialistas sobre o que é o custo marginal de geração a médio e longo prazos. Ou seja, o contexto é de muita incerteza para o capital privado, que dá claros sinais de cautela, e que prefere aguardar o processo de privatização – e a introdução definitiva do novo regime regulador – para observar as oportunidades e selecionar as melhores alternativas, antes de aventurar-se em grandes investimentos em novas usinas geradoras. Ademais, como os recursos envolvidos na compra de estatais será vultoso, os agentes potencialmente interessados em entrar no negócio de energia elétrica no Brasil devem estar preferindo acumular capacidade financeira para a oportunidade, evitando investir em novos empreendimentos.

Terceiro, a transição coincidiu com a prioridade máxima à política antiinflacionária, nela incluída a minimização do déficit do setor público e a preparação para maximizar receitas fiscais da privatização, numa escolha que conflitou com a opção de evitar riscos de déficit de energia, porque conflitou com as decisões de realizar investimentos.

Os investimentos no setor de energia elétrica estiveram deprimidos principalmente por limitações financeiras das estatais: entre 1993 e 1998 houve um ano e meio de megainflação e tarifas reais em queda (de 1993 a junho de 1994), um ano e meio de Plano Real, com nova queda das tarifas reais (até fins de 1995) e apenas três anos, em que pese uma razoável recuperação tarifária, não se restabeleceu, nas empresas estatais, uma alavancagem financeira suficiente para cumprir as metas de investimento.

Em parte isto ocorreu porque a referida valorização beneficiou mais que proporcionalmente ao segmento de distribuição, com o objetivo de valorizá-lo para efeitos de arrecadação fiscal com a privatização das concessionárias estatais. E, pelo menos até 1997, a recuperação tarifária das empresas distribuidoras não impediu que os investimentos nesse segmento se retraíssem, caracterizando um comportamento até mesmo pior do que o que ocorreu nos segmentos de geração e transmissão.

Mas a razão principal para o fraco desempenho dos investimentos no setor elétrico como um todo foi, essencialmente, a queda na captação líquida de recursos de terceiros, que se tornou negativa em 1996 e 1997, como resultado de uma estratégia de racionalizar dívidas.

Em 1995 a geração interna de recursos (lucros retidos mais depreciação) foi de US$3,9 bilhões, e foi escassamente complementada por financiamentos de terceiros, resultando em meros US$4,6 bilhões de investimento. Em 1996 e 1997, graças essencialmente ao aumento da receita operacional, houve considerável aumento da geração de poupança própria.

Esses resultados melhoraram o desempenho financeiro do setor. Em 1996 superava-se o prejuízo registrado no ano anterior, e já se apresentava uma rentabilidade de 2,0% sobre o valor do capital constante nos balanços das empresas do setor, e de 3,3% quando calculado sobre o valor de mercado do setor (bolsa de valores). Além disso, os vários anos de ajuste financeiro deram ao setor elétrico uma situação de endividamento crescentemente confortável, até o nível de 17% sobre o valor contábil do capital, ou 28% do valor estimado de mercado.

Resultados favoráveis como esse poderiam ter servido de base para maior alavancagem de recursos. No entanto, os anos de 1996 e 1997 ainda foram de prioridade ao ajuste financeiro, em detrimento de investimento fixo, resultando num financiamento de terceiros negativo, se considerada a diferença entre dívida nova e amortizações.

É possível destacar as seguintes evidências de comportamento cauteloso por parte das empresas estatais no que se refere a endividamento para investimento fixo:

1. A Eletrobrás destinou um volume relativamente limitado de recursos a projetos de expansão. Parte dos recursos que poderiam estar disponibilizados para financiamento a investimento fixo foram direcionados para sanear financeiramente empresas concessionárias estaduais de energia antes da privatização.

2. As empresas cujos portes permitem ir diretamente ao mercado financeiro internacional para colocação de bônus utilizaram esse recurso para recompor suas dívidas, substituindo dívidas muito onerosas pelo dinheiro novo. Observe-se que os prazos de colocação de bônus foram muito curtos para investimentos fixos no setor elétrico, expondo-os a riscos excessivos (entre dois e cinco anos, exclusive "put option"), devido ao caráter flutuante das taxas de juros internacionais. Isto ajuda a explicar por que a forte retomada do acesso ao crédito internacional – a colocação de bônus cresceu de US$210 milhões em 1994 para US$630 milhões em 1995 e US$1.570 milhões em 1996 – e de taxas juros bastante razoáveis (próximas aos 9% a 10% ao ano), foi direcionada principalmente à racionalização de dívidas.
3. O BNDES continuou não aportando recursos a empresas estatais, a não ser em casos excepcionais de projetos que estavam comprometidos com leilões de parceria com o setor privado.
4. O Banco Mundial e o BID não aportaram recursos ao setor desde o início dos anos 1980.
5. Não foi possível recorrer a esquemas do tipo "project finance", devido às mudanças de propriedade à vista, à ausência de esquemas de garantias por parte da Eletrobrás, e à absoluta falta de visibilidade com relação a tarifas no futuro.
6. Enquanto a modernização e a expansão nas telecomunicações ajudaram a elevar o preço de venda das estatais do setor, teoricamente o preço de venda de uma estatal de geração energética tende a cair se ela estiver iniciando obras hidrelétricas de grande vulto. Ou seja, investimento em novas usinas e preparação para privatizar maximizando receita parecem ser, em princípio, "antagônicos".

O paralelo com o setor de telecomunicações é esclarecedor. A transição à privatização é intrinsecamente muito mais complicada no caso do setor elétrico do que no de telecomunicações. Entre outros motivos, porque no primeiro caso, além da questão assinalada da preparação para a privatização, a rentabilidade é menor e o retorno é de mais longo prazo, os riscos e incertezas dos empreendimentos são potencializados no caso brasileiro, por muito menor visibilidade atual sobre o futuro mercado privado, e os problemas de financiamento são muito mais complexos.

As desvantagens relativas do setor elétrico não param aí. De forma muito sintética, listam-se na Tabela 4.7 dez fatores que favoreceram os investimentos em telecomunicações e prejudicaram os investimentos no caso de energia elétrica.

Em resumo, o período 1993-98 foi a etapa de transição em que a velha lógica inversora esteve fragilizada e a nova ainda não teve condições de operar a contento. Nesse meio tempo, foram encontradas soluções de transição, embora o conjunto destas não tenha permitido expandir a oferta energética na velocidade em que tem ocorrido expansão da demanda, a ponto de elevar o "risco de déficit" em 1999 e 2000, a níveis sem precedentes nas últimas décadas.

O futuro próximo ainda está pleno de incertezas. Depois da privatização, a questão da escassez de investimentos em geração e transmissão pode complicar-se ainda mais, a não ser que o volume de gás disponível permita que as novas termelétricas a gás substituam boa parte da expansão hidrelétrica, algo ainda muito incerto. Isso deveria ser tema para atenção concentrada por parte da nova agência reguladora, a ANEEL, cuja complexa tarefa deve ir além de ampliar a competição e defender o consumidor, e incorporar como objeto central de suas funções a garantia da expansão da oferta de energia.

TABELA 4.7
Determinantes do Baixo Investimento em Energia, em Contraste com o Elevado Investimento em Telecomunicações

Telecomunicações	*Energia Elétrica*
Solidariedade entre investimentos em modernização/expansão e aumento das receitas devidas a privatizações	Antagonismo entre investimentos em geração de energia e valorização das empresas
Visibilidade sobre as condições de competição e rentabilidade durante o período relevante para o "pay-back"	Total falta de visibilidade sobre as condições de mercado no médio e longo prazo. Mesmo depois de diminuir a incerteza quanto ao futuro marco regulatório, não se sabe o que são os custos marginais de longo prazo, e é grande o desconhecimento quanto à evolução da demanda. As condições para o investimento privado (inclusive "project finance") não estão dadas
Abertura política, concentração decisória	Multiplicidade de agentes, dificuldades de coordenação política
Alta rentabilidade, baixo prazo de instalação, "pay-back period" curto	Menor rentabilidade que em telecomunicações e "pay-back" mais longo (portanto, maior incerteza) e longo prazo das obras
Demanda altamente reprimida	Não há demanda reprimida
Atraso tecnológico local e intenso progresso técnico mundial	Progresso técnico em hidroeletricidade escasso (elevado em termeletricidade a gás)
Baixo risco ambiental	Elevado risco ambiental
Situação financeira relativamente sólida em 1994-95, fortalecida pela recuperação tarifária de 1996/1997	Política de racionalização financeira das empresas (queda do grau de endividamento setorial, apesar da recuperação das tarifas)
Financiamento da expansão com recursos próprios, sem comprometer o déficit público	Dependência de financiamento, implicando em aumento do déficit operacional do setor público. Inexistência de fundos públicos e de aportes das agências multilaterais
Facilidade de obtenção de financiamentos externos compatíveis com os prazos do investimento e do "pay-back"	Inexistência de financiamentos externos a mais de 3-4 anos, incompatível com os prazos setoriais

8. Recuperação de Investimentos em Infra-estrutura de Transporte (Rodovias, Ferrovias e Portos) na Fase de Privatização: Avanços e Insuficiências

A base legal para a privatização dos serviços de transporte é a Lei de Concessão, de fevereiro de 1995, que, complementada pela Lei 9074/95, regulamenta o artigo 175 da Constituição de 1988.

No caso das rodovias federais, o início do processo licitatório ocorreu antes mesmo da promulgação da referida lei, já em 1993. A reforma do setor ferroviário teve como episódio central a venda das empresas estatais através do Programa Nacional de Desestatização do governo federal, coordenado pelo Conselho Nacional de Desestatização, secretariado pelo BNDES. A privatização das principais empresas ferroviárias ocorreu em 1996/97, observando o modelo de licitação de cada malha, separadamente. O setor portuário brasileiro passa por um extenso e acentuado processo de modernização acoplado a uma descentralização e uma desestatização das operações.

Conforme se pode observar na Tabela 4.4, que apresenta a taxa de investimento como proporção do PIB para o conjunto do setor de transportes (ou seja, não apenas rodovias/ferrovias/portos), depois de um ciclo de intensa atividade inversionista nos anos 1970, em que atingiu-se em média mais de 2% do PIB, houve uma primeira redução nos anos 1980 e uma segunda queda na década de 1990. Essa evolução levou a uma crescente deterioração na eficiência dos transportes de carga no país.[15]

O principal determinante da queda dos investimentos em infra-estrutura de transportes no Brasil foi a crise financeira do setor público. Apenas para exemplificar, a penúria financeira das estatais do setor ferroviário determinou a redução dos investimentos de 0,25% do PIB na média do qüinqüênio 1980-84 para 0,12% em 1985-89 e para 0,03% em 1990-94; e, no setor portuário, as empresas estatais sofreram uma redução, nesses mesmos períodos, de 0,7% para 0,5% e para 0,2% do PIB.

A acreditar num exercício estimativo relativo a 1996, nos anos recentes estaria ocorrendo uma elevação de investimentos. Em termos absolutos, nesse ano o investimento teria sido 18,2% superior à média do quadriênio 1990-93, alcançando cerca de 0,8% do PIB.

---

[15] Por exemplo, é crítica a situação da malha rodoviária federal pavimentada (cerca de 50.000 km, dos 157 que conformam a malha nacional). De acordo com a última informação disponível (1994), somente 28% do total está livre de defeitos, requerendo não mais que manutenção de rotina e eventuais tratamentos de revestimento. Em 54% dos quilômetros construídos a resistência estrutural está reduzida e há necessidade de renovação, ainda que sem necessidade de demolir a estrutura existente. Já em 18% o defeitos exigem demolição parcial. De acordo com Pereira (1997), 85% dos pavimentos têm mais de 10 anos, 14% tem de 5 a 10 anos e somente 1,0% tem menos de 5 anos.

Infelizmente não dispomos da estimativa específica para rodovias/ferrovias/portos. É possível, contudo, que a taxa de crescimento nesses segmentos tenha superado o crescimento do conjunto do setor de transportes. A hipótese baseia-se principalmente no fato de que houve depois de 1995 uma recuperação nos investimentos nas rodovias federais e estaduais – com recursos públicos e com financiamentos de agências internacionais – e, secundariamente, de que houve um ligeiro aumento nos investimentos pós-privatização – ou seja, em recuperação das rodovias concessionadas ao setor privado, em reposição de material rodante nas vias férreas privatizadas, e na modernização dos serviços em regime de parceria em alguns portos do país.

A ligeira recuperação frente aos deprimidos níveis da primeira metade da década não impediu, contudo, que os investimentos seguissem muito abaixo do patamar observado nas décadas de 1970 e 1980.

A suave recuperação deveu-se sobretudo ao fato de que no âmbito do Programa de Ação do governo federal estão sendo destinados mais recursos públicos às rodovias e ferrovias federais (Fernão Dias, Rodovia do Mercosul, Ferrovia Norte-Sul etc.), e, igualmente, ao fato de que os governos estaduais têm destinado mais recursos às suas rodovias.

Até aqui a privatização tem contribuído de forma ainda marginal. Destacam-se os investimentos em reparação e conservação dos cerca de 1.000 km de rodovias federais privatizadas e nos cerca de 2.000 km nas rodovias estaduais (Rio Grande do Sul, São Paulo, Paraná e Rio de Janeiro), nas reposições emergenciais de equipamentos nas ferrovias privatizadas, e na modernização dos serviços portuários em regime de "parcerias" com o setor privado pelas empresas Docas, estatais.

A privatização de empresas e o regime de concessões ao setor privado representam uma possibilidade teórica de atenuar o problema da escassez de recursos. Há que salientar, no entanto, que não convém nutrir expectativas demasiado otimistas quanto à intensidade em que a atenuação poderá ser feita. Isto, por duas razões.

Primeiro, porque, como se sabe, a atratividade ao capital privado no setor de infra-estrutura de transportes apresenta limitações muito superiores às encontradas em outros segmentos de infra-estrutura, como energia elétrica e telecomunicações (Banco Mundial, 1994). As reformas em curso terão impacto importante apenas sobre dois tipos de investimentos no setor de transportes: a) Os de conservação, reparação e modernização do estoque de infra-estrutura cuja operação reúna requisitos básicos de atratividade ao capital privado – leia-se densidade de tráfego e tarifas compensatórias – e que, portanto, sejam passíveis de realização pelo setor privado através do regime de concessão ou de privatização, e b) Os projetos de investimento em expansão/novos projetos nos quais a rentabilidade privada esperada seja suficiente para compensar os elevados riscos e incertezas desse tipo de empreendimento, que costuma ter rentabilidade social muito superior à privada e, por isso, costuma ser realizado pelo setor público.

Assim, é razoável supor que parte importante das responsabilidades de investimento seguirão recaindo sobre o setor público, mesmo depois de concluída a etapa de reformas.

Segundo, porque há um *trade-off* entre maximização de receita fiscal nas privatizações/concessões e maximização de exigências de investimento nos leilões/processos licitatórios. Quanto maiores essas exigências, menor o valor que os candidatos estarão dispostos a pagar nos leilões e licitações (ou maior a tarifa que exigirão). Se o interesse primordial na outorga das concessões e nas privatizações for maximizar a arrecadação fiscal ("fazer caixa") e defender o usuário contra excessos de tarifas, o setor público tenderá a relaxar as exigências de investimentos. No processo em curso, no Brasil, pode estar havendo excessiva preocupação com receita fiscal.

Deve-se destacar a virtuosidade dos casos de concessão para privados nas rodovias e portos, em que as licitações vêm sendo orientadas de modo a priorizar a realização de investimentos.

Os próximos anos deverão ser de algum aumento dos investimentos privados e de baixo investimento público. Como no conjunto da infra-estrutura de transportes brasileiro o componente privado do investimento não tem como ser muito elevado, as perspectivas para os próximos anos são, na melhor das hipóteses, de prosseguimento da lenta recuperação recente.

A alteração de ritmo dependerá, em primeiro lugar, das restrições orçamentárias do governo federal, que podem-se prever rigorosas a curto e médio prazos, e da evolução das combalidas finanças dos estados. No âmbito específico das rodovias federais, o elemento decisivo reside no hipotético restabelecimento de uma equação fiscal como a que havia anteriormente à Constituição de 1988.

A recuperação dos investimentos dependerá, em segundo lugar, da velocidade com que prossigam as privatizações e dos compromissos de investimento nelas originados.

O espaço para a expansão de investimentos por parte do setor privado em rodovias é grande, mas tem limites. Nas estimativas mais otimistas, somente uma quinta parte das rodovias pavimentadas tem densidade de tráfego suficiente para dar rentabilidade ao setor privado.

Se a privatização dos cerca de trinta mil quilômetros pavimentados for conduzida de forma virtuosa, no sentido de garantir compromissos de investimentos, ela poderá implicar efetivamente em significativa melhoria nas condições dos transportes rodoviários.

No entanto, seu efeito final sobre a competitividade sistêmica brasileira ainda é indefinido, porque as tarifas tendem a aumentar fortemente os custos do transporte, a ponto de possivelmente mais do que compensar as reduções provenientes de maior segurança, menor desgaste dos equipamentos, e menor tempo de trajeto. Há fortes indicações de despreparo das agências que conduzem o processo de privatização no que se refere ao estabelecimento de tarifas que sejam apenas suficientes para atrair o setor privado, e evitem margens de lucro excessivas. Nas concessões já realizadas em rodovias federais predominaram taxas de retorno internas superiores a 20% do capital investido, o que significa um nível extremamente elevado em relação aos padrões mundiais de rentabilidade em *public utilities.* Uma forma de reduzir essas taxas seria envidar esforços no sentido de evitar que os participantes das licitações fiquem restritos a construtores de rodovias, como nos últimos anos, e atrair ao setor agentes de outros segmentos, especialmente fundos de pensão e agentes financeiros, nacionais e estrangeiros.

As perspectivas de investimento privado em novas rodovias não parecem favoráveis. A relação entre a rentabilidade privada e os riscos e incertezas inerentes a esse tipo de empreendimento tende a desestimular projetos privados nesse segmento.

O caso de ferrovias não é muito distinto. A experiência recente com a Ferroeste, no Estado do Paraná – que teve que ser terminada com recursos públicos depois dos problemas enfrentados pela iniciativa privada – pode ter servido de fator adicional de desestímulo. O caso da única ferrovia de construção privada no Brasil, a Ferronorte, tampouco dá margens a otimismos. O empreendimento vem-se arrastando há algum tempo, e só recentemente foi retomado, depois que uma série de fundos de pensão do país passaram a dividi-lo com o grupo Itamaraty, que desistiu de levar o projeto adiante sozinho. O futuro das ferrovias recém-privatizadas ainda é incerto. Mas não cabe grande expectativa de que os investimentos venham a crescer de forma significativa. O problema principal parece ser o de que a malha ferroviária é pouco competitiva no sistema de transportes brasileiro, porque não se encontra desenhada a partir de um sistema intermodal que maximize o modo ferroviário. Como não há nenhum sinal de alteração desse quadro, dificilmente se pode esperar agressividade inversionista dos agentes que recém ingressaram no setor. As privatizações tiveram como propósitos exclusivos gerar receita fiscal e eliminar uma fonte permanente de déficit público, as estatais. Ou seja, não estiveram nem remotamente ligadas a preocupações estratégicas de redefinição intermodal dos transportes brasileiros.

As perspectivas de expansão de investimentos no sistema portuário são promissoras, devido ao modelo virtuoso de parcerias entre as empresas portuárias estatais e operadores privados dos serviços portuários. Como o processo de racionalização dos portos está em curso, e como os atrasos acumulados são enormes, tanto em termos de gestão do processo de trabalho como no que se refere à modernidade dos processos e equipamentos, é razoável supor que nos próximos anos poderá ocorrer forte elevação de produtividade.

Por último, há que observar que todo o processo de reformas está sendo conduzido com considerável insuficiência no que se refere à implantação de órgãos e de mecanismos de regulação e fiscalização das concessões. O quadro de enormes deficiências técnicas e econômicas tem gerado inúmeros problemas, com efeitos reais e potenciais prejudiciais ao usuário. Faltam informações técnicas, capacidade de alterar traçados e de impor obras adicionais de forma periódica. E, sobretudo, predominam estimativas inadequadas sobre custos, que se refletem desfavoravelmente sobre as tarifas dos serviços e conseqüentemente sobre a competitividade sistêmica.

9. Investimentos em Saneamento na Primeira Etapa de Privatização: Recuperação Insuficiente, Perspectivas Incertas[16]

O desempenho inversor em saneamento básico[17] caracteriza-se nos últimos anos da década de 1990 por uma significativa recuperação. Como se pode observar na Tabela 6, que mostra a evolução dos investimentos em proporção ao PIB desde os anos 1970, houve considerável elevação relativamente à primeira metade dos anos 1990 (a preços constantes, 0,34% do PIB nos anos 1970, 0,28% do PIB nos anos 1980, 0,10% do PIB entre 1990 e 1995 e 0,15% do PIB em 1996 e 0,25% do PIB em 1997). Entretanto, esse nível recente ainda se encontra bem aquém da média alcançada nas décadas de 1970 e 1980. Ademais, diferentemente de setores como telecomunicações e energia, o baixo progresso técnico verificado neste setor e o agravamento das condições ambientais, especialmente dos recursos hídricos, implica maiores custos unitários do que no passado, devido a tratamento (potabilização) e a transporte de água para consumo humano (maiores distâncias entre os mananciais e os centros consumidores).

A atual fase – de transição a um regime em que a participação privada deverá crescer muito – se inicia com os níveis mais baixos de investimentos desde os anos 1970. Em termos reais absolutos, os anos de 1996-1997 apresentaram os investimentos mais elevados da história, e como proporção do PIB uma aproximação na direção dos elevados níveis registrados nos anos 1970.

A recuperação no valor absoluto dos investimentos foi permitida pela renegociação (rolagem) das dívidas das empresas estaduais de saneamento, aumento real nas tarifas, e ampliação do financiamento – interno e internacional. Com relação a este último fator, merece destaque a recuperação da capacidade de crédito do FGTS, principal fonte de recursos para financiar investimentos no

---

[16] As informações utilizadas se baseiam em publicações e estudos recentes sobre o setor, no Brasil e no exterior, bem como em fontes primárias de consultas, como resoluções sobre o Fundo de Garantia por Tempo de Serviço (FGTS), do Conselho Monetário Nacional (CMN), Legislação aplicada e propostas de novas legislações, entrevistas com agentes importantes do setor etc.

[17] Classicamente os serviços de saneamento básico são compreendidos pelos serviços de abastecimento de água, esgotamento sanitário, microdrenagem urbana e resíduos sólidos. Entretanto, no âmbito deste trabalho, trataremos apenas dos serviços de abastecimento de água e esgotamento sanitário, denominados, neste texto, apenas para simplificação, de saneamento.

setor. Essas medidas permitiram que as empresas recuperassem capacidade de alavancagem financeira para o financiamento de investimentos.

A recuperação dos investimentos verificada neste último período é, entretanto, insuficiente para que se possam alcançar as metas pretendidas de universalizar os serviços de saneamento. Enquanto estimativas governamentais indicam que seriam necessários cerca de R$3,8 bilhões anuais para alcançar aquela meta até o ano 2010, o ano de 1997, que representa o maior valor absoluto de investimento da história do setor, se investe em torno de R$2,4 bilhões. Uma importante característica dos investimentos futuros decorre da atual situação do déficit dos serviços, que se concentra nas camadas populacionais mais pobres (periferias das grandes cidades e nas pequenas cidades), nas regiões menos desenvolvidas do país, nos serviços de coleta e tratamento de esgotos e na reposição de capital (reabilitação da infra-estrutura). Ou seja, os investimentos se destinam a áreas com menor capacidade de pagamento e a serviços de menor rentabilidade.

As perspectivas para os próximos anos apontam para uma alta probabilidade de que o crescimento acentuado dos investimentos nos últimos três anos venha a afigurar-se como numa "bolha inversora", com declínio já a partir de 1998. Um primeiro elemento determinante do declínio são as medidas macroeconômicas de redução do déficit público, que limitam sobremaneira o financiamento dos investimentos e a assinatura de novos contratos de financiamento. O outro fator de grande relevância é o esgotamento da capacidade de endividamento e de pagamento da maioria das empresas do setor. Mesmo considerando-se os recentes (e pequenos) ganhos de eficiência de algumas empresas públicas, dificilmente estas serão capazes de gerar internamente os recursos necessários à alavancagem de financiamentos.

A tendência predominante para o futuro próximo é, pois, de uma queda nos investimentos. Ela resulta da manutenção da atual organização da prestação dos serviços por organizações públicas, que têm limitado acesso a financiamentos e que, além disso, seguem dependentes de recursos públicos ou gerenciados pelo Estado.

Se a participação do setor privado pode ser um instrumento importante para se reverter esse quadro de queda nos investimentos a longo prazo, por enquanto ainda está longe de poder revertê-la, pelo menos no que se refere aos próximos anos. A participação do setor privado ainda é incipiente e sua expansão deverá ser lenta. Desde 1995 foram celebrados contratos de concessão com apenas pouco mais de 30 municípios, dos quais cerca de 20 já estão sob operação privada. Entre esses contratos estão concessões plenas (todos os serviços) e parciais (como aquelas do tipo BOT,[18] para estações de tratamento de água ou esgotos), envol-

---

[18] Build Operate and Transfer, ou concessão de serviços públicos precedida de obra pública.

vendo cerca de 2 milhões de habitantes, a grande maioria nos Estados do Rio de Janeiro e de São Paulo. Os investimentos contratados nos últimos anos por agentes privados estão próximos a meros R$100 milhões. E o ritmo de crescimento também caiu em 1997/1998 em relação a 1996, principalmente em função de problemas contratuais surgidos, decorrentes de desenhos inadequados de concessões e, principalmente, inadequação e insuficiência dos instrumentos de regulação dos serviços. Prova disso é que existem recursos disponíveis para financiamento a agentes privados superiores à atual demanda, tanto no BNDES como, principalmente, no FGTS – que, a partir de 1998, passou a financiar concessionários privados de saneamento.

O crescimento da participação privada requer, de imediato, a definição das incertezas sobre a titularidade dos serviços de saneamento, especialmente nos chamados sistemas de predominante interesse comum, onde existe integração das infra-estruturas, sendo este o caso da maioria dos sistemas das regiões metropolitanas e de sistemas integrados de produção e transporte de água no Nordeste. A definição de um marco regulador adequado também é pré-requisito para que esse processo ocorra, inexistindo, até o momento, lei federal definidora das diretrizes para o setor. Essas ações reguladoras possibilitarão o desenvolvimento de novos modelos de gestão e de novos padrões de financiamento dos investimentos no setor.

Mas não param aí as dificuldades da privatização: as tarifas atuais, já suficientemente elevadas por padrões internacionais, não dão boa rentabilidade a novos investimentos, sobretudo em esgotamento sanitário e em áreas de baixa renda. Por isto, o princípio norteador das privatizações das concessões no setor deveria ser o de garantir investimentos, o que significa vender as empresas mais barato e abrir mão de receita fiscal, especialmente do valor de venda, mais do que parcelas relativas à outorga. Resta saber se as autoridades estaduais e municipais responsáveis pela privatização darão prioridade à questão social, em detrimento de receita fiscal. Nesse campo, uma ação do Governo Federal, incluindo a Caixa Econômica e o BNDES, poderia induzir a uma privatização que elevasse os níveis de investimento e fosse capaz de cumprir as metas de universalização dos serviços e de melhoria da qualidade dos mesmos.

Em síntese, o setor tem, para o futuro, pelo menos quatro sérios problemas no que se refere a investimentos. Primeiro, as metas macroeconômicas de controle de gasto público por parte do governo federal estão contendo os investimentos, especialmente pela via da restrição à tomada de novos recursos do FGTS pelas empresas públicas. Segundo, a capacidade de endividamento dessas empresas já está próxima ao limite, o que significa que, independentemente dessas restrições, os investimentos devem cair. Terceiro, persistem indefinições reguladoras importantes que inibem a participação privada na prestação dos serviços e no financiamento de investimentos. Quarto, a privatização é portadora do perigo de restringir futuros investimentos de natureza social, devido a sua baixa rentabilidade privada.

10. Conclusão

A síntese aqui apresentada de um conjunto de estudos setoriais sobre os determinantes da formação bruta de capital fixo no período recente mostra que o comportamento setorial foi desigual. Na maior parte dos setores, como de resto na economia como um todo, os investimentos cresceram muito em relação à medíocre primeira metade dos anos 1990. Mas, à exceção das telecomunicações, continuaram muito abaixo dos níveis médios das décadas de 1970 e 1980 e mesmo das metas modestas traçadas pelo governo e/ou suas empresas.

A pesquisa que fundamenta este capítulo dá indicações de que muitos setores estão atravessando uma fase de alta produtividade do capital, o que significa que talvez não seja necessário que a taxa de investimento se eleve aos níveis do passado para viabilizar as taxas de crescimento econômico de então. Se a hipótese estiver correta, então o baixo investimento significa que o país tem desperdiçado uma oportunidade histórica para crescer com relativamente pouco esforço de poupança e investimento adicional.

A atual experiência brasileira corresponde à transição a uma economia completamente diferente da que existia no passado. Há um novo "modelo de investimento" em gestação, provavelmente mais eficiente do ponto de vista microeconômico e de alocação de recursos, mas não necessariamente mais eficaz no que se refere a dinamismo investidor e a crescimento econômico. Isto porque, em princípio, a abertura tende a reduzir a taxa de rentabilidade e a elevar riscos e incertezas nos setores de bens "transáveis", e a privatização tende a elevar as exigências de rentabilidade e a aversão ao risco em todos os setores em que predominavam estatais. A economia brasileira corre o risco, assim, de operar com menor propensão a investir do que no longo ciclo expansivo do modelo anterior (1943-1980). Por essa razão, para que o comportamento investidor não trave o crescimento, o governo tem que revestir o processo decisório do setor privado de elementos que estimulem o investimento.

O novo modelo ainda não está plenamente instalado, de modo que o que a pesquisa examinou foi uma fase de transição. Sobre essa fase, cabem dois comentários. Primeiro, como se afirmou antes, o contexto de estabilização não trouxe apenas estímulos ao investimento, também o travou em suas potencialidades, tanto nos bens "transáveis" como em infra-estrutura. Claro que a estabilidade, ou pelo menos uma inflação baixa, controlável e previsível, é uma condição indispensável ao dinamismo dos investimentos. Mas a opção por utilizar a abertura e a própria privatização como instrumentos do processo de estabilização teve efeitos limitadores sobre a atividade inversionista.

Segundo, como a transição ao regime privado é intrinsecamente longa, há que revesti-la de cuidados quanto à realização de metas mínimas de investimento enquanto dura a transição.

Por último, há que se reconhecer que o futuro regime aberto e privado não eliminará a necessidade de cuidados especiais por parte do Estado no que se refere à evolução dos investimentos. Nesse campo, sente-se a falta de uma orientação estratégica, inclusive para nortear a futura ação das agências reguladoras. A eficácia do novo "modelo de investimento", no futuro, dependerá, em grande medida, da definição e implementação de uma política adequada por parte do governo, para garantir que o setor privado realize os investimentos essenciais e para fortalecer sua propensão a investir. Sem isto, sobram dúvidas com relação à capacidade que teria o novo modelo de restaurar automaticamente a vigorosa propensão a investir observada durante o ciclo de crescimento da economia brasileira concluído em 1980.

Referências bibliográficas

ABIQUIM, *Projetos de Investimento*, mimeo, vários números, anos 1995 a 1997.

ABDIB – Associação Brasileira para o Desenvolvimento da Indústria de Base. "Programada de Demanda por Infra-Estrutura." Relatório n. 9. São Paulo, 1996.

Almeida, D. R. (1993). *Acumulação, crescimento e crise do setor de energia elétrica brasileiro – a perspectiva da empresa pública e do planejamento de longo prazo*. Tese de doutorado submetida ao IEI/UFRJ, Rio de Janeiro, mimeo.

Aurelle, B. (1986). *Les Télécommunications*. Paris, Editions La Découverte.

Bicalho, L. *Nível de endividamento das empresas do setor elétrico*, Informação Técnica 9, Eletrobrás (1996).

Bielschowsky, R. (org.) Investimentos na transição brasileira dos 90s, IPEA, 1999 (no prelo) e www.eclac.br, cap. 2.

Bielschowsky, R. "Two studies on Transnational Corporations in the Brazilian Manufacturing sector: the 1980s and early 1990s". Desarrollo Productivo, n. 18, CEPAL, Santiago do Chile.

Bielschowsky, R. e Stumpo, B. (1995). "Empresas transnacionales y cambios estructurales en la indústria en Argentina, Brasil, Chile y Mexico", *Revista de la CEPAL*, n. 55, Santiago do Chile.

Brasil Energia. Números 196, 197, 202 e 205. Rio de Janeiro, fevereiro, março, agosto e novembro de 1997.

BVI – Technoplan Ltda. "Gas and Petroleum 2000". Rio de Janeiro, dezembro, 1995.

Carvalho, R. Q. (org.) (1997). *Abertura comercial e mudança estrutural na indústria automobilística Brasileira*, Campinas, mimeo.

CNI/CEPAL. *Investimentos na indústria brasileira, 1995/99, características e determinantes*, Rio, CNI, 1997.

Coopers & Librand (1997). "Projeto de reestruturação do setor elétrico brasileiro", vários volumes, Rio de Janeiro, Eletrobrás.

Coutinho L. e Ferraz J. C. (1994). *Estudo da competitividade da indústria brasileira*, Editora Papirus-Unicamp.

Eletrobrás. GCPS, Plano Decenal de Expansão, vários anos.

Erber, F. e Vermulm, R. (1997). *Machine Tools in the Mercosul Area: an evolutionary account*, Rio de Janeiro, mimeo.

Ferraz, J. C., Kuppfer, D. e Haguenauer, L. (1995). *Made in Brazil: desafios competitivos para a indústria*, Rio de Janeiro, Campus.

Fonseca R. (1997). *Relações capital-produto*, Rio de Janeiro, BNDES-PNUD, mimeo.

Gomes et all (1997). A indústria do cimento, em BNDES SETORIAL, n. 6, Rio de Janeiro, setembro de 1997.

Haguenauer L. Ferraz J. C. e Kupfer D. (1996) "Competição e Internacionalização na indústria brasileira", em Baumann (org.). *O Brasil e a Economia Global*, Rio de janeiro, Campus/Sobeet.

Katz, J. (1998). *Crecimiento, cambios estructurales y evolución de la productividad laboral en la industria manufacturera latinoamericana en el período 1970-1996*, Santiago do Chile, mimeo, CEPAL.

Kume, H. (1996). *A política de importação no Plano Real e a estrutura de proteção efetiva*, IPEA, Texto para Discussão n. 432, agosto.

Laplane, M. F. e Sarti, F. (1997). "Investimento direto estrangeiro e a retomada do crescimento sustentado nos anos 90. Economia e Sociedade, *Revista do Instituto de Economia da Unicamp*, n. 8.

"Livro Azul" (1994). Publicação editada pela Vice-Presidência da Telebrás. Brasília.

Macedo A. R. P. e Valença A. C. V. V. (1996). *O terceiro ciclo de investimentos da indústria brasileira de papel e celulose*, BNDES SETORIAL, n. 4 , Rio de Janeiro.

Ministério do Planejamento e Orçamento (1996). *Plano Plurianual de Investimentos*, Brasília, Brasil, Presidência da República.

Moreira, M. M. *Mais uma vez coeficientes de comércio: os primeiros números para 1997*, BNDES, Nota técnica AP/DEPEC n. 16/97.

Moreira, M. M. e Correa, P. (1966). *Abertura Comercial e Indústria – o que se pode esperar e o que se vem obtendo*. BNDES. Textos para Discussão 49, Brasília, 1996.

MPO – Ministério do Planejamento e Orçamento:

– "Brasil em Ação – Investimentos Básicos para o Desenvolvimento". Brasília, 1995.

– "Fontes de Financiamento por Tema das Ações e Projetos", do Plano Plurianual, 1996/99. Brasília, 1996.

– "Plano Plurianual – 1996/99". Brasília, 1995.

1. Petróleo Brasileiro S.A. – Petrobras:

– "Indicadores Principais". Rio de Janeiro, 1996.

– "O Gás Natural no Brasil". Rio de Janeiro, setembro, 1993.

– "O Planejamento da Nova Refinaria Brasileira". Rio de Janeiro, 1995.

– "Perspectivas de Investimentos no Setor Petróleo no Brasil." Rio de Janeiro, junho, 1996.

– "Produção de Petróleo no Brasil – Análise Estratégica". Rio de Janeiro, 1994.

– "Relatórios Anuais e Demonstrações Financeiras, exercícios de 1992 a 1996". Rio de Janeiro.

– "Sistema Petrobras – Fatos, Dados e Perspectivas". Rio de Janeiro, outubro, 1995.

– "Uma Panorâmica dos Custos da Petrobras". Rio de Janeiro, setembro, 1995.

Oliveira, A. "As experiências internacionais de reestruturação", em Oliveira e Pinto Jr. (org.). *Financiamento do setor elétrico brasileiro*, Rio de Janeiro, Garamond, 1998.

Paste (1995 e 1997). Programa de Recuperação e Ampliação do Sistema de Telecomunicações e do Sistema Postal. Ministério das Comunicações. Brasília.

Pavitt, K. (1984). "Sectorial Pattern of Technical Change: Towards a Taxonomy and a Theory", In: *Research Policy* n. 13, North Holland, pp. 343-373.

Posthuma, A. C.(1997). *Shifting Policy regimes and Industrial Renewal in Brazil: Vestiges of Import Substitution and Impacts of Liberalization*, São Paulo, mimeo.

Relatórios e Balanços Anuais da Telebrás (vários anos).

Salomon Brothers & Banco Patrimônio. "Petrobras – Unveiling The Brazilian Oil Producer". Nova York, 1996.

Vermulm, R. (1993). *Competitividade do Complexo Metal-Mecânico*, Rio de Janeiro, ECIB, mimeo.

Viana, A. (1996). "Abordagens Metodológicas em Políticas Públicas". *Revista de Administração Pública*, junho, Rio de Janeiro.

Vianna, G. (1993). *Privatização das Telecomunicações*. Rio de Janeiro, Editora Notrya.

Vickers, J. e Yarrow, G. (1988). *Privatization: An Economic Analysis*. England, MIT Press.

West, J. Robinson. (1997) "Structure and Strategy in The Oil and Gas Industry". Rio de Janeiro, junho.

Capítulo 5

Mudanças Institucionais e Tecnologia: Impactos da Liberalização sobre o Sistema Nacional de Inovações

Paulo Bastos Tigre
José Eduardo Cassiolato
Marina H. de Souza Szapiro
João Carlos Ferraz

1. Introdução

O processo de profunda transformação institucional e reguladora percorrido pela economia brasileira desde o início da década de 1990 vem alterando radicalmente o papel dos agentes econômicos, das estratégias empresariais e da articulação do chamado sistema nacional de inovações. A abertura da economia brasileira às importações, a formação do Mercosul, a privatização das empresas estatais e a re-regulamentação da economia constituem o fim de um ciclo de políticas desenvolvimentistas, iniciadas no Governo Vargas (1930-1945) e voltadas para a constituição da indústria nacional e uma nova fase caracterizada pela adesão do país a um modelo liberal mais sintonizado com o Consenso de Washington.

Este capítulo analisa os impactos da abertura sobre a dinâmica do sistema inovador brasileiro, destacando as tendências à reespecialização e reestruturação produtiva. São identificadas as principais oportunidades e desafios suscitados pelo novo modelo econômico em diferentes segmentos da economia, destacando as novas relação estabelecidas entre as instituições de pesquisa e o setor produtivo. Tais interações são condicionadas pelo contexto econômico, histórico e institucional inerentes a cada setor. Freeman (1987, 1988), Nelson (1988, 1993) e Lundvall (1992) desenvolveram o conceito de Sistema Nacional de Inovação,[1] entendendo que esses sistemas são um arranjo institucional responsável pela endogeneização do progresso tecnológico na dinâmica econômica de um país. Segundo essa concepção, o progresso tecnológico não é derivado apenas da operação das forças de mercado. Estando as firmas inovadoras no centro do sistema, tal arranjo institucional envolve agências governamentais, universidades, institutos de pesquisa, redes de interação entre firmas e outras instituições, incluindo o sistema financeiro, dado o seu papel de apoio ao investimento inovador. Sistemas nacionais de inovação, enfim, são um produto histórico, derivado de trajetórias específicas percorridas por um determinado país. As diferenças de trajetórias e as especificidades culturais contribuem para definir a diversidade dos sistemas nacionais de inovação. Em um país semi-industrializado como o Brasil, a análise do papel do sistema de inovação pode ser construída a partir da compreensão das especificidades do desenvolvimento nas condições periféricas. Países periféricos precisam construir e amadurecer seus sistemas nacionais de inovação com objetivos e direções distintas das existentes nos países já desenvolvidos. A principal tarefa do sistema é o aproveitamento de "janelas de oportunidade", de forma a viabilizar a realização de processos de *catching up* (Perez e Soete, 1988 e Freeman, 1989).

Segundo a teoria evolucionista ou neo-schumpeteriana, a firma aparece como o agente central do processo de desenvolvimento tecnológico, seja mediante a absorção de conhecimentos produzidos externamente e/ou através do desenvolvimento interno. Neste sentido, o ambiente econômico e institucional em que a firma opera é determinante da forma como esta se articulará (ou não) com os sistemas nacionais de ciência e tecnologia (que são apenas uma parte dos SNI).

Este capítulo está organizado em quatro seções, além desta introdução. A Seção 2 focaliza o sistema inovativo nacional, apresentando as principais instituições ligadas ao desenvolvimento científico e tecnológico, as mudanças na política tecnológica, os esforços de P&D, as fontes de tecnologia adotadas pelas empresas e o sistema de patentes. A Seção 3, que analisa setores selecionados representativos de diferentes dinâmicas tecnológicas e competitivas, busca discutir os impactos do processo de abertura comercial e mostrar como foram reordenadas suas estratégias e como eles estão se adaptando. Foram incluídos não só setores industriais mas também o de telecomunicações, que em função de uma nova dinâmica institucional e tecnológica vem redefinindo, de forma mais radical, sua estrutura

---

[1] Sobre o conceito de Sistemas Nacionais de Inovação, vide Nelson (1993), Lundvall (1992) e Freeman (1995), sendo que o primeiro apresenta uma concepção mais restrita, vinculada sobretudo às atividades de P&D, enquanto os outros autores incorporam uma concepção mais abrangente, envolvendo o conjunto de instituições públicas e privadas e enfatizando as interações entre fornecedores e usuários, além de aspectos sistêmicos mais gerais, tais como o padrão organizacional das firmas, a interface com o sistema financeiro e a organização e função coordenadora do Estado.

no país. Finalmente, na quarta seção, as conclusões enfatizam os resultados da abertura, suas especificidades setoriais e os principais desafios para a articulação do sistema nacional de inovações com o setor produtivo.

2. Esforço Científico e Tecnológico Brasileiro

2.1. O Sistema Brasileiro de Ciência e Tecnologia

O Sistema Nacional de C&T no Brasil foi desenvolvido a partir de instituições de pesquisa criadas ao longo dos últimos 40 anos. A criação do Ministério da Ciência e Tecnologia nos anos 1980 visou articular estas instituições e criar mecanismos permanentes de fomento à pesquisa e formação de recursos humanos de alto nível. As duas principais instituições federais que fomentam a P&D são o CNPq (Conselho Nacional de Desenvolvimento Científico e Tecnológico), voltado principalmente ao financiamento da pesquisa básica e pós-graduação, e a FINEP (Financiadora de Estudos e Projetos) cuja missão é financiar atividades tecnológicas ao nível empresarial. O sistema conta ainda com a CAPES (Fundação Coordenação de Aperfeiçoamento de Pessoal de Ensino Superior), vinculada ao Ministério de Educação, que visa a formação e aperfeiçoamento de professores universitários. Existem também instituições estaduais de fomento e apoio à pesquisa dentre as quais se destaca a FAPESP, vinculada ao governo do Estado de São Paulo, orientadas para financiar projetos de pesquisa e pós-graduação.

O CNPq mantêm diretamente um conjunto de instituições de pesquisa, incluindo o CBPF (Centro Brasileiro de Pesquisas Físicas), o LNCC (Laboratório Nacional de Computação Científica), o LNLS (Laboratório Nacional de Luz Síncotron) e o Instituto Nacional de Matemática Pura e Aplicada (INPA). Diversos outros centros de P&D públicos estão vinculados a outros ministérios, destacando-se a Embrapa, ligada ao Ministério da Agricultura, o CTA do Ministério da Aeronáutica e o Instituto Osvaldo Cruz do Ministério da Saúde. O Ministério da Indústria e Desenvolvimento mantém instituições de tecnologia industrial básica nas áreas de metrologia, certificação e qualidade. O Estado de São Paulo se destaca na manutenção de importantes instituições públicas de pesquisa aplicada como o Instituto de Pesquisas Tecnológicas (IPT) e o Instituto Agronômico de Campinas.

No âmbito do setor produtivo destacam-se os centros de pesquisa vinculados às empresas estatais (CENPES/ Petrobras, CEPEL/ Eletrobrás e CPqD/ Telebrás,[2] os centros tecnológicos do SENAI, vinculado à Confederação Nacional da Indústria e alguns centros de pesquisa privados, vinculados principalmente às indústrias metal-mecânica, eletrônica, farmacêutica e aeroespacial. O processo de privatização nos setores de telecomunicações e energia, no entanto,

---

[2] Em 1998 a Telebrás foi desmembrada e o CPqD foi transformado numa fundação privada. Isto será detalhado no estudo de caso sobre o setor de telecomunicações.

vem colocando dúvidas quanto à sustentabilidade dos centros de pesquisa das antigas empresas estatais.

A estrutura institucional que compõe o sistema nacional de inovação brasileiro passou por diversas transformações ao longo da década de 1990, marcadas basicamente pela redução da responsabilidade do governo sobre as instituições de pesquisa. Neste sentido, o governo federal vem promovendo a transformação das instituições públicas em organizações sociais, o que significa, na prática, entregar a administração a um conselho gestor, reduzindo a responsabilidade e obrigatoriedade do governo diante das mesmas. Este caminho vem sendo perseguido pelas instituições vinculadas ao CNPq. Também no caso do CPqD (Centro de Pesquisa e Desenvolvimento da Telebrás), o governo transformou a instituição em uma Fundação de direito privado, gerida por um conselho diretor e responsável pela captação dos recursos necessários para sua manutenção.

Os investimentos em ciência e tecnologia no Brasil evoluíram 68% no período 1990/97 atingindo cerca de US$10 bilhões. As previsões para o final da década apontam para um gasto total em C&T equivalente a 1,5% do PIB. Em 1990, o governo era responsável por 72,5% dos investimentos, enquanto as empresas respondiam por 22,2%. Em 1997, a participação do governo foi reduzida para 64,3% e a participação das empresas subiu para 31,6%. As empresas privadas aumentaram seus gastos em P&D em 121%, passando a responder por mais de 20% do total, contra 15% em 1990, mostrando uma tendência de aumento da aplicação de C&T às atividades produtivas. Cabe destacar também o significativo aumento dos empréstimos da FINEP ao setor produtivo que saíram de um patamar irrelevante em 1990 e passaram a representar 4,2% do total em 1997.

Tabela 5.1
Investimentos em Ciência e Tecnologia – 1990/1997 (em US$ milhões)

Setor	*1990 Valor*	*1990 % total*	*1997 Valor*	*1997 % total*	*Crescimento % 97/90*
Governo	4.655,4	72,5	6.926,9	64,3	49
MCT	904,9	14,1	1.557,7	14,5	72
Outros Ministérios	1.664,4	25,9	1.602,9	14,9	–4
Universidades Federais	1.031,9	16,1	1.340,5	12,4	30
Renúncia Fiscal	33,1	0,5	578,0	5,4	1646
Estados	1.021,1	15,9	1.847,7	17,2	81
Empresas	1.422,0	22,2	3.398,2	31,6	139
Privadas	990,9	15,4	2.191,0	20,3	121
Estatais	425,0	6,6	759,1	7,0	79
Empréstimos FINEP	6,1	0,1	448,1	4,2	7246
Universidades Privadas	340,6	5,3	442,5	4,1	30
Total	6.418,1	100	10.767,6	100	68

Fonte: MCT/Secretaria de Acompanhamento e Avaliação (extraído de INOVA, Gestão e Tecnologia ano V, n. 18, Set/Dez, 1998, p. 12).

2.2. Política Tecnológica

A política científica e tecnológica praticada no Brasil até o início dos anos 1990 baseava-se na construção da infra-estrutura de C&T. Diversos programas no âmbito do CNPq, FINEP, CAPES, entre outros, foram utilizados com a finalidade de estabelecer instituições de pesquisa e formar recursos humanos de alto nível. Do ponto de vista do estímulo ao desenvolvimento tecnológico das empresas, entretanto, as ações foram mais restritas, limitando-se a duas linhas de ações significativas. A primeira foram os recursos da Finep para o financiamento de projetos empresariais de P&D. A segunda foram os incentivos fiscais para importação de equipamentos e serviços, formação de recursos humanos e atividades de P&D.

No início dos anos 1990 o governo Collor introduz a *Política Industrial e de Comércio Exterior* substituindo os incentivos por dois programas de apoio à capacitação tecnológica da indústria: o PACTI e o PBQP. O PACTI – Programa de Apoio à Capacitação Tecnológica da Indústria visava estimular a absorção de tecnologia estrangeira e contribuir para criar um ambiente propício à inovação. O programa propunha aumentar os gastos nacionais em C&T de 0,5% do PIB em 1989 para 1,3% do PIB em 1994, uma meta ambiciosa considerando a restrição orçamentária perseguida pelo Ministério da Economia. Já o PBQP – Programa Brasileiro de Qualidade e Produtividade voltava-se para a capacitação de recursos humanos, difusão de novos métodos de gestão e desenvolvimento de infra-estrutura tecnológica. Entretanto, a ausência de um instrumento específico de estímulo impediu seu êxito. Os ganhos de produtividade alcançados pela economia brasileira no período 1992-1994 podem ser atribuídos mais ao aumento da produtividade das empresas em função do processo de ajustamento ao ambiente de crescente exposição à economia internacional do que propriamente ao PBQP.

O governo Itamar Franco substituiu o PACTI pelos programas de Desenvolvimento Tecnológico Industrial (PDTI) e Desenvolvimento Tecnológico Agropecuário (PDTA) reintroduzindo a concessão de benefícios fiscais para a capacitação tecnológica de empresas industriais e agropecuárias que investissem em atividades de P&D. No entanto, tais incentivos foram praticamente anulados em 1997, em conseqüência das medidas de ajuste fiscal que se seguiram à crise no Sudeste Asiático. Nesta época foi alterada também a política de propriedade industrial, principalmente nas áreas de software e farmacêutica, atendendo a pressões do governo norte-americano.

Cabe destacar ainda as seguintes iniciativas governamentais implementadas ao longo da década de 1990 com a participação do setor privado: Programa RHAE – Recursos Humanos para Áreas Estratégicas para formação de pesquisadores e técnicos em P&D; Projeto Alfa que visa estimular a inovação tecnológica nas micro e pequenas indústrias, mediante a oferta de financiamento não reembolsável para a realização de estudos de viabilidade técnica e econômica para projetos de inovação tecnológica; Projeto Omega que tem como objetivo apoiar a realização de projetos de pesquisa cooperativa, liderados por centros de pesquisa, universidades e/ou institutos tecnológicos, públicos ou privados; o Programa de Gestão Tecnológica para a Competitividade; Incentivos fiscais para a área de informática e automação (Lei 8248/91), SOFTEX 2000 – Programa de Apoio ao Software para Exportação; e PATME – Programa de Apoio Tecnológico às Micro e Pequenas Empresas.

Cabe ressaltar que as alterações mais importantes na política tecnológica brasileira na década de 1990 ocorreram na áreas da regulação dos contratos de transferência de tecnologia. Desde a publicação do Ato Normativo 15 de 1975, o governo procurava controlar os contratos de transferência de tecnologia visando estimular as atividades de P&D pelas empresas importadoras de tecnologia e promover sua efetiva absorção. Outro objetivo era controlar o fluxo de remessas por tecnologia através da análise de seu conteúdo. Tais objetivos foram abandonados a partir do governo Collor. O processo de liberalização na transferência de tecnologia foi iniciado em 1991[3] levando a mudanças nas regras sobre as relações entre empresas contratantes, sediadas no Brasil, e suas fornecedoras no exterior. O objetivo inicial foi facilitar a negociação para a empresa importadora de tecnologia e agilizar o atendimento dos pedidos de análise do processo de certificação. A desregulamentação foi aprofundada em 1993, reduzindo o prazo de averbação dos contratos pelo INPI, suspendendo um conjunto de exigências historicamente vinculadas à tramitação do processo de transferência de tecnologia e desregulamentando procedimentos de natureza administrativa. O INPI deixou de elaborar qualquer tipo de análise de "similaridade" em relação a produtos de fabricação nacional e passou a dispensar a execução de estudos e análises que constituíam o principal instrumento de apoio à tecnologia nacional. As alterações na legislação brasileira resultaram em um aumento significativo do número de contratos de transferência de tecnologia entre subsidiárias no Brasil e suas matrizes no exterior, provocando um crescimento substancial das remessas de divisas por essa via.

2.3. Fontes de Tecnologia Industrial

Ao analisar as fontes de tecnologia utilizadas na indústria brasileira, pode-se constatar que:

- A utilização de tecnologia estrangeira durante o processo de substituição de importações não foi acompanhada por esforço tecnológico interno além

[3] Resolução 022 de 27/02/91 e Ato Normativo 120 de 17/12/93.

da adaptação de tais tecnologias às condições locais e de pequenas melhorias tecnológicas, excetuando-se alguns casos isolados.

- Poucas são as empresas com atividades formais de P&D (Pesquisa e Desenvolvimento).
- Mesmo entre essas empresas, os gastos em P&D tendem a se concentrar em pagamento de pessoal; como conseqüência, os esforços em P&D, com algumas exceções, limitam-se a melhorias incrementais de processo e produto, não alcançando inovações mais radicais.
- O reduzido esforço de P&D faz com que as empresas tenham um conhecimento limitado e parcial de seus próprios processos produtivos.
- As ligações técnicas externas à firma são muito tênues; isto é verdadeiro tanto para relações entre empresas quanto no que se refere a relações entre empresas e universidades e instituições de pesquisa.
- A possibilidade do estabelecimento de relações técnicas entre empresas é dificultada pela excessiva heterogeneidade tecnológica da indústria.

De fato, um importante contraste entre a tendência dos países mais avançados e o caso brasileiro refere-se ao engajamento do setor empresarial nos esforços de P&D. Tal engajamento reflete a incorporação da inovação na estratégia competitiva das empresas e se evidencia através da análise da participação dos gastos do setor empresarial nos gastos totais de P&D. Enquanto no Brasil a participação das empresas privadas nas atividades de P&D atinge 30%, nos países avançados ela chega a alcançar, no Japão, mais de 70%. Tendência semelhante tem se mostrado no caso dos países do Sudeste Asiático. Caso exemplar neste sentido é o da Coréia do Sul, onde a participação dos gastos em P&D do setor privado nos gastos totais evoluiu de 34% em 1971, para 36% em 1976, 58% em 1981 e 81% em 1988.

Os esforços de P&D do setor empresarial (medida como a relação entre tais gastos e o valor da produção do setor manufatureiro) são ainda muito reduzidos no Brasil. Segundo Coutinho e Ferraz (1994) os dispêndios industriais em relação ao faturamento situam-se em níveis próximos a 0,7%. Das 495 empresas entrevistadas, mais da metade (54%) informou nada haver investido na área em 1992. Tal quadro contrasta com a situação dos países mais avançados onde, por exemplo, em 1990, observavam-se índices de intensidade tecnológica em torno de 2%.

Outra fonte de informações sobre o comportamento tecnológico das empresas brasileiras no período recente refere-se à pesquisa não amostral denominada "Indicadores Empresariais de Inovação Tecnológica" realizada desde 1992 pela Associação Nacional de Pesquisa e Desenvolvimento das Empresas Industriais (ANPEI). A Tabela 5.2 indica a intensidade da inovação tecnológica medida por despesa em P&D&E[4] (Pesquisa e Desenvolvimento e Engenharia) com base em uma amostra de 140 empresas que reportaram sistemática e ininterruptamente seus dados à base. A primeira observação é que as empresas apresentam uma despesa crescente em P&D&E no período considerado, sendo que a intensidade do aumento é maior para as despesas de P&D especificamente, em detrimento das despesas em serviços tecnológicos e despesas com aquisição de tecnologia. Note-se que, do ponto de vista da intensidade da inovação tecnológica (P&D&E sobre faturamento) os dados da ANPEI são consistentes com aqueles encontrados por Coutinho e Ferraz.

Tabela 5.2
Evolução e Taxa de Variação da Intensidade da Capacitação Tecnológica em P&D&E: Dispêndios em Valores Médios por Empresa

(N = 140)

	1993	Δ %	*1994*	Δ %	*1995*	Δ %
Despesa em P&D (mil US$)	2.198,00	-	2.511,00	14,2	3.053,00	21,6
Despesa em Serviços Tecnológicos (mil US$)	1.120,00	-	1.085,00	(3,1)	993,00	(8,5)
Despesa com Aquisição de Tecnologia (mil US$)	666,00	-	539,00	(19,1)	546,00	1,3
Despesa em Engenharia Não Rotineira (mil US$)	841,00	-	951,00	13,1	1.024,00	7,7
Despesa Total em P&D&E (mil US$)	4.825,00	-	5.086,00	5,4	5.616,00	10,4
Despesas em P&D / Fat. Bruto (%)	0,5	-	0,5	-	0,7	

Fonte: Hasenclever e Cassiolato (1998).

O processo de desregulamentação das importações de tecnologia resultaram em um aumento substancial dos contratos de câmbio por serviços tecnológicos. A categoria contratual mais importante em termos dos pagamentos por serviços tecnológicos, é a de "serviços técnicos especializados" (montagem de equipamentos, serviços técnicos relacionados com projetos de desenhos e modelos industriais e modelos de engenharia, e outros serviços) que representam em média 57% do total de pagamentos no período. A importância relativa desta categoria nos pagamentos tem, todavia, declinado caindo de cerca de 67%, em 1990, para 32%, em 1996.

As categorias "exploração de patentes", "fornecimento de cooperação técnica industrial" e "fornecimento de tecnologia industrial" (relacionado com tecnologias não-patenteadas), são as mais importantes em termos de valor para os pagamentos na compra de tecnologia e têm crescido substancialmente em importância relativa, principalmente a partir de 1993. As categorias "implantação e instalação de projetos" e "marcas e patentes: registro, depósitos e manutenção" são relativamente menos importantes.

[4] As despesas em P&D&E são incorridas em pesquisa básica, pesquisa aplicada, desenvolvimento experimental, serviços tecnológicos e aquisição de tecnologia e engenharia não rotineira.

Tabela 5.3
Brasil – Balanço de Pagamentos Tecnológicos: Despesas 1990-1996

(em US$1.000)

	Categorias Contratuais							
Ano	*Exploração Marcas*	*Exploração Patentes*	*Fornecimento Cooperação Técnica Industrial*	*Fornecimento Tecnologia Industrial*	*Implantação Instalação Projeto*	*Marcas e Patentes: Registro, Depósito ou manutenção*	*Serviços Técnicos Especializados*	*Total*
1990	0	3000	34000	32000	n.d.	n.d.	140000	209000
1991	0	2000	9000	26000	n.d.	n.d.	136000	173000
1992	0	3000	10000	31000	n.d.	n.d.	114000	158000
1993	648	41260	14409	40373	1253	n.d.	129469	227412
1994	1756	79104	51334	48226	6106	n.d.	186651	373177
1995	5022	138602	26593	222199	3684	3544	283937.	683581
1996	13637	200306	50695	379232	16831	3940	325613	990254

Fonte: Hasenclever e Cassiolato, 1998.
n.d. – não disponível.

2.4. A Especialização Científica

O desenvolvimento de um sistema nacional de inovações requer uma ampliação da base científica local, tanto qualitativa quanto quantitativa, devido a três razões. Primeiro porque para conseguir utilizar a ciência e a tecnologia desenvolvidas nos países avançados o país precisa desenvolver uma capacidade de absorção. Os gastos em P&D servem tanto para a inovação como são indispensáveis para a absorção de novos conhecimentos (Cohen e Levinthal, 1989). Em segundo lugar, países mais atrasados precisam ter conhecimentos básicos para saber o que procurar nos países mais avançados, para avaliar o que podem e o que não podem fazer internamente. Essa capacidade se relaciona ao que Nelson (1982) chama de *knowledge to focus search*: um conhecimento indispensável para evitar desperdícios inerentes a uma "busca cega" e ineficiente de conhecimentos tecnológicos. Por fim, como Bell e Pavitt (1993) demonstram, no presente paradigma o desenvolvimento de uma capacidade produtiva não garante o surgimento de uma capacitação tecnológica, sendo necessária a realização de investimentos específicos em conhecimentos.

Para avaliar a especialização científica brasileira recorremos à análise do desenvolvimento das diferentes áreas do conhecimento científico utilizando "índices de especialização científica". Tais índices foram construídos por Schott (1995) através da razão entre duas porcentagens: a) a porcentagem dos artigos científicos em uma determinada disciplina sobre o total de artigos publicados no Brasil; b) a porcentagem dos artigos mundiais da disciplina em relação ao total dos artigos mundiais de todas as disciplinas. O valor encontrado neste cálculo informa sobre a "especialização" da ciência de um país, ou seja, as áreas onde um determinado país concentra seus esforços científicos.

Tabela 5.4
Especialização da Ciência Brasileira, Segundo o "Índice de Especialização Científica", * em Oito Disciplinas (décadas de 1970 e 1980)

DISCIPLINA	*ANOS 70*	*ANOS 80*
Medicina Clínica	0,70	0,58
Biomedicina	1,33	1,03
Biologia	1,39	1,60
Química	0,72	0,74
Física	1,60	1,82
Ciências da Terra e Espacial	1,08	1,24
Engenharia	0,44	0,63
Matemática	1,49	1,58

* Esse índice é igual à Razão A/B, segundo Schott. O significado das variáveis é o seguinte: a) a porcentagem dos artigos de uma determinada disciplina sobre o total de artigos publicados no Brasil; b) a porcentagem dos artigos mundiais da disciplina em relação ao total dos artigos mundiais de todas as disciplinas.

Fonte: Schott (1995).

Para Schott (1995), "os esforços nacionais de pesquisa não estão igualmente distribuídos entre os campos científicos, mas mais ou menos concentrados em campos selecionados. A seleção de focos de atenção em um país molda uma especialização nacional", com a especialização em um determinado campo sendo alta quando o "índice de especialização científica" excede a 1,00, e baixa quando é menor do que 1,00. A partir destes critérios, Schott sugere que o Brasil enfatiza suas pesquisas nas disciplinas de Biologia, Física e Matemática (respectivamente com os índices de especialização científica 1,6; 1,82 e 1,58). Já nas disciplinas de Biomedicina e Ciências da Terra e do Espaço, não há diferenças significativas entre o Brasil e a média mundial. Uma referência indicativa de que uma determinada disciplina estaria sendo praticada segundo o "padrão norte-americano" exigiria alcançar o "índice de especialização científica" de 1,77.[5]

Para analisar as diversas disciplinas e subdisciplinas (segundo a classificação de Schott, 1995), propõe-se aqui duas categorias: a primeira refere-se a um nível internacional já alcançado por aquelas disciplinas que ultrapassaram o "índice" (1,77); a segunda próximos do nível internacional, para as disciplinas que ultrapassaram o "índice" 1,5 e não chegaram a 1,77. Considera-se aqui que todas as disciplinas que estiverem nestas duas categorias alcançaram um padrão de eficiência compatível com o "padrão norte-americano".

[5] Esse valor é encontrado através de um cálculo simples. Quando o "índice de especialização" em uma determinada disciplina é igual a 1,00 isso significa que nessa disciplina a participação de artigos brasileiros na produção mundial da mesma é de 0,35%. A especialização brasileira e a mundial são iguais. Assim, para que a produção de uma determinada disciplina alcance o "padrão de eficiência norte-americano", produzindo no mínimo 0,62% dos artigos mundiais da mesma, o índice de especialização deve alcançar um valor igual a 1,77 (resultado da divisão de 0,62 por 0,35).

De acordo com tal categorização, a Física teria alcançado um "padrão internacional" e a Biologia e a Matemática estão próximas de tal padrão.[6] Num nível mais desagregado, as subdisciplinas da Física, que apresentam nível internacional seriam a "Física do Estado Sólido" (índice 4,0); "Física Geral" (1,8); "Física nuclear e das partículas" (2,9) e "Outros ramos da Física" (3,0). Na Biologia, alcançariam o nível internacional a "Biologia Geral" (2,4); a Entomologia (1,8); a "Zoologia: diversos" (3,1) e a "Botânica" (2,1). Na Matemática, a "Matemática Geral" (1,8) e "Outros ramos da Matemática" (2,5).

Em outras disciplinas abaixo do padrão aqui proposto há subdisciplinas que alcançam nível internacional: na Medicina Clínica (0,58) está a "Medicina Tropical" (10,8); na Biomedicina (1,03), está a "Parasitologia" (5,9); a "Anatomia e Morfologia" (2,4) e a "Biologia Celular, Citologia e Histologia" (1,9); além da "Genética e Hereditariedade" que está próxima (1,6). Essa lista se presta a fornecer indícios positivos da diferenciação da ciência praticada no Brasil.

2.5. O Sistema de Patentes

A utilização do sistema de patentes como indicador das atividades inovadoras nos países em desenvolvimento suscita uma série de problemas, devendo assim ser tomada com cautela. Nem todo conhecimento economicamente útil é codificado e, neste sentido, deve-se considerar que o sistema de patentes não incorpora o conhecimento tácito. Outros mecanismos de apropriação de uma inovação, tal como o segredo industrial, são por vezes preferidos pelas firmas. As especificidades setoriais refletem-se em diferentes "propensões a patentear", sendo que as patentes são mais importantes em determinados setores do que em outros.[7] Outra deficiência das patentes como indicador de esforço tecnológico é que o sistema não diferencia entre inovações radicais e incrementais, atribuindo a ambas o mesmo valor econômico.

Outros indicadores de atividades inovadoras, tais como os gastos em P&D, balanço tecnológico de pagamentos, taxa de exportação de produtos de alta tecnologia, medidas diretas de inovação e sua difusão e artigos científicos, podem ser utilizados como complemento ao sistema de patentes. Neste ponto, é importante ressaltar que, mesmo considerando que existe uma relação entre os gastos de P&D e o patenteamento das firmas, percebe-se muitas vezes a ausência de tal relação. Pode haver gasto em P&D que se transforme numa inovação não-pa-

[6] É interessante apontar que dentre os setores identificados como próximos do "padrão norte-americano" de eficiência, tanto a Física como a Biologia têm uma grande tradição no país. O desenvolvimento dessas ciências vem de longa data: a biologia desde o início do século XX, a Física especialmente desde o final da Segunda Guerra Mundial.

[7] Como ilustração, pode-se destacar que nos setores químico e mecânico as patentes representam um mecanismo de apropriação bastante valorizado.

tenteada e, ao mesmo tempo, uma patente pode não ter sua origem numa atividade formalizada de pesquisa. No entanto, apesar desses problemas, o sistema de patentes é bastante utilizado na literatura para medir a inovação de firmas, instituições e países. Não se pode deixar de considerar, entretanto, que uma análise mais minuciosa deve combinar o indicador de patentes com outros indicadores de atividades inovadoras pois dado o grau de complexidade da inovação, uma única fonte não é suficiente para contemplar o processo como um todo.

A Tabela 5.5 apresenta a evolução do número de patentes depositadas nos Estados Unidos por empresas, instituições de P&D e indivíduos de alguns países em desenvolvimento no período 1969-1992. Deve-se ressaltar a significativa diferença entre a situação de países como a Coréia do Sul e Formosa que, partindo de uma situação de inovação nula no final dos anos 1960 chegaram, no início dos anos 1990 a depositar mais de 500 patentes por ano nos Estados Unidos, com a do Brasil e México que não mostraram nenhum aumento significativo ao longo do período, obtendo em 1992 aproximadamente 40 patentes nos Estados Unidos.

Tabela 5.5
Patenteamento nos Estados Unidos – Países em Desenvolvimento Selecionados

País	*1969*	*1976*	*1984*	*1992*
Formosa	0	28	97	1000
Coréia do Sul	0	7	29	538
México	67	78	42	39
Brasil	18	18	20	40

Fonte: Cassiolato e Lastres (1997).

A análise das patentes de invenção de residentes no Brasil concedidas pelo Escritório Brasileiro de Patentes (Instituto Nacional de Propriedade Industrial – INPI) e pelo Escritório Norte-americano (United States Patent and Trademark Office – USPTO) traz informações relevantes para a discussão sobre o sistema nacional de inovações. Em primeiro lugar, possibilita analisar a participação relativa das instituições de pesquisa em relação ao total de patentes obtidas. Em segundo lugar, pode fornecer algumas pistas sobre a interação entre estas e as empresas, através da análise de estatísticas de patentes conjuntas.

Os dados do INPI e do USPTO foram organizados segundo a natureza do titular. O detentor da patente pode se enquadrar em uma das seguintes categorias: pessoa física (PF), empresa privada nacional (EPN), empresa privada de capital estrangeiro (EPCE), empresa estatal (EE), universidade ou instituto de pesquisa (UIP), agência governamental (AG). A partir da participação de cada uma dessas categorias ano a ano calculou-se a participação média de cada categoria, o seu desvio-padrão e o seu coeficiente de variação. Os resultados obtidos estão sintetizados nas Tabelas 5.6 e 5.7.

Tabela 5.6
Distribuição das Patentes Concedidas a Residentes no Brasil, pelo INPI, Segundo a Natureza do Titular (média das proporções anuais, em porcentagem; desvio-padrão e coeficiente de variação) 1990-1995

Titular	*Média (%)*	*Desvio-padrão (%)*	*Coeficiente de Variação*
PF	30,44	2,47	0,081
EPN	36,84	2,80	0,076
EPCE	15,30	1,23	0,080
EE	12,46	2,07	0,219
UIP	3,80	1,42	0,374
AG	1,01	1,12	1,163

Fonte: INPI, Albuquerque e Macedo (1996).

Tabela 5.7
Distribuição das Patentes Concedidas a Residentes no Brasil, pelo USPTO, Segundo a Natureza do Titular (média das proporções anuais, em porcentagem; desvio-padrão e coeficiente de variação) 1990-1995

Titular	*Média (%)*	*Desvio-padrão (%)*	*Coeficiente de Variação*
PF	30,60	6,43	0,210
EPN	39,87	7,51	0,193
EE	21,24	6,29	0,296
EPCE	7,96	5,48	0,688

Fonte: USPTO, Albuquerque e Macedo (1996).

A comparação dos dados dessas duas tabelas indica que a distribuição encontrada nos dados do INPI é mais estável do que a encontrada no USPTO. Isso é verificado através dos valores mais baixos encontrados para os coeficientes de variação na Tabela 5.7. As empresas estatais (EE) superam as empresas de capital estrangeiro (EPCE) no USPTO. A amplitude das mudanças é similar: as EPCE patenteiam no USPTO 51,76% da média no INPI, enquanto as EE patenteiam no INPI 57,82% da média registrada no USPTO.

A comparação da distribuição encontrada na Tabela 5.6 com a aplicação de recursos para ciência e tecnologia no Brasil não demonstra uma correspondência entre os setores que mais investiram em ciência e tecnologia e os setores que mais patentearam. O setor produtivo consumiu em 1990 apenas 22,6% dos recursos mas patenteou 63,87% do total. Cabe lembrar que os gastos em ciência e tecnologia do setor não-produtivo (universidades, institutos de pesquisa, agências de pesquisa) não têm como principal finalidade a apropriação dos conhecimentos gerados através de patentes, mas sim produzir conhecimentos científicos de domínio público.

A comparação entre patentes e gastos em C&T mostra que embora as empresas estatais tenham gasto mais do que do conjunto de empresas privadas, elas patentearam menos. Isso pode ser explicado por três motivos. Em primeiro lugar, deve ser considerada a qualidade das inovações patenteadas: as realizadas pelas empresas estatais possivelmente têm um conteúdo tecnológico maior, porque elas patenteiam relativamente mais no USPTO. Em segundo lugar, como mostra Matesco (1993, p. 400), o número de empresas estatais que realizam gastos em P&D é pequeno (17), quando comparado com as empresas privadas (2.016). Assim, muitas empresas privadas podem estar patenteando inovações incrementais de baixo conteúdo tecnológico. Em terceiro, grande parte do patenteamento por empresas privadas é feito por empresas estrangeiras. O patenteamento neste caso não significa necessariamente um esforço tecnológico local, pois pode ser obtido trazendo para o país patentes já registradas pela matriz no exterior. Em muitos casos, as patentes registradas no país por empresas estrangeiras têm o objetivo de reservar o mercado de determinados produtos ou processos contra a eventual exploração da inovação por concorrentes locais.

A queda da média de patenteamento das empresas estrangeiras no USPTO reforça o caráter fundamentalmente adaptativo das atividades inovadoras desenvolvidas pelas corporações transnacionais no país. Observa-se que há estratégias diferentes quanto ao patenteamento no USPTO pelas filiais brasileiras de transnacionais. Há corporações que registram a patente em nome da filial (Mercedez-Benz, Alcoa, Rhodia, por exemplo) e há outras que fazem o registro em nome da matriz (como a Robert Bosch). Essa segunda estratégia reduz a importância das patentes de residentes no Brasil no USPTO.[8] Existe o caso de patentes concedidas pelo USPTO a não-residentes no Brasil cuja equipe de inventores era constituída apenas por brasileiros (em 1991 foram identificadas quatro patentes nessa situação).

A média alcançada pelas patentes concedidas a pessoas físicas (cerca de 30%) é alta, mas compatível com o valor encontrado para os residentes nos Estados Unidos. Quanto à participação específica das Instituições de Pesquisa (universidades, institutos e centros de pesquisa, fundações), registra-se que foram responsáveis, em média, por apenas 3,8% das patentes concedidas a residentes no Brasil no período de 1990-1995.[9] Isso mostra que tais instituições são mais vol-

---

[8] Essas diferenças de estratégia justificam que Patel e Pavitt (1994) pesquisem a origem das patentes de corporações transnacionais segundo a origem dos inventores e não pela nacionalidade de seu titular. Assim na contabilidade de Patel e Pavitt, a patente citada na nota anterior é contada como desenvolvida no Brasil.

[9] Comparando com os dados relativos aos Estados Unidos (*National Science Foundation*, 1996), nota-se que o total de patentes concedidas a instituições acadêmicas tem crescido nas últimas décadas: em 1980 essas instituições obtiveram 400 das 37.356 patentes concedidas pelo USPTO (1,07%); em 1986 um total de 700 entre 38.126 (1,84%) e em 1994 chegou a 1.700 em 54.000 (3,15%). Esse número, aparentemente, poderia indicar uma posição relativa das instituições de pesquisa brasileiras compatível com a americana. Porém, é importante lembrar que as instituições brasileiras recebem uma porcentagem do P&D nacional superior à parcela das instituições americanas.

tadas para atividades de pesquisa básica do que de desenvolvimento tecnológico aplicado.

De acordo com os dados do INPI,[10] dentre as instituições de pesquisa que patentearam, podemos destacar o IPT-SP (com 24 patentes registradas no período 1990-1995) e a EMBRAPA (com 17 patentes registradas no período 1990-1995), que participam de um grupo seleto composto por apenas seis firmas e/ou instituições que conseguiram obter ao menos uma patente em todos os anos do período analisado.

3. Impactos Setoriais

A abertura econômica e a política tecnológica dos anos 1990 tiveram impactos diferenciados sobre a dinâmica setorial da economia brasileira. Por um lado, nos setores considerados mais maduros ou tradicionais, cuja tecnologia é incorporada aos equipamentos e em fornecedores especializados, houve manutenção ou expansão das atividades, com ganhos de produtividade e competitividade internacional. Por outro lado, os setores mais complexos tecnologicamente, cuja competitividade está assentada na inovação de produtos, foram negativamente afetados, devido ao caráter altamente *tradable* dos produtos que favorece os produtores internacionais com maior capacitação tecnológica e escala produtiva. Nos ramos de bens de capital, componentes avançados e bens duráveis de alto conteúdo tecnológico, a abertura representou uma redução nas atividade locais de P&D em favor da maior articulação com fontes externas equipamentos, insumos e tecnologia.

Os quatro estudos de caso apresentados a seguir fundamentam essas conclusões. Nos setores de cerâmica e siderurgia, considerados "maduros", a abertura às importações não representou uma ameaça real, pois existiam vantagens competitivas consideradas "naturais" embora de caráter diferenciado entre os dois setores. No caso da siderurgia, além do acesso facilitado a matérias-primas, o setor conta com grandes investimentos realizados em plantas (*vintage capital*) boa logística porto-ferrovia-usina e escala de produção adequada. Já na cerâmica de revestimentos, a abertura comercial favoreceu a modernização através da importação de bens de capital, reorganização de processos e acesso a insumos críticos de maior complexidade tecnológica. A desverticalização produtiva nas maiores empresas permitiu a entrada de fornecedores especializados que acabaram por conferir maior competitividade ao setor. O setor tem se beneficiado também de economias de aglomeração em *clusters* integrados por diferentes tipos de agentes.

Já nos setores automobilístico e de telecomunicações, a abertura associada à valorização cambial funcionou como um forte estímulo às importações em detri-

---

[10] Para maiores detalhes ver Tigre, Cassiolato, Szapiro e Ferraz (1999).

mento da produção local. Embora tal efeito tenha sido, pelo menos no caso automobilístico, corrigido por um regime especial de incentivos e proteção, a abertura desarticulou vínculos com SNI e fornecedores locais, levando a déficits crescentes na balança de pagamentos. Embora a produtividade e a produção final tenham aumentado em ambos setores, a dependência de componentes importados e a forte internacionalização da propriedade do capital tornaram a indústria local muito vulnerável às crises cambiais.

3.1. O Caso do Setor Siderúrgico

O setor siderúrgico caracteriza-se como um dos pilares da industria metal-mecânica que dominou o chamado paradigma taylorista-fordista. O caráter maduro da indústria não significa, entretanto, ausência de dinamismo tecnológico. Este ocorre tanto na modernização dos processos produtivos pela incorporação de novos equipamentos automatizados de produção e controle, quanto no desenvolvimento de novos produtos, visando atender necessidades cada vez mais diferenciadas da demanda. Mas os fatores-chave de competitividade no setor continuam arraigados na alta escala produtiva, na gestão eficiente dos processos, nas condições logísticas e no acesso à matéria-prima e energia, além da qualidade e custo da mão-de-obra. A demanda mundial por produtos siderúrgicos cresce de forma muito lenta, em função da concorrência cruzada com novos materiais como plásticos e cerâmica.

A produção siderúrgica brasileira foi iniciada pelo setor privado em 1925 na Companhia Siderúrgica Belgo-Mineira (CSBM), mas o setor somente assumiu escala relevante no Brasil a partir dos anos 1940, com a política nacionalista de promoção industrial desencadeada no governo Getúlio Vargas. A Companhia Siderúrgica Nacional (CSN), criada com capital estatal, representa um marco da industrialização no país, e sua constituição foi objeto de manobras diplomáticas pendulares, a fim de obter a tecnologia necessária no exterior.[11] Durante as décadas de 1950 e 1960 foram constituídas outras empresas, como a Cosipa (Companhia Siderúrgica Paulista) e a Usiminas (Usinas Siderúrgicas de Minas Gerais). Embora tenham sido inicialmente concebidas por capitais privados ou governos estaduais, ambas foram transferidas para o governo federal ou para o Banco Nacional de Desenvolvimento Econômico (BNDE).

O II Plano Nacional de Desenvolvimento (PND), selecionou a siderurgia como prioritária, dada sua importância para o desenvolvimento econômico. No período de 1974 a 1980, ocorreram vultosos investimentos na ampliação das três maiores empresas siderúrgicas estatais (CSN, Cosipa e Usiminas) e na consti-

---

[11] A negativa inicial do governo norte-americano em permitir a venda da tecnologia da planta siderúrgica para o Brasil somente foi superada a partir da ameaça de Getúlio Vargas de adquirir o projeto na Alemanha, no início da Segunda Guerra Mundial. Tal política ficou conhecida na literatura como "pendular".

tuição de novas *joint ventures* (Companhia Siderúrgica de Tubarão (CST), Mendes Jr. e Açominas) controladas pela *holding* Siderbrás. No início da década de 1980 o setor sofreu uma forte redução na demanda interna e passou a priorizar as exportações. Ao final da década, as empresas estatais eram responsáveis por 70% da produção brasileira de aço e o setor passou a ser considerado prioritário para privatização, na medida em que fugia das funções típicas do Estado. O processo de privatização, realizado através de leilões foi concluído em 1993, rendendo US$5 bilhões, correspondendo a uma capacidade produtiva de 19 milhões de toneladas de aço. A privatização da siderurgia deu início a um movimento de reestruturação no setor, envolvendo processos de aquisições, fusões, incorporações e internacionalização. Tais processos convergem com a tendência mundial da siderurgia de concentração e especialização, fugindo da concorrência internacional nos mercados de *commodities*, caracterizado pela superoferta, protecionismo e preços em queda.

O Brasil ocupa a sétima posição na produção mundial de aço bruto, sendo responsável por 51% da produção na América Latina. A taxa média anual de crescimento da produção siderúrgica na década de 1990 é de 4,4%, considerada alta se comparada à média mundial, que é de 1,2%. Segundo Katz e Fucaraccio (1997), o setor de ferro e aço no Brasil apresenta a menor brecha de produtividade relativa dentre os setores industriais, situando-se em torno de 75% da média norte-americana.

No que tange ao comércio internacional, em 1996 o Brasil era o segundo maior exportador de aço, concentrando-se em produtos semi-acabados de baixo valor agregado. Mais de 80% da produção de semi-acabados é exportada e tais produtos representam 55% do total das exportações, enquanto os laminados planos respondem por 33% e os longos e demais por 12%.

Tabela 5.8
Evolução de Exportações e Vendas Internas de aço

(em mil toneladas)

	1990	*1991*	*1992*	*1993*	*1994*	*1995*	*1996*	*1997*
Exportações	8.651	10.582	11.447	11.978	10.749	9.319	9.987	9.163*
Laminados Planos	3.187	4.314	4.599	4.279	3.824	3.052	3.385	2.505
Laminados Longos	1.942	1.830	2.208	2.390	2.100	1.137	917	790
Semi-Acabados	3.522	4.439	4.640	5.309	4.825	5.130	5.685	5.523
Vendas Internas	8.793	9.055	8.682	10.367	11.890	11.725	12.681	14.600

Fonte: BNDES (a), 1998.

* Este número engloba a exportação de outros tipos de aço que totaliza 345.000 t.

Como pode ser observado na Tabela 5.8, as exportações da siderurgia brasileira cresceram durante o período 1990/1993 mas declinaram a partir de então, em função do acirramento da competição internacional. As vendas internas vêm crescendo, permitindo a absorção dos acréscimos de produção. Os principais mercados de destino das exportações em 1996 foram a Ásia (42%), seguida pelos países da América do Norte (30%), América Latina (17%) e Europa (9%). As importações somaram 378 mil toneladas em 1996 (US$434 milhões), concentradas em produtos mais nobres e com baixo nível de consumo interno.

O Programa de Modernização Tecnológica da Siderurgia Brasileira estima em US$6 bilhões de investimentos no período 1996/2000, destinados à atualização tecnológica, qualidade, redução de custos e proteção ambiental. A prioridade dos novos investimentos das empresas privatizadas é o enobrecimento do *mix* de produtos e a racionalização do processo produtivo, seguindo tendência da siderurgia mundial.[12] No período 1990/97 o setor mais que dobrou a produtividade, reduzindo substancialmente o emprego.

Impactos da Reestruturação do setor sobre o Sistema Nacional de Inovação

O processo de capacitação tecnológica das empresas siderúrgicas brasileiras iniciou-se com atividades de apoio às áreas de produção, comercialização e desempacotamento das tecnologias importadas. Posteriormente foram implantados laboratórios de qualidade e iniciadas atividades de P&D. As estratégias tecnológicas das empresas siderúrgicas estatais eram basicamente imitativas e a maior parte dos recursos dos centros de pesquisa das empresas era voltada para busca de eficiência dos sistemas produtivo e comercial, restando poucos recursos para inovação. Somente a Usiminas, a CSN e a Acesita possuíam laboratórios voltados exclusivamente para as atividades de P&D. Destas, a Usiminas destacava-se como modelo dentro dos padrões brasileiros e a CSN desenvolveu vários tipos de aços para demandas específicas. No período anterior à privatização a siderurgia brasileira já tinha competitividade internacional em função da capacitação tecnológica e baixo custo de produção (Ferreira e Hasenclever, 1999).

Atualmente, diante do acirramento da competição internacional, as empresas siderúrgicas vêm implementando estratégias de *descomoditização*, onde a pesquisa tecnológica tem um papel decisivo. Os investimentos são concentrados na otimização e racionalização dos processos, redução de custos, diferenciação de produtos e melhorias de processo, além do desenvolvimento de tecnologias para reduzir impactos ambientais. Assim, a reestruturação desencadeada pela privatização da siderurgia e pela abertura comercial vem contribuindo para ampliar as atividades tecnológicas das empresas e os gastos em P&D não se reduziram após a privatização. A maior parte dos programas de investimentos que estavam em execução à época da privatização tiveram continuidade e a percenta-

---

[12] Para maiores detalhes sobre a composição dos investimentos na siderurgia brasileira ver Tigre, Cassiolato, Szapiro e Ferraz (1999).

gem do faturamento aplicada em tecnologia ficou estável, variando de 0,15% a 0,5%. Foi verificado um crescimento do número de patentes registradas, o aumento da qualificação dos funcionários alocados à área de P&D, ampliação dos gastos com compra de tecnologia, maior participação da inovação de processo em detrimento da inovação de produto, além de ter-se percebido uma elevação do status das atividades de P&D dentro da estrutura organizacional das empresas. Outro benefício foi uma maior autonomia gerencial, resultando em maior agilidade nos processos de decisão. Ao mesmo tempo ocorreu a profissionalização da administração das empresas, resultando em mais eficiência nas áreas administrativa, financeira e tecnológica.

A busca pelo aumento da competitividade em função da concorrência cruzada do aço com novos materiais na indústria automobilística tornaram atrativa a opção por parcerias nas atividades de P&D. Neste sentido, as empresas passaram a desenvolver projetos colaborativos tendo como metas a busca por rapidez no desenvolvimento de novos produtos e processos e a divisão de riscos das atividades de P&D (Ferreira e Hasenclever, 1999).

De forma geral, pode-se verificar que as empresas estão investindo em modernização, atualização tecnológica e ampliação de capacidade, além de estarem implementando programas de melhoria de qualidade e redução de custos, de modo a aumentar a competitividade e valorizar seus ativos. No entanto, a intensificação da competição internacional no mercado de *commodities* exige maiores esforços das empresas no enobrecimento do *mix* de produtos, com o objetivo de conquistar novos mercados.

3.2. O Caso do Setor de Cerâmica[13]

O setor de cerâmica de revestimentos no Brasil constitui outro caso de adaptação bem-sucedida ao contexto de abertura comercial dos anos 1990. O setor reúne 160 empresas de pequeno, médio e grande porte, em sua quase totalidade de propriedade nacional. A indústria surgiu no Brasil nos anos 1960 e 1970, à reboque da política habitacional e atualmente o país é o quarto maior produtor mundial de cerâmica de revestimento, sendo superado apenas pela China, Itália e Espanha. A produção brasileira mostra-se crescente nos anos 1990, cujo volume de 339,8 milhões de m^2 em 1997 representa um acréscimo próximo de 80% em relação ao volume produzido em 1989.

O processo de abertura teve, de início, um impacto negativo sobre o setor. A Tabela 5.9 mostra que no período 1989/1992 houve um decréscimo do volume produzido em relação ao último ano da década de 1980. Tal fato decorre da recessão econômica e da orientação na diretriz política de promover a abertura

---

[13] Esta seção é um resumo do trabalho de Campos et alli. (1999).

do mercado. Já o período de 1993/1997 evidencia uma trajetória ascendente da produção, graças à recuperação das vendas domésticas e consolidação do mercado externo como destino da parte da produção. O crescimento do volume de produção se inicia em 1993, com a intensificação dos investimentos, resultando em uma capacidade instalada (385 milhões de m^2 em 1997) 1/3 maior do que o volume registrado no início da década. Neste processo, constata-se uma progressiva redução da capacidade ociosa e em 1997 a indústria passa a operar em escala plena, ocupando 99,5% da capacidade instalada. As empresas investiram também em novas tecnologias produtivas, programas de qualidade e formação de trabalhadores especializados.

Tabela 5.9
Produção, Exportação, Consumo Aparente e Capacidade Instalada da Indústria de Cerâmica de Revestimento – Brasil (1989/1997)

(em milhões/m^2)

Anos	*Produção*	*Export.*	*Consumo Aparente*	*Capacidade Instalada*	*Exportação/ Produção (%)*	*Consumo/ Produção (%)*	*Produção/ capacidade instalada (%)*
1989	213,2	20,3	192,9	290,0	9,5	90,4	73,5
1990	172,8	12,7	160,1	300,0	7,3	92,6	58,0
1991	166,0	13,9	152,1	312,0	8,4	91,6	53,2
1992	202,7	21,1	181,6	312,0	10,4	89,5	65,0
1993	242,9	25,6	217,3	320,0	10,5	89,4	75,9
1994	283,5	29,7	253,8	353,0	10,4	89,5	80,3
1995	295,0	29,4	265,6	362,0	9,9	90,0	81,4
1996	336,4	27,9	308,5	385,0	8,3	91,8	87,3
1997	383,3	29,6	353,7	385,0	7,7	92,2	99,5

Fonte: Anfacer.

O padrão de concorrência da indústria de cerâmica de revestimento, segundo o Estudo da Competitividade da Indústria Brasileira – ECIB, é resultante da heterogeneidade de custos, dos diferenciais de qualidade e diferenciação de produto, permitindo ocorrência de uma situação combinada entre a liderança de custo e a liderança pela diferenciação de produto. A diferenciação de custos resulta principalmente da modernização do processo de produção e da introdução de novas formas organizacionais. Os produtos, por sua vez, apresentam diferentes níveis de qualidade, resultado de uma grande heterogeneidade de preços no mercado.

Observa-se, como parte do padrão de concorrência setorial, a existência de produtos substitutos à disposição no mercado. A cerâmica para revestimento concorre com outros pisos como pedras naturais, revestimentos têxteis, madeiras, laminados de madeira, laminados de melamínicos, concretos pré-fabricados ou moldados e argamassas. No mercado de paredes, depara-se com pinturas, argamassa, revestimentos têxteis, revestimento de madeira, revestimento de pedras naturais e concreto aparente. Os produtos cerâmicos apresentarem significativa diferenciação, visando atender diferentes segmentos do mercado consumidor em termos de qualidade física e estética. Tal padrão de concorrência requer capacidade tecnológica interna e cooperação com fornecedores especializados, visando aprimorar a composição e o *design* dos produtos.

A tecnologia na indústria cerâmica apresenta uma relativa continuidade no seu desenvolvimento, indicando a estabilidade do atual padrão tecnológico. As inovações têm seguido uma rota que procura resolver *trade-offs* entre atributos do produto, como a absorção de umidade, resistência a ataques químicos e físicos, capacidade decorativa e funcionalidade. Nesta trajetória, a solução dada pelo processo de monoqueima agregou recentemente a possibilidade de eliminar a fase de esmaltação, através do desenvolvimento de uma massa (grês porcelanato) que melhora os atributos do produto, reduzindo a absorção de umidade, ampliando sua capacidade de resistência e mantendo as condições de decoração.

A maturidade do desenvolvimento tecnológico aponta para reduzidas oportunidades tecnológicas, limitando-se a inovações incrementais visando o aperfeiçoamento dos produtos e processos existentes. Nas empresas cerâmicas as condições de apropriabilidade dos resultados econômicos na introdução de inovações são reduzidas, diante da facilidade de difusão. Nestas condições, a forma mais característica de apropriabilidade é a introdução contínua de inovações incrementais, que estimulam a diferenciação do produto e encurtam o seu ciclo de vida. A base de conhecimento para o desenvolvimento tecnológico é amplamente difundida na indústria e a continuidade das atividades inovadoras dependem dos processos de aprendizagem. O conhecimento que sustenta o desenvolvimento tecnológico, se expressa na combinação de disciplinas como a química, a mineralogia e a engenharia de materiais com aplicação a um produto específico e sem as características dinâmicas próprias da cerâmica fina, que é outro campo de aplicação destes conhecimentos. Nestas condições, o conhecimento é amplamente codificado e de fácil transmissão. Neste contexto, a estrutura industrial tende a ser menos concentrada e com uma certa estabilidade, sinalizando para uma distribuição mais equilibrada das capacidades inovadoras entre as empresas. Essas características da dinâmica tecnológica da indústria de cerâmica enfatizam a importância da capacitação através do *learning by doing, learning by using* e *learning by interacting.*

O *cluster* cerâmico localizado em de Santa Catarina[14] vem apresentando um crescimento relativo no Brasil, respondendo hoje por cerca de 20% da produção

[14] Para maiores detalhes sobre a dinâmica e as principais instituições do *cluster* cerâmico de Santa Catarina ver Campos et alli. (1999).

nacional e quase 60% das exportações de revestimentos cerâmicos. O coeficiente de exportação da produção de revestimentos cerâmicos região é de 23% contra 7% da indústria brasileira como um todo, o que revela maior competitividade relativa. O *cluster* abrange a região sul do estado, reunindo uma população de pouco mais de 750 mil habitantes, num raio de aproximadamente 100 km em torno de Criciúma – a cidade-pólo de 160 mil habitantes.

A conformação do *cluster* resultou de uma trajetória que se iniciou nos anos 1970, com os investimentos de grupos econômicos locais, oriundos principalmente da indústria do carvão mineral. Aproveitando uma vocação regional, revelada na cerâmica vermelha (tijolos e telhas), novas empresas de cerâmica de grande porte se instalaram na região, operando com alto grau de integração vertical, desde a extração mineral até o produto final. Nos anos 1990, o *cluster* se consolida com um processo de desverticalização que abre espaço para a atração de empresas estrangeiras fornecedoras de insumos com alto conteúdo tecnológico. A articulação dos empresários organizados em uma associação permitiu o desenvolvimento de um "sistema regional de inovações" composto de escolas técnicas, universidades e centros de tecnologia. As economias de aglomeração daí resultantes estimularam a entrada de empresas de porte médio. Tal trajetória acelerou a dinâmica dos processos de aprendizagem, na medida em que foram internalizados no *cluster* uma infra-estrutura educacional e tecnológica. A disponibilidade local de instituições de formação de recursos humanos, desenvolvimento e transferência de tecnologia, certificação, metrologia e serviços técnicos permitiram que os fabricantes ampliassem seus esforços internos de capacitação e que o *cluster* se aproximasse do padrão internacional de competitividade. Isso exigiu intensa reestruturação produtiva, envolvendo modernização dos equipamentos, através das importações de máquinas e equipamentos, redução do quadro de pessoal e terceirização de atividades, permitindo a instalação, na região, de filiais de firmas espanholas e italianas produtoras de insumos químicos para cerâmica. Além da área de esmaltes, a terceirização está alcançando as áreas de extração e transporte de minerais, de produção de telas serigráficas, de *design*, e a área laboratorial. Tal movimento conferiu maior competitividade às empresas de pequeno e médio porte.

A identidade de estratégias entre empresas atuando em segmentos produtivos diferentes, mas vinculados entre si na cadeia produtiva, mostra a existência de objetivos comuns voltados a obter eficiência coletiva neste sistema produtivo localizado. Tal fato tem contribuído para elevar o grau de especialização produtiva local, na medida em que, no conjunto, agentes realizam esforços destinados a aumentar a capacidade competitiva do *cluster*, em um ambiente de maior abertura da economia.

O investimento direto estrangeiro foi direcionado de forma a se articular com o *cluster*, introduzindo tecnologia e qualidade em pontos críticos da cadeia produtiva. O IDE não concorre com as empresas locais nem participa de suas composições acionárias. As empresas estrangeiras que atuam no segmento de esmaltes, corantes e fritas surgiram a partir do processo de liberalização da economia e da desverticalização produtiva das empresas cerâmicas. A facilidade de importação de insumos para a elaboração dos produtos químicos e a transferência para terceiros de atividades executadas pelas empresas cerâmicas, foram fundamentais para atrair inversões externas neste segmento da cadeia produtiva. A presença de empresas produtoras de insumos junto às cerâmicas tem possibilitado a ocorrência de processos de *learning by interacting,* proporcionando, sobretudo, melhoramento do fluxo de informações para o desenvolvimento tecnológico e no desenvolvimento da especialização e complementaridade produtiva.

Entretanto, não se verifica IDE no segmento de máquinas e equipamentos para a indústria cerâmica. As empresas são nacionais e sua função no *cluster* é fornecer máquina e equipamentos complementares à estrutura produtiva principal, procedente em sua maioria da Itália. Em função do estágio maduro do paradigma tecnológico e da facilidade de acesso às importações por conta de uma política cambial favorável, não se verifica movimento de vinda de investimento direto estrangeiro para o *cluster.*

A formação do Mercosul vem influenciando as estratégias das empresas cerâmicas no sentido de ampliar sua presença nos países que compõem o mercado regional. Isso se reflete na trajetória de crescimento recente da participação das exportações para este mercado regional, de 16,6% em 1996 para 26,8% em 1997 do total exportado. As ações das empresas, neste momento, prendem-se ao âmbito comercial, através da instalação de escritórios de representação próprios ou delegando a terceiros a representação de vendas. Esta estratégia, por seu turno, ocorre de forma individual entre as empresas cerâmicas, sem se verificar qualquer movimento que aponte a existência de ações integradas entre empresas concorrentes locais voltadas a ter maior inserção no mercado internacional.

3.3. O Caso do Setor Automobilístico

O setor automobilístico destaca-se internacionalmente como indutor da atividade econômica, devido às altas escalas de produção e seus efeitos de encadeamento com outras indústrias a jusante. Em países industrializados, a demanda se encontra relativamente saturada em função de uma elevada relação habitantes por veículos,[15] além de existir um excedente de oferta estimado globalmente em 30%. Já em países em desenvolvimento, os mercados são mais dinâmicos, apresentando potencial de rápido crescimento diante de condições macroeconômicas favoráveis, devido à alta elasticidade-renda da demanda.

---

[15] Nos Estados Unidos, Japão e Europa Ocidental a relação habitante por veículo é menor que dois, contra cerca de nove no Brasil e cinco na Argentina.

A existência de um amplo e dinâmico mercado interno constitui um importante fator de atração de investimentos na produção industrial, pois o setor é altamente dependente de economias de escala. No entanto, nenhum país em desenvolvimento conseguiu desenvolver a indústria local sem uma política de proteção contra a simples importação de veículos, à exceção daqueles integrados competitivamente a espaços econômicos unificados como o México. Assim, mesmo diante de políticas econômicas liberais, o setor automobilístico nos países emergentes tem seu comércio regulado por acordos regionais e multilaterais e condicionado por quotas de importações e tarifas alfandegárias acima da média para outros bens manufaturados. No Brasil, o setor experimentou um amplo processo de abertura comercial no início dos anos 1990, gerando um volume de importações[16] equivalentes a 20% das importações totais do país, ameaçando o balanço de pagamentos. Tal processo foi contido por uma nova política industrial de estímulo aos investimentos, a exemplo do que fez a Argentina, principal parceiro comercial do país no Mercosul. O setor automobilístico representa mais de 10% da produção industrial brasileira total e vem atraindo grande volume de investimentos externos e apresentando grande aumento de produtividade. Os impactos sobre a balança comercial e a articulação com o Sistema Nacional de Inovação, entretanto, têm sido menos positivos, como veremos a seguir.

Mudanças Regulatórias e Impactos sobre o Sistema Nacional de Inovação

Os impactos da abertura comercial realizada a partir de 1990 sobre o complexo automotivo brasileiro devem ser interpretados à luz das mudanças nas próprias estratégias das montadoras internacionais. O processo de abertura comercial brasileiro contribuiu para viabilizar a implementação de novas estratégias pelas empresas multinacionais levando a importantes mudanças no complexo automotivo brasileiro. Outros fatores tais como a consolidação do Mercosul, a queda da inflação a partir de 1994 e os acordos feitos entre montadoras, fornecedores e governo também contribuíram para o aumento da demanda e reestruturação do complexo automotivo brasileiro. Tal processo favoreceu a padronização internacional dos modelos oferecidos pelas montadoras já instaladas, e a entrada de novas montadoras não estabelecidas anteriormente, além de permitir o aumento da importação de componentes e peças.

A atual política para o setor foi implementada em duas fases. Em 1992 e 1993 foram feitos acordos na Câmara Setorial que envolviam as montadoras, os fornecedores e o governo com vistas à recuperação da demanda, dos investimen-

---

[16] Em 1994 as tarifas alfandegárias foram reduzidas a 20%, gerando importações de 500 mil veículos em um único ano.

tos e da produção nacional. Apesar de estimular a produção de automóveis, os acordos firmados levaram também ao crescimento de 100% das importações de automóveis de 1994 para 1995. Diante disso, o governo estabeleceu, em fevereiro de 1995, o regime automotivo, formalizado em Medida Provisória e posteriormente regulamentado no Decreto n. 1.761 de 26 de dezembro de 1995. Os principais incentivos do regime automotivo às montadoras instaladas no país foram a redução das alíquotas do imposto de importação para veículos, bens de capital e peças, componentes e demais matérias-primas importadas até 31 de dezembro de 1999. A concessão dos incentivos está condicionada ao índice de nacionalização mínimo de 60% e à vinculação das importações às exportações em proporções iguais. Para conter as importações, a alíquota do imposto de importação foi elevada em fevereiro de 1995 para 32% e em março, para 70%, sendo que as alíquotas de importação de autopeças não foram alteradas, permanecendo em 18%.

Em dezembro de 1996, atendendo a pressões regionais, o governo editou uma nova Medida Provisória (n. 1.532) criando uma série de incentivos especiais para estimular a instalação de empresas na regiões Nordeste, Norte e Centro-Oeste. No entanto, em 1998 o MICT (Ministério da Indústria, do Comércio e do Turismo) avaliou que os investimentos planejados e anunciados pelas montadoras beneficiadas pelo regime automotivo especial não foram efetivamente realizados.

Além dos incentivos federais, as empresas investidoras vêm se beneficiando da chamada "Guerra Fiscal" entre os estados. Isso inclui isenções/reduções de impostos estaduais, participação dos estados nos investimentos das montadoras, cessão de terrenos para a construção de fábricas, treinamento e infra-estrutura. Este foi o caso do Rio Grande do Sul (General Motors), Paraná (Renault) e Minas Gerais (Mercedes), entre outros. Os investimentos em novas plantas e expansão da indústria existente são estimados em US$4,6 bilhões no período 1996/2000, adicionando uma capacidade de 695.000 unidades anuais.[17] A produção de automóveis no Brasil mais que dobrou no período 1990/1997, acompanhando o forte aumento de demanda interna. Por outro lado, a partir de 1994 as montadoras aumentaram substancialmente suas importações, o que implicou num déficit comercial de US$2,4 bilhões em 1995. O Regime Automotivo estabelecido em 1995, entretanto, conteve as importações de automóveis montados, embora tenha favorecido a importação de peças e componentes.

[17] Para maiores detalhes ver Tigre et alli. (1999).

Tabela 5.10
Produção, Vendas e Fluxo Comercial de Automóveis no Brasil (1990-1997)

Discriminação	*1990*	*1991*	*1992*	*1993*	*1994*	*1995*	*1996*	*1997*
Produção de automóveis	663.084	705.303	815.959	1.100.278	1.248.773	1.297.467	1.458.576	1.680.596
Exportações	120.377	127.153	243.126	249.607	274.815	189.721	211.565	305.171
Importações	115	11.095	19.807	52.917	155.069	305.554	167.489	217.929
Vendas internas totais (no atacado)	532.906	594.167	597.112	903.479	1.130.766	1.412.145	1.413.461	1.577.655
Exportações/Produção (%)	18,2%	18,0%	29,8%	22,7%	22,0%	14,6%	14,5%	18,10%
Importações/Vendas Internas (%)	0,02%	1,9%	3,3%	5,9%	13,7%	21,6%	11,8%	13,80%

Fonte: Elaboração própria a partir de dados primários da Carta da ANFAVEA.

O Mercosul viabilizou a integração da produção de automóveis entre o Brasil e a Argentina num processo iniciado ainda na década de 1980 com acordos bilaterais. O comércio intra-regional tem alíquota zero, enquanto a tarifa externa comum é de 35%. Assim, os projetos de investimento levam em consideração a forte especialização e complementaridade entre as plantas instaladas nos dois países (Tigre et alli, 1999).

Do ponto de vista dos produtos, a abertura comercial permitiu a atualização dos modelos dos automóveis produzidos internamente, reduzindo o *gap* tecnológico existente entre os modelos produzidos no Brasil e àqueles produzidos nas matrizes das montadoras. Quanto aos processos, o principal impacto sobre a capacitação tecnológica foi a incorporação maciça de inovações organizacionais. Em consonância com a estratégia global das montadoras, o processo de liberalização econômica viabilizou uma profunda modernização das plantas produtivas e a entrada de novas montadoras com modernos sistemas produtivos, provocando um significativo aumento de produtividade. Neste sentido, a instalação de novos fabricantes de automóveis promoveu uma atualização tecnológica de produtos e processos, refletindo numa mudança na estratégia adotada por fabricantes já instalados no país.

A adoção das inovações organizacionais na indústria automobilística pode ser observada a partir de um estudo realizado pelo SENAI (*apud* Tigre et alli., 1999) que focalizou o grau de adoção e utilização de novas tecnologias pelas empresas. Embora a pesquisa se referisse à indústria de material de transporte como um todo, esta é uma boa aproximação do que vem ocorrendo na indústria automobilística, isto é, mostra que está havendo uma difusão de métodos e inovações organizacionais nas montadoras de automóveis.

A maior parte das empresas utiliza intensamente métodos de controle e garantia de qualidade, tais como Qualidade Total, CEP e ISO 9000. Foram também adotadas novas técnicas de organização do processo de trabalho como *Kanban* e *Just in Time* ao longo da cadeia produtiva. A modernização dos produtos e processos adotados na indústria automobilística brasileira implicaram uma maior orientação internacional, caracterizada pela importação maciça de tecnologia, bens de capital e insumos críticos. Por outro lado, observa-se o enfraquecimento dos esforços locais de P&D e o rompimento de muitos dos elos existentes com a cadeia produtiva local.

Os esforços de P&D das empresas montadoras no Brasil foram significativos nos anos 1980, resultando em projetos locais de novos automóveis como o Gol e o Santana, realizados pela Volkswagen. Outras montadoras realizavam atividades de adaptação de seus projetos às preferências do mercado, às condições brasileiras de clima e combustível.[18] Todas as principais montadoras tinham equipes de P&D que foram em grande medida desativadas com a introdução dos carros mundiais. A maioria das adaptações requeridas passaram a ser feitas na própria matriz da montadora. As equipes de P&D, quando preservadas, atuam hoje mais integradas à matriz, em vez de desenvolverem projetos independentes. A Fiat do Brasil, por exemplo, mantém cerca de 100 de engenheiros na Itália, participando das atividades de P&D da empresa visando o mercado global.

Outro aspecto importante na reestruturação da indústria automobilística é a mudança na relação entre montadoras e fornecedores de autopeças. A exigência de um alto conteúdo local (índices de nacionalização) nos anos 1970 e 1980 resultou no desenvolvimento de uma importante indústria de capital nacional fabricante de autopeças. Algumas empresas nacionais, a exemplo da Metal Leve e da Cofap, alcançaram boa capacitação tecnológica própria que permitia inclusive a exportação em larga escala e a implantação de fábricas e centros de P&D no exterior. A abertura comercial, aliada ao acirramento da competição internacional e busca de novas formas de articulação da cadeia produtiva, alterou profundamente as condições competitivas, levando essas empresas a serem absorvidas por fabricantes estrangeiros. A necessidade de fornecedores globais que acompanhassem os esforços de investimento em ativos fixos e P&D das montadoras tornou inviável a existência de empresas independentes na maioria dos componentes críticos. A globalização da indústria automobilística passou a exigir a globalização dos fornecedores de autopeças, implicando a concentração da produção num pequeno número de empresas multinacionais.

Em síntese, a abertura comercial representou um benefício aos consumidores que passaram a contar com produtos mais atualizados e baratos. Por outro lado, significou a desarticulação da produção local com fontes internas de P&D e suprimento de insumos, levando à deterioração da balança de pagamentos.

---

[18] A Volkswagen brasileira desenvolveu e/ou adaptou vários modelos localmente, como por exemplo o Gol, baseado na plataforma do Pollo mas inteiramente redesenhado para usar componentes locais (Tigre et alli, 1998).

3.4. O Caso do Setor de Telecomunicações

O setor de telecomunicações no Brasil foi consolidado em 1972 como monopólio estatal, após a incorporação de um conjunto de empresas públicas e privadas pela União. A Telebrás, *holding* do sistema, ligada ao Ministério das Comunicações (MC), assumiu as funções de coordenação e planejamento do sistema, que incluía 28 operadoras estaduais, uma operadora interurbana e internacional (Embratel) e um Centro de Pesquisa e Desenvolvimento ligado diretamente à Telebrás (CPqD). Quatro empresas operadoras municipais, estaduais e/ou privadas permaneceram independentes.

Em pouco mais de 20 anos de operação, a Telebrás obteve êxito considerável na expansão e unificação da rede, multiplicando por dez o número de terminais instalados e implantando novos serviços digitais avançados, incluindo uma rede nacional de fibra ótica e satélites. Além de coordenar as empresas prestadoras de serviços, a Telebrás praticou uma ativa política industrial com base em seu poder de compra, visando a produção local de equipamentos e a articulação com o desenvolvimento tecnológico local, através principalmente do CPqD. A partir de 1978, a meta de substituir importações de equipamentos e tecnologia levou o MC a impor a nacionalização crescente de equipamentos e materiais adquiridos pelas operadoras que chegou, por alguns critérios, a 90% em valor. Em paralelo, passou-se a exigir dos fornecedores de equipamentos para o Sistema Telebrás que o controle de seu capital fosse majoritariamente nacional (Melo e Gutierrez, 1998). Tal política promoveu a formação de *joint ventures* entre as multinacionais do setor – principalmente Ericsson, Siemens e NEC – com grupos locais, além da criação de um conjunto de empresas nacionais como a Promon, Zetax e Batik (centrais de comutação), XTAL (fibras óticas), Daruma e Icatel (terminais telefônicos) que recorriam principalmente ao CPqD para obtenção de tecnologia.

A articulação das empresas com o CPqD era garantida através das especificações técnicas das compras das empresas subordinadas à Telebrás. A central digital de pequeno porte Trópico, por exemplo, considerada um dos principais êxitos tecnológicos do CPqD, foi fabricada por várias empresas locais, representando 17% da planta instalada de telefonia fixa do Brasil em 1997. Assim, constituiu-se um Sistema Nacional de Inovações composto pelo tripé CPqD (e outros centros de menor porte ligados a universidades), fabricantes de equipamentos e empresas do sistema Telebrás. O SNI setorial foi beneficiado pelas janelas de oportunidades criadas pela mudança da base técnica eletromecânica para microeletrônica, fato que provocou uma grande descontinuidade no processo de aprendizado tecnológico desenvolvido até então favorecendo, assim, a entrada de novas empresas.

No início da década de 1990 o monopólio de telecomunicações passou a sofrer as influências do processo geral de abertura comercial. Mas apesar da redução de barreiras tarifárias e não-tarifárias e do fim as restrições ao capital estrangeiro, o setor manteve barreiras técnicas à entrada, através da homologação dos equipamentos pela Telebrás. Assim, o alcance das medidas liberalizantes só foram efetivamente sentidos na segunda metade dos anos 1990, após a introdução de concorrência na telefonia celular (banda B) e do processo de privatização da Telebrás. O modelo de monopólio estatal apresentava deficiências, devido às dificuldades do Estado em sustentar investimentos e às tendências de competição surgidas a partir de inovações na área de transmissão. As limitações ao investimento, associadas às políticas de controle do déficit fiscal, ampliaram a demanda reprimida, os desequilíbrios regionais em relação à distribuição dos terminais telefônicos, e a qualidade e velocidade de introdução dos serviços de valor adicionado. Ao mesmo tempo, o dinamismo tecnológico e a convergência com outros setores do complexo eletrônico tornava latente a necessidade de restruturação do setor brasileiro.

O processo de mudança reguladora teve início em agosto de 1995, com a aprovação da emenda constitucional que flexibilizava o monopólio, permitindo a exploração direta, ou mediante autorização, concessão ou permissão dos serviços de telecomunicações. O modelo adotado de reestruturação do setor de telecomunicações brasileiro é centrado no objetivo de privatizar e introduzir concorrência no fornecimento dos serviços e se consistiu em três etapas: Lei Mínima das Telecomunicações, Lei Geral de Telecomunicações e reorganização e privatização da Telebrás.

A Lei Mínima das Telecomunicações (Lei 9.295) foi aprovada em julho de 1996 e introduziu a competição nos serviços de telefonia celular (através da banda B), na transmissão por satélite, nos serviços limitados (que possibilitam a formação de redes corporativas) e de valor adicionado. O país foi dividido em 10 áreas e houve licitação para a escolha de novos operadores, rendendo ao governo mais de US$8,3 bilhões. Além disso, a Lei Mínima determinou que as operadoras da Telebrás transformassem suas unidades de negócio que operavam telefonia celular (na banda A) em empresas independentes, para serem privatizadas juntamente com as unidades que operam a telefonia fixa da Telebrás.

A Lei Geral de Telecomunicações (Lei 9.472) foi aprovada em julho de 1997 e substituiu o Código Brasileiro de Telecomunicações de 1962.[19] A LGT abarcou uma série de medidas, incluindo a criação de um órgão regulador (Agência Nacional de Telecomunicações); a redefinição/reclassificação dos serviços de telecomunicações; o estabelecimento das condições de interconexão e concorrência na rede básica (longa distância e local); a universalização dos serviços; os mecanismos de financiamento e a reorganização da Telebrás em três empresas regionais e uma nacional para posterior privatização. A Agência Nacional de Teleco-

[19] O CBT dispunha sobre serviços de telecomunicações e radiodifusão, enquanto a LGT dispõe apenas sobre telecomunicações.

municações (Anatel) foi constituída como uma autarquia especial e, desta forma, não é subordinada a nenhum órgão hierarquicamente. Ela conta com recursos do Fistel (Fundo de Fiscalização das Telecomunicações) e possui independência administrativa e financeira, o que torna a execução de suas atribuições mais imparcial.

A LGT promoveu uma reclassificação dos serviços em termos da abrangência dos interesses atendidos (coletivo e restrito) e do regime jurídico de prestação (público e privado). Os serviços de interesse coletivo são aqueles abertos a todos e voltados para a concretização dos objetivos governamentais e, neste sentido, estão sujeitos aos condicionamentos legais e administrativos. Os regimes jurídicos diferenciam-se de acordo com as obrigações que impõem às operadoras: as empresas que prestam serviço no regime jurídico público devem cumprir metas de universalização e estão sujeitas a tetos tarifários estabelecidos contratualmente. A Lei dispõe ainda que a União compromete-se a assegurar a prestação dos serviços de interesse coletivo sob o regime jurídico público. A Anatel, por sua vez, define em que regimes os serviços serão oferecidos. Neste sentido, ela definiu que os serviços de telefonia fixa comutada serão prestados nos regimes jurídicos público e privado: as concessionárias (empresas do sistema Telebrás recentemente privatizadas) irão operar no regime público enquanto as autorizadas atuarão no regime privado. Assim, as concessionárias terão que cumprir metas de universalização estabelecidas no contrato de concessão. Já as empresas autorizadas não estão sujeitas a tais metas. Para cumprir a meta de universalização foi criado o Fundo de Universalização dos Serviços de Telecomunicações (Fust), reunindo contribuições (1% do faturamento) de todas as empresas prestadoras dos serviços de interesse coletivo.

A privatização da Telebrás foi iniciada com a reorganização das empresas operadoras em quatro regiões: Região I (Tele Norte Leste), com 16 operadoras regionais, Região II (Tele Centro Sul), com 10 operadoras estaduais, Região III (Telesp), com apenas uma operadora estadual e Região IV, englobando a Embratel (que prestava os serviços interurbanos e internacionais) e atua em todo o território brasileiro. As empresas de telefonia móvel da Telebrás, antes pertencentes às operadoras estaduais, foram separadas e reagrupadas em nove empresas. Todas as empresas foram privatizadas em agosto de 1998 através de um leilão público, onde foram arrecadados aproximadamente US$20 bilhões. A maior parte das empresas de telefonia fixa foi adquirida por grupos estrangeiros envolvendo grandes operadoras. A Embratel foi comprada pela MCI americana, a Tele Centro-Sul por um consórcio composto pela Telecom Itália, Fundos de Pensão e Banco Opportunity, a Telesp foi adquirida por um grupo liderado pela Telefonica (da Espanha) enquanto a Tele Norte Leste foi comprada por um consórcio que juntou diversos grupos brasileiros e o BNDES.[20]

---

[20] Para maiores detalhes sobre reestruturação do setor de telecomunicações brasileiro ver Szapiro (1999).

O modelo de reestruturação brasileiro adotado para o setor de telecomunicações tem como meta principal a introdução da concorrência no fornecimento de serviços. Entretanto, a livre concorrência em todas as modalidades de serviços somente irá vigorar a partir de 2002 e, até lá, o setor passará por uma fase de transição. Nesta fase, os novos operadores (concessionárias e autorizadas) deverão adequar-se às condições do mercado brasileiro e é neste período que as concessionárias deverão cumprir suas metas de universalização. Somente após tal cumprimento é que a entrada de novos operadores (autorizadas) será livre e as concessionárias poderão atuar em outros mercados como autorizadas.

Impactos da Restruturação sobre os Investimentos e o Sistema Nacional de Inovação

Em 1995 o Ministério das Comunicações lançou o Paste (Programa de Recuperação e Ampliação do Sistema de Telecomunicações e do Sistema Postal), que apresentava um plano de metas setoriais, prevendo investimentos de aproximadamente R$75 bilhões no setor de telecomunicações entre 1995 e 2003. De acordo com o ministério, esta quantia deveria ser proveniente dos setores público e privado e os investimentos deveriam distribuir-se em programas relativos às partes estruturais do sistema nacional de telecomunicações. A Tabela 5.10 mostra a evolução do faturamento da indústria brasileira de equipamentos de telecomunicações. O setor vem crescendo significativamente desde 1994, tendo reduzido o faturamento em 1998, em função da privatização da Telebrás. Para 1999 o faturamento da indústria é estimado em US$6 bilhões.

Tabela 5.11
Evolução do Faturamento da Indústria Nacional de Telecomunicações (em US$ milhões)

Ano	*1990*	*1991*	*1992*	*1993*	*1994*	*1995*	*1996*	*1997*	*1998*
Faturamento	2.009	2.712	2.386	1.909	2.100	2.442	3.553	5.107	4.750

Fonte: Abinee.

Os impactos das mudanças reguladoras sobre o desenvolvimento da indústria local e sobre as importações de equipamentos de telecomunicações não mereceram, de início, maiores atenções da política governamental. De 1992 a 1997 as importações cresceram 7 vezes (Tabela 5.12), enquanto a produção local apenas duplicou. Isso ocorreu antes mesmo da privatização das operadoras nacionais que acentua o viés importador, dada as relações preestabelecidas dessas empresas com fornecedores internacionais. Os primeiros casos de privatização mostram que as novas operadoras estão recorrendo a importações de equipamentos, mesmo na existência de similares nacionais. Além disso, a introdução de novas tecnologias e serviços sem uma sinalização positiva para a indústria está provocando um crescimento explosivo das importações de equipamentos. Como pode ser observado na Tabela 5.12, os itens com maior peso nas importações são os equipamentos ligados ao serviço de telefonia celular (Estação Rádio Base, ERB e Centrais de Comutação e Controle, CCC), os primeiros a serem privatizados. As importações de ERBs e CCCs são facilitadas por uma alíquota do imposto de importação zero.

Tabela 5.12
Importações de Equipamentos de Telecomunicações

(em US$ Milhões)

Importações	*1992*	*1993*	*1994*	*1995*	*1996*	*1997*	*1998*
Centrais de Comutação	98,7	146,9	203,6	354	483,6	803,6	826,4
ERBs e Telefones Celulares	97,1	147,3	274,4	375,8	641,9	891,2	759,7
Outros Aparelhos de Telecomunicações	24,4	40,5	54,4	77,5	89,9	113,9	117,5
Fios, Cabos e Outros Condutores	51,1	62	82,1	134,5	259,7	315,5	294,9
Partes e Peças	120,8	170,9	240	418,3	483,4	616	586,0
Total	392,1	567,6	854,5	1.360,1	1.958,5	2.740,2	2.584,5

Fonte: BNDES (1999).

A perspectiva de grande déficit na balança comercial vem gerando uma preocupação *a posteriori,* principalmente após a crise cambial de janeiro de 1999, levando o BNDES a criar instrumentos e programas para estimular a produção local de equipamentos.[21] A indústria local de equipamentos de telecomunicações, apresenta capacitação para produzir grande parte dos equipamentos e do software necessário para o sistema, desde que exista sinalização e incentivos para a produção nacional. A própria entrada de novas operadoras de serviços de telecomunicações no Brasil pode se constituir um estímulo à entrada de novos fabricantes de equipamentos. A forte presença da Telefónica no processo de privatização acabou por atrair para o Brasil sua principal fornecedora mundial, a Lucent, que instalou uma fábrica em Campinas. No entanto, a simples presença de empresas fabricantes não garante a articulação com o sistema nacional de inovações, como veremos a seguir.

O desenvolvimento tecnológico do setor de telecomunicações brasileiro é centrado no CPqD que, em cooperação com empresas privadas, desenvolveu Centrais de Processamento Armazenado (Trópico), o Telefone Público a Cartão Indutivo, as fibras óticas e os sistemas de gerenciamento de redes. As centrais de comutação Trópico, foram favorecidas por uma política de compras da Telebrás visando estimular a formação de empresas nacionais e a utilização da tecnologia

---

[21] Para maiores detalhes sobre os programas de estímulo à indústria de equipamentos de telecomunicações ver Tigre et alli. (1999).

desenvolvida internamente. O projeto Trópico absorveu entre 30% a 40% dos investimentos totais do CPqD, sendo atualmente a tecnologia que predomina em mais de um terço da base instalada de centrais digitais[22] no Brasil. Vale ressaltar que as centrais Trópico são competitivas mesmo quando comparadas com produtos similares produzidos pelas grandes multinacionais (Ericsson, NEC, Siemens etc.). A existência de tecnologia nacional proporcionou uma significativa redução nos custos de investimento por linha na medida em que rompeu as condições oligopolísticas da oferta local e permitiu a entrada de empresas nacionais no mercado.

O fim da Telebrás representou uma descontinuidade no modelo de funcionamento do CPqD, na medida em que perdeu tanto sua fonte de financiamento (cerca de 2% do faturamento da Telebrás) como o mercado cativo da Telebrás. Em 1998 o CPqD foi transformado em uma fundação de direito privado, com um conselho curador formado por 12 participantes.[23] A sobrevivência do Centro ao longo do período de transição (de 1999 até 2001) foi assegurada nos contratos de concessão às novas operadoras (provenientes do sistema Telebrás), que assumiram o compromisso de contribuir para que o CPqD continue realizando atividades de desenvolvimento tecnológico. O total da receita do CPqD para os três anos é de R$124 milhões/ano, com o que serão realizadas atividades de manutenção e desenvolvimento de sistemas (softwares), prestação de serviços tecnológicos de consultoria e treinamento e serviço laboratorial. A receita prevista para esses três anos é compatível com o orçamento nos anos anteriores à privatização. Além disso, o CPqD vem firmando acordos com as empresas fabricantes de equipamentos para desenvolver projetos específicos.

Além do CPqD, outras instituições participam do processo de desenvolvimento tecnológico, destacando-se a PUC-RJ (CETUC), INATEL (Santa Rita-MG), UFMG, IPT (SP), Unicamp e USP, entre outras. Tais instituições são contratadas por empresas fabricantes de equipamentos de telecomunicações visando o desenvolvimento de projetos específicos para solução de problemas. Além disso, algumas dessas instituições colaboram com o CPqD no desenvolvimento de tecnologias específicas. Os contratos entre instituições de P&D e empresas fabricantes de equipamentos são favorecidos pela Lei de Informática que visa incentivar a produção interna de equipamentos de informática e telecomunicações. A Lei 8248 de 1993[24] exige que as empresas contempladas com incentivos

[22] Atualmente existem centrais de comutação eletromecânicas, analógicas e digitais em operação no Brasil.

[23] O conselho curador é formado por representantes de entidades governamentais, instituições de pesquisa públicas e privadas, operadoras e clientes do CPqD e sociedade civil.

[24] A indústria de equipamentos de telecomunicações é contemplada pelos incentivos fornecidos pela nova Lei de Informática. A Lei fornece isenção do IPI (Imposto sobre Produtos Industrializados) para os produtos fabricados no Brasil de acordo com as regras do Processo Produtivo Básico (PPB), o que reduz em média 15% do custo final dos produtos. Em contrapartida, as empresas beneficiadas devem investir no mínimo 5% do faturamento em atividades de P&D, sendo 3% internamente e 2% em convênio com universidades e/ou institutos de pesquisa brasileiros.

fiscais (isenção do IPI) invistam 5% da sua receita total em pesquisa e desenvolvimento. Do total investido em P&D, 3% devem ser investidos internamente à empresa e 2% devem ser gastos em outras instituições. Este incentivo, no entanto deverá ser extinto em 1999, quando deverá ser substituído por instrumentos ainda não plenamente definidos.

Atualmente, encontra-se no Congresso um projeto de lei dispondo sobre a criação do Funttel (Fundo para o Desenvolvimento Tecnológico das Telecomunicações). As principais fontes para este fundo são: receitas oriundas de dotações da lei orçamentária anual, parcela dos recursos do Fistel (1%) e um percentual equivalente a 0,5% da receita das empresas prestadoras de serviços de telecomunicações. Mesmo se aprovado o projeto, o Funttel representará uma redução dos recursos assegurados ao CPqD, que cairiam de 2% para 0,5% do faturamento dos serviços telefônicos. A manutenção das atividades de pesquisa e desenvolvimento dependerá portanto do tipo de relação a ser estabelecida com as empresas operadoras de telecomunicações e seus fornecedores. A privatização do monopólio e a passagem para um modelo concorrencial no fornecimento de serviços de telecomunicações pode implicar em transformações tanto na estrutura da indústria de equipamentos de telecomunicações como nas atividades de P&D desenvolvidas internamente. Neste sentido, estratégias globais das novas operadoras, que em geral estão ligadas a empresas fornecedoras de equipamentos, apontam na direção da dispersão das capacitações adquiridas durante o período da Telebrás. Algumas empresas centralizam suas compras internacionais na matriz, deixando de privilegiar as relações com fornecedores locais.

Para o CPqD, o grande desafio é manter atividades de pesquisa tecnológica de ponta. As funções menos complexas tecnologicamente deverão ser naturalmente preservadas, graças a capacitação e disponibilidade de equipamentos científicos. Isso inclui a prestação de serviços técnicos rotineiros à Anatel (por exemplo, a realização de testes e monitoramento do espectro de freqüências) e à indústria (ensaios e testes de produtos, homologação e certificação da qualidade). A área de software também vem se desenvolvendo naturalmente, principalmente nas empresas fabricantes de equipamentos, graças à disponibilidade de mão-de-obra qualificada a custos relativamente baixos e à existência de incentivos fiscais às atividades de P&D. A continuidade das atividades de desenvolvimento de novos produtos, a exemplo do projeto Trópico e das fibras óticas, no entanto, constitui um desafio maior, diante da nova configuração do setor. A preservação da capacitação tecnológica local poderá, a nosso ver, ter um papel fundamental para a difusão das tecnologias da informação na economia brasileira, diante da vulnerabilidade estrutural do Brasil na área cambial. Tal problema é recorrente no Brasil e não pode ser mascarado com eventuais períodos de bonança cambial como vividos após o plano Real.

4. Conclusões

A economia brasileira vem passando, desde o início da década de 1990, por um processo de reestruturação que segue, em linhas gerais, a tendência de globalização e liberalização econômica observado em outros países latino-americanos. O novo modelo desativou a política industrial que privilegiava a empresa nacional e a produção local de insumos, através da proteção às importações e passou a enfocar três aspectos fundamentais. Primeiro, a busca por estabilidade monetária, apoiada no Plano Real e no ancoramento cambial. Segundo, a abertura comercial, tecnológica e financeira, acompanhada pelo fortalecimento de vínculos regionais através do Mercosul. Terceiro, a privatização dos serviços públicos visando alterar o papel do Estado e atrair investimentos. O processo de reestruturação ainda está em curso, na medida em que a mudança da política cambial e a desvalorização do real em janeiro de 1999 exigem novas estratégias de estabilização.

No âmbito macroeconômico, o Plano Real trouxe estabilização monetária, após décadas de alta inflação, mas ao custo de uma sobrevalorização cambial e altas taxas de juros, fatores que inibiram a produção local. A estabilização da moeda fortaleceu a demanda interna, estimulando a demanda por bens finais, sem contudo atingir os setores de base como bens de capital e insumos intermediários que permanecem estagnados e com altos níveis de importação. Esse relativo dinamismo, no entanto, não se mostrou sustentável ao longo da segunda metade da década. No período subseqüente ao Plano (1994-1997) o crescimento médio anual da indústria foi de 3,5% ao ano, apoiado sobretudo na indústria de bens de consumo duráveis. Mas a desvalorização cambial e a conseqüente recessão econômica deverão reduzir mais ainda este já modesto indicador de crescimento as atividade industrial.

Um resultado preocupante do novo quadro econômico brasileiro, até o início de 1999, foi a contínua deterioração da balança de pagamentos. A combinação de valorização cambial, abertura comercial e aumento da demanda interna resultou na triplicação das importações no período 1992-1997 (de US$20 para 60 bilhões), representando um crescimento médio anual dc 25%. As exportações, por outro lado, cresceram apenas 7,6% ao ano. Em conseqüência, o superávit comercial que alcançou cerca de US$16 bilhões em 1992 se transformou em um déficit de US$9 bilhões em 1997. A liberação dos mercados financeiros e de serviços ampliaram também o déficit da balança de serviços resultando em um déficit total da balança de pagamentos de cerca de US$33 bilhões. Assim, o país passou a depender mais profundamente de recursos externos e passou a ser alvo de ataques especulativos.

Os investimentos estrangeiros em ativos financeiros, alavancados por altas taxas de juros, se mostraram voláteis para atender as necessidades de divisas a curto prazo, mostrando a vulnerabilidade do modelo adotado. Já os investimentos industriais, que poderiam promover exportações, não vêm cumprindo este papel pois são voltados basicamente para o mercado interno e o Mercosul e trazem um alto conteúdo de componentes importados. Os investimentos em setores *non-tradables* como telecomunicações e energia, que devem representar a maioria dos investimentos na virada do século, não geram receitas de exportação e trazem um altíssimo conteúdo de importações em função dos vínculos existentes entre empresas estrangeiras prestadoras de serviços e seus fornecedores internacionais de equipamentos e serviços. Após a abertura, e sem uma política industrial que privilegie os setores mais intensivos em tecnologia, as exportações estão voltando a se concentrar em produtos agrícolas, cujos mercados são muito competitivos e pouco dinâmicos.

Em geral, as empresas procuraram se ajustar à maior competição internacional através de uma estratégia de reespecialização, desverticalização e maior importação, promovendo um ajuste caracterizado como "defensivo". Em várias empresas, o "enxugamento" da produção levou ao abandono da produção local de componentes e linhas de produtos de maior nível tecnológico, que incorporam maior valor adicionado, em favor das importações, caracterizando um processo de *downgrading* da produção. Assim, a estrutura produtiva orientou-se para a produção relacionada aos segmentos sujeitos a menores riscos no mercado, provocando um maior distanciamento em relação aos segmentos mais dinâmicos do comércio internacional.

O processo de especialização produtiva brasileira tornou mais competitivos os setores intensivos em escala e mão-de-obra e com baixos custos de produção. A facilidade de importação de bens de capitais e insumos críticos terminaram por estimular a modernização produtiva de setores de menor valor agregado e baixo dinamismo tecnológico. Nesses setores encontram-se casos de relativo sucesso, a exemplo dos produtos siderúrgicos e revestimentos cerâmicos, onde a ameaça de concorrência de produtos importados serviu como estímulo para a atualização dos produtos e redução de custos. A recente desvalorização cambial acentuará ainda mais as vantagens competitivas do Brasil nesses segmentos. Nestes setores, o investimento estrangeiro contribuiu para o aumento de competitividade, seja através do fornecimento de insumos críticos (caso da cerâmica) ou de novos mercados de exportação (caso da siderurgia).

A forma de inserção no mercado internacional buscada pelo novo modelo, baseada nas "vantagens competitivas naturais" apresenta limites inerentes à estagnação dos mercados e à tendência declinante dos preços. O rápido crescimento da capacidade produtiva em outros países do Terceiro Mundo com salários tão baixos quanto os brasileiros, mas que apresentam crescentes níveis de qualificação, tende a reduzir a competitividade de produtos intensivos em trabalho. Particularmente, uma enorme ameaça potencial emerge naqueles países e setores onde baixos custos salariais (como os da China) são combinados com bons níveis de qualificação técnica e capacidade de comercialização internacional (acumuladas por empresas do Sudeste Asiático, como as coreanas). Ao mesmo tempo, muitos países têm aumentado o investimento em setores industriais intensivos em recursos naturais e energia, resultando num excesso de capacidade mundial. A concorrência internacional em tais setores, que ocorre basicamente através dos preços, será particularmente intensa por muito tempo.

Em relação aos investimentos em ciência e tecnologia, observa-se um aumento de 68% entre 1990 e 1997, tendo atingido neste último ano a cifra de 1,5% do PIB. Um fato positivo é que o setor empresarial aumentou sua participação nos gastos em C&T, passando de 22% para 31% do total dos investimentos. Tal esforço foi voltado sobretudo para inovações incrementais de produto e processo. Os produtos nacionais se tornaram mais atualizados e competitivos, incorporando tendências internacionais. Alguns indicadores apresentados ao longo deste estudo, como a rápida proliferação dos certificados ISO 9000, aumento dos gastos empresariais em compra de tecnologia e bens de capital mostram um esforço consistente de modernização. No entanto, as empresas industriais brasileiras, com poucas exceções, não desenvolveram capacitação inovadora própria necessária para entrar em novos mercados. A insuficiente capacitação das empresas nacionais para desenvolver novos processos e produtos, aliada à ausência de políticas industriais de promoção de setores mais intensivos em conhecimento, contribuem para o baixo dinamismo das exportações. A desnacionalização das empresas locais que atuam nos segmentos mais dinâmicos da indústria, acentuada nos últimos anos, agrava esse quadro de dependência e limita as estratégias futuras.

Os dados apresentados sobre o Sistema Nacional de Inovações mostram que o Brasil conta hoje com uma massa crítica para desenvolvimento tecnológico. Após três décadas de expansão acelerada do ensino superior e pós-graduação, o país conta com cerca de 35 mil cientistas e técnicos em atividades de P&D além de contar com importantes instituições de C&T. No entanto, faltam mecanismos institucionais que promovam e estimulem a interação entre estas instituições e o setor produtivo. Esse quadro vem sendo agravado pelo fato do processo de privatização não ter incorporado salvaguardas para estimular a compra de insumos locais e os vínculos existentes com as universidades e centros de pesquisa. Em conseqüência, estão se desarticulando os núcleos do sistema nacional de inovações que se desenvolveram ao longo das décadas de 1970 e 1980 em setores como energia e telecomunicações.

A análise do balanço de pagamento tecnológico brasileiro aponta para uma mudança na composição do déficit. O aumento das importações nas categorias exploração de patentes, fornecimento de cooperação técnica e industrial e fornecimento de tecnologia industrial aponta para uma concentração dos gastos em aquisição pura de tecnologia, enquanto a categoria de serviços técnicos especializados, anteriormente com maior peso na balança, vem diminuindo sua importância. Aumenta-se a importação e a transferência de tecnologia estrangeira, sem um crescimento proporcional dos gastos das empresas em P&D, o que seria necessário para que a tecnologia importada fosse melhor incorporada nos processos produtivos. O aumento da importação de tecnologia contrasta com a relativa estagnação das patentes produtivas de empresas brasileiras nos Estados Unidos. Isso confirma a falta de um esforço inovador voltado para o mercado internacional, ao contrário do que ocorre em países como Taiwan e Coréia do Sul, onde verificou-se um grande salto nas patentes obtidas no exterior ao longo das décadas de 1970 e 1980.

Diante do exposto, pode-se concluir que o Brasil realizou a "etapa fácil" da reestruturação industrial, caracterizada pela maior incorporação de insumos e bens de capital importados, pela redução de custos, introdução de novas técnicas organizacionais e reespecialização produtiva. Os investimentos feitos na etapa inicial de reestruturação se voltaram para a modernização da estrutura industrial (basicamente reposição de equipamentos, redução de custos e eliminação de gargalos na estrutura produtiva) e resultaram em aumento da produtividade. A etapa posterior, que seria de investimentos em novas plantas produtivas e aumento de valor agregado, ainda não foi realizada pela indústria brasileira em geral, embora hajam importantes exceções.[25] Em conseqüência, o Brasil não se inseriu competitivamente em mercados internacionais mais dinâmicos, representados por produtos tecnologicamente sofisticados, de maior valor agregado, onde são exigidos esforços de P&D e novos investimentos produtivos.

Referências Bibliográficas

Albuquerque, E. e Macedo, P. B. R. "Patentes de Invenção Concedidas a Residentes no Brasil: indicações da eficiência dos gastos em pesquisa e desenvolvimento". *Política e Planejamento Econômico*, v. 25, n. 3, pp. 541-558, 1995.

Albuquerque, E. e Macedo, P. B. R. "Patentes de Invenção de Residentes no Brasil: estatísticas do período 1990-1995". *Política e Planejamento Econômico*, v. 26, n. 3, 1996.

Andersen, E. e Lundvall, BÅ. "Small national systems of innovation facing technological revolutions", in C. Freeman and B. Lundvall (orgs.), *Small Countries Facing the Technological Revolution*, Londres: Pinter Publishers, 1988.

Bell, M. & Pavitt, K. "Technological accumulation and industrial growth: contrasts between developed and developing countries". Industrial and Corporate Change, v. 2, n. 2, 1993.

Bell, R. M. e Cassiolato, J. E. "Technology Imports and the Dynamic Competitiveness of the Brazilian Industry: the need for new approaches to management and policy". Texto elaborado para o *Estudo da Competitividade da Indústria Brasileira*, IE/UNICAMP & IEI/UFRJ, Campinas & Rio de Janeiro, 1993.

Boletim do Núcleo de Política e Gestão Tecnológica da Universidade de São Paulo. *INOVA, Gestão e Tecnologia*, ano V, n. 18, set/dez, 1998.

Bonelli, R e Gonçalves, R. R. *Para onde vai a Estrutura Industrial Brasileira?*. Texto para discussão, n. 540. IPEA. Rio de Janeiro, 1998.

---

[25] A Embraer, fabricante de aviões recentemente privatizada, é a segunda maior empresa exportadora do país com mais de US$1 bilhão em 1998.

BNDES. *Setor Siderúrgico no Brasil e no Mundo*, Rio de Janeiro, 1997.

BNDES(a). Siderurgia: Desempenho e Perspectivas, *Informe Setorial Mineração e Metalurgia*, n. 20, Rio de Janeiro, 1998.

BNDES (b). Reestruturação da Siderurgia, *Informe Setorial*, n. 13, Rio de Janeiro, 1998.

BNDES(c). Rentabilidade das Empresas Siderúrgicas no Brasil, *Informe Setorial Mineração e Metalurgia*, n. 21, Rio de Janeiro, 1998.

BNDES. Complexo Eletrônico: Balança Comercial em 1998, *Relato Setorial*, Rio de Janeiro, 1999.

Campos, R. R., Nicolau, J. e Cário, S. O Cluster da Indústria Cerâmica em Santa Catarina: Um Caso de Sistema Local de Inovação. Nota Técnica do Projeto *Globalização e Inovação Localizada: Experiências de Sistemas Locais no Âmbito do Mercosul e Proposições de Políticas de C&T*. Instituto de Economia/ UFRJ, 1999.

Cassiolato, J. E. "The user-producer connection in High-Tech: a case study of banking automation in Brazil", in H. Schmitz y J. Cassiolato (orgs.). *High-Tech for industrial development*. Londres: Routledge, 1992.

Cassiolato, J. E. e Lastres, H.M.M. "Innovación y competitividad en la industria brasileña de los años noventa". In Sutz, J. *Innovación y desarrollo en América Latina*. Venezuela: Ed. Nueva Sociedad, pp. 163-182. 1997.

Cassiolato, J. E., Szapiro, M. H. S. e Andrade, M. L. Política Industrial no Brasil. Relatório NPI 07/98 do *Projeto Novas Políticas Industriais em Países Selecionados* realizado para o IEDI, Rio de Janeiro, 1998.

Cohen, W. M. e Levinthal, D. A. Innovation and learning: the two faces of R&D, *Economic Journal 99*: 569-596, 1989.

Coutinho, L. C. e Ferraz, J. C. *Estudo da competitividade da indústria brasileira*, Campinas: Papirus, 1994.

Ferreira, P. M. *Impactos da Privatização sobre o desempenho da indústria siderúrgica brasileira*, Monografia, IE/UFRJ, Rio de Janeiro, 1998.

Ferreira, P. M. e Hasenclever, L. *Mudança na Estrutura Patrimonial e seus Reflexos na Gestão de P&D da Indústria Siderúrgica Brasileira nos anos 90*, Rio de Janeiro, mimeo, Altec, 1999.

Freeman, C. *Technology policy and economic performance – lessons from Japan*, Londres: Frances Pinter, 1987.

Freeman, C. *Formal Scientific and Technical Institutions in the National Systems of Innovation*, Brighton: Science Policy Research Unit, University of Sussex, 1988.

Freeman, C. *New technology and catching up. The European Journal of Development Research*. Londres, v. 1, n. 1, pp. 83-99, 1989.

Freeman, C. "The National System of Innovation in Historical Perspective". *Cambridge Journal of Economics*, v. 19, n. 1, 1995.

Hasenclever, L. e Cassiolato, J. E. Capacitação Tecnológica Empresarial Brasileira e Transferência de Tecnologia Internacional na Década de 90, mimeo, IE/UFRJ, 1998.

IPEA. Boletim de Política Industrial n. 3. GAPI/DIPPP, Brasília, 1997.

Katz, J. & Fucaraccio, E. *Productividad Laboral en el Setor Industrial de 10 Países Latinoamericanos y su Comparición con Estados Unidos, Estadísticas de base para un estudio comparativo*, DDPE/CEPAL, Santiago, Chile, 1997.

Lundvall, B-A (org.) *National Systems of Innovation: Towards a Theory of Innovation and Interactive Learning*. Londres: Pinter, 1992.

Matesco, V. Atividade tecnológica das empresas brasileiras: desempenho e motivação para inovar. In: *Perspectivas da Economia Brasileira*. Rio de Janeiro: IPEA, pp. 397-419, 1993.

Melo P. R. S. e Gutierrez, R. M. Telecomunicações Pós-Privatização: Perspectivas Industriais e Tecnológicas *in BNDES Setorial*, n. 8, Rio de Janeiro, 1998.

Moowery, D. e Rosenberg, N. *Technology and the Pursuit of Economic Growth*. Cambridge: Cambridge University Press, 1989.

National Science Foundation. *Science and Engineering*, 1996.

Nelson R. R. (org.) *National Innovation Systems: A Comparative Study*. Oxford: Oxford Universtiy Press, 1993.

Nelson, R. Institutions supporting technical change in the United States. *In*: Dosi, G. Freeman, C. Nelson, R. et al.(orgs.). *Technical change and economic theory*. Londres: Pinter, p. 312-329, 1988.

Patel, P. e Pavitt, K. "Uneven (and Divergent) Technological Accumulation Among Advanced Countries: Evidence and a Framework of Explanation". *Industrial and Corporate Change* 3(3), 1994.

Perez, C. e Soete, L. Catching up in technology: entry barriers and windows of opportunity. In: Dosi, G., Freeman, C., Nelson, R. et al. (orgs.). *Technical change and economic theory*. Londres: Pinter, pp. 458-479, 1988.

Schott, T. Performance, Specialization and International Integration of Science in Brazil: Changes and Comparisons with other Latin American countries and Israel. *In*: Schwartzman, S. (org.) *Science and technology in Brazil: a new policy for a global world*. Rio de Janeiro: Fundação Getúlio Vargas, pp. 1-56,1995.

Stal, E. *O Mecanismo de Renúncia Fiscal no Progresso de Estímulo ao Investimento Privado em Desenvolvimento Tecnológico*. São Paulo, mimeo, outubro de 1995.

Szapiro, M. H. S. *Desenvolvimento de Capacitação Tecnológica na Indústria Brasileira de Equipamentos de Telecomunicações e suas Perspectivas diante da Reestruturação do Setor*. Tese de Mestrado IE/UFRJ, Rio de Janeiro, 1999.

Tigre, P. B., Lugones, G., Laplane, M. e Porta, F. *Impactos Sectorial de la Integracíon: El Caso Automobilístico en el Mercosur*. INTAL/BID, mimeo, 1999.

Tigre, P. B., Cassiolato, J. E., Szapiro, M. H. S. e Ferraz, J. C. *Câmbio Estrutural e Sistemas Nacionais de Inovação: O Caso Brasileiro*, Relatório de Pesquisa para CEPAL/ONU coordenado por Jorge Katz, Santiago, Chile, mimeo, 1999.

CAPÍTULO 6

MUDANÇAS ESTRUTURAIS NA AGRICULTURA BRASILEIRA, 1980-1998

Guilherme Leite da Silva Dias[1]
Cicely Moitinho Amaral

INTRODUÇÃO

A agricultura brasileira sofreu intensa intervenção governamental até a segunda metade da década de 1980. Durante as décadas de 1960 e 1970, o governo injetou grandes volumes de subsídios através do crédito rural. Simultaneamente ao programa de crédito rural subsidiado, o governo interveio no sistema de preços relativos com políticas de estoques reguladores e medidas protecionistas tanto nos mercados de produtos quanto de insumos. A partir da segunda metade dos anos 1980, foi sendo implantado um conjunto de reformas estruturais liberalizantes. Este capítulo se concentra em algumas importantes transformações recentes na agricultura que ocorreram a partir dos anos 1980 e que podem estar relacionadas às reformas estruturais mencionadas.

O programa de crédito rural subsidiado que havia sido criado em meados da década de 1960 não exercia impacto neutro sobre os preços relativos de insumos e produtos. Havia mecanismos de racionamento que favoreceram claramente a adoção de insumos modernos em especial máquinas e fertilizantes.[2] O principal motor dessa dinâmica foi, sem dúvida, o sistema oficial de crédito rural que, mal

---

[1] Os autores são professores da FEA/USP e agradecem a Alexandre Lahoz e a Leila Vieira, da MBA.

[2] Oliveira, J.C. "An analysis of transfers from agricultural sector and Brazilian development, 1950-1974". Unpublished Ph.D. Thesis; University of Cambridge, julho de 1981. Resumo publicado na Pesquisa e Planejamento Econômico, 14 (3), dezembro de 1984, pp. 773-822.

desenhado, logo entraria em colapso. Para entender porque esse programa estava com vida curta, é importante lembrar suas características mais relevantes.

Os financiamentos rurais eram alimentados por duas fontes: a) parcela dos depósitos à vista realizados pelo público nos bancos comerciais privados e no Banco do Brasil (BB), conhecidas como "exigibilidades" e b) recursos financeiros públicos oriundos de repasses ou redescontos do Banco Central, às vezes com recursos oriundos do orçamento fiscal ou de empréstimos externos mas, no caso do Banco do Brasil, da chamada "conta movimento", um redesconto automático da sua expansão de crédito rural que transformava o BB num banco emissor de fato. O governo obrigava os bancos a destinar uma parcela dos depósitos à vista para crédito rural seguindo as normas do Sistema Nacional de Crédito Rural (SNCR), sendo a norma mais importante a que fixava nominalmente as taxas de juros para os agricultores aos mesmos níveis daquelas fixadas para o crédito oficial. Justificava-se essa medida com a alegação de que os bancos obtinham ganhos pelo "imposto inflacionário" com os depósitos à vista não remunerados do público.

Os subsídios nas taxas de juros se originavam tanto nas taxas nominais mais baixas, como principalmente porque as taxas de juros reais se tornavam fortemente negativas, na medida em que, sendo fixadas nominalmente e não ajustadas, as taxas de juros não levavam em conta a inflação. Dessa forma, os subsídios cresciam à medida que a inflação crescia, mas com o crescimento da inflação reduzia também a proporção dos depósitos à vista como fonte dos recursos do sistema financeiro aumentando a dependência das transferências do Banco Central. A Tabela 6.1 indica o início do esgotamento deste sistema já no início da década de 1980.

Tabela 6.1
Evolução do Crédito Rural e Outros Agregados Monetários (1971/1981)

Ano	*Total das disponibilidades das Autoridades Monetárias*	*Resoluções 69 a 98*	*Total das disponibilidades no atual SNCR (1) +(2)*	*Crédito agrícola total*	*Participação (%)(3)/(4)*	*Depósitos à vista líquidos nos bancos comerciais*	*Percentagem (4-1)/(6)*
	1	2	3	4	5	6	7
1971	10121	2516	12637	17619	71,7	25782	29
1972	13073	3184	16257	24519	66,3	37128	31
1973	28856	7100	35956	36849	97,6	54133	15
1974	48447	9233	57680	63135	91,4	75148	20
1975	66212	13658	79870	105392	75,8	110198	36
1976	93592	17579	111171	159011	69,9	137366	48
1977	137668	22172	159840	227286	70,3	175926	51
1978	170919	29743	200662	270009	67,3	241665	53
1979	293573	49768	337486	461313	66,0	414881	52
1980	470385	78401	548786	791822	62,6	714956	57
1981	486951	202226	689177	1421776	48,5	1276305	73

Fonte: Valores extraídos da Tabela 8, Colunas 5, 6, 7, 8, 9, 10 e 13 de Oliveira e Montezano, 1980.

O segundo choque do petróleo em 1979 e a crise de financiamento externo em 1982 esgotam a capacidade do governo de transferir recursos para o setor privado e mergulham o país num longo processo de rolagem da dívida pública. Premido pela incapacidade de administrar os problemas que se avolumaram no início da década de 1980, refletidos no indicador de inflação que salta de 40% em 1980 para 200% em 1984, o governo negociou o apoio com organismos multilaterais, FMI e Banco Mundial. O FMI recomendava um drástico corte nos gastos públicos e política monetária restritiva, de modo a inibir gastos no setor privado. O Banco Mundial realizava assistência creditícia a vários setores, exigindo contrapartidas ou salvaguardas relacionadas a reformas diversas, incluindo liberação de preços e mudanças de procedimentos em cada setor. As reformas estruturais na agricultura vão nascer nesse contexto.

Em toda essa fase de ajuste macroeconômico recessivo, o corte dos gastos e a política monetária restritiva atinge severamente o setor agrícola, imprimindo sérias limitações na política de preços mínimos e reduzindo de modo acentuado os montantes de crédito rural oriundos das fontes oficiais. Os preços mínimos são deprimidos, de forma a reduzir as aquisições de produtos agrícolas do governo federal na política de preços mínimos, e as taxas de juros, antes negativas, passam a se apresentar crescentemente positivas. Além disso, os agricultores passaram a usar as fontes privadas de crédito com taxas de juros muito mais altas, acumulando endividamento e reduzindo margens de lucro. As únicas forças favoráveis ao setor agrícola eram dadas pela política cambial que, para possibilitar o incremento das exportações, mantinha o câmbio desvalorizado.

A experiência acumulada com os planos de estabilização deixou claro algumas pistas fundamentais para o combate ao processo hiperinflacionário a partir de 1989. Em primeiro lugar, se admitia com segurança que existia um componente inercial relevante no processo inflacionário. Para alguns, o combate a esse componente inercial da inflação poderia ser feito de modo razoavelmente independente da eliminação simultânea do déficit público e era provocado fundamentalmente pelo sistema de indexação existente e pelos hábitos da população. O componente inflacionário provocado pelo financiamento monetário do déficit público era um segundo elemento de importância. Desde que o componente mais importante da dívida pública eram os encargos de juros, esses encargos passaram a ser visados como co-responsáveis importantes no processo inflacionário. Em terceiro lugar, as pressões para a abertura econômica que se iniciaram na segunda metade dos anos 1980 e continuaram a ser realizadas nesse período, produziam uma predisposição para abrir, de forma acelerada, a economia para o exterior. Essa internalização dos preços externos poderia contribuir de forma relevante na estabilização dos preços domésticos. Essa liberdade de comércio iria beneficiar a agricultura pelo lado dos insumos, principalmente fertilizantes, e pelo lado de alguns produtos de exportação.

Gráfico 6.1
Déficit Operacional do Setor Público (1985/1998)

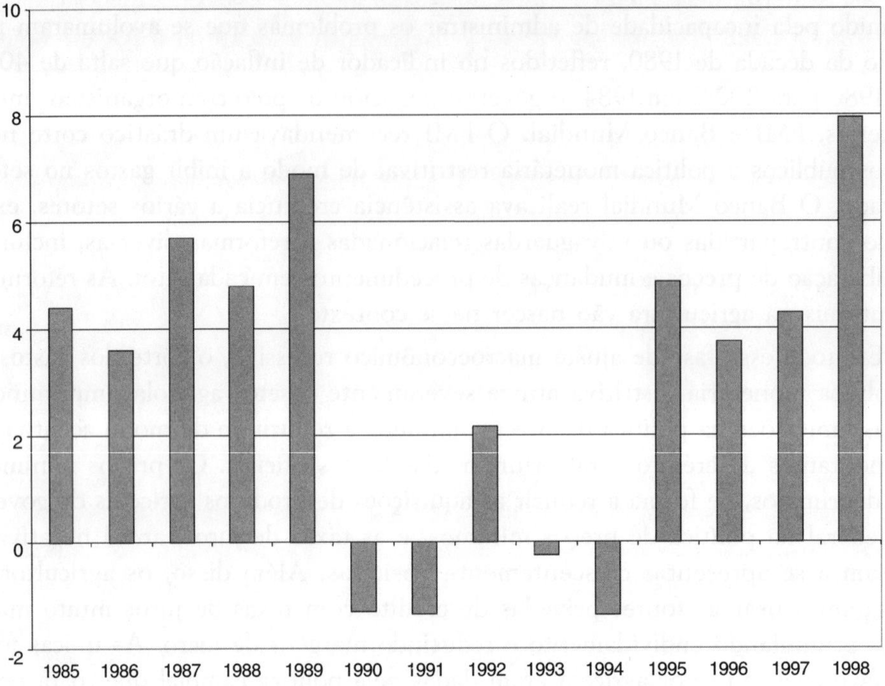

Fonte: Banco Central.

Nova seqüência de planos ocorre na primeira metade da década de 1990 (Color I e Color II e Plano Real). Os dois primeiros planos se empenharam, de forma agressiva e às vezes violenta, na tentativa de combate ao déficit público e ao seu componente mais importante: os encargos de juros da dívida. Foi nesse período, compreendido pelos planos do Governo Collor que ocorreram as reformas mais importantes da abertura da economia. A eliminação de todas as proibições de importações, definição acelerada de cronograma para reduzir tarifas, desmantelamento de órgãos e monopólios estatais na comercialização de produtos e outras medidas.

O corte de despesas públicas, incluindo drástico corte de pessoal no setor público provocou, já em 1990, um superávit operacional de pouco mais de 1% do PIB. O equilíbrio das contas se dá novamente em 1991 a um custo alto em termos de recessão. A natureza agressiva das medidas e a completa descoordenação na administração econômica foram elementos negativos importantes mas foi a deterioração da sustentação política do governo levou ao "*impeachment*" do presidente em agosto de 1992. A situação das contas públicas voltou a piorar em

1992 quando as necessidades de financiamento do setor público suplantaram 2% do PIB.

A estratégia de combate à inflação continuou enfatizando o déficit público, a abertura, a flexibilização dos preços e o elemento inercial da inflação como o conjunto de ingredientes para compor a receita do combate à inflação. No final de 1993, é anunciado o Plano Real premiando os ingredientes mencionados e acrescentando uma taxa fixa de câmbio para contribuir com mais força para a estabilização dos preços. Com abertura econômica relativamente ampla e com câmbio nominal fixado, qualquer pressão altista dos preços domésticos valorizaria o câmbio e facilitaria a entrada de importações, reduzindo as pressões altistas. No primeiro ano do Plano Real, o governo experimentou superávit primário, taxa de inflação declinante, e bom desempenho no nível de atividade econômica, com um crescimento superior a 4% do PIB.

O Plano Real apresentou o melhor desempenho entre todos os planos de estabilização anteriores. A inflação foi contida com eliminação dos mecanismos de indexação e a memória inflacionária foi sendo apagada nesse período. Todavia, começaram a se acumular problemas relacionados às duas variáveis básicas do sistema: a taxa de câmbio e a taxa de juros. A taxa de câmbio sofria reajuste gradual, mas numa velocidade incapaz de evitar a valorização da moeda nacional em relação a outras moedas, abrindo espaço para um crescente déficit comercial. Para financiar esse déficit, o governo executava uma política monetária restritiva para aumentar a taxa de juros e atrair capitais do exterior. O custo dessa política de taxa de juros alta foram os encargos crescentes da dívida pública.

Embora os preços tenham estado estabilizados na segunda metade dos anos 1990, o desequilíbrio macroeconômico crescia tanto nas contas públicas como no balanço de pagamentos. Depois de um superávit em 1994, o déficit operacional atingiu cerca de 5% em 1995. Em 1996, tentou-se uma reação reduzindo as necessidades de financiamento para 3.7% do PIB. Todavia, em 1997 o déficit cresceu novamente parar 4,3% e se aproximou de 7% em 1998, nivelando-se aos piores desempenhos das duas últimas décadas.

Durante todo o período de tentativas frustradas de ajuste da economia brasileira, o setor agrícola foi afetado ora por condições favoráveis, ora por condições desfavoráveis de acordo com as variações nos preços relativos. A seguir, discute-se essas distorções.

Avaliação das Distorções no Setor Agropecuário

O trabalho Brandão & Carvalho (1990) é o marco de referência para se conhecer a direção e intensidade das principais forças de mercado no início dos anos 1980. É um dos textos que melhor sintetiza evidências relevantes das décadas 1960/1980 e que poderia mais se aproximar do que se conhece como "viés contra a agricultura". Os autores usam um esquema análise de equilíbrio parcial para investigar essa fase do chamado "viés contra a agricultura". Procuram investigar a direção das forças de mercado, refletidas nos movimentos dos preços relativos, e apontar as principais relações com as mudanças observadas no período. Os resultados do trabalho apontam para um conjunto de fatos relevantes para se entender as transformações recentes.

Tabela 6.2
Transferências Diretas e Indiretas de Recursos

Ano	*Crédito Incluído*		*Crédito Excluído*	
	Direto	*Total*	*Direto*	*Total*
1966	4,53	4,75	2,05	2,28
1967	5,35	4,78	2,99	2,42
1968	2,91	1,75	–0,25	–1,40
1969	6,79	5,64	3,65	2,50
1970	18,34	16,6	14,4	12,67
1971	19,55	16,10	14,99	11,54
1972	14,51	11,08	1,43	7,00
1973	2,72	–0,56	–0,81	–4,08
1974	–2,96	–13,97	–8,77	–19,79
1975	5,38	–2,97	–4,70	–13,06
1976	9,01	4,31	–3,43	–8,13
1977	8,19	5,80	–2,67	–5,06
1978	7,48	4,70	–2,09	–4,87
1979	7,67	1,93	–4,79	–10,53
1980	22,79	18,98	–7,50	–11,31
1981	9,56	6,77	–0,45	–3,54
1982	3,54	–1,35	–6,75	–11,64
1983	0,81	–1,83	–3,83	–6,47

Fonte: Banco Central.

Talvez o fato mais importante seja a transferência líquida (incluindo crédito) de cerca de 8% do PIB agrícola no período 1975/1983. Essas transferências foram resultado de intervenções diretas (gastos públicos) e subsídios no crédito rural. Isolando-se o crédito rural, aparece claramente o sinal da discriminação de preços. Não fosse o crédito rural, teriam saído da agricultura cerca de 8,9% do PIB agrícola, em média, no período analisado.

Em segundo lugar, o esquema de subsídios e de preços relativos, artificialmente criado pela política governamental, exerceu os seguintes impactos de relevância:

a) Dentro da agricultura, privilegiou-se a produção de alimentos em detrimento dos produtos de exportação. Essa transferência dentro do setor agrícola inibiu a vocação natural exportadora da agricultura. Os preços relativos de produtos exportáveis (soja, algodão e milho) ficaram entre 10 e 30% abaixo dos preços dos alimentos (arroz e trigo).

b) No confronto da agricultura com outros setores, observou-se uma vantagem líquida para a agricultura, resultado do efeito líquido das políticas discriminadoras de preços e da política financeira (crédito e juros) fortemente subsidiada.

c) A produção efetiva ficou abaixo da produção que seria esperada numa situação de livre comércio para todos os produtos analisados (algodão, soja, milho, arroz e trigo). Apenas a soja teve a produção efetiva não muito diferente daquela esperada sem intervenção. Milho e trigo tiveram níveis de produção bem diferentes dos volumes esperados sem intervenção. A produção de milho esteve entre 4 e 39% abaixo do que poderia ter sido.

d) O consumo efetivo foi maior do que ditaria uma situação sem distorções para todos os produtos. O consumo de trigo superou em 34% o nível de consumo sob uma situação sem intervenção. O consumo de óleo de algodão foi 14,6% e o de milho, 10,7% maior do que os níveis que se observariam em uma situação com livre mercado.

e) O sistema de intervenção no período prejudicou claramente as exportações do setor. Estimou-se uma perda de cerca de 10% anual com o sistema de intervenção nos cultivos de exportação. Não se observou diferenças significativas com relação a outros produtos. A importação de fertilizantes teria aumentado muito pouco com um sistema mais liberal.

f) O impacto distributivo do período prejudicou os consumidores de baixa renda em relação aos consumidores de altas rendas.

O impacto de intervenções diretas e indiretas (tarifas, subsídios, quotas e outros) significou perdas sobre a agricultura em grande parte do período analisado. A relação entre os preços agrícolas (algodão, soja, milho, arroz e trigo) e os preços não-agrícolas corrigidos gravaram milho e arroz no fim do período e reduziram gravames sobre o algodão. O efeito líquido das intervenções sobre trigo se anularam.

O "viés contra a agricultura" no Brasil foi fundamentalmente, um viés de natureza alocativa. Tanto a política de preços como a de crédito rural beneficiaram mais alguns subsetores na agricultura e prejudicaram outros. Possivelmente, o principal viés foi conter o nível de internacionalização da agricultura, evitando que o crescimento das exportações agrícolas atingisse o seu potencial com a estrutura de preços relativos anterior, embora se considera as condições pouco favoráveis do mercado internacional.

Reformas Estruturais na Agricultura

Crises cambiais na economia brasileira no início dos anos 1980 foram atenuadas com recursos vindos do FMI e Banco Mundial. Daí surgiram grande parte das pressões para que as autoridades econômicas brasileiras mudassem o seu modelo econômico tanto na condução da política macroeconômica como na condução das políticas setoriais. As justificativas eram fundamentalmente ligadas ao descontrole das contas públicas com os gastos setoriais e ao desequilíbrio nos preços relativos da agricultura provocados fundamentalmente pela ausência de liberdade de comércio. Esses processos contribuíram para o surgimento de um novo modelo de política agrícola, envolvendo a liberalização de mercados e promovendo a retirada, às vezes gradual (café, cana de açúcar), às vezes repentina (trigo), do governo das atividades de regulação dos mercados agrícolas.

As reformas mais relevantes para a agricultura se concentraram no período de 1987 a 1992. Foram três os grupos mais importantes de reformas; 1) as reformas destinadas a eliminar barreiras ao comércio exterior; 2) as destinadas a estabilizar os preços domésticos; e, 3) as institucionais destinadas a desativar os monopólios estatais na agricultura.

As reformas no comércio exterior envolveram mudança nas regras de importação de produtos e insumos, com a redução dos níveis tarifários, redução na dispersão e harmonização da estrutura tarifária. As reformas envolveram a eliminação de proibições para importar e exportar, e modernização dos procedimentos operacionais em alfândegas e agências controladoras do câmbio. As reformas envolveram a eliminação de impostos, simplificação de normas, eliminação de guias e licenças prévias, eliminação de quotas, eliminação de proibições para exportar e outras mudanças.

Na reforma dos mercados domésticos, criaram-se mecanismos de intervenção mais consistentes com o funcionamento dos mercados, alinhando os preços mínimos com o mercado internacional, criando o sistema de pagamento pela diferença entre o preço mínimo e o de mercado sem as compras governamentais, trazendo transparência e melhores condições para atrair agentes privados para carregar estoques e ampliar os mercados agrícolas.

No que tange à desativação de monopólios estatais, as reformas se deram na direção de reduzir o papel governamental na economia, transferindo para a iniciativa privada a comercialização de produtos cujo controle ficava antes integralmente nas mãos do estado. Os casos mais importantes são os do açúcar e álcool, do café e o do trigo.

Reformas no Comércio Exterior

O objetivo do programa de reformas no comércio exterior foi claramente o de reduzir ou se possível, eliminar o viés anti-exportador da agricultura. Desde 1987, o governo já criara normas para a abertura dos mercados agrícolas. No entanto, foram nos anos de 1990 e 1991 que se implantaram a grande maioria das reformas. Nas importações, a principal reforma é a tarifária que começa em 1988. Em 1990, são removidas todas as restrições quantitativas nas importações. Em

1991, é anunciado um cronograma gradual de redução na tarifa tanto na tarifa média como na dispersão. De acordo com o cronograma de reforma estabelecido, a estrutura tarifária deveria apresentar ao fim do programa apenas 9 categorias de produtor, com tarifa modal de 20%, tarifa média de 14,2% e tarifa máxima de 35%. Essa estrutura pretendida pelos reformadores contrastava, de modo flagrante, com a estrutura anterior que apresentava uma tarifa modal de 40%, média de 32,2% e máxima de 105%. Na Tabela 6.3 pode-se ver a evolução das tarifas. Aí são apresentadas taxas nominais de proteção para os principais produtos exportáveis e importáveis. As taxas captam barreiras tarifárias e não-tarifárias. Devido à grande volatilidade dos preços de fronteira, os autores recomendam cuidado ao interpretar esses indicadores.

É possível verificar que as taxas de proteção nominal indicam queda na proteção sobre todos os produtos. Isto fica claro para os produtos importáveis que são considerados alimentos básicos (trigo, arroz, feijão e milho). No caso do feijão, a proteção que era de 39,2% em 1985, passou para uma taxa nominal negativa, isto é um gravame. No caso do arroz, observa-se fenômeno semelhante com os preços domésticos bem superiores aos preços internacionais em 1985 e inferiores em 1992.

Observando os produtos de exportação, não se pode dizer que houve redução na taxação a esses produtos, conforme refletida pela comparação dos preços domésticos com os preços de fronteira. As oscilações são grandes sem definir uma redução sistemática entre os produtos.

Tabela 6.3
Taxa Nominal de Proteção, Produtos Exportáveis e Importáveis (%), (1980-1992)

	1980	*1981*	*1982*	*1983*	*1984*	*1985*	*1986*	*1987*	*1988*	*1989*	*1990*	*1991*	*1992*
EXPORTÁVEIS													
Cacau	–19,7	–9,2	–12,6	–9	–5,4	–11,5	–15,9	–9,6	–8,7	–18,3	–9,9	–8,5	–20,8
Algodão	24,3	26,2	35,4	50,4	23,4	26,8	194,8	53,5	28,2	24,2	26,3	29,5	8,5
Milho	10,1	20	212,7	168,6	29								
Soja	–5,6	–15,4	–8	3,5	–15	–9,5	–3	11,9	8	–7,1	–5,3	3,9	–8,9
Açúcar	–42,8	–8,1	58,3	13,2	11,2	43,6	24,2	49,6	14,1	–27,9	46,5	–32,7	–31,6
IMPORTÁVEIS													
Feijão	14,9	21,7	162,3		0,6	39,2	13,8	49,3	–30,3	–33,8	3,2	3,7	–3,5
Milho						–46,1	–23,2	–36,9	–16,3	–42,7	–23,9	–33	–47,1
Arroz	48,3	–43,5	56,2	26,1	–30,3	40,8	48,6	1	9,2	–0,7	17,5	30	–1,2
Trigo	–38	–13,9	6,6	–19	–9,2	18,9	67,1	32,9	18,2	–32,1	–32,1	–16,7	–17,9

Fonte: Banco Mundial, 1993.

A Tabela 6.4 apresenta uma agenda de reduções tarifárias para produtos agrícolas, insumos, máquinas e equipamentos. Dos produtos da tabela, os mais protegidos são açúcar e leite com 20%. Em seguida, a proteção maior recaiu sobre o trigo com 15% em 1993, depois de ter experimentado 25% em 1991. Nenhuma proteção foi criada para o algodão, em função da proteção que era dada à indústria têxtil. Na verdade, o algodão foi exposto aos rigores da concorrência e sofreu taxações indiretas (contingenciamentos) desde o início da década de 1980, com resultados negativos sobre o crescimento da produção, transformando o país de exportador na década de 1970 para importador líquido nos últimos anos.

A dependência crescente de fertilizantes químicos importados, especialmente os nitrogenados, define uma estrutura de baixas tarifas para esses insumos. Para amônia, enxofre e nitratos, as tarifas são nulas e ficam entre 5 e 10% para o super-fósforo e outros fertilizantes. A proteção se mantém alta para tratores com a intenção de defender a indústria nacional, bastante ociosa depois que os créditos de investimento caíram a níveis muito pequenos. A tarifa então vigente de 40% caiu para 30%.

Tabela 6.4
Agenda de Redução de Tarifas de Produtos e Insumos Agrícolas (1991/1993)

Produto/Insumo	*1991*	*1992*	*1993*
Trigo	25	20	15
Milho	10	10	10
Semente de Milho	0	0	0
Arroz Irrigado	15	15	15
Arroz, Outros	15	15	15
Feijão (3 categorias)	0	0	10(0)
Algodão	0	0	0
Cacau	10	10	10
Café, Grão	10	10	10
Café, Outros	15	10	10
Soja Grãos	10	10	10
Soja, Derivados	20	15	10
Aveia			10
Óleos de Grãos			10
Açúcar, Vários			20
Carnes Variadas			
(boi. porco, carneiro, frango)	15	10	10
Leite in natura, leite em pó			20
Hortícolas			10
Fertilizantes	15	15	
Uréia			10
Amônia, enxofre			0
Nitratos			0
Super Fósforo			5-10
Outros			0-10
Tratores	40	35	30(20)
Equipamentos (arados etc.)		25	20
Equipamento para Indústria láctea			20
Outros equipamentos			20
Químicos			
Matérias-primas	5	5	10
Produtos finais	15	15	10

Fonte: Banco Mundial, 1993.

Além da reforma tarifária, implantou-se reformas complementares destinadas à modernização do sistema de informações estatísticas do comércio exterior e simplificação dos mecanismos de controle aduaneiros. Criou-se mais agilidade nos registros, guias e processamentos. Criou-se um sistema eletrônico ágil com capacidade para alimentar a Receita Federal (controle aduaneiro), o Banco Central (controle cambial) e o Banco do Brasil (controle estatístico) com informações *on line*. Antes da reforma, esses controles eram realizados pelas agências de modo separado com pequena integração entre elas, muitas vezes de forma arbitrária e discricionária no controle das licenças, o que introduzia elementos de risco, aumentando o custo das importações.

Em 1991, o Brasil criou uma legislação sobre medidas compensatórias para reduzir a demora na análise de casos *anti dumping* Essas normas previam que, uma vez identificado que existe subsídio ao fornecedor no exterior, uma medida compensatória se aplicaria quando: a) a importação fosse superior a 2,08% do consumo (produção) brasileiro médio dos últimos 3 anos; e, b) quando o preço de importação estivesse abaixo do preço médio doméstico dos últimos 5 anos.

Em 1991, foram eliminados os impostos nas exportações e o sistema de quotas e de licenças prévias nas exportações de produtos agrícolas. Em 1992, foi eliminada a necessidade de licença prévia para a exportação de açúcar e álcool. Foram eliminados todos os subsídios diretos e indiretos, exceto aqueles existentes nas zonas francas e no sistema *draw-back*. Através desse sistema, não haveria tarifas nas importações de insumos utilizados em produtos que seriam exportados. O número de documentos no processo de exportação foi reduzido e foram simplificados os documentos de comércio exterior.

As restrições mais importantes que permaneceram foram aquelas relacionadas aos setores de saúde, segurança alimentar e espécies animais com perigo de extinção. Também permaneceram os impostos indiretos ICMS, IPI e FINSOCIAL. Apenas em 1996, é eliminado o ICMS, o imposto estadual sobre o valor adicionado de cerca de 12% em média nas exportações.

Reformas na Política de Preços Domésticos

Com a redução dos subsídios no crédito rural, o governo passou a dar maior importância à administração dos preços domésticos. Teria que ser um sistema de intervenção que resguardasse o espaço para o funcionamento, o mais eficiente possível, dos mercados. Agora haveria necessidade de administrar a oferta e evitar escassez de abastecimento através do controle de estoques governamentais. O sistema desenhado já em 1984 por Dias e Barros (1984) combinava as políticas comercial, de estoques reguladores e de preços mínimos em um único sistema de controle de natureza estritamente tarifária e não quantitativa.

Através dos mecanismos previstos na reforma, o governo passava a intervir nos mercados agrícolas apenas quando os preços fossem muito altos ou muito baixos. Seria um sistema de bandas com níveis correspondente ao preço mínimo e a um preço máximo, previamente anunciados, de forma a fornecer os sinais corretos aos agentes e *traders* envolvidos em todo o processo comercial agrícola. Em sua forma original, o sistema proposto por Dias e Barros previa que se o preço doméstico do produto subisse além do preço máximo, o governo passaria a desovar seus estoques para manter o preço dentro do intervalo das bandas. Se não conseguisse sucesso com a desova de estoques, as importações seriam internalizadas no montante necessário para baixar os preços domésticos aos preços desejados. Se a queda dos preços domésticos fosse muito acentuada, ocorreriam aquisições pela política de preços mínimos. Se o preço internacional de um produto subisse muito, pondo em perigo o abastecimento doméstico do produto, o governo passaria a taxar a exportação do produto de forma a neutralizar uma internalização dessa instabilidade externa. Da mesma forma, se o preço internacional de um produto caísse de forma muito acentuada, ameaçando produtores domésticos, o governo imporia uma tarifa de forma a impedir que os produtores domésticos fossem expostos a tais choques.

A implantação dessa reforma sistema alterou de forma significativa a forma de intervenção governamental. Antes da reforma, ocorria uma intervenção direta tanto nos preços ao produtor como nos preços ao consumidor. O mais grave nessa forma de intervenção pré-reforma era a incerteza que era transmitida para produtores, processadores e comerciantes. Na realidade, o sistema implantado não se distanciou muito daquele proposto em 1984, exceto quanto às tarifas flutuantes nas importações e exportações. A política de preços mínimos continuou administrando a oferta agrícola ao fixar anualmente o preço mínimo e alocar incentivos de preços de acordo com as estimativas de demanda futura. A política de estoques reguladores se integrou à política de preços mínimos com um programa de controle de estoques governamentais e de incentivos para a manutenção de estoques privados. A política de preços mínimos continuou com sua função de sinalizar preços futuros para os agricultores, sinalizar preços diferenciados para culturas regionais específicas, facilitar linhas de crédito para pequenos agricultores e fornecer preços de referência para o sistema financeiro (BIRD, 1993).

A Política de Garantia de Preços Mínimos (PGPM) funciona com dois instrumentos. Um instrumento de atuação direta nos mercados, chamado AGF (aquisições do governo federal), através do qual o governo compra o produto para estocagem quando o preço de mercado, na época da colheita, cai abaixo do preço mínimo. O instrumento de atuação indireta é o chamado EGF (empréstimo do governo federal) que atua sobre o financiamento do produto colhido. O crédito é concedido por um período (por volta de 6 meses) durante o qual o agricultor tenta obter um melhor preço no mercado. Nesse último instrumento (EGF), pode ocorrer ou não a opção do agricultor vender o produto para o governo (transformar em AGF), caso não encontre melhor opção no mercado.

Tabela 6.5
Aquisições do Governo Federal (AGF) como Percentagem da Safra (1975/92)

Ano	*Algodão*	*Arroz*	*Feijão*	*Milho*	*Trigo*
1975	9,7	0	1,7	0,6	0
1985	6	17,3	22,8	15,2	12
1987	11	28,1	43,3	29,5	5
1988	1,5	18,8	4,8	6,6	0
1989	0,2	7,9	0	3,8	0
1990	0	1,1	0	2	0
1991	0	0	0,4	0	0
1992	0	0,8	0,2	1,1	0

Fonte: Banco Mundial, 1993.

Tabela 6.6
Empréstimos do Governo Federal (EGF) como Percentagem da Safra (1975/92)

Ano	*Algodão*	*Arroz*	*Feijão*	*Milho*	*Soja*
1975	51	12	3	5,4	32,4
1985	13	21	5	7,9	17,2
1987	42	30	5	6,9	25
1988	38	31	7	15,6	18,7
1989	15	27	2	14,1	4,4
1990	4	4	3	2,2	3,9
1991	7	3	3	3,6	1,2
1992	3	38	17	19,6	9,5

Fonte: Banco Mundial, 1993.

Com a reforma, a PGPM passa por pequenas alterações. Em 1988, é criado o preço de liquidação dos estoques (PLE) acumulados com a PGPM. Representou inicialmente um gatilho que dispara a colocação de estoques governamentais de milho, carnes, arroz, feijão e trigo no mercado, toda vez que o preço de mercado sobe além do PLE. O PLE foi concebido como uma média móvel de 40 a 60 meses, acrescida de um adicional de 15% destinado a dar um pouco mais de flexibilidade ao mercado.

Em 1992, há mudança no prazo para liquidação do EGF, com a criação do chamado EGF especial, que pode ser plurianual. Em 1993, é criado um preço de empréstimo inferior ao preço mínimo para avaliar o empréstimo para alguns produtos específicos tais como soja. Também nesse ano é criado o preço de liquidação do EGF, através do qual o agricultor vende o produto no mercado e recebe a diferença do governo.

A política agrícola de preços não foi executada a contento durante todo o período porque a escassez de recursos públicos provocou algumas vezes quebra dos compromissos, o que pôs em cheque a credibilidade dos programas.

Impactos das Reformas e as Mudanças Estruturais na Agricultura Brasileira

Embora essa transição marcada por reformas tenha sido rápida e o setor agrícola tenha perdido o seu principal mecanismo de compensação – o programa oficial de crédito altamente subsidiado –, existe uma certa surpresa no fato de que a produção manteve sua trajetória de crescimento, sem apresentar crises de ajustamento, freqüentes na experiência mundial recente de países com mudanças estruturais mais significativas (Gráfico 6.1). Outro comportamento que surpreende é o grau de abertura, medido pelo volume das exportações sobre a produção doméstica, que pára de crescer e até chega a apresentar uma leve tendência de redução (Gráfico 6.2). Fica evidente que o "viés" pró-exportação estava presente no modelo anterior porque durante a crise de crescimento dos anos 1980 e, mesmo depois da estabilização, o grau de abertura não recupera a tendência registrada até 1983.

Nesta seção vamos explicar esse desempenho peculiar do setor agrícola brasileiro com os seguintes elementos: a) um argumento de ordem micro, onde o crescimento de produtividade ao nível da firma mais capitalizada e uma evolução favorável da relação de troca (produto/insumo) sustentam o crescimento da produção agregada; b) um conjunto de fatores macroeconômicos indicam que as mudanças estruturais ainda estão incompletas, com uma moeda doméstica muito valorizada e uma elevada dependência de poupanças externas que se traduz em taxas de juros muito elevadas; e, por fim, c) a estabilização do processo inflacionário que, juntamente com algumas políticas sociais compensatórias, sustentaram o crescimento da demanda doméstica sobre o setor agrícola. Com o propósito de subsidiar o leitor, iniciaremos com uma breve descrição dos fatos que levaram à descontinuidade da política agrícola anterior.

Gráfico 6.2
Índice da Produção Agropecuária (1969/1998)

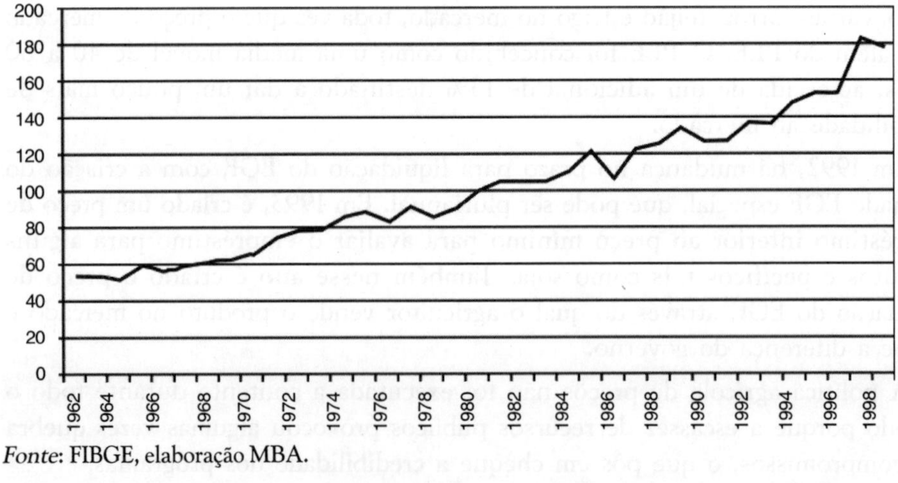

Fonte: FIBGE, elaboração MBA.

Gráfico 6.3
Evolução do Grau de Abertura (%) (1962-1996)

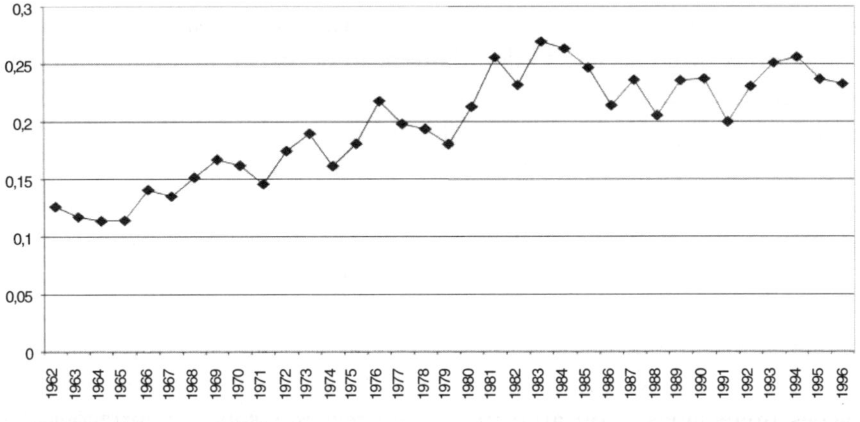

Fonte: FIBGE, elaboração MBA.

O instrumento de política de maior impacto foi o crédito rural, que redistribuía os incentivos funcionando assim como o elemento coordenador do processo. A percepção que já se teve de que o setor financeiro desempenharia esse papel coordenador no desenvolvimento agrícola não se verificou, entre outras razões porque o setor financeiro servindo a agricultura foi totalmente controlado pelo governo, sem nunca ter sido absorvido pelo sistema privado de intermediação financeira e, fundamentalmente, porque o governo perde a capacidade de gerar recursos ao longo da década de 1980. É nesse período que a inflação se acelera pelos mecanismos da indexação e o mercado internacional de capitais se fecha para o Brasil. O setor agrícola passa então a experimentar um gradual afastamento do governo e vive os desmantelamentos dos instrumentos de intervenção na agricultura que foram intensamente utilizados desde os anos 1960. Com a recessão que atinge a economia no início dos anos 1980, em função principalmente da crise da dívida externa, o governo perde sua capacidade de continuar assistindo a agricultura com injeção de recursos públicos, principalmente através do crédito rural subsidiado e da política de garantia de preços mínimos. A intervenção governamental na agricultura exerceu seu papel positivo enquanto foi possível injetar crédito para investimento, criação de infra-estrutura e nova tecnologia, possibilitando a expansão da fronteira agrícola em direção a áreas geográficas novas e mais produtivas da Região Centro-Oeste e do Brasil Central.

Na ausência do principal mecanismo de compensação, aparecem fortes pressões políticas do setor rural contra os elementos de discriminação dados pelas intervenções governamentais. Essas pressões do setor se somam a outras de organismos internacionais, em especial do Banco Mundial que as expressa nas salvaguardas contidas nos projetos de ajuda setorial. Começa então a configurar-se com maior clareza um novo modelo que tomaria forma a partir de meados

dos anos 1980. A agricultura passará a se relacionar de modo muito mais integrado, de um lado, com o sistema de distribuição, composto por setores agroindustrial e por cadeias de supermercados varejistas e de outro lado, com os fornecedores de insumos e serviços. A nova estrutura de abastecimento acompanha de perto o ritmo acelerado de urbanização do país e imprime nova configuração no comércio de alimentos e outros produtos agrícolas e passa a liderar e coordenar processos produtivos de grandes segmentos da agricultura, imprimindo-lhes procedimentos padronizados e maior eficiência. Essa força coordenadora tem base na liquidez concentrada nas cadeias de supermercados, nas indústrias de alimentos, nos *traders* e também na indústria de insumos. No período em que o sistema de crédito rural oficial se esgota, essas novas fontes de financiamento começam a ocupar espaço. Os supermercados concentram liquidez porque operam através de compras à prazo e vendas à vista, em grande escala. Os *traders*/processadores detêm acesso privilegiado ao crédito externo através de importações financiadas e, ou antecipações de recursos sobre exportações. Nesse novo ambiente mais integrado com outros setores da economia, a agricultura experimenta talvez o fato explicativo mais importante para se entender a sua dinâmica de crescimento positivo no período: o crescimento sistemático da produtividade, assunto que passaremos a discutir.

Gráfico 6.4
Evolução dos Valores de Crédito Rural Concedido (1965/1997)

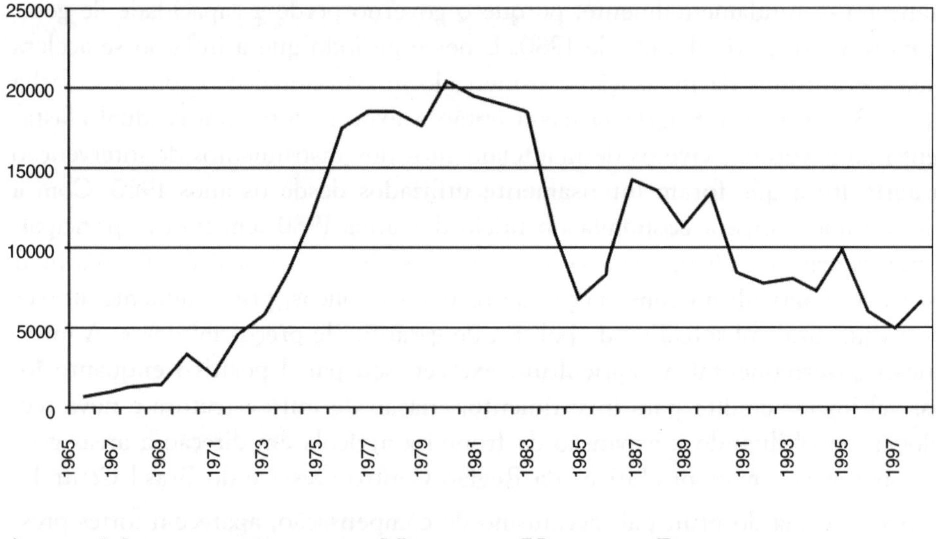

Ajuste Microeconômico ao Nível das Unidades Produtivas

Um novo conjunto de incentivos, agora predominantemente de mercado, começa a se formar na agricultura. A hipótese que seguimos é de que, a partir da segunda metade dos anos 1980, a perda das transferências de renda via crédito subsidiado induz os agricultores a um processo de redução dos custos médios ao nível da propriedade agrícola. O instrumento mais importante foi o crescimento vigoroso da produtividade no nível da unidade produtiva, com redução moderada da área cultivada mas forte redução do emprego de mão-de-obra.

Aumento da Produtividade da Terra

Os indicadores de produtividade da agricultura, quer de lavouras quer da pecuária, registram um crescimento sistemático no período de 1987 a 1998. Construiu-se um índice de produtividade do setor de lavouras a partir das produtividades individuais, usando como peso de ponderação a participação do valor de cada cultura no valor global da produção de um ano-base. O comportamento desses índices médios de produtividade mostra um crescimento positivo em quase todos os anos da década. A taxa de crescimento desse indicador de produtividade no período 1987/98 esteve próxima de 1,85% ao ano. Na média do triênio 1996/98, a produtividade foi 22% superior àquela de 1987.

O indicador de produtividade da pecuária não pôde ser construído a partir de estatísticas anuais porque não existem indicadores representativos de taxas de conversão de peso a partir de alimentos consumidos, assim como não existem dados anuais de rebanhos. A alternativa utilizada foi comparar os dados do Censo Agropecuário de 1996 com os do censo de 1985 que fornecem dados adequados para os estoques de rebanho e da produção obtida. Em conseqüência, obteve- apenas uma estimativa média de crescimento da produtividade para o período entre os censos. O resultado foi um crescimento muito parecido com o crescimento da produtividade das lavouras, cerca de 1,94% ao ano. A produtividade média do triênio de 1996/98 foi 21,3% maior que em 1987 (Tabela 6.2). No agregado, considerando pecuária e lavouras, a agropecuária mostrou um crescimento médio anual de 1,88% ao ano.

Tabela 6.7
Evolução dos Índices de Produtividade (1987/1998)

Ano	*Subsetores*		*Agropecuária*
	Lavouras	*Produtos Animais*	
1987	100,0	100,0	100,0
1988	96,1	101,9	98,0
1989	100,5	103,8	101,6
1990	94,9	105,8	98,5
1991	97,1	107,9	100,7
1992	103,6	110,0	105,7
1993	110,8	112,1	111,3
1994	111,3	114,3	112,3
1995	112,5	116,6	113,8
1996	114,2	118,9	115,8
1997	116,4	121,3	118,0
1998	122,4	123,6	122,8

Fonte: FIBGE.

O crescimento elevado da produtividade da terra foi favorecido por vários fatores. Em primeiro lugar, o fraco desenvolvimento na infra-estrutura de transportes comparado com as duas décadas anteriores, forçou a utilização mais intensiva do fator terra, utilizando áreas tradicionais mais próximas dos centros urbanos e áreas novas do Brasil Central e do Centro-Oeste. Um segundo fator foi o aproveitamento de tecnologias desenvolvidas pela Empresa Brasileira de Pesquisa Agropecuária (EMBRAPA), a empresa do governo responsável pela pesquisa agropecuária, principalmente a partir de meados da década de 1970. Os componentes da nova tecnologia envolviam tanto novas variedades adaptadas às regiões de fronteira agrícola (principalmente regiões de cerrados) como os tratos culturais complementares dessas novas variedades.

Um terceiro fator importante foi, sem dúvida, o fator humano. A agricultura passou por um forte processo de profissionalização nesse período. Durante os anos 1960 e 1970, massas de agricultores se deslocam do Sul para outros estados, levando consigo algum capital físico mas, principalmente, capital humano e atraídos por terras aptas para a agricultura nessas novas áreas. Tanto nas regiões do Centro-Oeste como na Região Norte, esses agricultores começam a levantar o patamar de produtividade das culturas, auxiliados por terras novas e tecnologia existentes e apropriadas (David, 1997). A mudança nos preços relativos, propiciada pela abertura, reduziu substancialmente o preço dos insumos agrícolas e como veremos mais adiante, atuou como um elemento importante para a aceleração da absorção e implantação dessas novas tecnologias orientadas para o crescimento da produtividade.

Tabela 6.8
Índice de Produtividade das Culturas mais Importantes (1986/98)

Ano	Produtividade					
	Algodão	Soja	Café	Cacau	Milho	Feijão
86/88	100,0	100,0	100,0	100,0	100,0	100,0
87/89	106,3	100,0	75,0	104,7	99,7	113,7
88/90	110,3	98,0	63,7	103,7	97,7	121,3
89/91	116,3	95,0	68,0	101,0	96,7	122,7
90/92	121,3	96,0	68,7	91,7	100,3	131,0
91/93	126,3	103,7	71,3	89,7	111,3	144,7
92/94	127,3	115,0	74,7	89,3	120,3	154,3
93/95	136,0	118,0	73,7	86,3	125,7	158,3
94/96	139,7	119,0	78,3	82,7	123,7	152,7
95/97	148,7	121,3	76,0	78,3	127,0	153,3
96/98	152,2	124,3	87,0	77,0	130,7	158,3

Fonte: FIBGE.

O crescimento da produtividade não foi homogêneo sendo mais intenso em alguns produtos e menos intenso em outros. Na Tabela 6.3, é possível observar o rápido crescimento da produtividade de arroz e milho, os produtos mais representativos dos alimentos básicos de consumo da classe trabalhadora e da população mais pobre. A produtividade do milho passou de 100 em 1987, para 131 no triênio 1996/98. O algodão mostrou expressivo crescimento no período, quando a produtividade cresceu cerca de 52%. A produtividade da soja cresceu menos de 30%.

Os produtos que se beneficiam da dinâmica dos mercados externos não tiveram resultados tão bons em termos de crescimento da produtividade quanto aquelas mais ligadas aos mercados domésticos. Dois históricos produtos da pauta de exportações, café e cacau, experimentaram taxas negativas de crescimento da produtividade. Por outro lado, o feijão que sempre foi um dos produtos mais problemáticos em termos de produtividade no passado, mostrou desempenho extraordinário com crescimento de 58% na produtividade entre 1987 e 1998 (Tabela 6.8).

A observação desses indicadores não deixa dúvidas quanto ao superior desempenho dos produtos de consumo doméstico e desempenho até decepcionante de produtos de exportação (casos de cacau e café). A implicação desse comportamento diferenciado de produtividade na agricultura brasileira sugere que a agricultura tomou uma direção mais orientada para atender o seu mercado interno do que para atender os mercados exportadores.

Os indicadores de produtividade para a pecuária são mais expressivos ainda do que para lavouras, no período que se estende de 1987 a 1998. O índice de produtividade da agropecuária, média dos índices de produtividade para bovinos, aves, suínos, ovos e leite, registrou crescimento de 23,6% entre 1987 e 1998, superior aos 22,8% registrados para lavouras. Crescimento extraordinário coube ao segmento de suínos com um crescimento de 90,4% no período. A produtividade do leite foi também expressiva (25,7% no período).

O ajuste do setor agrícola via crescimento da produtividade ao nível da empresa agrícola propiciou o crescimento sustentado da agricultura no período mas se deu com ampliação de desemprego rural e alteração na estrutura das firmas agrícolas. A seguir se expõe esse argumento.

Redução do Emprego Rural e Mudanças na Estrutura das Firmas Agrícolas

Este é um ponto que ainda merece reflexão e melhor análise porque os dados preliminares do censo ainda não estão disponíveis em todos os cruzamentos requeridos e devem portanto ser analisados com cautela. A agricultura brasileira se ajustou às várias restrições que enfrentou nas décadas de 1980 e 1990, empregando formas alternativas de capitalização interna ao estabelecimento produtivo, ligadas principalmente ao forte aumento na produtividade, redução de custos e desmobilização de ativos. A conseqüência foi um forte processo de desemprego de mão-de-obra, não somente de trabalhador contratado mas também da família dos produtores, redução do número de estabelecimentos e queda nos preços das terras, principalmente após a estabilização. Esse processo agrava uma situação anterior, com fortes raízes históricas que caracterizam o setor agrícola brasileiro como registrando uma das distribuições de renda mais desiguais na América Latina.

Os dados da apuração preliminar do Censo Agrícola de 1996 permitem inferir que o pessoal ocupado na agricultura se reduziu em 23% entre 1985 e 1996 enquanto o produto agregado do setor teria cresceu 30% no mesmo período. Portanto, a produtividade média do trabalho cresceu mais do que a produtividade da terra durante o processo de ajustamento. A Tabela 6.9 mostra que a redução do emprego ocorre em todas as macro-regiões do pais. Dos 5,5 milhões de postos de trabalho perdidos, 4 milhões de postos se referem a responsáveis pelos estabelecimentos produtivos (e membros de sua família), quando classificados por categoria de ocupação. E também que 4,1 milhões de postos de trabalho desapareceram no grupo de estabelecimentos com área menor que 200 hectares, ou seja, o grande peso do ajuste concentrou-se nos estabelecimentos de agricultura familiar. A maior redução no grupo dos empregados permanentes (173 mil) ocorre no Sudeste, seguido de perto pelo Nordeste (164 mil). Entre os empregados temporários, a maior redução está no Sudeste (420 mil). É dentro desse grupo de empregados temporários que há maior polêmica sobre os dados no censo de 1996. A mudança no período de coleta das informações para setembro que é mês tradicional de baixa atividade produtiva, teria provocado uma elevada subestimação no contingente de parceiros classificados nesse grupo de pessoal ocupado.

Dados alternativos sobre a população economicamente ativa no setor rural podem ser encontrados na Pesquisa Nacional sobre Domicílios – PNAD. A Tabela 6.10, construída a partir desses dados, indicam que a população economicamente ativa rural cresce a uma taxa (0,4% ao ano) muito menor que a urbana (2,5% ao ano). Todavia, o dado mais importante é que a população rural já cresce a taxas negativas (-0,5% ao ano) para os empregados em atividades agrícolas no período entre 1992 e 1995. É a atividade não-agrícola no meio rural, com crescimento de 3,5% ao ano, que compensa as perdas de postos de trabalho que estão ocorrendo no setor produtivo agrícola (Graziano, 1996).

Tabela 6.9
Pessoal Ocupado na Agricultura por Categoria (1985/95)

Categorias	*Ano*	*Região*					
		Norte	*Nordeste*	*Sudeste*	*Sul*	*Centro-Oeste*	*Brasil*
Pessoal Ocupado Total	1985	2478	10442	4738	4490	1247	23395
	1995	1878	8211	3441	3383	1018	17931
Variação (%)	1985/95	–24,2	–21,4	–27,4	–24,7	–18,3	–23,4
Responsáveis e Membros Não-Remunerados da Família	1985	2.234	8.387	2.593	3.642	785	17.641
	1995	1.606	6.645	1.984	2.782	591	13.608
Variação (%)	1985/95	–28,1	–20,8	–23,5	–23,6	–24,7	–22,9
Empregados Permanentes	1985	87	610	925	333	236	2.192
	1995	95	446	753	291	253	1.839
Variação (%)	1985/95	9,9	–26,9	–18,7	–12,5	7,0	–16,1
Empregados Temporários	1985	131	1.199	832	423	183	2.768
	1995	121	932	412	230	139	1.835
Variação (%)	1985/95	–7,5	–22,2	–50,5	–45,5	–24,3	–33,7
Parceiros	1985	9	106	285	53	16	469
	1995	14	60	172	37	7	290
Variação (%)	1985/95	53,4	–43,8	–39,7	–29,8	–54,2	–38,2
Outra Condição	1985	18	139	103	41	25	326
	1995	42	127	120	42	27	360
Variação (%)	1985/95	136,1	–8,6	16,9	4,5	7,7	10,3

Fonte: FIBGE, Censo Agropecuário, 1996.

Tabela 6.10
Mudanças na População Economicamente Ativa Rural e Urbana- (92-95), Composição Percentual e Taxas de Crescimento

Situação do Domicílio	*Taxas de Crescimento da População Economicamente Ativa (PEA)*									
	PEA Total		*Ocupada*		*Agrícola*		*Não agrícola*		*Desocupada*	
	1995 %	*Taxa 95/92 % aa*	*1995 %*	*Taxa 95/92 % aa*	*1995 %*	*Taxa 95/92 % aa*	*1995 %*	*Taxa 95/92 % aa*	*1995 %*	*Taxa 95/92 % aa*
Urbano	76,4	2,5	75,2	2,7	26,6	–1,0	92,4	3,1	93,7	–0,6
Urbanizado	75,2	2,4	74,1	2,7	25,3	–1,2	91,3	3,1	92,6	–0,6
Não-urbanizado	1,2	5,1	1,2	5,2	1,3	3,0	1,1	6,2	1,1	2,7
Rural	23,6	0,4	24,8	0,4	73,4	–0,5	7,6	3,5	6,3	1,2
Extensão urbana	0,8	2,4	0,8	2,0	0,5	–6,1	0,9	3,8	1,1	7,6
Povoados	2,2	2,1	2,2	2,0	4,8	0,9	1,3	3,5	1,7	3,2
Rural	20,7	0,1	21,8	0,2	68,1	–0,5	5,5	3,4	3,5	–1,2
Total	100,0	1,9	100,0	2,1	100,0	–0,6	100,0	3,2	100,0	–0,5

Fonte: Graziano, J.S. "Sobre a delimitação do rural e do urbano no Brasil", Anais da Sober, 1996, Campinas.

As maiores taxas de redução de emprego da população economicamente ativa agrícola ocorrem naqueles grupos de trabalhadores rurais que vivem em ambientes já urbanizados como, a exemplo dos que têm seus domicílios na extensão dos perímetros urbanos (-6,1% ao ano) e dentro dos perímetros urbanos (-1,2% ao ano). As maiores taxas de crescimento do grupo de desocupados também está entre os que vivem na zona rural (1,2% ao ano) mas especialmente aqueles que já estão na extensão urbana (7,6% ao ano) e nos pequenos povoados (3,2% ao ano), estes caracterizam os grupos com empregos mais precários no setor agrícola, a exemplo dos diaristas e dos que exercem tarefas sazonais.

Tabela 6.11
População Economicamente Ativa Rural e Urbana (1992/1995)

Situação do Domicílio	*PEA Total*		*PEA Ocupada*		*PEA Agrícola*		*PEA Não agrícola*		*PEA Desocupada*	
	1992	*1995*	*1992*	*1995*	*1992*	*1995*	*1992*	*1995*	*1992*	*1995*
Urbano	52,636	56,606	48,334	52,379	4,984	4,835	43,350	47,545	4,302	4,227
Urbanizado	51,880	55,749	47,626	51,573	4,763	4,594	42,863	46,979	4,253	4,175
Não-urbaniz.	739	857	692	806	220	241	472	565	47	51
Rural	17,333	17,532	17,061	17,249	13,515	13,320	3,546	3,930	273	283
Extensão urbana	541	580	503	533	103	85	400	448	38	48
Povoado	1521	1,617	1,452	1,540	855	878	597	663	70	77
Rural	15,271	15,335	15,106	15,176	12,558	12,356	2,549	2,819	165	159
Total	69,969	74,138	65,395	69,629	18,500	18,154	46,895	51,474	4,574	4,510

Fonte: Graziano, J. S. "Sobre a delimitação do rural e do urbano no Brasil", Anais da Sober, 1996, Campinas.

Como medida de política social compensatória para uma crise social desta dimensão, o governo reagiu acelerando os programas de reforma agrária com assentamento de cerca de 200 mil famílias no período recente e criou um programa de apoio creditício para a agricultura familiar, que já atingiu um volume de 700 mil produtores. Aparentemente, a compensação mais relevante esteve na reforma da previdência social depois das resoluções da Constituinte de 1988 que aumentou o valor mínimo da pensão mensal de meio para um salário mínimo e estendeu o direito da aposentadoria por tempo de serviço para todos os idosos que pudessem comprovar o exercício do trabalho rural no passado, independentemente de qualquer contribuição para o sistema. Os resultados estão nas Tabelas 6.12 e 6.13; o número de novas aposentadorias rurais é de quase dois milhões entre 1991 e 1995, o valor médio unitário mais do que dobra em valores reais (convertido em US$) e a cobertura da população em idade de aposentadoria chega a um terço o que é extremamente significativo. Esses fatos adquirem uma dimensão de reparação social mais significativa quando verificamos que o impacto foi muito maior nos estados de menor renda rural *per capita* e em especial no Nordeste do país.

Tabela 6.12
Ranking e Evolução da Renda Domiciliar Rural e de seus Componentes nos Estados (1991/1993)

Estados	Renda Media Domiciliar Rural (YDR/N)		RIR / YDR (%)		Var. YDR/ YDR	Var. RIR/ YDR	Var. RNIR/ YDR
	1991	1993	1991	1993	93/91	93/91	93/91
Ceará	95	121,4	25,3	48,5	0,43	0,44	–0,01
Piauí	96	138,5	27,6	49,0	0,52	0,48	0,04
Paraíba	100	127,8	35,8	63,2	0,33	0,48	–0,15
Bahia	114	155,1	19,2	30,1	0,48	0,25	0,23
Rio Grande Norte	122	175,7	26,2	39,6	0,73	0,42	0,31
Sergipe	129	156,0	19,0	38,3	0,20	0,27	–0,07
Pernambuco	130	118,7	22,4	55,8	–0,12	0,27	–0,39
Alagoas	130	135,4	17,8	34,7	0,06	0,19	–0,13
Maranhão	175	193,2	10,7	19,5	0,15	0,12	0,03
Goiás	185	260,4	13,0	17,9	0,66	0,17	0,49
Rondônia	187	–	7,2	–	–	0,11	–
Espirito Santo	188	205,6	10,5	23,9	0,22	0,19	0,04
Acre	198	–	17,2	–	–	0,25	–
Rio de Janeiro	202	222,9	17,0	23,1	0,17	0,10	0,07
Minas Gerais	205	219,2	12,0	25,0	0,14	0,17	–0,02
Paraná	205	335,6	12,2	20,9	0,53	0,20	0,34
Amazonas	212	–	11,3	–	–	0,12	–
Mato Grosso	231	294,3	8,1	11,4	0,68	0,11	0,57
Mato Grosso Sul	231	294,3	11,6	20,7	0,29	0,15	0,13
Rio Grande Sul	245	404,2	8,5	14,6	0,68	0,16	0,51
Sta. Catarina	264	427,0	6,2	9,9	0,76	0,11	0,65
Para	280	–	4,9	–	–	0,08	–
São Paulo	360	419,8	8,5	14,3	0,24	0,09	0,15
Distrito Federal	519	743,1	14,2	17,5	0,76	0,17	0,59

Notas: YDR= renda domiciliar rural, RIR= renda dos inativos rurais, RNIR= renda dos não-inativos rurais.

Fonte: Delgado, 1996.

Tabela 6.13
Quantidade e Valor de Benefícios Rurais (1991/1995)

Ano	Valor Global dos Benefícios (US$ milhões)	No. Total de Beneficiários Rurais Continuados*	No. Total de Aposentadori-as Rurais**	Valor Unitário Mensal dos BRC (US$)	BRC/ Pop.Total (%)	BRC/ Pop. com Idade de Aposentado (%)
1991	180,0	4 080,4	2 371,7	44,1	2,78	19,6
1992	234,4	4 976,9	3 051,0	47,1	3,30	23,9
1993	403,8	6 001,0	3 989,3	67,3	3,96	31,1
1994	484,6	6 359,2	4 307,2	73,9	4,14	32,3
1995	639,4	6 361,2	4 263,9	100,5	–	–

* Aposentarias, Pensões e Rendas Mensais Vitalícias em manutenção, o estoque.
** Estritamente as aposentadorias por idade.
Fonte: Delgado, 1996.

Elevação da Relação de Trocas

Elemento importante na sustentação do crescimento agrícola pós-reformas foi a melhoria nas relações de troca dos agricultores. A agricultura se ajustou ao processo de abertura econômica iniciado em meados dos anos 1980 com o início da liberalização de exportações agrícolas. Embora a abertura, já consolidada anos 1990, tenha trazido maior competitividade nos mercados de produtos agrícolas e de alimentos processados, foi a abertura nos mercados de insumos que exerceu maior impacto sobre a agricultura. Esses mercados eram menos competitivos e absorveram mais os subsídios dados ao setor agrícola durante o período anterior. Com maior exposição à competição externa, ocorreu forte recomposição dos seus termos de troca que, juntamente com os aumentos de produtividade, resultaram em um maior poder de compra sobre os insumos agrícolas. Este é o principal fator que explica o crescimento agrícola nesse período de transformações estruturais e, ao mesmo tempo, estabelece o seu limite.

A partir de 1987, período mais característico da abertura, os preços recebidos pelos agricultores cresceram cerca de 30% em relação aos preços pagos pelos agricultores. No Índice de Preços Pagos pelos agricultores estão fertilizantes e outros insumos, bem como a remuneração para terra, capital e trabalho. O crescimento da relação de trocas poderia ter sido bem maior não fosse a perda experimentada pelo setor de pecuária. Enquanto o setor de lavouras experimentou um crescimento de 46% na relação de trocas entre 1987 e 1998, o setor de pecuária perdeu perto de 3%. Tanto o setor de lavouras quanto o de pecuária experimentaram crescimento na relação de trocas de 1987 a 1994 quando atingiram, respectivamente, os picos de 49% e 27%. A partir desse ano se observa queda na relação de trocas, com recuperação no setor de lavouras apenas a partir de 1997.

Dos 20 principais produtos analisados do setor de lavouras, quase todos experimentaram aumentos nos preços recebidos em relação aos preços pagos. Observa-se aumentos entre 24% para milho e 62% para mandioca e 65% para arroz, 11% para soja e 139% para café. Apenas uva, trigo e cacau experimentaram perdas na relação de troca de 23, 30 e 6% respectivamente. Para todos os produtos, o ano de 1994 representa um ponto máximo no crescimento da relação de preços. No ano seguinte, se dá recuperação, exceto para aqueles produtos que experimentaram perdas na relação de trocas.

Como já foi discutido, o setor de pecuária experimentou perdas na relação de trocas. Essas perdas estiveram concentradas nos setores de produção de frangos e leite. Este último perdeu quase 20% em sua relação de trocas de 1987 a 1988.

É possível inferir das evidências nas relações de preços apresentadas que a abertura da economia vem contribuindo para eliminar desequilíbrios de preços relativos na agricultura na direção de aumentar os preços dos produtos em relação aos preços dos insumos. Poucos produtos (frango e leite entre os produtos

Tabela 6.14
Evolução das Relações de Troca (1987/98)

Ano	*Produtividade*		
	Lavouras	*Pecuária*	*Agropecuária*
1987	100,0	100,0	100,0
1988	118,1	92,1	109,5
1989	93,4	96,9	94,6
1990	122,0	119,6	121,2
1991	120,1	108,9	116,4
1992	121,2	102,8	115,2
1993	133,2	120,4	129,0
1994	149,4	127,5	142,2
1995	128,8	100,1	119,3
1996	122,5	90,2	111,8
1997	139,9	98,5	126,2
1998	145,7	97,7	129,9

Fonte: FIBGE, elaboração MBA.

pecuários e cacau, trigo e uva entre os produtos do setor de lavouras) estavam com relações de troca mais favoráveis antes da abertura. A abertura possibilitou importação e exportação de produtos e insumos para a agricultura, integrando-a nos mercados internacionais, o que contribuiu para melhorar a relação de troca para a maior parte dos produtos. Com um processo mais homogêneo de formação de preços, a agricultura não mais reflete um comportamento diferenciado entre produtos tipicamente de exportação e produtos de consumo doméstico.

Tabela 6.15
Relações de Troca de Produtos Selecionados (1987/1998)

Ano	*Relação de Trocas*				
	Arroz	*Feijão*	*Milho*	*Soja*	*Café*
1987	100,0	100,0	100,0	100,0	100,0
1988	121,4	99,4	128,1	140,3	118,1
1989	95,1	110,8	98,2	84,8	93,4
1990	150,3	126,0	145,7	83,4	122,0
1991	173,3	111,7	143,9	102,5	120,1
1992	139,7	106,7	134,7	109,6	121,2
1993	157,3	141,9	158,0	121,3	133,2
1994	156,9	155,3	137,8	106,7	149,4
1995	132,0	101,9	127,2	99,6	128,8
1996	125,3	106,3	123,2	100,8	122,5
1997	146,9	108,2	112,5	122,9	139,9
1998	167,7	159,6	125,0	108,4	145,7

Fonte: CONAB, elaboração MBA.

Aumento do Poder de Compra dos Agricultores

O estímulo efetivo que os agricultores e pecuaristas obtiveram com a abertura pode ser avaliado através de um indicador de lucratividade. Para refletir a lucratividade se construiu um índice de poder de compra dado pelo produto do índice de preços relativos pelo índice de produtividade. Esse indicador registra que o poder de compra da agropecuária cresceu cerca de 59% de 1987 a 1998. A evolução desse crescimento apresentou oscilações, com quedas em 1989, 1995 e 1996 e alta nos outros anos, até atingir um pico de 42% em 1994, voltando a crescer desde 1996. Esse crescimento no poder de compra da agricultura de lavouras é resultado de um aumento de 22% no índice de produtividade e 31% no índice de relações de trocas.

É importante notar que o crescimento observado na relação de preços recebidos das lavouras em geral e das culturas de consumo doméstico em particular se constituiu em importante incentivo aos agricultores para o crescimento observado na produção agrícola. A evolução do poder de compra no segmento lavouras mostrou crescimento bem superior ao apresentado pelo segmento animal. A agricultura de lavouras apresentou crescimento de cerca de 78% em seu poder de compra de recursos produtivos. O crescimento nessa relação benefício/custo foi resultado de um aumento de 46% nos preços relativos e 22% no índice de produtividade das lavouras entre 1987 a 1998. A agricultura apresentou um ganho maior nas relações de preços e equiparável na produtividade, quando comparado com o setor agropecuário como um todo.

Tabela 6.16
Evolução do Poder de Compra dos Setores de Pecuária e Lavoura (1987/1998)

Ano	*Índices de Desempenho*					
	Setor de Pecuária			*Setor de Lavoura*		
	Relação de Troca	*Produtividade*	*Poder de Compra*	*Relação de Troca*	*Produtividade*	*Poder de Compra*
1987	100,0	100,0	100,0	100,0	100,0	100,0
1988	92,1	101,9	93,8	118,1	96,1	113,5
1989	96,9	103,8	100,6	93,4	100,5	94,0
1990	119,6	105,8	126,5	122,0	94,9	115,8
1991	108,9	107,9	117,5	120,1	97,1	116,7
1992	102,8	110,0	113,1	121,2	103,6	125,6
1993	120,4	112,1	135,0	133,2	110,8	147,6
1994	127,5	114,3	145,8	149,4	111,3	166,2
1995	100,1	116,6	116,7	128,8	112,5	144,9
1996	90,2	118,9	107,3	122,5	114,2	139,9
1997	98,5	121,3	119,5	139,9	116,4	162,8
1998	97,7	123,6	120,7	145,7	122,4	178,3

Fonte: FIBGE, CONAB, elaboração MBA.

O setor de pecuária experimentou perdas de cerca de 2% na relação de trocas mas registrou um aumento de 23,6% na produtividade (Tabela 6.2), obtendo um ganho líquido de 21% no índice de poder de compra (Tabela 6.7), no período de 1987 a 1998. Quando se confronta os setores de lavouras e de pecuária, infere-se que o aumento da produtividade na pecuária se traduziu em redução de preços dos produtos desse setor numa velocidade maior do que a queda nos preços dos insumos utilizados. No caso das lavouras, com um crescimento levemente menor na produtividade (21,3% para lavouras e 23,6% para pecuária), o crescimento do índice de produtividade se deu em paralelo a um aumento nos preços dos produtos e queda nos preços dos insumos de forma a ampliar o índice de relação de trocas a favor da agricultura de lavouras.

Essa vantagem, medida em termos de produtividade e de melhora nas relações de troca, é que habilita o produtor agrícola de alta tecnologia a encontrar substitutos para o sistema tradicional de crédito rural. Com certeza, se altera substancialmente o público beneficiário dessa forma de capitalização, quando comparada com o modelo anterior de política, onde a distribuição do crédito rural subsidiado era a variável mais importante. Nesse novo sistema, todos os produtores com produtividade abaixo da média devem estar se descapitalizando e gradualmente sendo expulsos do setor.

Impactos da Instabilidade Macroeconômica

Na primeira metade dos anos 1980, a economia brasileira é atingida por uma sucessão de choques macroeconômicos: o desequilíbrio nas transações comerciais com a crise do petróleo de 1979 e recessão mundial, duas desvalorizações de moeda (dezembro de 1979 e março de 1983) e duas tentativas de conter a aceleração inflacionária com política monetária restritiva e corte de despesa do governo (1981 e 1983). O setor agrícola sofre com recessão no mercado doméstico, forte redução no volume de crédito (principal fonte dos subsídios) e elevação nos custos de transporte. A desvalorização de câmbio de 1979 não produziu as mudanças esperadas nos preços relativos, devido à aceleração da inflação que se seguiu ao forte processo de indexação dos preços domésticos à taxa de câmbio e à inflação defasada. Em 1983, a desvalorização cambial é acompanhada de forte recessão doméstica. O sucesso na eliminação do déficit comercial, com incremento de exportações incentivadas, tem seu impacto sobre o setor agropecuário amortecido devido à redução nos preços internacionais das *commodities* (Barros e Manoel, 1992). Depois de 1985, ocorre uma forte redução do câmbio real o que sugere um "viés doméstico" contra a agricultura na política macroeconômica.

Gráfico 6.5
Evolução da Taxa de Câmbio Real (1977/98)

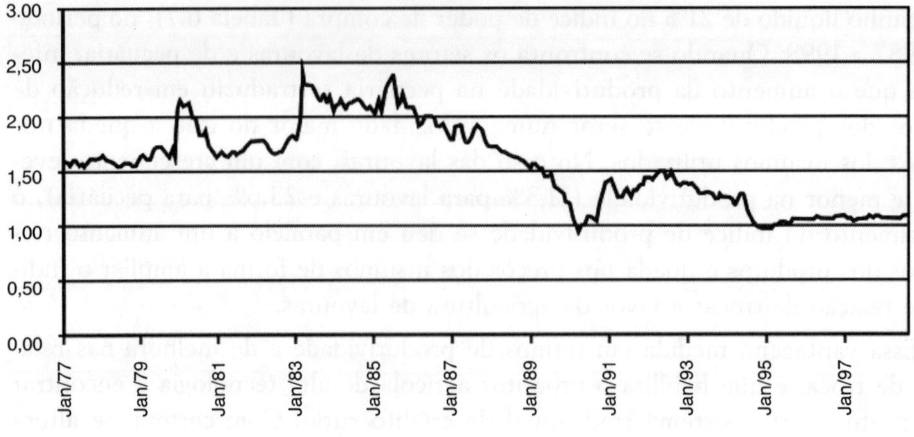

Crises cambiais na economia brasileira foram atenuadas com recursos vindos do FMI e Banco Mundial no início dos anos 1980. Daí surgiram grande parte das pressões para que as autoridades econômicas brasileiras mudassem o seu modelo de política agrícola. As justificativas eram fundamentalmente ligadas ao descontrole das contas públicas com os gastos setoriais e ao desequilíbrio nos preços relativos da agricultura provocados fundamentalmente pela ausência de liberdade de comércio. Essas pressões contribuíram para a implantação de reformas orientadas a liberalização de mercados e para retirada, às vezes gradual (café, cana de açúcar), às vezes repentina (trigo), do governo das atividades de regulação dos mercados agrícolas.

Em um ambiente macroeconômico de elevado risco, a agricultura perde a proteção governamental e se expõe nos mercados internacionais a um elevado grau de risco comercial que passa a ser dividido entre o sistema agro-industrial e os produtores agrícolas. Essa alta instabilidade macroeconômica parece ter contribuído para uma perda de margem de comercialização do produtor rural para a indústria agro-alimentar e para os intermediários, durante os picos de aceleração da inflação em 1982, 1985, 1987 e 1989. Posteriormente, com a estabilização e a consolidação simultânea do processo de abertura e com a integração do Mercosul a partir de 1990, surge indicação de que a margem comercial reduz para um novo patamar. O Gráfico 6.5 mostra a evolução do índice de preço recebido pelos produtores agropecuários em relação ao índice de preços de alimentos pagos pelos consumidores urbanos.

Gráfico 6.6
Evolução das Margens de Comercialização (1980/1996)

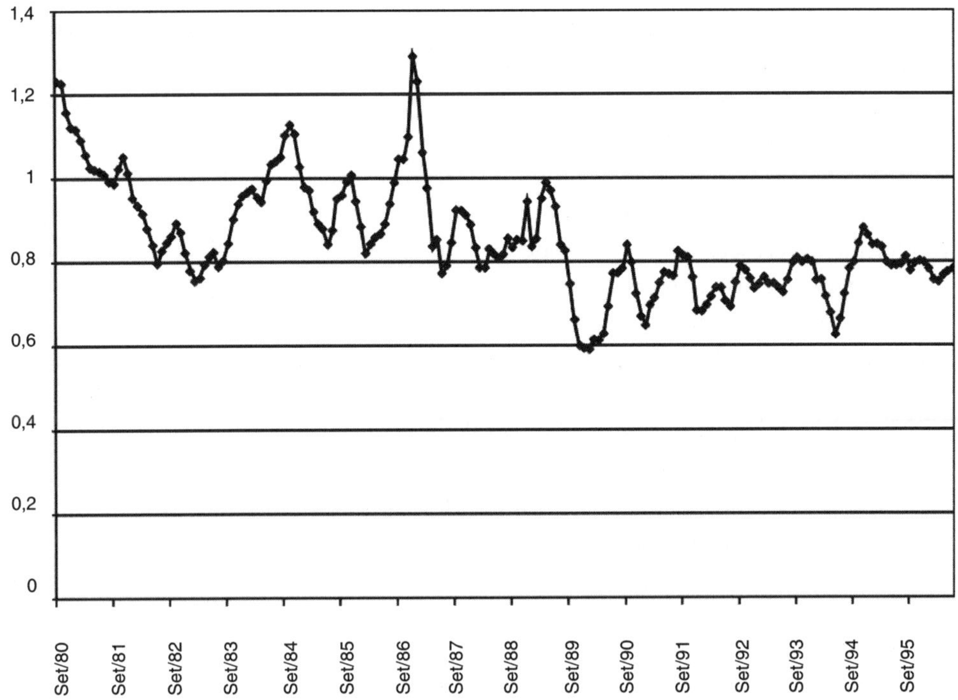

Vimos que os produtores rurais ganham muito no poder de compra sobre os insumos. Na seção anterior, encontramos evidência de que os agricultores perdem um pouco na margem de comercialização no mercado interno e com a moeda doméstica valorizada também devem ter perdido poder aquisitivo em relação aos salários urbanos. Aparentemente, a política macroeconômica prejudicou a agricultura. Todavia, acredita-se que ocorreram efeitos compensatórios, em função de incrementos substanciais na demanda de alimentos. Este é um ponto muito importante porque ainda temos que fornecer uma explicação satisfatória que sustente um crescimento da demanda por alimentos embora já tenhamos apresentado evidências de que a oferta agregada do setor agropecuário tenha crescido.

Utilizaremos um indicador de salário urbano dado pelo índice de salários pagos pela indústria de construção civil das grandes cidades para medir a evolução do poder de compra dos salários em termos de alimentos. A vantagem em utilizar o salário do Setor de Construção Civil vem do fato de que o nível de qualificação destes trabalhadores é baixo, seu poder de organização sindical também é baixo o que lhes confere a característica de um setor do mercado de trabalho urbano com salários flexíveis diante das flutuações do nível de demanda agregada. Outra vantagem deste indicador de salário é a de que se referem a um contingente da população de baixo poder aquisitivo e que gastam portanto uma parcela mais elevada de sua renda no consumo de alimentos. O Gráfico 6.6 apresenta o comportamento deste índice de salário em relação ao índice combinado dos preços pagos pelos alimentos (IPC-Alimentos) e pelos artigos de vestuário (IPC-Vestuário) onde as fibras produzidas pelo setor rural também são elemento de custo relevante.

O comportamento deste relativo de preços é esclarecedor porque é no período mais recente, depois da liberalização comercial, que ele apresenta a maior tendência de crescimento, passando de um nível 1,5 para 2,5. Em outras palavras, o poder aquisitivo dos salários da construção civil em relação a alimentos e vestuário teria crescido em mais de 60% nesta ultima década. A menos de uma forte redução no nível de emprego urbano teria ocorrido um elevado crescimento no mercado interno de alimentos sustentando o crescimento da produção agropecuária acima do crescimento geral da economia brasileira.

Gráfico 6.7
Evolução do Poder de Compra do Salário na Construção Civil (1980/1997)

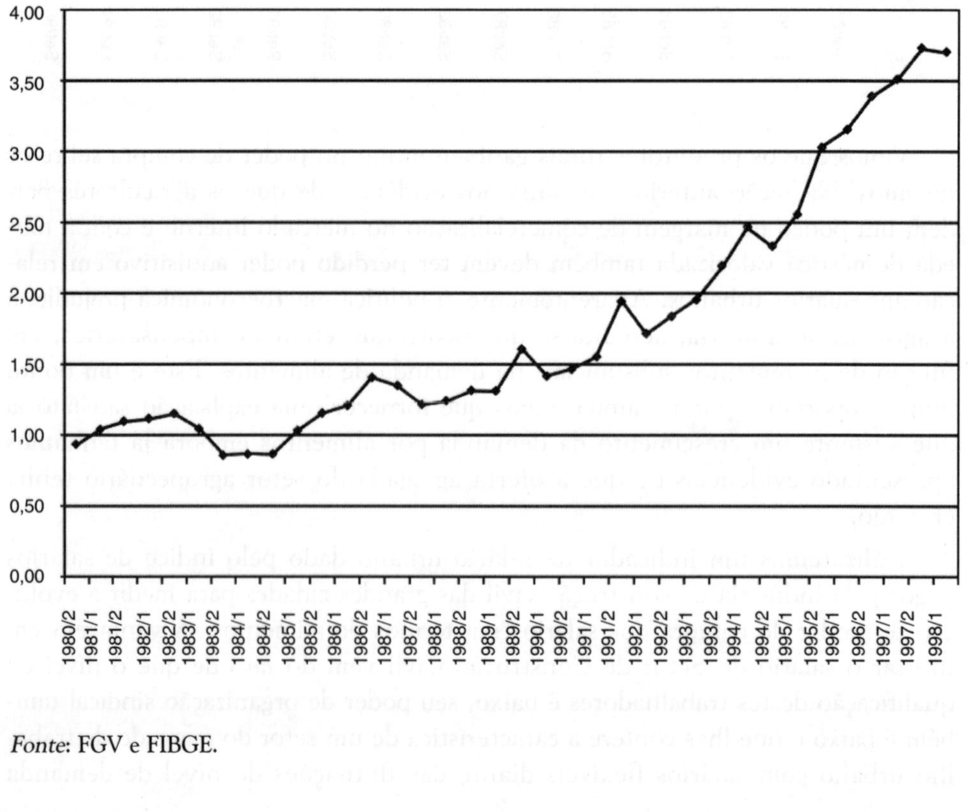

Fonte: FGV e FIBGE.

A liberalização comercial e a política cambial promoveram uma transformação radical dos preços relativos com uma forte redução dos preços dos alimentos em relação aos salários urbanos dos grupos de trabalhadores de baixa qualificação. Este ajustamento permite um crescimento da demanda por alimentos que encontra uma resposta equivalente do lado da oferta agregada do setor rural porque aqui também ocorre uma forte redução nos preços dos insumos, abrindo caminho para uma forte difusão das tecnologias mais modernas. A característica radical desses movimentos de preços relativos somada à redução do programa de crédito oficial discrimina fortemente contra os produtores de tecnologia tradicional e de pequeno porte dando-lhes pouca chance de sobrevivência em tão curto espaço de tempo.

Referências Bibliográficas

Barros, J. R. M e Manoel, A. "Insumos Agrícolas: Evolução Recente e Perspectivas", *in* Brandão, A.S.P. *Os Principais Problemas da Agricultura Brasileira, Análise e Sugestões*, PNPE, IPEA, 1992.

David, M. B. A. "Les Transformations de l'Agriculture Brésilienne – une modernisation perverse". Paris: École des Hautes Études en Science Sociales, Centre de Recherches sur le Brésil Contemporain, 1997.

Graziano, J. S. "Sobre a delimitação do rural e do urbano no Brasil", Anais da Sober, 1996, Campinas.

Oliveira, J. C. e R. M. S. Montezano. "Os limites das Fontes de Financiamento à Agricultura no Brasil", PPE 12(2), agosto de 1982, pp. 139-159.

Barros, J. R. M e Manoel, A. "Insumos Agrícolas: Evolução Recente e Perspectivas", *in* Brandão, A.S.P. *Os Principais Problemas da Agricultura Brasileira, Análise e Sugestões*, PNPE, IPEA, 1992.

Brandão, A. S. e Carvalho, J. L. (1990). "Economia Política de las Intervenciones de Precios en Brasil", *in* Krueger, A. O., M. Schiff e Valdes, A., *Economia Política de Las Intervenciones de Precios en America Latina*, BIRD/BID, 1990.

David, M. B. A. "Les Transformations de l'Agriculture Brésilienne – une modernisation perverse". Paris: École des Hautes Études en Science Sociales, Centre de Recherches sur le Brésil Contemporain, 1997.

Delgado, G. C. "Previdência Rural: Relatório de Avaliação Socioeconômica". Projeto IPEA/MPAS, Brasília, outubro de 1996.

Goldin, I. e Rezende, G. C. (1993). "A Agricultura Brasileira na Década de 80: crescimento numa economia em crise". Rio de Janeiro: IPEA; em inglês, "Agriculture and Economic Crisis: lessons from Brazil", Paris: OECD, 1989.

Dias, G. L. S. e J. R. M. de Barros. "Fundamentos para uma nova política agrícola", Coleção Análise e Pesquisa, vol. 26, CFP/MA, Brasil, 1983.

Banco Mundial. "The Management of Agriculture, Rural Development".

Capítulo 7

Emprego e Produtividade no Brasil na Década de 1990

José Márcio Camargo[1]
Marcelo Neri[2]
Maurício Cortez Reis[3]

1. Introdução

A década de 1990 tem se caracterizado como um dos mais importantes pontos de inflexão na história econômica brasileira. Partindo de uma economia fechada ao fluxo de comércio e de capitais internacionais, com grande presença do Estado como produtor de bens e serviços e uma crescente tendência inflacionária, o Brasil caminhou para uma economia aberta, com redução da proteção comercial e liberalização dos fluxos de capitais, redução da presença do Estado como produtor de bens e serviços, através do processo de privatização, culminando com um programa de estabilização baseado em uma âncora cambial e respaldado pela abertura comercial e financeira.

Essas mudanças estruturais tiveram efeitos importantes sobre o ritmo e a estrutura do crescimento da economia. Entre 1990 e 1992, o país viveu uma forte recessão, com redução do nível de atividade e aumento da taxa de desemprego. A partir de 1993 e, mais intensamente, a partir da estabilização em junho de 1994, esse processo foi revertido, com crescimento da economia até 1997. Com

---

[1] Professor do Departamento de Economia da PUC/Rio.

[2] Pesquisador do IPEA.

[3] Departamento de Economia, PUC/Rio.

o advento da crise asiática e da crise financeira internacional em meados de 1998, ocorreu uma interrupção do crescimento econômico.

Como não poderia deixar de ocorrer, esses desenvolvimentos em nível macroeconômico tiveram fortes reflexos sobre o desempenho do mercado de trabalho, reflexos estes que continuam a se propagar no final dos anos 1990. Redução do emprego industrial, aumento da proporção de trabalhadores informais, combinado a aumento do rendimento real dos trabalhadores e do emprego nos setores comércio e serviços, são alguns desses reflexos.

Entretanto, não somente o aumento do nível de emprego nos setores de comércio e de serviços que, no início do processo de estabilização compensou a queda do emprego industrial e evitou o aumento da taxa de desemprego, começou a mostrar sinais de arrefecimento a partir de 1997, como também com o advento da crise asiática a impossibilidade de manter o crescimento do produto devido à restrição externa, levou a um forte aumento da taxa de desemprego aberto a partir do início de 1998.

Essa evolução do mercado de trabalho após a abertura econômica e a estabilização sugere um quadro preocupante para o futuro, com mudança na estrutura da demanda por qualificação da mão-de-obra, inadequação da demanda à oferta de qualificação e aumento da taxa de desemprego de longo prazo. Se não quiser conviver com elevadas taxas de desemprego estrutural, o país terá que adotar reformas importantes na sua legislação trabalhista, cujo objetivo é aumentar os incentivos para que empresas e trabalhadores invistam em qualificação e treinamento ao longo da relação de trabalho.

O objetivo deste capítulo é analisar o desempenho do mercado de trabalho metropolitano brasileiro ao longo dos anos 1990. Analisamos a evolução do nível e da estrutura do emprego, dos rendimentos reais e da produtividade do trabalho nos setores indústria, comércio e serviços e da taxa de desemprego. Com base nos dados da Pesquisa Mensal de Emprego (PME) do IBGE, mostramos que o desempenho do mercado de trabalho metropolitano brasileiro somente pode ser "racionalizado" a partir da hipótese de que ganhos significativos de produtividade estão ocorrendo no setor industrial e no setor serviços da economia. Utilizando os dados da Lei 4923, mostramos evidências de que esses ganhos de produtividade realmente ocorreram, principalmente no período pós-estabilização.

Em segundo lugar, analisamos a mudança ocorrida na estrutura de qualificação dos trabalhadores empregados nas regiões metropolitanas brasileiras, onde mostramos uma melhoria acentuada neste aspecto.

O capítulo está dividido em 6 seções. Na próxima seção apresentamos os fatos estilizados do comportamento do mercado de trabalho brasileiro metropolitano ao longo dos anos 1990. Na seção seguinte, "racionalizamos" esse comportamento com base em um modelo simples de oferta e procura por trabalho.

Na Seção 4 mostramos a evolução da produtividade marginal do trabalho no setor industrial e no de serviços, tomando como *proxy* para produtividade marginal o salário de contratação, obtido da Lei 4.923 do Ministério do Trabalho deflacionado pelo índice de preços do setor específico. Na Seção 5 mostramos a evolução da estrutura de qualificação dos trabalhadores brasileiros entre 1990 e 1996. Finalmente, na Seção 6 apresentamos algumas conclusões.

2. Os Fatos Estilizados

O desempenho do mercado de trabalho metropolitano brasileiro na década de 1990 deve ser dividido em dois subperíodos distintos. O primeiro, tem início em 1990 e vai até a estabilização da economia em 1994. Neste subperíodo, a economia viveu uma forte recessão, com aumento da taxa de desemprego aberto, níveis extremamente elevados de inflação e passou por grandes mudanças estruturais, provocadas principalmente pela abertura comercial. O segundo, começa em 1994 e dura até o presente. Neste subperíodo, não somente a taxa de inflação foi reduzida para níveis bastante baixos (em 1997 a taxa de inflação foi inferior a 5% ao ano), como a taxa de crescimento do produto se tornou positiva, até 1997, com estagnação a partir deste ano.

Apesar dessa grande diferença no desempenho macroeconômico dos dois subperíodos, em alguns aspectos o desempenho do mercado de trabalho mostrou similaridades. Isto decorre das importantes mudanças estruturais que caracterizaram estes anos. Ou seja, aqueles aspectos do funcionamento do mercado de trabalho que estão relacionados aos efeitos das mudanças estruturais, como a abertura da economia, as privatizações etc. têm uma evolução similar, no que se refere ao sentido das transformações, entre os subperíodos, embora no primeiro período essas transformações tenham ocorrido de forma muito mais intensa. Por outro lado, os aspectos do funcionamento do mercado de trabalho relacionados ao desempenho macroeconômico de curto prazo, como a estabilização, têm comportamentos bastante diferentes entre os subperíodos. O objetivo desta seção é analisar o comportamento do mercado de trabalho brasileiro entre 1990 e 1998.

2.1. O Período 1990/1994

A economia brasileira iniciou a década de 1990 com uma forte recessão. Após um período de elevadas taxas de inflação no final dos anos 1980, quando o crescimento dos preços chegou a 80% ao mês, no início de 1990 uma moratória da dívida interna implementada pelo governo teve um efeito fortemente recessivo. A taxa de desemprego aberto (dessazonalizada), que em março de 1990 era de 4,0% da força de trabalho, atingiu 6% da força de trabalho no segundo semestre de 1992, auge da recessão (Gráfico 7.1).

Gráfico 7.1
Taxa de Desemprego Aberto – PME

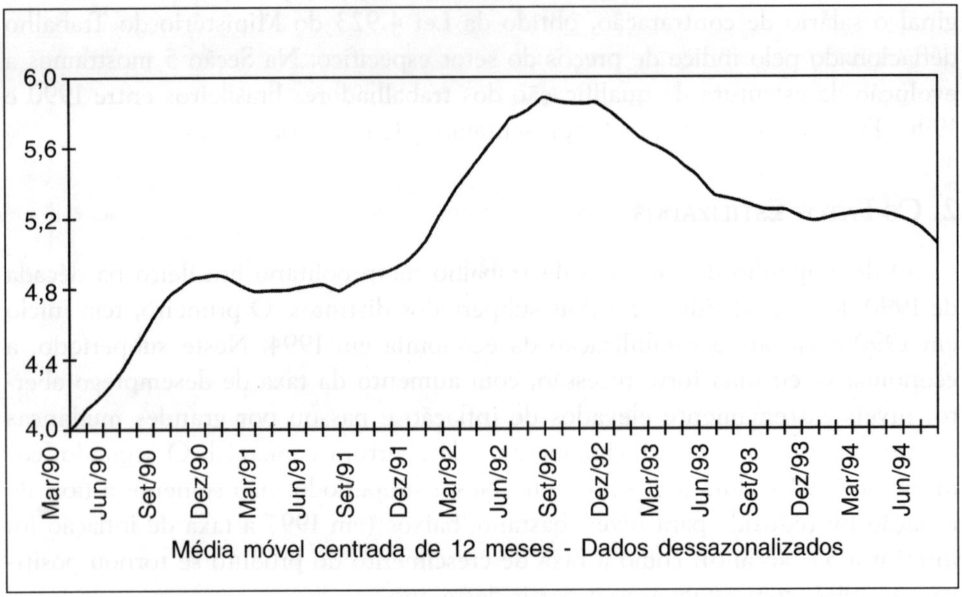

Um aspecto importante a ser destacado é que, apesar da forte recessão, o aumento da taxa de desemprego aberto foi relativamente moderado. Em nenhum momento essa taxa atingiu níveis próximos aos da recessão do início dos anos 1980 (8% da força de trabalho). Por outro lado, o desemprego aberto, ao contrário do período anterior mencionado, começou a dar sinais de que tem um componente estrutural importante, com redução sistemática do emprego industrial e aumento do emprego nos setores comércio e serviços. Esses sinais começaram a ficar mais claros com a retomada do crescimento da economia, quando o nível de emprego industrial continuou caindo apesar do aumento da produção. Algumas evidências empíricas apresentadas a seguir mostram essa pequena sensibilidade do desemprego a movimentos cíclicos do produto.

Esses dois componentes ficam claramente definidos quando olhamos a evolução do nível de emprego nos três principais setores de atividade econômica no país, indústria, comércio e serviços. Essa evolução pode ser observada no Gráfico 7.2, em que podemos notar que o nível agregado de emprego permanece estagnado entre abril de 1991 e o final de 1992, quando então inicia-se um processo de leve recuperação até meados de 1994.[4]

[4] Os dados se referem às regiões metropolitanas de Belo Horizonte, Porto Alegre, Recife, Rio de Janeiro, Salvador e São Paulo. Infelizmente os dados de nível de emprego da PME/IBGE têm uma quebra em janeiro de 1990. Por esta razão, e como estamos utilizando médias móveis de 12 meses, somente devem ser considerados os dados a partir de 1991.

Gráfico 7.2
Nível de Eemprego Total – Brasil – PME

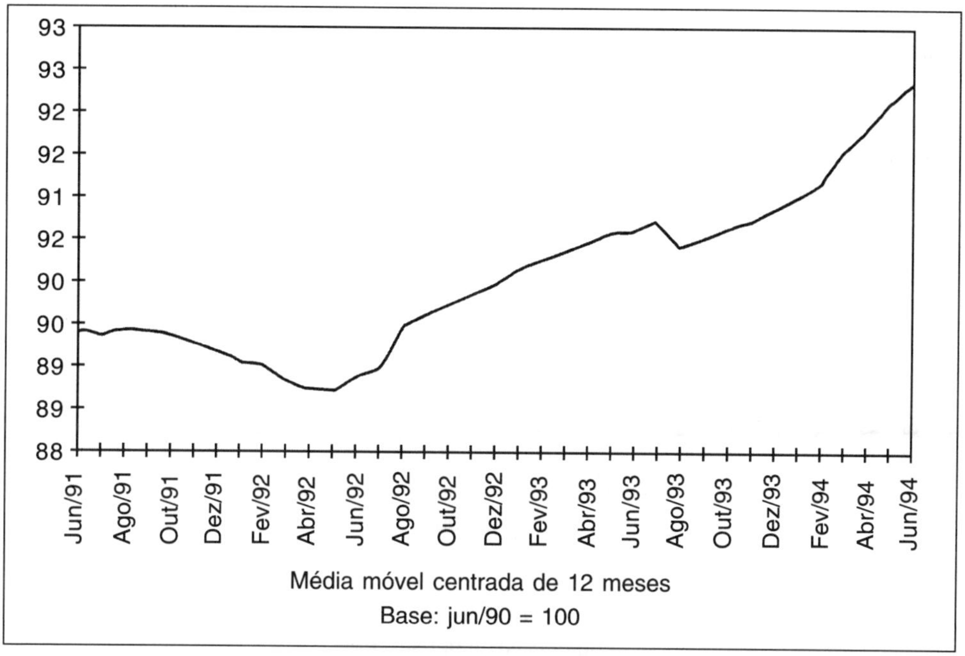

Porém, a recuperação do nível de emprego se dá nos setores de comércio e de serviços, enquanto o setor industrial continua com queda ou estagnação do nível de empregos. Os Gráficos 7.3, 7.4 e 7.5, mostram a evolução do nível de emprego nesses três setores no período considerado. Conforme pode ser observado pelos gráficos, o nível de emprego na indústria caiu cerca de 10% durante a recessão e se estabilizou com a recuperação da economia no segundo semestre de 1992. Já no setor do comércio, além de o nível de empregos ter permanecido estagnado ao longo da recessão, a partir do final de 1992 começa a apresentar sinais de crescimento, enquanto no setor de serviços o nível de emprego tem uma evolução ascendente durante todo o período. Portanto, a evolução da taxa de desemprego aberto e a estagnação do nível de emprego estão diretamente associados à redução do emprego industrial.

A redução do emprego industrial, por outro lado, é o resultado do processo de abertura comercial e aumento de concorrência desencadeado por essa mudança estrutural. A maior abertura econômica tornou fundamental para a própria sobrevivência do setor industrial brasileiro a introdução de novas tecnologias e de novas formas de organização do trabalho, cujo principal objetivo foi o aumento da produtividade da indústria. O resultado foi uma redução sistemática do emprego industrial no país. Conforme veremos adiante, este fato é confirmado pela evolução do emprego industrial após a estabilização, quando a economia passa a crescer de forma relativamente rápida.

Gráficos 7.3
Emprego na Indústria, Comércio e Serviços – PME

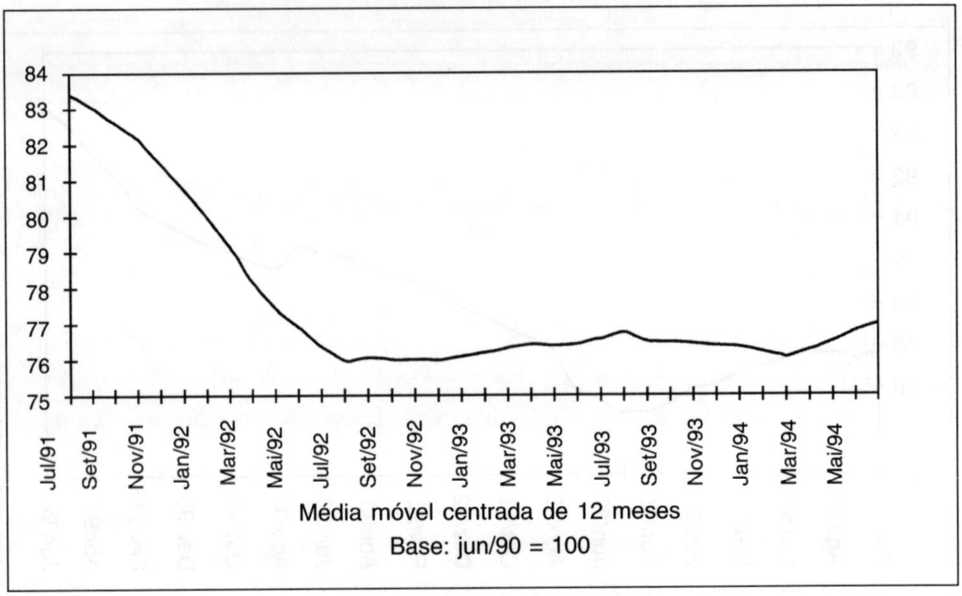

Gráfico 7.4
Emprego no Comércio – PME

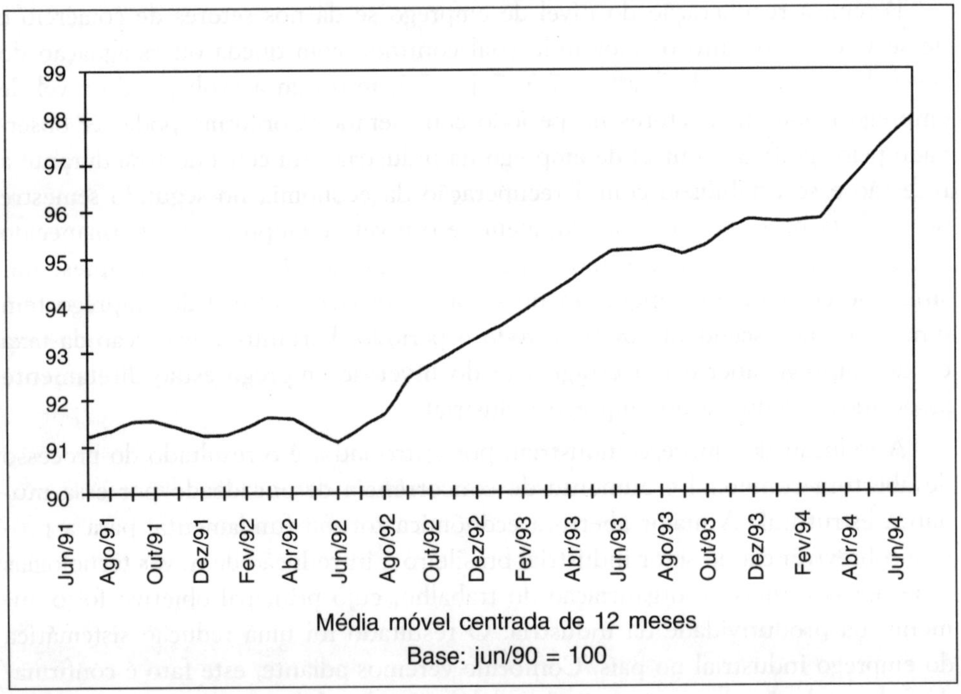

Gráfico 7.5
Emprego nos Serviços – PME

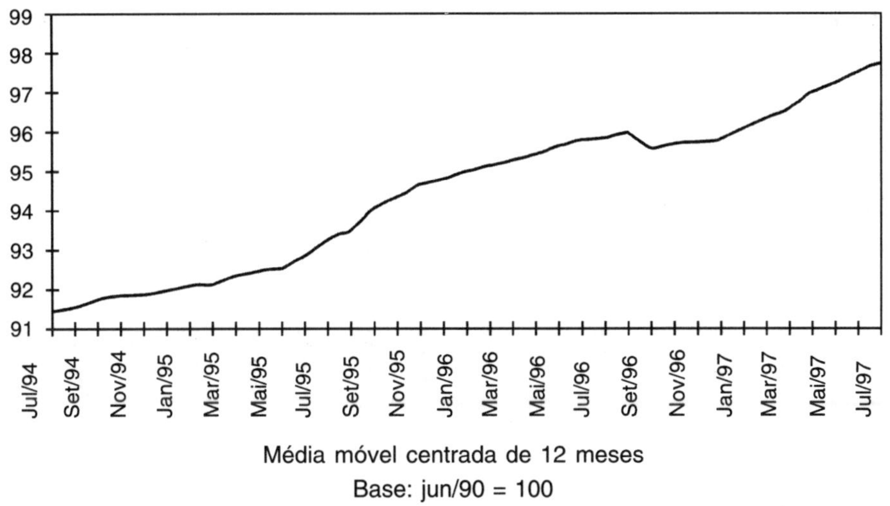

Para sabermos como variou a estrutura setorial do emprego entre dois instantes do tempo, utilizaremos o índice de turbulência, que pode ser definido como:

$$T = \frac{1}{2} \sum_{j=1}^{m} | p_{j1} - p_{j0} |$$

Em que P_{ji} é a proporção do emprego no setor j em relação ao emprego total, no instante de tempo i.

Com dados da PME para 27 setores da economia, o índice de turbulência apresentou os valores mostrados no Gráfico 7.6 para um intervalo de tempo de um ano. Para essa análise são utilizadas as médias aritméticas anuais do emprego para cada um dos setores. Pela observação do Gráfico 7.6, notamos que o início da década de 1990 apresentou fortes alterações estruturais, associadas a movimentos do emprego do setor industrial para os serviços e o comércio.

Gráfico 7.6
Índice de Turbulência – 1 ano

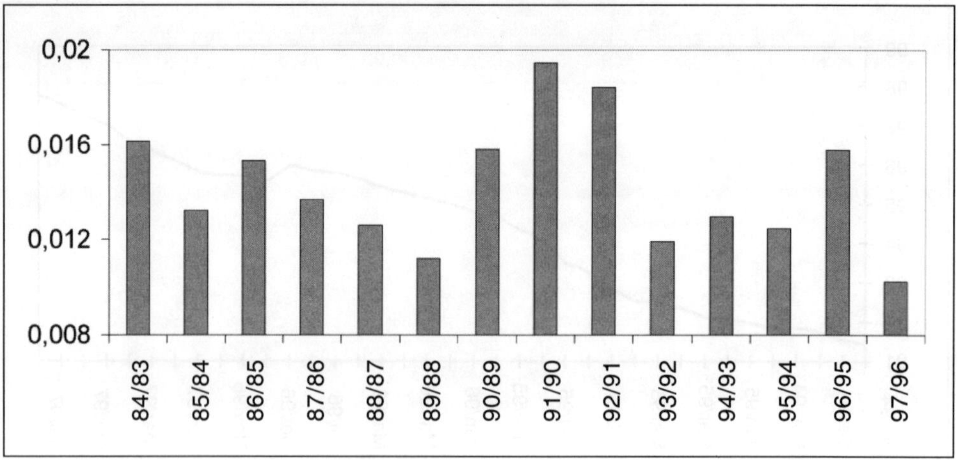

Até 1990 as taxas de desemprego tinham um comportamento mais parecido com os do ciclo de produção. Quando a economia entrava em processo recessivo o desemprego aumentava, revertendo aos baixos níveis do final do período de crescimento no final do ciclo seguinte. Esse movimento das taxas de desemprego aberto sugeriam um elevado grau de flexibilidade do mercado de trabalho brasileiro (salários reais e emprego) em relação ao tamanho dos choques vividos pela economia. Durante a década de 1990 a taxa de desemprego apresenta uma tendência nova de crescimento que não está diretamente associada a movimentos cíclicos do produto. Além disso, um novo componente surge no início da década com as mudanças estruturais que levam a um aumento da importância dos choques realocativos sobre o desemprego.

Os efeitos das variações cíclicas do produto e dos choques realocativos são captados através da estimação da taxa de desemprego mostrada na Tabela 7.1. O desemprego é estimado utilizando como variáveis explicativas a própria taxa de desemprego defasada, as variações do PIB, calculado pelo IBGE, em log como medida de variações do produto e um índice de dispersão,[5] construído através das taxas de crescimento do número de empregados em 27 setores da economia que capta os efeitos de choques realocativos. Além dessas variáveis são utilizadas também dummies sazonais.

Os dados são trimestrais e portanto, a taxa de desemprego utilizada nas estimações é a média aritmética trimestral da taxa mensal divulgada pelo IBGE. As estimações são mostradas na Tabela 7.1.

---

[5] A correlação entre choques realocativos e desemprego foi estimada pela primeira vez por Lilien (1982). Detalhes sobre a construção do índice de dispersão utilizado e os efeitos de choques realocativos sobre o desemprego podem ser encontrados em Reis (1999).

Tabela 7.1
Variável Dependente: Desemprego

Variáveis	*(1)*	*(2)*	*(3)*
$Desemprego_{t-1}$	0,97	0,98	0,92
	(25,44)**	(25,52)**	(18,40)**
ΔPIBt	–10,02	–9,01	–
	(5,92)**	(5,90)**	–
ΔPIB_{tt-1}	–5,18	–6,18	–
	(3,34)**		(4,17)**
$Dispersão_t$	–0,001	–	–
	(0,97)		
$Dispersão_{t-1}$	0,03	–	–
	(2,08)**		
Dummy $sazonal_1$	0,15	0,46	1,20
	(0,57)	(2,16)**	(4,95)**
Dummy $sazonal_2$	0,75	0,88	0,52
	(2,58)**	(3,73)**	(1,83)**
Dummy $sazonal_3$	–0,008	0,38	0,07
	(0,98)	(1,48)	(0,23)
Dummy $sazonal_4$	–1,18	–0,90	–0,32
	(4,24)**	(3,96)**	(1,14)**
Observações	58[83:3-97:4]	58[83:3-97:4]	59[83:2-97:4]
Jarque-Bera	0,78	1,13	0,45
R^2 ajustado	0,95	0,93	0,88
R^2	0,93	0,93	0,87

Nota: As estatísticas-t são mostradas entre parênteses.
* e ** indicam que os coeficientes são significativos aos níveis de 10% e 5%, respectivamente.

Os resultados mostram que a taxa de desemprego não flutua muito em relação ao seu valor defasado, como se pode observar pelo valor do coeficiente próximo de um que essa variável apresenta nas equações. A equação 1 mostra que o índice de dispersão é positivamente significativo ao nível de 5%, assim como as variações do produto que também são altamente significativas, mas com sinal negativo.

Na equação 3 a taxa de desemprego é estimada apenas em função do seu valor passado e das variações sazonais. A exclusão do produto e dos choques realocativos não provoca muitas alterações em termos do ajuste da regressão, como podemos notar pela redução muito pequena no R^2 e no R^2 ajustado da equação 3 em relação às equações 1 e 2.

A importância dos choques realocativos sobre o desemprego no início da década de 1990 pode ser observada através dos Gráficos 7.7 e 7.8 que mostram os valores efetivos e previstos um período à frente, através das estimativas das equações 1 e 2 de 1983 a 1989. Os modelos 1 e 2 representam, respectivamente, estimativas que consideram ou não os efeitos de choques setoriais sobre o desemprego.

O modelo que não considera os efeitos dos choques setoriais subestima sistematicamente a taxa de desemprego no início dos anos 1990, ou seja, ignorando os efeitos diferenciados sobre os setores das alterações estruturais ocorridas no início da década de 1990, a capacidade de previsão do desemprego é bastante reduzida. A razão pela qual esses choques realocativos apresentaram um grande efeito sobre a taxa de desemprego agregada pode estar na lentidão do mercado de trabalho para se ajustar às novas condições da economia, que analisaremos a seguir.

Gráfico 7.7
Taxa de Desemprego Efetiva e Prevista com a Equação 1

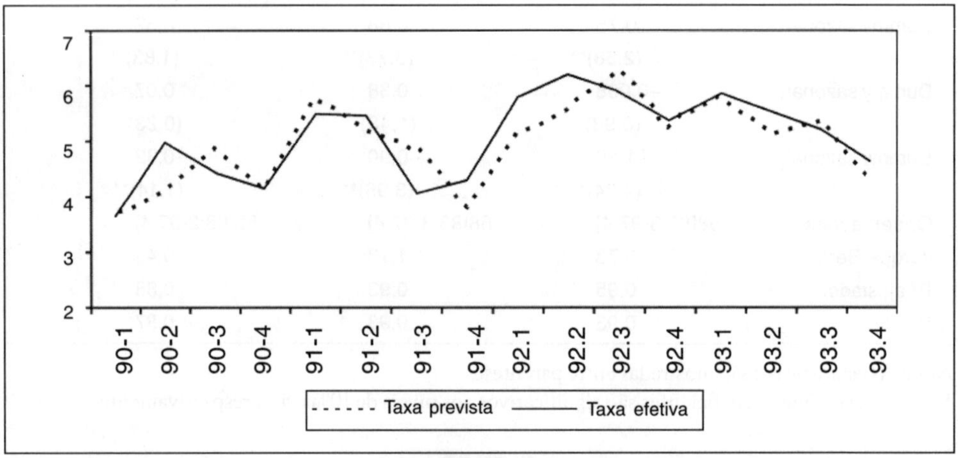

Gráfico 7.8
Taxa de Desemprego Efetiva e Prevista com a Equação 2

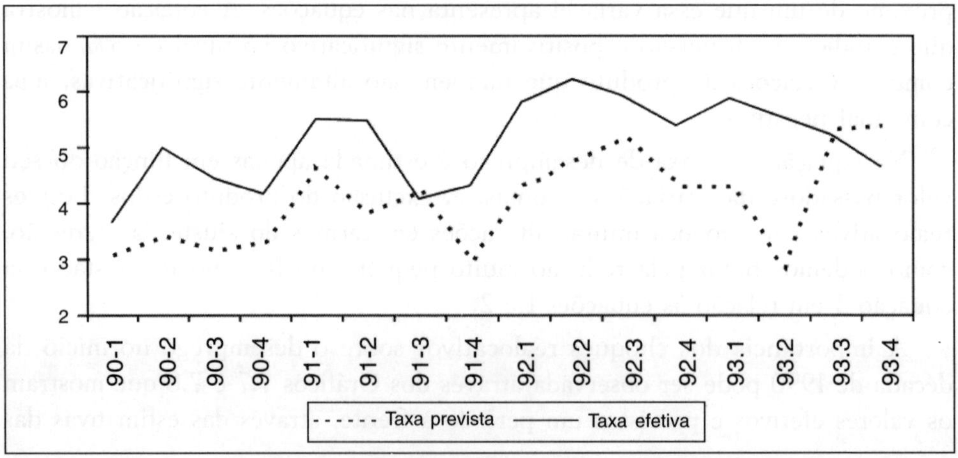

O rendimento médio real nos setores de comércio e de serviços acompanha a evolução da taxa de desemprego aberto ao longo deste período. Até meados de 1992, o rendimento médio real dos trabalhadores desses setores, deflacionado pelo Índice Nacional de Preços ao Consumidor, cai sistematicamente, revertendo essa tendência quando a economia volta a crescer e a taxa de desemprego aberto começa a cair no final de 1992. Essa evolução mostra a relativa flexibilidade dos salários reais nesses setores, em relação à evolução da taxa de desemprego aberto. Ou seja, uma parte importante do ajuste do mercado de trabalho à recessão se deu através da redução dos rendimentos reais (Gráficos 7.9 e 7.10), evitando um aumento ainda maior da taxa de desemprego.

Gráfico 7.9
Rendimento Médio Real – Comércio (INPC)

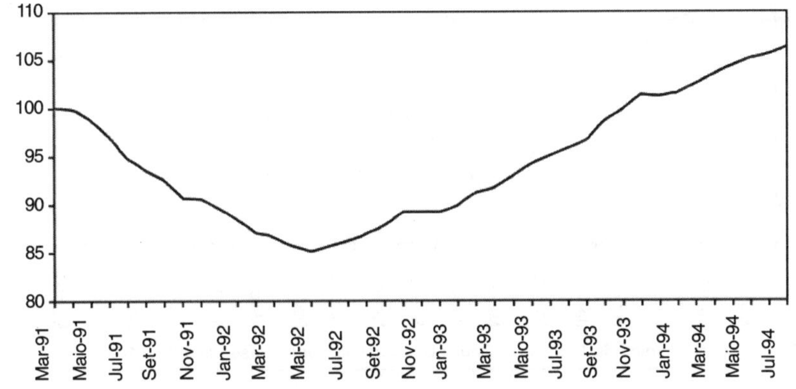

Média móvel centrada de 12 meses - Dados Dessazonalizados - Base - mar/91 = 100

Gráfico 7.10
Rendimento Médio Real – Serviços (INPC)

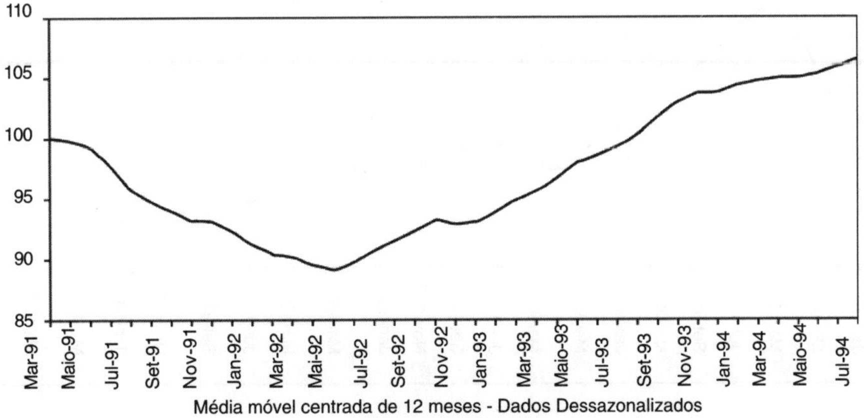

Média móvel centrada de 12 meses - Dados Dessazonalizados - Base - mar/91 = 100

Ao contrário, os rendimentos reais dos trabalhadores da indústria tendem a ficar basicamente constantes ao longo de todo o período recessivo, apesar das quedas do emprego industrial (Gráfico 7.11). Em parte, esse resultado decorre da mudança de preços relativos entre bens comerciáveis e não-comerciáveis. Como pode ser observado no Gráfico 7.12, a relação entre o Índice Nacional de Preços ao Consumidor, que inclui bens comerciáveis e não-comerciáveis, e o Índice de Preços por Atacado, setor industrial, que somente engloba os bens comerciáveis, tende a cair sistematicamente até o final de 1993.

Gráfico 7.11
Rendimento Médio Real-Indústria – (IPA-IND)

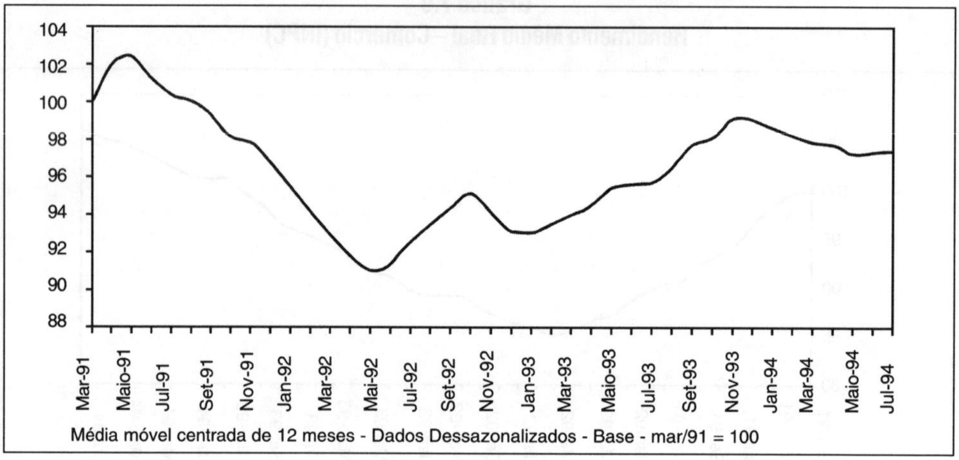

Gráfico 7.12
IPC-FIPE/IPA Ind.

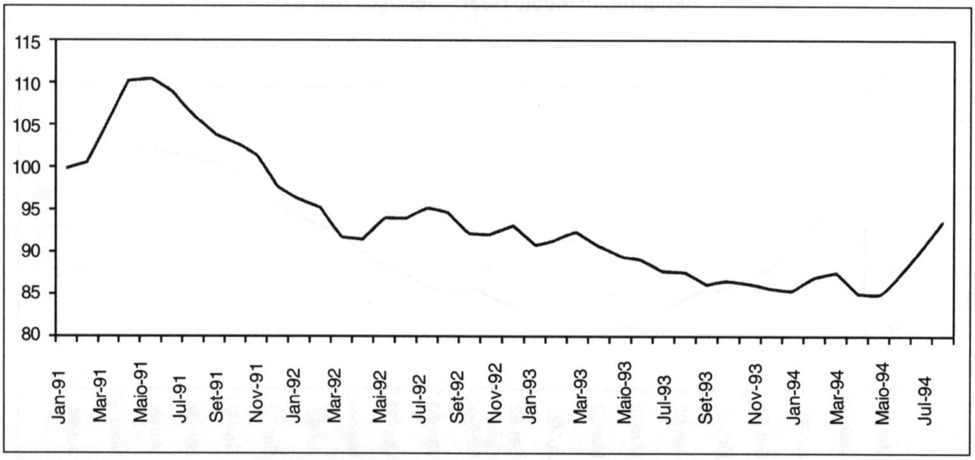

O Gráfico 7.13 mostra que, quando deflacionados pelo índice de preços ao consumidor os rendimentos reais dos trabalhadores industriais permaneceram constantes, enquanto se deflacionados pelo índice de preços da indústria, ou seja, custo real do trabalho, sofreu importante redução desde o início dos anos 1990 até o fim da recessão em meados de 1992, permanecendo estagnado a partir daí até a estabilização da economia. Em outras palavras, ao longo deste período, ocorreu uma transferência de renda dos trabalhadores e dos empresários dos setores de comércio e de serviços, para as empresas do setor industrial.

Gráfico 7.13
Rendimento Médio Real – Indústria (IPC)

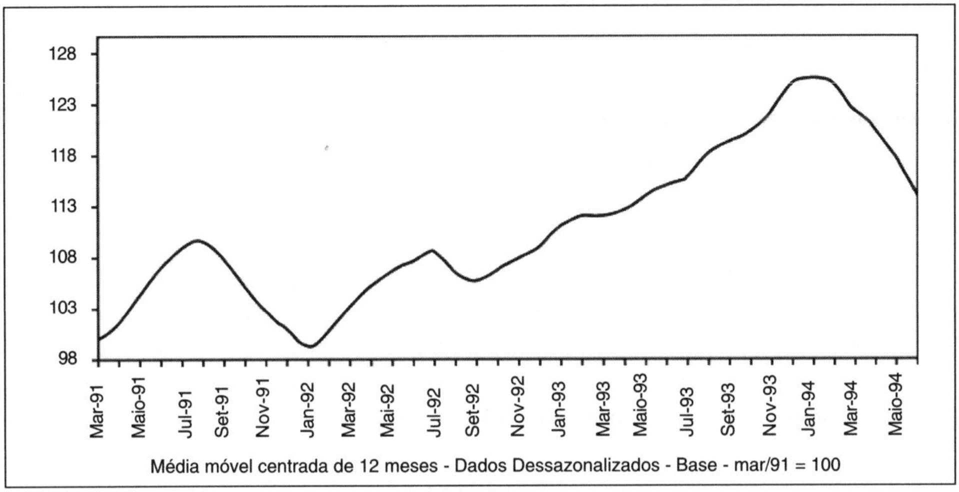

Portanto, em termos de grandes tendências da evolução do mercado de trabalho neste primeiro subperíodo, podemos dizer que:

a. Ocorreu uma queda do emprego industrial e aumento do emprego nos setores de comércio e de serviços, que acompanhou a evolução do nível de atividade na economia.

b. A taxa de desemprego aberto tendeu a aumentar no início dos anos 1990 com a recessão, mas principalmente devido ao ajustamento lento do mercado de trabalho às mudanças estruturais ocorridas no início da década com a abertura comercial. A partir da retomada do crescimento em meados de 1992 o desemprego apresentou um pequeno recuo.

c. Finalmente, os rendimentos reais dos trabalhadores dos setores de comércio e de serviços tiveram um movimento inversamente relacionado à evolução da taxa de desemprego aberto, ao mesmo tempo em que a mudança de preços relativos a favor dos setores produtores de bens comerciáveis, principalmente a indústria, permitiu que os rendimentos reais dos trabalhadores deste setor não caíssem, apesar da redução do nível de emprego. Ao mesmo tempo, o custo real do trabalho neste setor se reduziu significativamente.

2.2. O subperíodo 1994/1998

O subperíodo que se inicia em junho de 1994 é caracterizado por uma importante mudança em relação ao período anterior, a estabilização dos preços. Através da maior concorrência gerada na economia e da adoção de uma âncora cambial, a taxa de inflação que havia atingido 40% ao mês, em junho de 1994, foi drasticamente reduzida para níveis próximos a 5% ao ano em 1997.

Um dos principais efeitos da âncora cambial combinado ao aumento de demanda gerado pela própria estabilização dos preços, foi uma mudança no comportamento dos preços relativos na economia. Os preços dos bens não-comerciáveis passaram a crescer mais rapidamente que os dos bens comerciáveis, invertendo a tendência do período anterior. Ao mesmo tempo, a economia entrou em uma trajetória de crescimento, com aumento do nível de emprego.

Até o início de 1995, o aumento do nível de emprego total é suficientemente forte para levar a uma redução na taxa de desemprego aberto. A partir deste momento, com os efeitos da crise do México, a taxa de desemprego aberto volta a crescer, movimento este que se acentua a partir de 1997 devido à estagnação do emprego agregado (Gráficos 7.14 e 7.15).

Gráfico 7.14
Taxa de Desemprego Aberto – PME

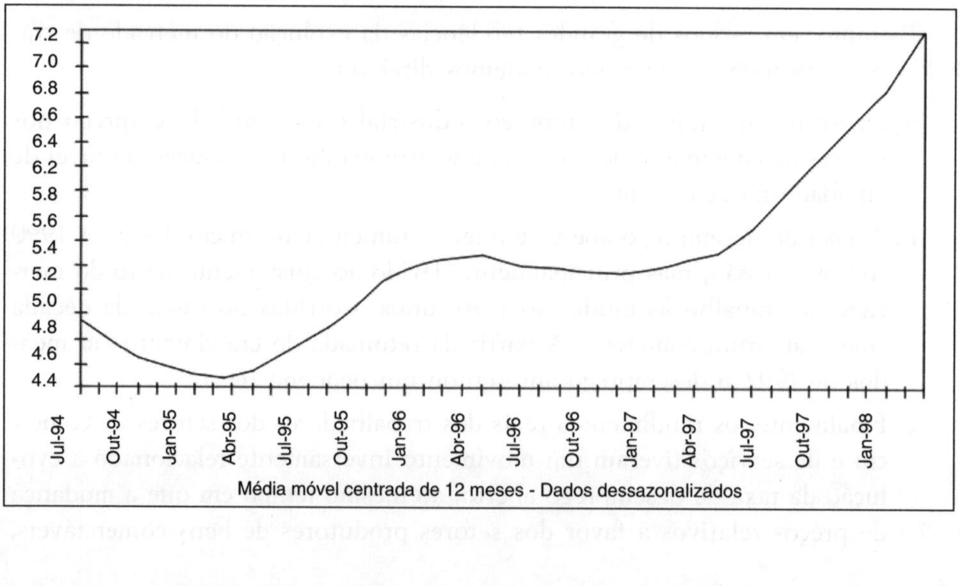

Gráfico 7.15
Emprego – Brasil – PME

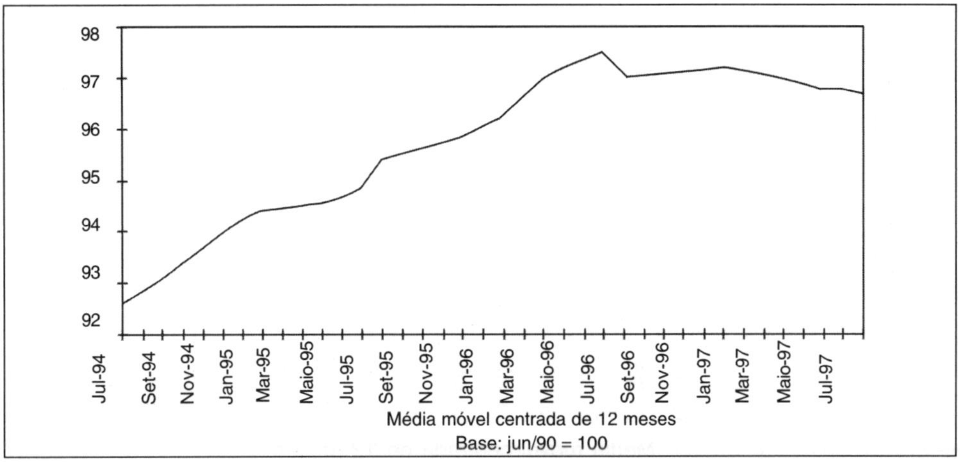

Novamente, a observação da evolução do nível de emprego nos três setores de atividade econômica (Gráficos 7.16, 7.17 e 7.18), separadamente, mostram um quadro similar, ainda que mais claro, ao que ocorreu no início da década (Gráficos 7.3, 7.4 e 7.5). O emprego industrial tende a cair a partir de 1995, apesar do crescimento do produto, enquanto o emprego no setor do comércio e no setor de serviços tende a aumentar acentuadamente até o final de 1996, quando então apresenta uma tendência clara à estagnação. Portanto, no início do processo de estabilização, o crescimento do emprego nos setores de comércio e de serviços mais que compensa a queda no emprego industrial, fato que não mais ocorre a partir de 1997. O resultado é uma clara tendência ao aumento da taxa de desemprego aberto desde este ano, que se acentua em 1998 com a queda do emprego nestes dois setores.

Gráfico 7.16
Emprego na Indústria – PME

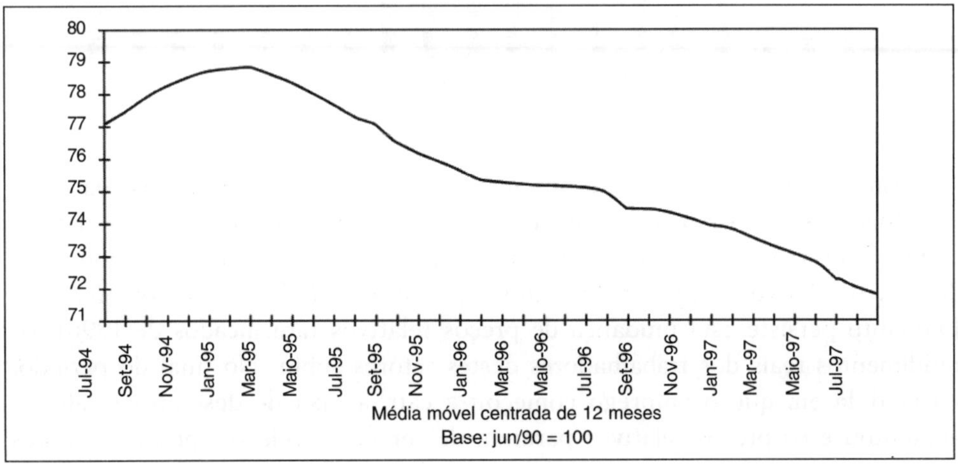

Gráfico 7.17
Emprego nos Serviços – PME

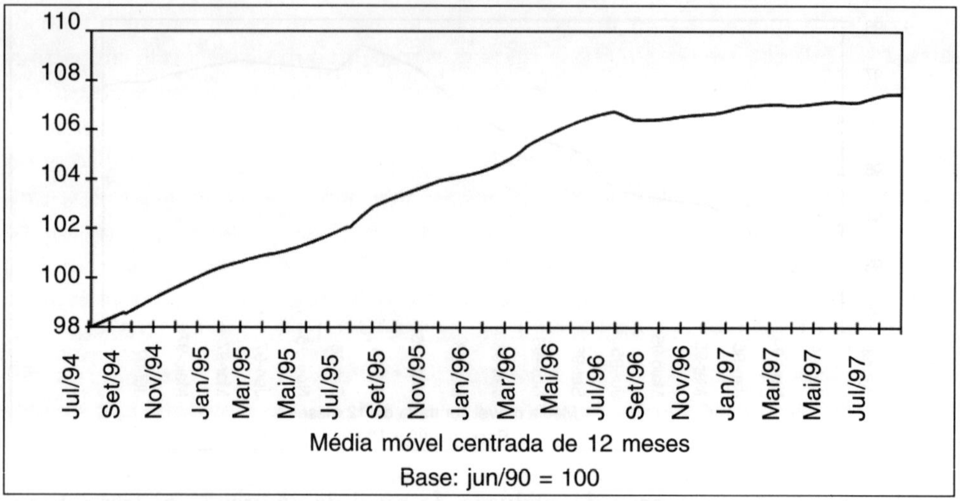

Gráfico 7.18
Emprego no Comércio – PME

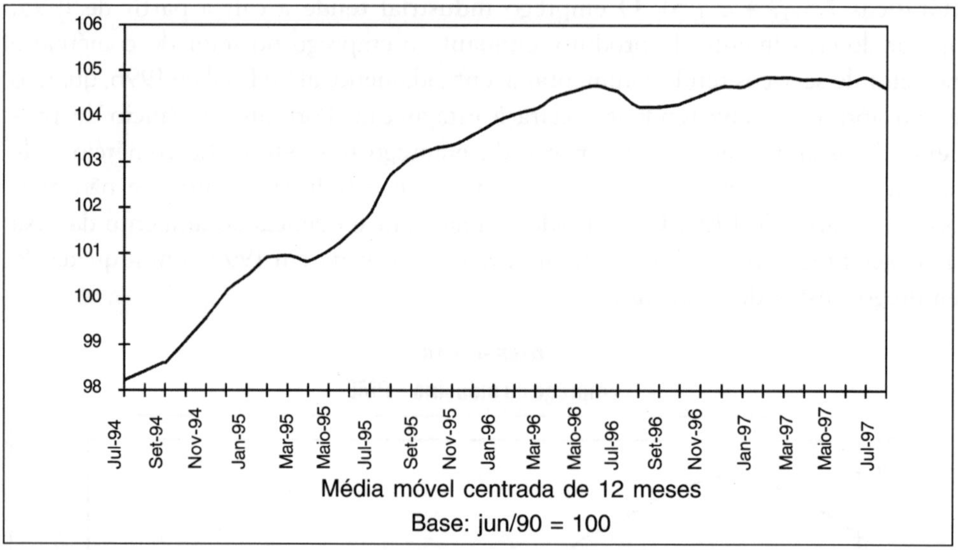

Com a redução da taxa de desemprego aberto, os rendimentos reais dos trabalhadores nos setores de comércio e de serviços tendem a crescer rapidamente. Entretanto, outro fenômeno importante a ser considerado é a mudança de preços relativos em favor dos setores produtores de bens não-comerciáveis. Enquanto persiste esta mudança de preços relativos (até meados de 1996), os rendimentos reais dos trabalhadores destes setores subiu. No final do período, na medida em que o emprego começou a cair, a taxa de desemprego aberto aumentou e os preços relativos pararam de ser favoráveis aos produtos destes setores, os rendimentos reais dos trabalhadores dos mesmos começam a apresentar quedas sistemáticas.

No setor industrial, ao mesmo tempo em que o nível de emprego caiu de forma acentuada, os rendimentos reais dos trabalhadores cresceram até o final de 1998. A queda do nível de emprego na indústria é o resultado do aprofundamento da abertura comercial, reforçada pela âncora cambial. Porém, ao contrário do que ocorria no primeiro subperíodo, com a mudança no comportamento dos preços relativos, com os preços dos bens não-comerciáveis passando a aumentar mais do que o dos bens comerciáveis a partir da adoção da âncora cambial e da estabilização da economia, o custo real do trabalho na indústria cresceu fortemente. Entre meados de 1994 e o final de 1997, o custo real do trabalho na indústria cresceu 30 pontos de porcentagem.

Este efeito de caráter conjuntural reforça o efeito estrutural gerado pela maior abertura sobre o emprego industrial, intensificando a queda no nível de emprego. Somente em 1998, com a redução do nível de atividade decorrente da crise asiática, tanto os salários reais quanto o custo real do trabalho na indústria tendem a cair.

Através das estimativas, podemos perceber que a partir de 1994, a taxa de desemprego passa a apresentar um comportamento um pouco diferente do subperíodo anterior com uma diminuição da importância dos choques realocativos e do produto em relação ao componente estrutural, que passa a ter um papel cada vez mais importante.

O Gráfico 7.19 mostra as taxas de desemprego efetivas e previstas para um período a frente pela equação 1 a partir de 1995, onde se percebe que há um aumento da taxa de desemprego que não é explicado pelas variações do produto e nem pelos choques realocativos. A taxa prevista está sempre abaixo da taxa efetivamente observada nos últimos dois anos.

Gráfico 7.19
Taxa de Desemprego Prevista e Efetiva

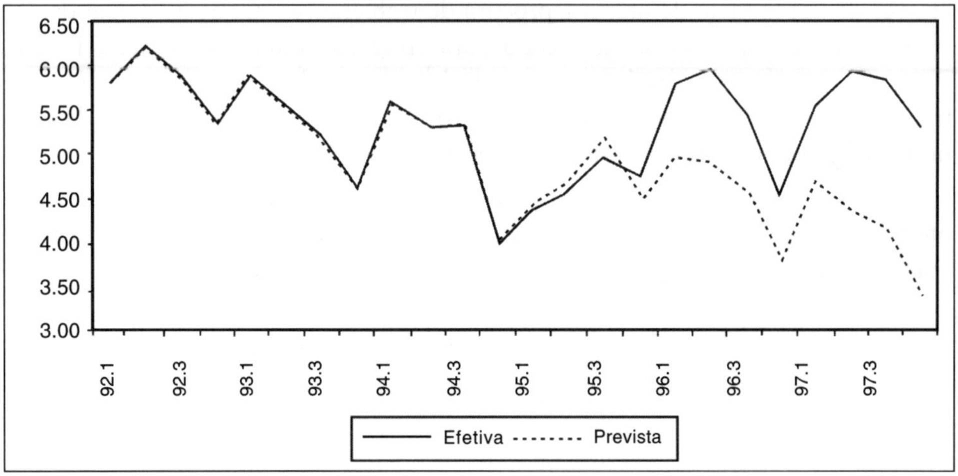

Em resumo, o subperíodo 1994/1998 foi caracterizado por um aumento dos rendimentos reais dos trabalhadores em todos os setores de atividade econômica, aumento do emprego nos setores de comércio e de serviços e queda do emprego no setor industrial. A taxa de desemprego caiu logo no início do processo de estabilização, devido ao aumento de demanda gerado pela drástica redução da taxa de crescimento dos preços, passando a aumentar a partir dos efeitos da crise do México.

3. Fatos Estilizados: Uma Tentativa de Racionalização

Uma vez descritos os fatos estilizados do mercado de trabalho metropolitano brasileiro na década de 1990, podemos tentar "racionalizar" estes fatos.

"Racionalizar" os fatos estilizados significa conseguir explicá-los a partir de um modelo consistente de funcionamento do mercado de trabalho. O modelo a ser utilizado neste artigo é o modelo simples de oferta e demanda por trabalho. Neste modelo, a hipótese subjacente básica é de que a curva de demanda é formada a partir da maximização de lucros por parte da empresa, o que significa que, no longo prazo, ela somente contrata um novo trabalhador se o valor da produtividade deste trabalhador for igual, ou maior caso o mercado não seja competitivo, ao custo de contratá-lo.

Do lado da oferta de trabalho, a hipótese tradicional é a de otimização da alocação do tempo do trabalhador entre as diferentes alternativas disponíveis, o que dá origem a uma curva de oferta positivamente inclinada. Para os objetivos deste artigo, vamos nos concentrar no subperíodo 1994/1998, pós-estabilização da economia.

Este período é caracterizado por crescimento econômico e aumento do emprego e dos rendimentos reais nos setores de comércio e de serviços e por redução do emprego e aumento dos rendimentos reais e do custo real do trabalho no setor industrial. Portanto, para que possamos racionalizar este comportamento através de um modelo de oferta e procura de trabalho, as curvas de demanda por trabalho teriam que ter se deslocado para cima em ambos os setores. Porém, como o emprego industrial caiu, este deslocamento da curva de demanda por trabalho, tem que ter sido acompanhado por um deslocamento da curva de oferta de trabalho neste setor para a esquerda.

As Figuras 7.1 e 7.2 mostram as direções dos deslocamentos das curvas de oferta e procura por trabalho nos setores industrial e de serviços no período analisado que podem gerar os fatos estilizados descritos anteriormente.

Figura 7.1
Indústria

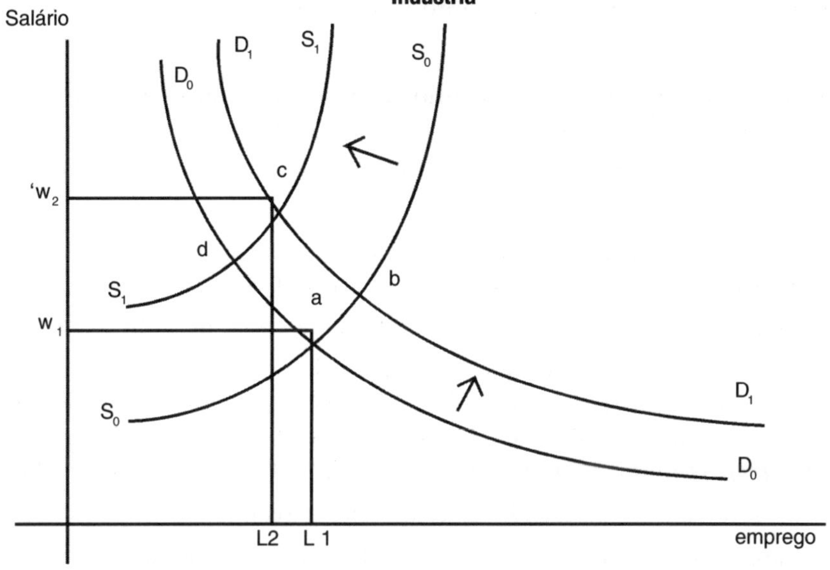

Figura 7.2
Serviços

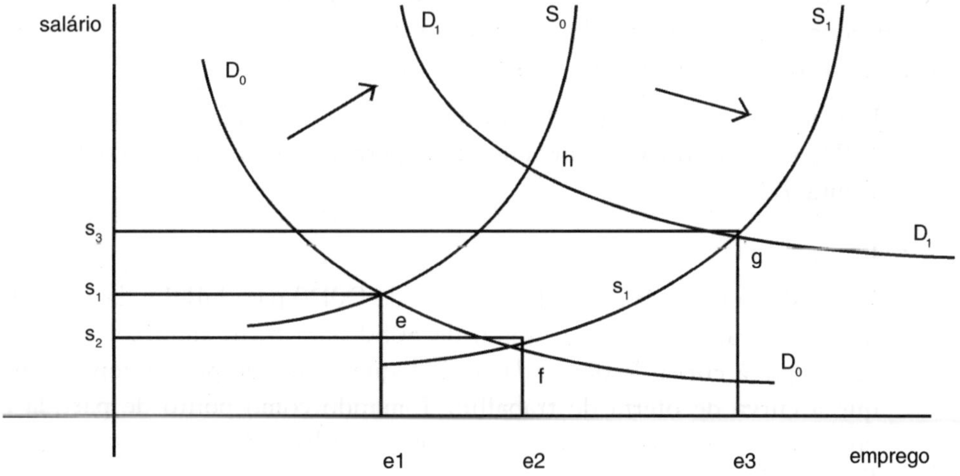

Tomemos inicialmente o caso do setor industrial. Como vimos, os dois fatos estilizados importantes neste setor foram o crescimento dos rendimentos reais, o aumento do custo real do trabalho e a redução do nível de emprego. Este comportamento somente pode ser obtido através de um modelo de oferta e demanda por trabalho se:

a. A curva de oferta de trabalho tiver se deslocado para a esquerda, enquanto a curva de demanda por trabalho permaneceu estável. Na figura, estes movimentos são representados pelo deslocamento da curva de oferta de trabalho de S0S0 para S1S1. A partir do ponto a, o mercado de trabalho industrial caminharia para o ponto d, na figura.

Ou:

b. A curva de demanda por trabalho tiver se deslocado para a direita, de D0D0 para D1D1 ao mesmo tempo em que a curva de oferta de trabalho se deslocava para a esquerda mais que proporcionalmente. Ponto c, na figura.

Ou:

c. Que a curva de demanda por trabalho tenha se deslocado para a esquerda, de D0D0 para D1D1, simultaneamente a um deslocamento mais que proporcional da curva de oferta de trabalho para cima, de S0S0 para S1S1.

Em todos os três casos, para que os fatos estilizados descritos no mercado de trabalho do setor industrial possam ser explicados a partir de um modelo de oferta e procura por trabalho, *é indispensável que a curva de oferta de trabalho no setor industrial tenha se deslocado para a esquerda.* Ou seja, que a oferta de trabalho no setor industrial a cada nível de salário real, tenha se reduzido.

Tomemos agora o setor serviços. Como descrito na seção anterior, os fatos estilizados a serem explicados são um aumento do nível de emprego, dos rendimentos reais e do custo real da mão-de-obra. A Figura 7.2 mostra os deslocamentos necessários das curvas de oferta e procura para que estes fatos possam ser "racionalizados" a partir de um modelo de oferta e procura por trabalho. Esta figura mostra as seguintes possibilidades:

a. Um deslocamento para a direita da curva de demanda por trabalho, de D0D0 para D1D1 com a curva de oferta permanecendo estável. Ponto h na Figura 7.2.

Ou:

b. Um deslocamento da curva de demanda de D0D0 para D1D1 e da curva de oferta de trabalho para a direita, de S0S0 para S1S1, simultaneamente, desde que a curva de demanda se desloque mais que proporcionalmente que a curva de oferta de trabalho. Tomando como ponto de partida o ponto e, o mercado de trabalho estaria se deslocando para o ponto g na Figura 7.2.

Ou:

c. Que a curva de demanda por trabalho tenha se deslocado para a direita simultaneamente a um deslocamento menos que proporcional da curva de oferta de trabalho neste setor para a esquerda.

Portanto, no setor serviços, o aspecto importante a ser destacado é que, para que os fatos estilizados descritos possam ser explicados com base em um modelo de oferta e procura por trabalho, *é necessário um deslocamento da curva de demanda por trabalho para a direita*, ou seja, que o valor da produtividade marginal do trabalho tenha aumentado ao longo deste período.

Dadas estas possibilidades, quais seriam as combinações que poderiam ter gerado os fatos estilizados nos dois setores simultaneamente? A primeira possibilidade é que a curva de oferta de trabalho no setor industrial tenha se deslocado para a esquerda (de S0S0 para S1S1) e a do setor de serviços tenha permanecido estável (em S0S0). Ao mesmo tempo, a curva de demanda por trabalho no setor de serviços se deslocava para a direita (de D0D0, na Figura 7.2) e da demanda por trabalho no setor industrial tenha permanecido estável (em D0D0, na Figura 7.1). A combinação (a,a).

Para que esta combinação seja capaz de "racionalizar" o comportamento do mercado de trabalho metropolitano brasileiro no período pós-estabilização, deveríamos ter uma redução da taxa de participação da População em Idade de Trabalhar na População Economicamente Ativa, pois a oferta de trabalho no setor industrial teria se deslocado para a esquerda e a oferta de trabalho no setor serviços teria permanecido estável.

A Tabela 7.2 mostra a evolução da taxa de participação da força de trabalho no Brasil metropolitano entre 1991 e 1996. Como pode ser observado, não existe qualquer tendência a uma redução desta taxa no período 1994/1997. Ao contrário, se alguma tendência ocorreu, foi no sentido de aumento da taxa de participação.

Tabela 7.2
Taxa de Participação da Força de Trabalho (1991/1996)

Ano	*Taxa de participação*
média de 1991	60,87
média de 1992	59,51
média de 1993	58,74
média de 1994	59,26
média de 1995	59,27
média de 1996	59,56

Fonte: PME/IBGE.

Além disso, nesta combinação a produtividade do trabalho no setor industrial teria permanecido constante, pois a curva de demanda por trabalho neste setor não teria se deslocado. Como veremos na próxima seção, existem evidências fortes de que este não foi o caso, mas sim que houve um aumento da produtividade do trabalho no setor industrial neste período. Portanto, podemos descartar a combinação (a,a) como racionalizadora dos fatos estilizados descritos anteriormente.

Porém, se a curva de oferta de trabalho no setor industrial se deslocou para a esquerda (para S1S1) e a taxa de participação não diminuiu, a curva de oferta de trabalho no setor de serviços tem de ter se deslocado para a direita (para S1S1). Ou seja, os trabalhadores deslocados de seus empregos no setor industrial, em lugar de se oferecerem para novos empregos neste setor, passaram a oferecer sua força de trabalho no setor de serviços. Sendo os empregos no setor industrial de maior produtividade e melhores salários, este deslocamento parece, em princípio, difícil de ser explicado.

Tal deslocamento pode ser explicado a partir das mudanças tecnológicas e, conseqüentemente, das mudanças nos conteúdos de qualificação exigidos pela indústria no período pós-estabilização. Com a abertura da economia e a valorização cambial, novas e mais modernas máquinas e equipamentos passaram a ser incorporados ao processo de produção no setor industrial. Isto tornou muitos trabalhadores antes empregados neste setor "desqualificados", ou com as qualificações inadequadas. Incapazes de se requalificarem para a nova tecnologia, restou a estes trabalhadores oferecerem sua força de trabalho no setor de serviços, onde o conteúdo de qualificação demandado é menor que na indústria e as mudanças tecnológicas menos freqüentes e menos drásticas. Portanto, uma das possíveis explicações para este comportamento é que uma parte importante dos trabalhadores deslocados do setor industrial pelas novas tecnologias passaram a se oferecer no setor de serviços, deslocando a curva de oferta de trabalho neste setor para a direita.

Uma segunda explicação está relacionada à própria mudança de preços relativos. Com a adoção de uma âncora cambial, os preços relativos mudaram de forma drástica em favor dos bens não-comerciáveis, com aumento mais significativos dos preços dos serviços em relação aos preços industriais. Como os salários reais incorporam os preços dos serviços, as pressões sobre os salários nominais são determinadas por estes preços, enquanto os preços industriais dependem dos preços dos bens importados. Ou seja, o custo real do trabalho passa a crescer mais que os salários reais na indústria.

Incapazes de aumentar seus preços e, ao mesmo tempo, incapazes de conter a pressão dos trabalhadores por aumentos nominais de salários decorrente dos aumentos de preços dos serviços, os custos reais do trabalho tenderam a crescer sistematicamente ao longo deste período. O deslocamento da curva de oferta de trabalho apenas estaria refletindo esta disparidade da evolução dos preços relativos.

Porém, se a combinação (a,a) não consegue "racionalizar" os fatos estilizados e se a curva de oferta de trabalho no setor de serviços se deslocou para a direita, qualquer combinação que inclua a possibilidade c para o setor serviços está fora de consideração. Portanto, nos sobra como possibilidades de "racionalização" destes fatos as combinações (b,b) e (c,b). No caso da combinação (b,b), teríamos um deslocamento das curvas de oferta de trabalho no setor industrial para a esquerda (de S0S0 para S1S1 na Figura 7.1) e no setor de serviços para a direita (de S0S0 para S1S1 na Figura 7.2), simultaneamente a um deslocamento das curvas de demanda por trabalho em ambos os setores para a direita (para D1D1 em ambas as figuras), o que significa ganhos de produtividade do trabalho em ambos os setores. No caso da combinação (c,b), teríamos os mesmos deslocamentos das curvas de oferta de trabalho e um deslocamento para a esquerda da curva de demanda por trabalho no setor industrial (de D0D0 para D1D1 na Figura 7.1) e para a direita no setor serviços (de D0D0 para D1D1 na Figura 7.2). Em outras palavras, um aumento da produtividade do trabalho no setor de serviços e queda no setor industrial. Estas são as escolhas possíveis. A decisão entre elas é uma questão empírica a ser analisada na próxima seção.

4. Produtividade Marginal *versus* Preços Relativos

Os deslocamentos da curva de demanda de trabalho em um determinado setor podem estar relacionados ao movimento de duas variáveis: à variação dos preços relativos na economia e/ou a variações da produtividade marginal do trabalho. Para vermos isto, vamos escrever a condição para que uma empresa esteja maximizando lucros:

$$w = ps.\ Pmg$$

em que: w = salário nominal

ps = preço do setor

Pmg = produtividade marginal do trabalho no setor

dividindo ambos os lados pelo índice de preços ao consumidor, teremos:

$$w/pc = ps/pc.Pmg$$

$$\Delta(w/p) = \Delta(ps/pc) + \Delta pmg$$

ou seja, um aumento (redução) do preço relativo do setor em relação ao índice de preços ao consumidor fará com que, no ponto de ótimo, a empresa pague um salário real maior (menor) para a mesma produtividade marginal do trabalho. Em outras palavras, uma mudança de preços relativos em favor (contra) do setor significa um deslocamento da curva de demanda por trabalho para a direita (esquerda).

A mudança de preços relativos é um fator conjuntural e que depende do nível de atividade da economia, por um lado, e da política cambial, por outro. Como os preços do setor de serviços são mais flexíveis que os preços do setor industrial, um aumento (queda) do nível de atividade tende a aumentar (reduzir) os preços relativos do setor de serviços em relação ao setor industrial. Neste sentido, este deslocamento da curva de demanda pode ser temporário, devido à redução da taxas de crescimento da economia.

Da mesma forma, dados os preços relativos na economia, a curva de demanda por trabalho se deslocará se a produtividade marginal do trabalho variar. Ao contrário dos preços relativos, este é um fator estrutural, relacionado ao aumento da disponibilidade de capital físico e capital humano em cada setor de atividade econômica.

Portanto, a curva de demanda por trabalho do setor industrial ou do setor serviços podem ter se deslocado para a direita (esquerda) por duas razões:

- um fator conjuntural – os preços relativos do setor tenham aumentado (diminuído) e/ou;
- um fator estrutural – a produtividade marginal do trabalho no setor tenha aumentado (reduzido).

Quanto se deve a cada um destes fatores é uma questão empírica a ser analisada nesta seção.

Um dos efeitos do programa de estabilização foi a significativa mudança de preços relativos a favor dos setores produtores de bens não-comerciáveis (principalmente o setor de serviços) e contra os setores produtores de bens comerciáveis (principalmente indústria). Os Gráficos 7.20 e 7.21 mostram a evolução da relação entre os preços ao consumidor e os preços industriais (Gráfico 7.20) e entre os preços ao consumidor e os preços dos serviços (Gráfico 7.21) entre janeiro de 1994 e agosto de 1997.

Como podemos observar, entre janeiro e julho de 1994, os preços ao consumidor e os preços industriais variaram basicamente à mesma taxa. A partir da estabilização da economia em julho de 1994, os preços industriais passaram a variar a uma taxa significativamente menor que o conjunto dos preços ao consumidor, até junho de 1996. Neste período, o aumento dos preços ao consumidor foi 23% maior que os preços industriais.

O oposto ocorre com o setor serviços. Desde janeiro de 1994 os preços do setor serviços crescem a uma taxa superior ao conjunto dos preços da economia até agosto de 1995, sendo que entre julho de 1994 e agosto de 1995 os serviços têm um aumento de preços 13% acima do aumento dos preços ao consumidor.

Gráfico 7.20
IPC-Fipe/IPA-Indústria (Base: Jan/94=100)

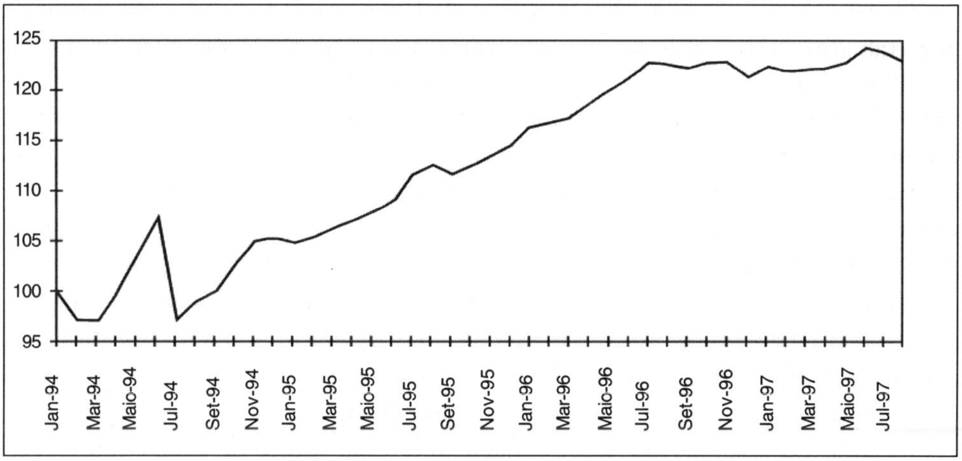

Gráfico 7.21
IPC-Fipe/IPC-Serviços (Base: Jan/94=100)

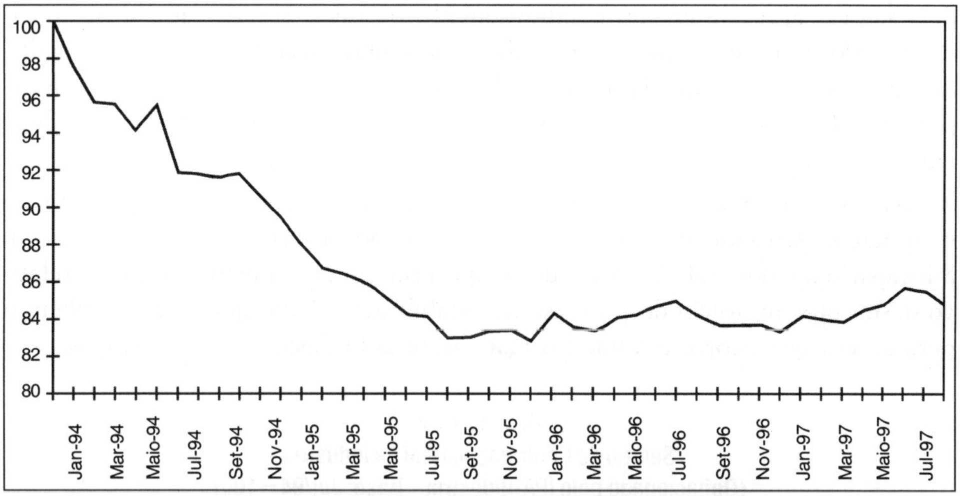

Estes dois indicadores sugerem que ocorreu um deslocamento da curva de demanda por trabalho para a direita no setor serviços decorrente de um aumento dos preços relativos deste setor (de D0D0 para D1D1 na Figura 7.2). Ou seja, uma parte dos ganhos salariais dos trabalhadores do setor de serviços se deve a esta mudança de preços relativos.

Por outro lado, a mudança de preços relativos contra os produtos industriais sugere um deslocamento da curva de demanda de trabalho deste setor para a esquerda. Este é um efeito que poderá se restringir ao curto prazo, pois está relacionado à utilização da taxa de câmbio como âncora para controlar a taxa de inflação, e ao forte aumento de demanda decorrente da própria estabilização dos preços. Mudanças na política cambial e/ou um nível de atividade menos forte teriam o efeito de reverter este efeito.

O segundo fator que pode ter gerado deslocamentos das curvas de demanda por trabalho nestes dois setores são variações na produtividade marginal do trabalho. Indicadores de produtividade marginal do trabalho são difíceis de se obter. Entretanto, a partir da hipótese de que uma empresa somente contrata um trabalhador novo se sua produtividade for igual ou maior que o custo de sua contratação, a evolução dos salários pagos aos trabalhadores que estão sendo contratados em cada setor, deflacionado pelo índice de preços do próprio setor nos dá uma *proxy* da evolução da produtividade marginal do trabalho.

Para o segmento formal do mercado de trabalho brasileiro, existem estatísticas sobre o salários de contratação com base nos dados da Lei 4.923 do Ministério do Trabalho. Os Gráficos 7.22 e 7.23 mostram a evolução do salário de contratação no setor industrial, deflacionado pelo IPA-indústria, e do salário de contratação do setor de serviços, deflacionado pelo índice de preços dos serviços, respectivamente.

A evolução destas duas variáveis mostra que o salário de contratação destes dois setores apresentam um comportamento bastante similar, queda no início do período de estabilização, entre julho e dezembro de 1994 e aumento significativo deste então. A queda no início do período provavelmente decorre da incapacidade dos trabalhadores destes setores de se apropriar de ganhos de produtividade no curto prazo.

No caso do setor de serviços, a redução mais acentuada do salário de contratação deflacionado pelo índice de preços do próprio setor indica também a incapacidade dos trabalhadores de se apropriarem do aumento do preço relativo deste setor no início do processo de estabilização. Note que este é também o período em que ocorre o aumento mais acentuado destes preços relativos.

Gráfico 7.22
Salário de Contratação Real na Indústria
(Deflacionado pelo IPA-Indústria – Base: Jul/94=100)

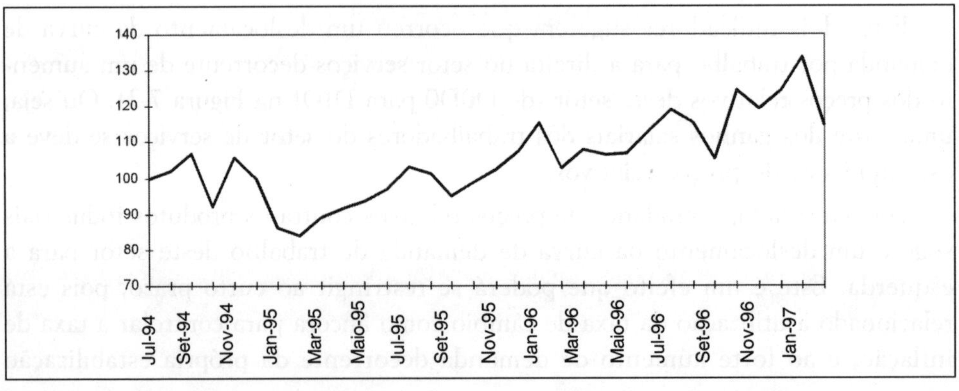

Gráfico 7.23
Salário de Contratação Real nos Serviços
(Deflacionado pelo IPC-Serviços – Base: Jul/94=100)

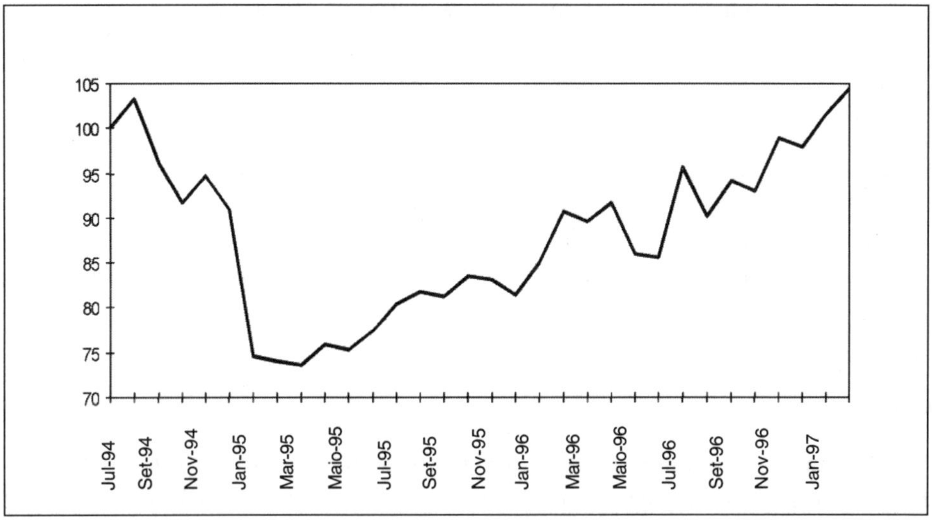

Entretanto, o crescimento sistemático do salário de contratação desde o início de 1995 até o presente é um forte indicador de que estão ocorrendo importantes ganhos de produtividade marginal tanto no setor industrial quanto no setor de serviços da economia brasileira. Se tomarmos o ponto mais baixo da curva como ponto de referência, estes ganhos são da ordem de 45% para o setor industrial e 33% para o setor de serviços. Tomando-se julho de 1994 como referência, estes ganhos são de, respectivamente, 25% e 5%.

Em outras palavras, os ganhos de produtividade marginal do trabalho no setor industrial são mais que suficientes para compensar a mudança de preços relativos contra este setor, o que indica um deslocamento da curva de demanda por trabalho na indústria para a direita. Por outro lado, os ganhos de produtividade no setor de serviços atuam na mesma direção que a mudança de preços relativos em favor deste setor, indicando um deslocamento da curva de demanda de trabalho no setor serviços também para a direita.

Um indicador alternativo de ganhos de produtividade é a evolução do nível de qualificação dos trabalhadores nos diferentes setores de atividade econômica. A Tabela 7.3 mostra esta evolução entre 1989 e 1996.

Tabela 7.3
Evolução da Estrutura de Qualificação da Mão-de-Obra

Anos	*Zero anos de estudo*	*0 a 4 anos de estudos*	*4 a 8 anos de estudos*	*8 a 12 anos de estudos*	*Mais de 12 anos de estudos*
1989	8%	30%	20%	31%	11%
1990	8%	29%	21%	32%	11%
1991	7%	29%	20%	32%	11%
1992	7%	29%	20%	33%	11%
1993	7%	28%	20%	34%	11%
1994	6%	28%	20%	34%	11%
1995	6%	27%	21%	35%	12%
1996	5%	26%	21%	37%	12%

Fonte: PME/IBGE.

Pela tabela, podemos notar um claro aumento do nível de escolaridade da força de trabalho empregada na economia brasileira entre 1989 e 1996. A porcentagem dos trabalhadores com menos de quatro anos de estudos declinou de 38% em 1989 para 31% em 1996, enquanto a porcentagem dos trabalhadores com mais de 8 anos de estudos aumentou de 42% para 49% da força de trabalho.

A Tabela 7.4 mostra como este aumento de escolaridade foi distribuído entre os diferentes setores da economia, indústria, comércio e serviços.

Como podemos observar pela tabela, a proporção de trabalhadores com mais de oito anos de estudos aumenta em todos os três setores de atividade econômica, o oposto ocorrendo com a proporção de trabalhadores menos educados. O setor industrial é o que apresenta o maior aumento percentual, 8 pontos de porcentagem, enquanto nos setores de comércio e de serviços este aumento foi de 6 pontos de porcentagem nestes 7 anos. Portanto, ocorreu um aumento do nível de qualificação da mão-de-obra no país no período analisado, o que sugere ganhos de produtividade do trabalho.

Em conclusão, essa análise sugere que no período pós-estabilização, ocorreu um deslocamento da curva de oferta de trabalho na indústria para a esquerda e no setor de serviços para a direita. Concomitantemente, se deu um deslocamento das curvas de demanda por trabalho em ambos os setores para a direita. Portanto, em termos de "racionalização" dos fatos estilizados da Seção 2, a combinação (b,b) parece ter melhor capacidade de explicá-los.

Os dados também sugerem estar ocorrendo um choque positivo de produtividade tanto no setor industrial quanto no setor de serviços da economia brasileira neste período, sendo este ganho mais expressivo no setor industrial que no setor de serviços.

Como os ganhos de produtividade marginal no setor industrial são mais elevados que no setor de serviços, e este é o fator estrutural importante para explicar ganhos de longo prazo nos rendimentos do trabalho, devemos esperar um aumento da disparidade entre os salários destes dois setores no futuro. No curto prazo, a disparidade salarial entre estes dois setores diminuiu devido à mudança de preços relativos em favor do setor serviços, um fator conjuntural que poderá se reverter em períodos de redução do nível de atividade.

Tabela 7.4
Estrutura da Qualificação da Mão-de-Obra por Setores da Economia

Anos de Estudos	*1989*	*1993*	*1996*
Indústria			
0 a 4 anos	32%	28%	25%
4 a 8 anos	24%	24%	24%
8 a 12 anos	34%	38%	41%
Mais de 12 anos	10%	10%	11%
Comércio			
0 a 4 anos	25%	23%	21%
4 a 8 anos	23%	22%	22%
8 a 12 anos	44%	47%	49%
Mais de 12 anos	8%	8%	9%
Serviços			
0 a 4 anos	33%	31%	27%
4 a 8 anos	21%	21%	22%
8 a 12 anos	32%	34%	37%
Mais de 12 anos	14%	14%	15%

Fonte: PME/IBGE.

Os efeitos dos ganhos de produtividade sobre o desemprego a partir de 1995 são bem representados por uma tendência incluída a partir desse período no modelo estimado com as mesmas variáveis apresentadas na Tabela 7.5. Os resultados mostram que a tendência é significativa ao nível de 10% na equação 1, captando o aumento de desemprego a partir de 1995 que não é explicado pelas variações do produto e por choques de realocação.

Tabela 7.5
Variável Dependente: Desemprego

Variáveis	*(1)*	*(2)*
$Desemprego_{t-1}$	0,95	0,97
	(25,02)**	(23,76)**
ΔPIB_t	–9,77	–8,90
	(5,91)**	(5,52)**
ΔPIB_{tt-1}	–4,82	–6,10
	(3,17)**	(3,88)**
$Dispersão_t$	–0,005	–
	(0,33)	
$Dispersão_{t-1}$	0,04	–
	(2,46)**	
Dummy $sazonal_1$	0,10	0,55
	(0,40)	(2,50)**
Dummy $sazonal_2$	0,68	0,87
	(2,38)**	(3,49)**
Dummy $sazonal_3$	–0,10	0,40
	(0,30)	(1,48)
Dummy $sazonal_4$	–1,23	–0,88
	(4,54)**	(3,74)**
Tendência	0,03	0,03
	(1,95)*	(2,47)**
Observações	58[83:3-97:4]	60[83:3-98:2]
Jarque-Bera	1,11	2,87
R^2 ajustado	0,94	0,93
R^2	0,93	0,94

Nota: As estatísticas-t são mostradas entre parênteses.
* e ** indicam que os coeficientes são significativos aos níveis de 10% e 5%, respectivamente.

A equação 2 mostra os resultados com a inclusão de dados para os primeiros trimestres de 1998, como forma de tentar explicar o grande aumento da taxa de desemprego a partir de janeiro de 1998. A estimação exclui o índice de dispersão pela falta de dados para esses últimos períodos. Podemos notar que o aumento bastante acentuado da taxa de desemprego em 1998 faz com que a tendência apresente um nível de significância ainda maior, decorrente da incapacidade dos serviços e do comércio de compensar a queda no emprego industrial.

5. Implicações para Formação Profissional e Desemprego

O desempenho do mercado de trabalho metropolitano brasileiro descrito na Seção 3 tem sérias implicações para a formação profissional no país e para a evolução da taxa de desemprego. Em primeiro lugar, devemos nos perguntar como o sistema de formação profissional deve se adaptar à nova estrutura de qualificação da mão-de-obra exigida pela indústria. Segundo, dada a disponibilidade de recursos do sistema, devemos considerar duas opções: por um lado, formar jovens recém entrados no mercado de trabalho, para atender à demanda destas novas ocupações. Por outro, como desenvolver um sistema de retreinamento e requalificação da mão-de-obra que está sendo deslocada do setor industrial e que não mais consegue se reempregar neste setor.

A questão básica a ser respondida é se os benefícios que podem ser obtidos com a requalificação e retreinamento desta mão-de-obra mais idosa justificam os custos deste esforço. O grande problema é a capacidade desta mão-de-obra, uma vez retreinada e requalificada, de competir em igualdade de condições com os jovens que estão entrando no mercado de trabalho e que, ao longo de seu processo de formação, se familiarizaram com as novas tecnologias, sem os vícios e as desvantagens de terem passado uma parte substancial de suas vidas profissionais utilizando tecnologias já obsoletas.

Alguns analistas sugerem ser extremamente difícil e custoso que trabalhadores mais idosos, com qualificação e treinamento em tecnologias obsoletas, sejam capazes de se retreinarem e se tornarem competitivos no mercado de trabalho com os novos entrantes. Se isto é verdade, o sistema de formação profissional deveria se concentrar na qualificação dos novos entrantes, utilizando tecnologia moderna e novas técnicas de gerência e de relações de trabalho. Porém, isto traz um problema social grave de realocação dos trabalhadores idosos e de aumento da taxa de desemprego estrutural na economia.

Um segundo aspecto importante é a redução do nível de emprego industrial. Qual o papel de um sistema de qualificação de mão-de-obra para um setor que está reduzindo o emprego de forma drástica e sistemática? Qual a quantidade de recursos que se justifica gastar para qualificar a mão-de-obra de um setor que gera uma quantidade marginal de empregos, em um país no qual o problema do desemprego está se tornando grave? Neste sentido, talvez seja mais eficiente, do ponto de vista da alocação de recursos, o direcionamento das instituições de ensino profissional no sentido de qualificar trabalhadores para setores de serviços auxiliares da atividade industrial, fundamentais para o bom funcionamento deste setor, ainda que não diretamente empregados por ele.

A segunda questão importante que se coloca diante desses resultados é como enfrentar o problema do aumento do desemprego aberto na economia brasileira. Note que, ao contrário de outros períodos quando o desemprego aberto aumentou em resposta a movimentos cíclicos de curto prazo, se a análise está correta, o aumento do desemprego aberto no atual estágio da economia brasileira tem um importante componente estrutural, que deverá se refletir em um crescimento da taxa de desemprego de longo prazo. Ou seja, mesmo quando a economia retomar uma trajetória de crescimento, a queda do desemprego aberto deverá ser mais lenta do que nos períodos anteriores. Isto já está se refletindo no aumento do tempo médio de desemprego, que passou de 3,5 meses em 1991 para 6 meses em 1998 e no aumento do desemprego dos chefes de família.

Esta questão está diretamente relacionada aos incentivos criados aos trabalhadores e empresas pela regulação do mercado de trabalho brasileiro. O ponto importante a ser considerado é que esta legislação induz contratos de trabalho extremamente curtos e nenhuma cooperação entre trabalhadores e empresas no processo produtivo. Dois fatores devem ser considerados.

Primeiro, quando a economia está crescendo e a taxa de desemprego é pequena, existe um incentivo para que os trabalhadores busquem sua demissão. Isto porque, caso isto ocorra, o trabalhador recebe uma indenização correspondente a um salário mais 40% de um fundo acumulado pela empresa em seu nome (o FGTS) que corresponde a um salário para cada ano de trabalho na empresa. Este incentivo é tão maior quanto menor a taxa de desemprego e mais fácil conseguir um novo emprego.

O segundo ponto é que uma série de direitos dos trabalhadores, que estão na Constituição do país, somente podem ser negociados na Justiça do Trabalho, o que ocorre apenas após o trabalhador ser demitido. Ou seja, um trabalhador que, ao ser empregado, não recebe todos os direitos que estão na legislação, pode demandá-los na Justiça do Trabalho. Enquanto está no emprego, ele não o faz com medo de ser demitido. Após ser demitido, ele os demanda na Justiça do Trabalho e o processo de conciliação entre trabalhadores e empregadores é similar a um processo de negociação individual. Isto cria um incentivo para que os empregadores somente paguem estes direitos diante da Justiça e para que os trabalhadores desejem ser demitidos para receber pelo menos parte dos mesmos. Esta talvez seja uma das razões pelas quais a porcentagem dos trabalhadores assalariados sem contrato assinado, que é ilegal, seja acima de 25% da força de trabalho e crescente no país.

O resultado é uma relação de trabalho de prazo extremamente curto (em média, aproximadamente 33% dos trabalhadores do setor formal do mercado de trabalho no Brasil mudam de emprego a cada ano), o que reduz os incentivos a investimentos em capital humano específico por ambas as partes. Conseqüentemente, a responsabilidade pela qualificação e treinamento dos trabalhadores acaba se concentrando no Estado. Dadas as restrições fiscais, o investimento que o Estado pode realizar é insuficiente para resolver o problema do descasamento entre a estrutura de qualificações ofertada e demanda decorrente das mudanças estruturais. Por outro lado, como as necessidades das empresas são melhor conhecidas por elas próprias, o tipo de qualificação fornecido pelo Estado não necessariamente é compatível com as necessidades das empresas.

Neste contexto, as soluções seriam eliminar os ganhos dos trabalhadores quando estes são demitidos. Manter o seguro-desemprego e a multa pela demissão, mas fazer com esta multa seja utilizada para financiar o seguro-desemprego e não seja apropriada privadamente pelo trabalhador demitido como é no momento. Segundo, deslocar as negociações dos direitos dos trabalhadores da Justiça do Trabalho para as empresas, através dos sindicatos. Com isto, esta negociação poderá ser feita antes da demissão. Estas duas medidas, tenderiam a aumentar a duração do contrato de trabalho e a incentivar investimentos em qualificação e treinamento específico por parte das empresas e trabalhadores.

6. Conclusões

Neste capítulo analisamos o desempenho do mercado de trabalho metropolitano brasileiro no período 1990/1998. Mostramos que ocorreu uma redução do nível de emprego na indústria e um aumento do nível de emprego nos setores de serviços e de comércio. O aumento do emprego nestes dois últimos setores foi, entretanto, insuficiente para compensar a redução do emprego industrial.

Os resultados das estimativas mostraram que as transformações ocorridas na estrutura da economia no início da década de 1990 provocaram um aumento do desemprego nos primeiros anos da década em virtude da lentidão do ajuste do mercado de trabalho, com o deslocamento do emprego da indústria para os serviços e o comércio. Além disso, as variações do produto e os choques realocativos não são capazes de explicar o aumento do desemprego após a estabilização da economia.

Ao mesmo tempo, os rendimentos reais e o custo do trabalho aumentaram em todos os setores da economia. Mostramos que estes desenvolvimentos somente podem ser "racionalizados" através de um modelo de oferta e procura por trabalho se supusermos que ocorreu um deslocamento da curva de demanda por trabalho para a direita no setor de serviços e um deslocamento da curva de oferta de trabalho para a esquerda na indústria. Como a taxa de participação permaneceu basicamente constante, concluímos que a única possibilidade de explicação seria através de um deslocamento da curva de oferta de trabalho no setor de serviços para a direita.

Mostramos também que os dados disponíveis indicam um importante aumento da produtividade marginal do trabalho no setor industrial, suficiente para mais que compensar a mudança de preços relativos contra este setor ocorrida com a estabilização da economia. Desta forma, a curva de demanda por trabalho na indústria também se deslocou para a direita. Por outro lado, a produtividade marginal do trabalho no setor de serviços também cresceu significativamente ao longo do período, ainda que a uma taxa menor que no setor industrial.

Um outro aspecto relevante analisado neste artigo é a tendência ao crescimento da taxa de desemprego aberto a partir de 1997. Isto se deve à incapacidade dos setores de comércio e de serviços de compensar as perdas de emprego ocorridas no setor industrial. Esta evolução sugere uma tendência ao aumento do desemprego estrutural na economia brasileira. Para evitar este resultado, o artigo sugere algumas mudanças na legislação que rege o funcionamento do mercado de trabalho brasileiro no sentido de criar incentivos para que o investimento em qualificação e treinamento específico seja melhor distribuído entre Estado, empresas e trabalhadores.

Referências Bibliográficas

Lilien, David (1982). "Sectoral Shifts and Cyclical Unemployment". *Journal of political economy*, 90.

Reis, Maurício Cortez (1999). "Choques setoriais e desemprego no Brasil". Tese de mestrado, Departamento de Economia, PUC/RJ.

Capítulo 8

Efeitos Distributivos das Reformas Estruturais no Brasil

*Marcelo Neri**
*José Márcio Camargo***

I. Introdução

O Brasil não é apenas um retardatário em termos de reformas estruturais e estabilização: as principais mudanças institucionais observadas durante os últimos onze anos não têm como objetivo o chamado Novo Modelo Econômico (NME). Especificamente, enquanto todas as principais economias latino-americanas caminhavam em direção a um aparato fiscal mais firme e esquemas mais flexíveis de regulação trabalhista, a Constituição Brasileira de 1988 introduziu vários obstáculos ao NME, nas duas áreas.

Por outro lado, a liberalização do comércio internacional foi iniciada durante o governo Collor, em 1990, sendo intensificada pelo governo Cardoso, em 1994. Da mesma forma, as reformas financeiras internas, a liberalização da conta de capital e a privatização foram implementadas bem mais tarde, em comparação com o resto do continente (ainda que ao menos estejam de acordo com o NME).

De forma complementar, os impactos das reformas implementadas por Collor e por Cardoso no campo de distribuição de renda foram dominados por mudan-

* DIPES/IPEA
** PUC-Rio. Este artigo foi escrito originalmente em inglês, estando a tradução a cargo de Rosana Carvalho.

ças no ambiente macroeconômico (instabilidade devida à inflação, recessão profunda, aumento de demanda provocado pela estabilização e crise externa). Não é um exercício simples tratar de capturar os impactos das reformas econômicas. Por exemplo, a superposição entre o período pós-Constituição e o período posterior à abertura externa da economia não nos permite identificar que impulsos eram dominantes para o acentuado aumento na produtividade do trabalho (por exemplo, se os maiores custos de mão-de-obra ou a maior exposição à concorrência).

Este capítulo trata de medir a evolução da distribuição de renda e seus fatores determinantes, durante o período de reformas econômicas. Nosso ponto de partida será estabelecer alguns pontos conceituais: em primeiro lugar, o movimento em direção às reformas não foi unidirecional no Brasil, e muitas mudanças institucionais ocorreram de modo simultâneo. Isso cria dificuldades na avaliação dos efeitos distributivos das reformas específicas. Em segundo lugar, houve um atraso até certo ponto longo antes de as idéias de reforma ganharem ímpeto no Brasil. Os registros administrativos do primeiro mandato de Fernando Henrique Cardoso, de 1995 a 1998 serão conhecidos como um período de consolidação da estabilização, e não de implementação de reformas. O ápice da primeira geração de reformas somente agora vai ficando visível no Brasil. Neste sentido, uma análise dos efeitos das reformas brasileiras sobre a distribuição de renda terá que incluir dados atualizados, além de um componente de prospecção. Em terceiro lugar, a queda permanente da inflação observada após o Plano Real deve ser tratada como uma reforma econômica, considerando os seus efeitos sobre o comportamento econômico e sobre as instituições. Finalmente, os efeitos das flutuações macroeconômicas nas variáveis distributivas são tão proeminentes, que é impossível deixá-los fora da análise.

Este capítulo é dividido em duas partes: na primeira, exploramos as relações de longo prazo entre as reformas e a distribuição de renda. A principal estratégia empírica escolhida aqui é o estabelecimento de comparações entre as características institucionais relacionadas às reformas e os aspectos de distribuição de renda em diferentes pontos no tempo. O contraste entre a situação observada antes e após as reformas permite interpretações tentativas das relações causais entre as reformas que foram efetivamente implementadas e os resultados distributivos.

Para determinar as principais datas para implementação das reformas, utilizamos índices de reformas institucionais encontrados na literatura (Morley e outros, 1999 e Lora, 1997), juntamente com outros tipos de evidências (Seção II.1). As principais reformas medidas relacionam-se às áreas de comércio, mão-de-obra, fiscal, financeira, conta de capital e privatização. A mudança ocorrida em 1994 relacionada ao regime inflacionário é percebida como uma reforma separada.

Do lado da distribuição de renda, utilizamos informações ao nível nacional, extraídas das pesquisas da PNAD,[1] para construir as medidas agregadas de desigualdade (Seção II.2), e para aplicar técnicas padronizadas de decomposição (Seção II.3). Esses exercícios são feitos para diversas definições (conceitos de renda, de população e medidas de desigualdade), calculadas para os anos de 1976, 1985, 1990, 1993 e 1997. O período de 1976 a 1990 é usado como expressão da era pré-reformas, enquanto o período de reformas (1990-97) assume função central na análise. Este período de reformas é dividido em duas partes: 1990-93, como o período inicial de reformas, em meio à instabilidade gerada pela inflação, e 1993-97, como o período para o qual é avaliada a nova rodada de reformas, incluindo a estabilização.

No final da primeira parte deste capítulo tratamos de estudar o impacto gerado pelas reformas econômicas sobre os ricos (Seção II.4). Em primeiro lugar, analisamos as modificações em termos de renda absoluta para os 10% colocados no topo da distribuição de renda, analisando também como mudou a composição do grupo durante o período de reformas. Em segundo lugar, avaliamos a contribuição deste grupo e do grupo de indivíduos formados por universidades, para a desigualdade geral.

A segunda parte explora as pesquisas mensais de domicílios (PME),[2] para extrair delas as relações entre os movimentos de variáveis distributivas, por um lado, e as reformas econômicas e as flutuações macroeconômicas, por outro. Qualificamos os efeitos da estabilização de 1994 sobre a distribuição de renda (Seção III.2). Em primeiro lugar, aproveitamos os mais altos graus de liberdade permitidos pela PME em comparação com a PNAD, para escolher os períodos antes e depois da estabilização, para comparação da distribuição de renda. Por exemplo, a PME permite medir o momento anterior ao lançamento do plano de estabilização, e compará-lo ao final de 1998, incorporando os efeitos dos choques externos adversos que atingiram recentemente a economia brasileira. Em segundo lugar, o fato de que a PME acompanha os mesmos indivíduos através de períodos curtos de tempo permite qualificar a natureza das modificações observadas na desigualdade. Especificamente, o aspecto longitudinal da PME permite isolar os efeitos das taxas mais baixas de inflação sobre a variabilidade temporal dos ganhos dos efeitos exercidos sobre as medidas de desigualdade em seu sentido mais estrito (e seus componentes entre grupos e intergrupos).

Considerando a ocorrência de flutuações macroeconômicas acentuadas no caso brasileiro, e a possibilidade de medir vários aspectos da distribuição de renda de forma detalhada com a PME, a última parte do trabalho trata de isolar os efeitos distributivos dos choques macro e das políticas. A possibilidade de

[1] Pesquisa Nacional por Amostra de Domicílios.

[2] Pesquisa Mensal de Emprego.

construir para o período 1980-99 séries mensais de variáveis especialmente preparadas de acordo com os registros individuais e familiares da PME permite-nos aplicar técnicas de séries temporais padronizadas, capturando os efeitos de variáveis macro sobre as variáveis de distribuição dos ganhos do trabalho (Seção III.2). Analisamos os padrões de correlação entre as variáveis macro (desemprego, inflação, vários tipos de taxas de câmbio, taxas de juros e salários mínimos) e as variáveis distributivas (medidas de desigualdade agregada e ganhos médios dos diferentes grupos – por número de anos de escolaridade, idade, situação no domicílio, setor de atividade e classe de trabalho).[3]

Como é habitual, o artigo termina com um sumário das principais conclusões (Seção IV). Essa seção pode ser usada como resumo executivo.

II. Representações das Reformas e da Distribuição de Renda

Esta seção avalia os impactos de longo prazo das reformas sobre a distribuição de renda no Brasil. Faz comparações entre as características institucionais relacionadas às reformas e os aspectos de distribuição de renda, através do tempo. Os contrastes entre as descrições observadas antes e depois do lançamento das reformas permite interpretações provisórias das relações de causalidade entre as reformas implementadas e os resultados distributivos. Começamos determinando o cenário econômico para a implementação das reformas. O segundo passo é identificar as principais datas, em termos da implementação das reformas. Esses pontos são utilizados para estudar os efeitos das reformas sobre a distribuição de renda.

II.1. Análise das Reformas

II.1.1. Cenário econômico

Entre os países latino-americanos, a experiência do Brasil foi bastante peculiar, no sentido de que as reformas, especificamente a liberalização comercial, apenas começaram há poucos anos. Enquanto outros países da região começaram a abrir as suas economias no início e em meados dos anos 1980, no Brasil o processo começou efetivamente nos primeiros anos da década de 1990. Com a estabilização, a história é a mesma. Enquanto o México começou o seu processo em meados dos anos 1980, e a Argentina no início dos anos 1990, no Brasil foi apenas em 1994 que se chegou a uma estabilização bem-sucedida de preços.

No início dos anos 1990 ocorreram duas mudanças principais: a abertura da economia e o lançamento de um plano de estabilização bem-sucedido em 1994. As mudanças estruturais introduzidas pela liberalização comercial com estabili-

[3] Por classe de trabalho, consideramos as categorias de empregados formais, empregados informais, autônomos e empregadores.

zação são tão significativas para explicar o ambiente macroeconômico e a dinâmica da implementação de outras reformas, que é inevitável focalizar nesses eventos a nossa análise.

II.1.2. Estabilização

Desde pelo menos o início dos anos 1990, a inflação transformou-se em questão central de política no Brasil. Desde então, foram experimentados três esforços importantes de estabilização: o Plano Cruzado em 1986, o Plano Collor em 1990 e o Plano Real em 1994. Os dois primeiros fracassaram. O Plano Real foi muito bem-sucedido em reduzir a inflação, e as perspectivas a este respeito são muito boas, mesmo após os choques externos que atingiram a economia brasileira em setembro de 1997 (crise da Ásia), setembro de 1998 (crise da Rússia) e a flutuação da taxa de câmbio em janeiro de 1999.

O Plano Real de 1994 incluiu pelo menos duas diferenças principais, em comparação com os planos anteriores. Em primeiro lugar, um processo extremamente bem-sucedido de "desindexação" baseado no estabelecimento de uma unidade transitória de contas, plenamente indexada à inflação. Em segundo lugar, a economia encontrava-se consideravelmente mais aberta, e o governo considerou-se preparado para permitir a valorização da moeda. Conseqüentemente, as importações desempenharam papel crucial como variável de ajuste entre a demanda e a oferta agregadas domésticas, e a taxa de câmbio nominal estabeleceu um teto para os preços, ao menos no setor de comercializáveis (*tradables*).

A abertura da economia e a valorização do Real são dois elementos centrais naquilo que é até agora visto como um esforço muito bem-sucedido de estabilização. A liberalização comercial auxiliou a estabilização e, ao mesmo tempo, o governo a considera elemento primordial na nova estratégia de desenvolvimento.

II.1.3. Abertura comercial

Além da estabilização, o elemento mais importante das reformas é a abertura da economia. Até 1990, o Brasil era uma economia extremamente fechada, como resultado de uma estratégia deliberada de substituição de importações e, por causa da crise da dívida dos anos 1980, das pressões para a geração de *superávits* comerciais. Desde o início da década de 1990, o ambiente mudou. Por um lado, mudou o contexto internacional, com a volta do crédito externo. Por outro, existe um ponto de vista, compartilhado por muitos, segundo o qual a natureza fechada da economia e as políticas comercial e industrial ativas nos anos 1980 eram na verdade fatores que dificultavam a estabilidade de preços e o crescimento sustentado.

A crise da dívida dos anos 1980 impôs severa restrição externa à economia brasileira. A drástica redução no crédito externo e o aumento dos serviços de juros sobre a dívida externa exigiam grandes *superávits* comerciais. A taxa de câmbio estava atrelada à taxa de inflação, e as importações foram gradualmente reduzidas, com a adoção de barreiras tarifárias e não-tarifárias.

Desde 1985, o *superávit* comercial variou entre US$8 bilhões (1986) e US$19 bilhões (1988). Em média, entre 1985 e 1994, ultrapassou US$10 bilhões. Os *superávits* comerciais mal foram suficientes para equilibrar a conta corrente até 1994.

A liberalização comercial começa formalmente no final dos anos 1980, ainda que mais efetivamente nos primeiros anos da década de 1990. Seus efeitos mais dramáticos ocorreram após 1994, com a expansão da demanda interna e com a valorização do Real. Houve dois episódios de valorização da moeda. O primeiro, em 1989-90, é associado à aceleração rápida da inflação e, até certo ponto, pode ser visto como "involuntário". O segundo episódio ocorreu em 1994-5, quando a taxa de câmbio foi usada como instrumento da estratégia de estabilização. Deliberadamente, o governo permitiu a valorização da taxa de câmbio nominal, para aumentar a pressão competitiva sobre o preço de bens comercializáveis.

Até meados de 1994, o *superávit* comercial mensal médio estava ao redor de US$1,1 bilhão. Nesse ano, os *superávits* transformaram-se em déficits. A importação de bens de capital e intermediários aumentou praticamente 150% entre 1992-93 e 1995-96, e a importação de bens de consumo cresceu 300%. No período 1993-95, o PIB cresceu 15%: a comparação das duas taxas nos dá uma idéia do crescimento do coeficiente de importação.

II.1.4. Identificação de Períodos Relevantes para a Análise das Reformas

Para medir o ritmo das reformas, recorremos a estimativas encontradas em Morley e outros (1999) e Lora (1997). As reformas relacionam-se à política comercial, política trabalhista, impostos, desregulamentação financeira, conta de capital e privatização. Cada um dos índices foi normalizado para variar entre zero e um, sendo um correspondente a uma reforma integral, ou liberdade das distorções ou da intervenção do governo.

Esses índices possibilitam uma boa visão comparativa dos países específicos, e dão uma boa perspectiva das principais tendências relativas. O Gráfico 8.1 apresenta a média simples referente a cinco reformas (excluindo as reformas trabalhistas). O Brasil foi mais liberalizado do que outros países latino-americanos da região no início da série, mas o seu processo de reformas ficou estagnado durante a década de 1980. O índice de reforma regional médio subiu 50% durante o período 1970-90. No final da década de 1980, o Brasil engajou-se em um sério esforço para recuperar o tempo perdido, e durante um período de três anos, a partir de 1988, o índice geral de reformas no Brasil subiu 40%. A análise de cada uma das reformas revela que as da área financeira, comercial e fiscal são

Gráfico 8.1
Índice Geral das Reformas*

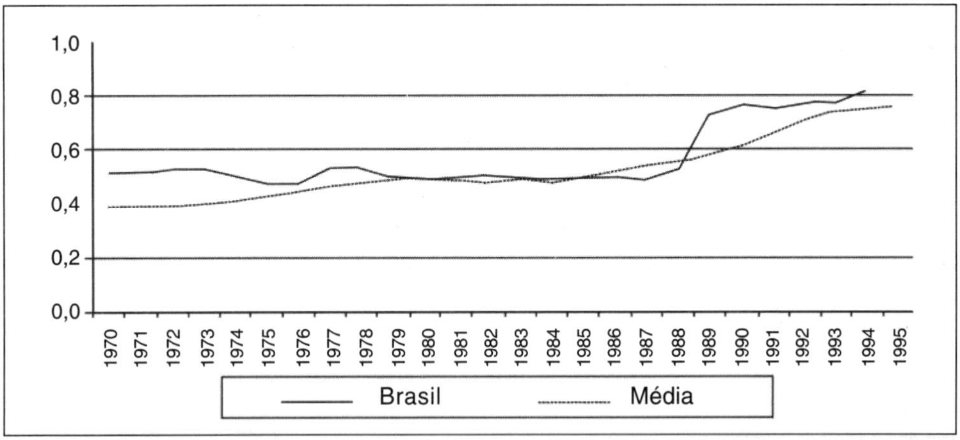

* Exclui reformas trabalhistas.
Fonte: Morley et all (1999).

os principais fatores determinantes desse salto, e a tendência crescente prossegue até o final do período de análise: o índice passa de 0,74 para 0,81 nos últimos três anos.

É importante estabelecer algumas qualificações sobre o índice geral de reformas no Brasil, para os propósitos do nosso trabalho. Em primeiro lugar, esse índice atribui pesos iguais às diferentes reformas consideradas, enquanto alguns dos aspectos das reformas são claramente mais importantes. A liberalização comercial é provavelmente mais importante para os propósitos de distribuição de renda do que outras reformas consideradas. O índice de reforma comercial apenas incorpora tarifas, enquanto a eliminação de restrições quantitativas a partir de 1990 foi muito mais importante. Assim, se incorporarmos essas restrições à análise, o Brasil estaria menos liberalizado antes de 1990, sendo magnificado o tamanho do salto observado nesse ano.

Um segundo problema do índice brasileiro geral é o fato de atribuir peso zero às reformas trabalhista e de seguridade social, que apresentaram conseqüências distributivas até certo ponto importantes.

Um último problema relacionado é o fato de que o índice geral também não considera o ambiente de inflação e seus efeitos danosos sobre a distribuição de renda. O período 1987-94 foi caracterizado por taxas de inflação altas e instáveis, que geraram influências de caráter decisivo sobre o comportamento econômico e sobre as instituições. Como mostra a Tabela 8.1, as taxas anuais de inflação, que eram de 475% em 1991, atingiram o pico de 2.489% em 1993, tendo caído para 9,1% em 1996. O coeficiente de variação segue um movimento semelhante, 3,86 em 1991, 20,03 em 1994 e 0,41 em 1996.[4,5] Mais uma vez, o resultado seria neutralizar pelo menos parcialmente o salto em direção à liberalização observado em 1988. Da mesma forma, a permanente queda na inflação observada em 1994, após o Plano Real, deveria ser tratada como reforma econômica importante.

Tabela 8.1
Estabilização

	1991	*1996*	*Valor Máximo*	*Periodo de Máximo*	*Fonte*
Nível Anual da Taxa de Inflação	475,10	9,10	2.489,10	1993	CPI - IBGE
Variabilidade das taxas mensais de inflação[1]	0,00	0,00	0,00	1994	CPI - IBGE
Variabilidade temporal dos rendimentos reais[2]	0,0000	0,0000	0,0000	1994	PME Longitudinal
Rigidez do salário nominal[3]	0,0	0,0	0	1995	PME Longitudinal

[1] Coeficiente de variação no ano.

[2] Variância dos rendimentos log reais através de 4 meses consecutivos.

[3] Percentagem de salários fixos entre 2 meses consecutivos.

Em resumo, a nossa percepção é que uma vez que a análise leve em consideração o fim das restrições quantitativas sobre o comércio internacional ocorrido em 1990, as contra-reformas nas áreas de trabalho e de seguridade social observadas em 1988 e o ambiente de inflação, as duas datas decisivas no caminho de implementação de reformas no Brasil são 1990 e 1994.

II.2. Evolução no Tempo da Distribuição de Renda

A maior vantagem do caso brasileiro neste tipo de estudo reside na disponibilidade de informações. Existe uma longa tradição com relação às pesquisas de domicílio. Focalizaremos a nossa análise empírica em duas dimensões geográficas: a) ao nível nacional e b) para seis áreas metropolitanas principais. À medida que passamos do nível nacional para o metropolitano, aumenta a disponibilidade de dados atualizados. Como fontes básicas de dados, utilizaremos duas pesquisas de domicílios: a) PNAD 1976, 1981, 1985, 1990, 1993 e 1997, e b) PME, de 1980 em diante.

[4] Talvez a mais benéfica das conseqüências da estabilização seja que a variância temporal dos ganhos reais medidos a nível individual através de quatro meses consecutivos caiu de 0,1363 em 1994 para 0,106 em 1996 (Tabela 8.1). A acentuada redução de volatilidade observada teve conseqüências diretas sobre o nível de bem estar social, ainda que crie dificuldades adicionais para medir a desigualdade.

[5] Por outro lado, o nível de rigidez do salário nominal, medido pela proporção de salários nominais fixos entre dois meses consecutivos, aumentou de 24,8 em 1991 para 32,25 em 1995 (Tabela 8.1). Neste sentido, a inflação lubrificou as engrenagens do mercado de trabalho, no sentido de que os freqüentes (e custosos) ajustes nominais induzidos pela inflação não permitiram que os salários reais se afastassem muito dos valores de equilíbrio. Assim, uma das conseqüências da estabilização foi aumentar a demanda por reformas trabalhistas que trariam de volta o nível perdido de flexibilidade salarial.

Pesquisa Nacional de Amostras a Domicílio – PNAD: É uma pesquisa nacional anual de domicílios, executada no terceiro trimestre, que entrevista 100.000 domicílios todos os anos. É realizada pelo IBGE – Instituto Brasileiro de Geografia e Estatística -, desde 1967. A PNAD passou por uma importante reavaliação entre 1990 e 1992, expandindo o tamanho do questionário de 60 para 130 perguntas. O novo questionário está disponível para os anos de 1992, 1993, 1995, 1996 e 1997.

A cobertura nacional, e a diversidade de fontes de renda são as vantagens principais quando se utiliza a PNAD, ainda que as mudanças sublinhadas nos questionários exijam esforços de compatibilização e imponham imperfeições nas comparações realizadas através do tempo.

II.2.1. Conceitos de renda e unidades de análise

Trabalharemos com duas medidas básicas de desigualdade: o coeficiente Gini e o Theil-T. A popularidade do coeficiente Gini, e o fato de que permite a incorporação de rendas nulas à análise justifica a sua utilização. O Theil-T é a medida central usada aqui, considerando a sua propriedade exata de decomposição. A PNAD será a nossa principal fonte de dados neste estudo, sendo que a análise estará cobrindo os anos de 1976, 1985, 1990, 1993 e 1997.

Trabalharemos com cinco pares de conceitos de população-renda usando a PNAD:

Conceito de Renda	*Conceito de População*			
	Ocupados	*Economicamente Ativos*	*Idade Ativa*	*Total*
Trabalho NH				
Trabalho				
Indivíduos, Todas as Fontes				
Per Capita, Todas as Fontes				

*NH = Normalizado por horas de trabalho.

Como valor de referência, usaremos o Theil-T baseado nos economicamente ativos e todas as fontes de renda.[6]

II.2.2. Evolução da desigualdade no tempo

As Tabelas 8.2.A e 8.2.B apresentam os coeficientes Theil-T e Gini durante o período 1976-97, e através dos diversos pares de conceitos população-renda. A análise da evolução da desigualdade através do tempo revela as seguintes características:

[6] Este conceito de renda inclui rendimentos do trabalho, transferências, aluguéis e pagamentos de taxas de juros.

a) O período 1976-85 corresponde aos últimos anos do regime militar: verifica-se uma queda na desigualdade durante este período, para todos os conceitos utilizados. O nosso *benchmark* de medida (ou seja, Theil-T baseado em todas as fontes de renda para a população economicamente ativa) cai de 0,825 para 0,72.

b) O período 1985-90 é caracterizado pela ausência de reformas, intensificação dos níveis de inflação e volatilidade crescente da renda, induzida pelas sucessivas tentativas fracassadas de estabilização, que geraram crescimento de desigualdade para todos os conceitos analisados. A nossa medida básica de desigualdade sobe de 0,72 para 0,748 durante este intervalo.

Tabelas 8.2
A - Índice THEIL-T - Brasil

Conceito de População - Conceito de Renda	*1976*	*1985*	*1990*	*1993*	*1997*
Ocupados – Rendimentos do Trabalho	0,795	0,702	0,800	0,771	0,686
Ocupados – Rendimentos do Trabalho Normalizados por Horas	0,846	0,772	0,854	0,831	0,809
Economicamente Ativos – Todas as Fontes de Renda	0,825	0,720	0,748	0,793	0,699
Idade Ativa – Todas as Fontes de Renda	0,850	0,745	0,782	0,791	0,710
Total – Per Capita, Todas as Fontes de Renda	0,826	0,698	0,748	0,756	0,715

Fonte: PNAD.

B - Coeficiente de Gini - Brasil

Conceito de População - Conceito de Renda	*1976*	*1985*	*1990*	*1993*	*1997*
Ocupados – Rendimentos do Trabalho	0,595	0,590	0,600	0,596	0,578
Ocupados – Rendimentos do Trabalho Normalizados por Hora	0,610	0,608	0,615	0,610	0,602
Economicamente Ativos – Todas as Fontes de Renda	0,603	0,595	0,605	0,601	0,583
Idade Ativa – Todas as Fontes de Renda	0,609	0,604	0,618	0,600	0,587
Total – Per Capita, Todas as Fontes de Renda	0,616	0,590	0,607	0,599	0,595

Fonte: PNAD.

Examinando o período 1976-90 como um todo, a nossa medida referencial básica cai de 0,825 para 0,748. Esta tendência decrescente é seguida de perto por conceitos mais amplos de desigualdade, como os baseados na população em idade ativa e na renda total *per capita*, enquanto as medidas mais limitadas, baseadas na população ocupada, mostram ligeiro movimento de ascensão. Este contraste pode ser parcialmente creditado à crescente participação das mulheres no mercado de trabalho, como o demonstra a próxima seção.

O período 1990-97 é o mais interessante, devido à implementação das reformas econômicas. O nosso *benchmark* de medida de desigualdade (ou seja, economicamente ativos e todas as fontes de renda) cai de 0,748 para 0,699. Este movimento descendente é seguido por todas as medidas Theil-T, exceto a que se refere aos conceitos de todas as fontes de renda *per capita*.

Como se explica na Seção II.1, o período de reformas de 1990 a 1997 pode ser ainda dividido em dois subperíodos.

c) O período 1990-93 é caracterizado pela combinação de inflação alta e reformas econômicas: a direção das mudanças na desigualdade não se mostra robusta através dos vários conceitos utilizados. Por exemplo, enquanto a nossa medida básica sobe de 0,748 para 0,793, o conceito de desigualdade baseado nos conceitos população ocupada – renda do trabalho cai, ao mesmo tempo em que os conceitos mais amplos apresentam discretos aumentos. A diferença entre os conceitos de desigualdade mais amplos e mais limitados pode ser explicada pela redução na participação dos mais jovens no mercado de trabalho no início da década, o que compensa em parte os efeitos da crescente participação feminina observados nos anos anteriores.

d) O período 1993-97 é caracterizado pela combinação da bem-sucedida estabilização de preços e da intensificação de reformas econômicas. Verifica-se queda de desigualdade para todos os conceitos utilizados. Por exemplo, a medida baseada nos economicamente ativos e todas as fontes de renda cai de 0,793 para 0,699.

De uma forma mais geral, durante o período 1976-97 verifica-se uma queda para todos os cinco pares de conceitos população-renda, para ambas as medidas de desigualdade usadas. O índice Theil-T médio usado para todos os conceitos cai 12,6%. A mesma estatística para o coeficiente Gini apresenta queda de 2,87%. Este resultado é interessante, porque durante o período 1976-93 a queda na desigualdade não se mostra homogênea para todos os pares população-renda usados para ambas as medidas de desigualdade. O índice Theil-T médio para todos os conceitos cai em 4,83% no período 1976-93 (38,3% da queda total observada no período 1976-97). O mesmo exercício aplicado ao índice Gini nos leva a resultados semelhantes: uma queda de 0,08%, correspondente a 28,9% da queda total observada no período 1976-97. Em outras palavras, a maior parte da redução nas medidas de desigualdade observada no Brasil nesses vinte e um anos aconteceu nos últimos quatro anos. Em nossa opinião, isso pode ser explicado principalmente pelos efeitos da estabilização ocorrida em 1994 sobre a distribuição de renda. Voltaremos a essas questões na Seção III.1.

II.3. Decomposições da Distribuição de Renda

Esta seção trata de identificar os principais fatores estruturais determinantes da desigualdade no Brasil. Como já vimos em seções anteriores, a distribuição de renda de acordo com vários conceitos passou por muitas mudanças ao longo dos últimos anos. Será necessário ir um passo à frente e quantificar os fatores determinantes desta evolução. Buscando uma associação entre as medidas de desigualdade, por um lado, e a disponibilidade, a utilização e o retorno de diferentes fatores de produção e características pessoais por outro, efetuamos um exercício-padrão de decomposição de desigualdade:

Decomposição do índice Theil

$$T = \Sigma \; \alpha g \; \beta g \; \mathrm{Log} \; \alpha g + \Sigma \; \alpha g \; \beta g \; Tg \quad (1)$$

em que

$\alpha g = Yg/\mu$ – Razão entre a renda média do grupo G (Yg) e a renda média geral.

$\beta g = ng/N$ – Participação do grupo G na população total.

Tg – Índice Theil do grupo G.

O primeiro termo da expressão (1) corresponde ao componente "entre grupos", enquanto o segundo termo corresponde ao componente "intragrupos". A Tabela 8.3 identifica componentes entre e intragrupos para os subgrupos seguintes, definidos arbitrariamente: gênero, idade, escolaridade, classe de trabalho, setor de atividade, densidade de população e região.

Os diferentes critérios de classificação usados na Tabela 8.3 podem ser agregados em termos de variáveis relacionadas ao capital humano (educação e faixa etária), acumulação de capital físico (setor de atividade e classe de trabalho), características pessoais sujeitas a discriminação (gênero e raça) e localização (região demográfica e densidade populacional). A Tabela 8.3 adota esta decomposição tanto para a população economicamente ativa quanto para todas as fontes de renda, usadas como *benchmark*, e ilustra as diferentes categorias arbitrariamente escolhidas para cada um dos critérios de classificação usados.

Como um exemplo ilustrativo específico, a decomposição dos grupos é feita de acordo com o desempenho educacional dos indivíduos. Em termos do quadro estático apresentado para 1997 nas três primeiras colunas da tabela, observamos que o componente entre grupos explica 34,7% (0,243/0,699) do índice Theil-T total de 0,699.

As três últimas colunas da Tabela 8.3 apresentam as mudanças nesses níveis, observadas para 1997 quando comparadas ao início do período de reformas econômicas, em 1990. A maior parte da queda na desigualdade de -0,049 (0,699

Tabela 8.3
Índice THEIL-T - Decomposição e Variação - Brasil
Universo: População Economicamente Ativa - Todas as Fontes de Renda

		1997			Dif. entre 97 e 90		
		Total	Entre	Intra	Total	Entre	Intra
Gênero	Homens	0,602	0,099	0,503	–0,071	–0,012	–0,059
	Mulheres	0,097	–0,080	0,177	0,022	0,006	0,016
Total		0,699	0,019	0,680	–0,049	–0,006	–0,043
Raça	Indígenas	0,000	0,000	0,000	0,000	0,000	0,000
	Brancos	0,667	0,183	0,484	–0,028	0,003	–0,031
	Negros	0,010	–0,131	0,141	–0,018	0,000	–0,017
	Amarelos	0,022	0,014	0,008	–0,003	–0,002	0,000
	Não especificados	0,000	0,000	0,000	0,000	0,000	0,000
Total		0,699	0,066	0,633	–0,049	0,000	–0,048
Idade	Até 24 anos	–0,042	–0,079	0,038	–0,001	0,015	–0,016
	de 25 a 34 anos	0,130	–0,014	0,144	–0,045	–0,022	–0,023
	de 35 a 59 anos	0,536	0,146	0,389	0,006	0,003	0,003
	Mais de 60 anos	0,076	0,005	0,071	–0,008	–0,004	–0,004
Total		0,699	0,058	0,642	–0,049	–0,008	–0,040
Escolaridade	0 Anos	–0,030	–0,046	0,017	0,001	0,010	–0,009
	de 1 a 4 anos	0,002	–0,096	0,098	–0,024	0,002	–0,026
	de 5 a 8 anos	0,032	–0,054	0,087	–0,036	–0,011	–0,025
	de 9 a 12 anos	0,177	0,050	0,127	–0,013	–0,018	0,006
	de 13 a 16 anos	0,407	0,295	0,111	–0,007	–0,011	0,004
	mais de 16 anos	0,112	0,094	0,018	0,030	0,027	0,003
	Não especificado	0,000	0,000	0,000	0,000	0,000	0,000
Total		0,699	0,243	0,456	–0,049	–0,001	–0,048
Classe de Trabalho	Desempregados	0,001	–0,003	0,003	0,001	–0,002	0,002
	Servidores Públicos	0,160	0,065	0,095	0,008	0,009	–0,002
	Empregados Formais	0,137	–0,006	0,142	–0,057	–0,009	–0,048
	Empregados Informais	–0,026	–0,083	0,056	–0,001	–0,003	0,002
	Autônomos	0,140	–0,019	0,159	0,034	0,017	0,017
	Employer	0,293	0,204	0,089	–0,029	–0,009	–0,021
	Sem Salário	–0,004	–0,009	0,005	–0,005	–0,008	0,003
	Não especificados	0,000	0,000	0,000	0,000	0,000	0,000
Total		0,699	0,149	0,550	–0,049	–0,005	–0,044
Setor de Atividade	Agricultura	0,008	–0,056	0,063	–0,017	–0,001	–0,016
	Indústria	0,103	0,007	0,096	–0,018	0,004	–0,022
	Construção	0,015	–0,012	0,027	–0,008	–0,002	–0,006
	Setor Público	0,168	0,066	0,102	–0,031	–0,013	–0,018
	Serviços	0,405	0,036	0,369	0,025	0,014	0,011
	Não especificados	0,001	–0,003	0,003	0,001	–0,002	0,002
Total		0,699	0,039	0,660	–0,049	0,000	–0,049
Densid. Populac.	Metropolitana	0,425	0,145	0,280	–0,032	0,002	–0,034
	Urbana	0,286	–0,026	0,312	–0,023	–0,021	–0,002
	Rural	–0,012	–0,064	0,053	0,006	0,014	–0,008
Total		0,699	0,055	0,645	–0,049	–0,004	–0,044
Região	Sul	0,115	0,009	0,106	0,006	0,006	0,000
	Sudeste	0,463	0,111	0,352	–0,017	0,018	–0,035
	Norte	0,020	–0,006	0,026	–0,015	–0,012	–0,002
	Nordeste	0,035	–0,081	0,116	–0,010	–0,001	–0,009
	Centro-Oeste	0,066	0,005	0,061	–0,013	–0,008	–0,005
Total		0,699	0,038	0,661	–0,049	0,003	–0,051

Fonte: PNAD.

menos 0,748) observada do ponto de vista de diferentes categorias de escolaridade é explicada pela queda do componente "intra" grupo de -0,048 (0,456 menos 0,504), ao mesmo tempo em que o componente "entre" grupos permaneceu praticamente inalterado (-0,001).

II.3.1. Taxas brutas de contribuição

A decomposição bruta do índice Theil resume a importância relativa do termo "entre" grupos para os distintos critérios utilizados na desigualdade total. Entre todas as variáveis consideradas, anos de escolaridade e classes de trabalho são as que apresentam contribuições mais altas para a desigualdade total. O poder de explicação das duas variáveis aumentou de modo substancial durante todo o período em análise (Tabela 8.4A): entre 1976 e 1997, a contribuição bruta dos anos de escolaridade e classe de trabalho para a desigualdade total aumentou de 28,2% para 34,7%, e de 16,9% para 21,4%, respectivamente.

A idade – considerada aqui como *proxy* para acumulação de capital humano, devido à aquisição de experiência – apresenta a terceira mais alta contribuição bruta para a desigualdade total em 1997, mas também um padrão oscilante através do tempo. Entre 1976 e 1990, sua contribuição bruta aumenta de 8,1% para um máximo de 9,9% em 1985, ainda que caia para 8,2% em 1997.

A classificação quanto a gênero mostra a mais baixa taxa bruta de contribuição para a desigualdade total, exibindo uma queda quase que monotônica entre 1976 e 1997, de 4,6% para 2,7%. A variável setor de atividade apresenta também baixa contribuição para a desigualdade total, mesmo não considerando suas prováveis interações com classe de trabalho. A contribuição bruta desta variável caiu de 6,7% para 5,2% entre 1976 e 1990, mas aumentou ligeiramente para 5,6% em 1997.

Observamos um comportamento semelhante em relação à densidade populacional: cai de 9,7% para 7,9% entre 1976 e 1990, permanecendo constante até 1997 (7,8%). Finalmente, a classificação referente às cinco principais regiões brasileiras mostra comportamento mais estável, com pequeno decréscimo em seu poder de explicação entre 1976 e 1997, de 5,9% para 5,4%.

II.3.2. Taxas marginais de contribuição

Para levar em consideração as interações entre as diferentes classificações e isolar o impacto marginal de cada variável, tendo sido consideradas as outras classificações, escolhemos um conjunto menor de distintos critérios de classificação, para serem implementados simultaneamente. A soma da contribuição bruta dos componentes "entre grupos" das três variáveis principais (idade, classe de trabalho e anos de escolaridade) é de 64,6% da desigualdade total, enquanto os efeitos brutos das outras cinco variáveis correspondem a menos do que 30% da desigualdade total. Assim sendo, estaremos trabalhando com as interações entre as variáveis idade, classe de trabalho e anos de escolaridade, como mostra a Tabela 8.4.B.

O primeiro ponto a ser observado é que a soma da contribuição marginal dessas três classificações para a desigualdade geral nos primeiros quatro anos da série é bastante estável, jamais caindo abaixo de 41%, e alcançado o valor até certo ponto baixo de 38,2% em 1993. Observamos também um fenômeno semelhante quando utilizamos a soma das contribuições brutas dos sete critérios de classificação: chega ao valor de 73,8% em 1993, bem abaixo dos 80% verificados durante os outros anos. O baixo poder explicativo dos componentes "entre grupos" em 1993 pode ser atribuído à intensa instabilidade observada, causada pela inflação (que magnifica os componentes "intragrupos"). Voltaremos a este ponto na Seção III.1; por enquanto, não iremos considerar o ano de 1993 na análise da Tabela 8.4.B.

O poder marginal de explicação da variável escolaridade (de longe a mais importante) sobe de 25,7% em 1976 para 26% em 1990, crescendo para 26,4% em 1997. A contribuição marginal da variável idade (após terem sido considerados os efeitos da escolaridade e classe de trabalho), decresce ligeiramente de 7,1% em 1976 para 6,8% em 1990, para em seguida apresentar queda mais acentuada para 5,9% em 1997. Finalmente, a contribuição marginal da variável classe de trabalho cai de 9,2% em 1976 para 8,7% em 1990, permanecendo neste nível até 1997.

Em resumo, o período 1990-97 – caracterizado pela implementação das reformas no Brasil – indica um crescimento do poder de explicação da variável educação, um decréscimo para idade, enquanto a contribuição de classe de trabalho permanece no mesmo nível, nos pontos extremos da série.

Tabelas 8.4
A - Taxas Brutas de Contribuição - THEIL-T
Universo - População Economicamente Ativa - Todas as Fontes de Renda

	1976	*1985*	*1990*	*1993*	*1997*
Grupos:					
Gênero	4,6%	4,9%	3,3%	3,5%	2,7%
Idade	8,1%	9,9%	8,8%	8,0%	8,2%
Escolaridade	28,2%	32,0%	32,6%	30,3%	34,7%
Classe de Trabalho	16,9%	22,3%	20,6%	18,7%	21,4%
Setor de Atividade	6,7%	5,2%	5,2%	3,7%	5,6%
Densidade Populacional	9,7%	7,1%	7,9%	5,6%	7,8%
Região	5,9%	4,6%	4,7%	4,0%	5,4%

Fonte: PNAD.

B - Taxas Marginais de Contribuição - THEIL-T

Universo: População Economicamente Ativa - Todas as Fontes de Renda

	1976	1985	1990	1993	1997
Idade	7,1%	8,0%	6,8%	6,2%	5,9%
Escolaridade	25,7%	25,3%	26,0%	23,8%	26,4%
Classe de Trabalho	9,2%	9,6%	8,7%	8,2%	8,7%

Fonte: PNAD.

II.3.3. Contribuições Bruta e Marginal: Análise de Robustez

A Tabela 8.5 permite testar a diferença das taxas brutas de contribuição através dos cinco pares população-renda usados para 1997. A comparação das taxas de contribuição para a população ocupada com e sem controle para jornada de trabalho demonstra que o poder de explicação atribuído às variáveis gênero, raça e idade cai de forma drástica (principalmente gênero) a partir do momento em que são levados em consideração os efeitos das jornadas de trabalho parciais.

Tabela 8.5
Taxas de Contribuição THEIL-T - 1997

Taxas Brutas

Conceito de População	*Ocupados*	*Ocupados*	*Econom. Ativa*	*Idade Ativa*	*Total - Per Capita*
Conceito de Renda	*Trabalho NH*[1]	*Trabalho*	*Todas as Fontes*	*Todas as Fontes*	*Todas as Fontes*
Grupos:					
Gênero	0,6%	2,7%	2,7%	3,3%	0,0%
Raça	8,3%	9,4%	9,4%	8,5%	12,1%
Idade	6,6%	7,8%	8,2%	7,3%	0,9%
Escolaridade	35,0%	34,6%	34,7%	36,0%	41,3%
Classe de Trabalho	16,8%	21,0%	21,4%	19,8%	14,2%
Setor	5,9%	5,1%	5,6%	6,0%	10,2%
Densidade Populacional	6,9%	7,5%	7,8%	7,5%	11,1%
Região	4,0%	5,4%	5,4%	4,9%	8,3%

Taxas Marginais

Conceito de População[1]	*Ocupados*	*Ocupados*	*Econom. Ativa*	*Idade Ativa*	*Total - Per Capita*
Conceito de Renda	*Trabalho NH*[1]	*Trabalho*	*Todas as Fontes*	*Todas as Fontes*	*Todas as Fontes*
Grupos:					
Escolaridade	26,6%	25,7%	26,4%	28,0%	34,9%
Classe de Trabalho	5,6%	8,7%	8,7%	8,5%	5,3%
	36,2%	39,1%	41,0%	42,2%	42,9%

[1] Normalizado por Horas.

A comparação dos conceitos individuais (por exemplo, população economicamente ativa) com medidas baseadas na família (representadas pela renda per capita, de acordo com as características do chefe da família) demonstra que:

a) A contribuição das variáveis gênero e idade cai de 2,7% para zero, e de 7,3% para 0,9%, respectivamente.

b) A contribuição bruta da variável raça sobe de 9,4% para 12,1%, o que é explicado pela alta propensão a casamentos dentro dos mesmos grupos raciais.

c) Da mesma forma, as classificações como densidade populacional e região são também menos sujeitas a casamentos de diferentes tipos, e isto reforça a contribuição para desigualdade no nível da família, quando comparamos às medidas de desigualdade ao nível individual.

d) A contribuição tanto bruta quanto marginal da variável idade decresce quando saímos do conceito de nível individual e passamos para o familiar. A contribuição marginal cai de 5,9% para 2,8% quando passamos do conceito EAP para o *per capita.*

e) A contribuição bruta e marginal da variável anos de escolaridade aumenta de modo substancial quando passamos do conceito de nível individual para o familiar, subindo de 26,4% para 34,9%.

f) Em contraste, a contribuição marginal e bruta da classe de trabalho cai de 8,7% para 5,3% quando passamos do conceito EAP para o *per capita.*

II.4. O Impacto das Reformas sobre os Ricos

II.4.1. Impacto agregado absoluto

No Brasil, os indivíduos 10% mais ricos detêm praticamente a metade da renda *per capita* agregada. Esta subseção tratará de avaliar o desempenho do grupo dos mais ricos durante o período de reformas, usando técnicas padronizadas de pobreza aplicadas à análise dos indivíduos posicionados no topo da distribuição de renda.

Para podermos avaliar como os ricos foram afetados durante o período posterior às reformas de 1990 a 1997, tomamos o nível de renda *per capita* como correspondendo aproximadamente ao percentil de 90% para 1997. Mais precisamente, tomamos os indivíduos com renda *per capita* acima de R$500,00, a valores de 1997, o que corresponde aos 10,61% dos indivíduos mais ricos em 1997, 8,61% em 1993, e 12,92% em 1990, de acordo com a Tabela 8.6. Esta tabela mostra que houve uma redução inicial (33%) no número de ricos entre 1990 e 1993. Este processo pode ser atribuído não apenas aos efeitos das reformas econômicas implementadas pelo governo Collor (como, por exemplo, a abertura da

Tabela 8.6
Índices de Riqueza
Linha de Riqueza : R$ 500,00

	P0 (%)	*P1* (%)	*P2* (%)
1997	10,61	12,99	58,71
1993	8,61	10,57	66,85
1990	12,92	16,39	90,79

Fonte: PNAD - IBGE.

economia), que quebrou o poder de monopólio da elite industrial – incluindo empresários e trabalhadores sindicalizados –, associado a uma agressiva mas curta reforma administrativa que afetou os servidores públicos. O congelamento de 80% dos meios de pagamento (M4) afetou mais intensamente os grupos mais ricos.

Durante a segunda parte do período de reformas, 1993-97, verificou-se um aumento de 23% no número de ricos, mas para todo o período 1990-97 este número na verdade caiu em 17,9%.

A evolução dos ricos pode também ser verificada através da distância média da renda *per capita* dos ricos em relação a uma determinada linha de riqueza. Em outras palavras, calculamos não apenas o tamanho do grupo definido como rico, mas também a extensão de seus fluxos de renda. Durante o ano de 1990, a distância média de renda dos ricos em relação à linha de pobreza era de 16,39%, o que significa que a renda *per capita* média dos ricos corresponde a R$583,00 de 1997. Verifica-se uma queda acentuada em 1993, para 10,57%, e finalmente uma recuperação da metade das perdas sofridas durante o período 1990-93, chegando a 12,99% em 1997.

II.4.2. Perfil do impacto das reformas sobre os ricos

A Tabela 8.7 mostra também um perfil dos ricos, que permite comparações entre esses ricos e a população toda, de acordo com as características descritas a seguir.

Características de Domicílio: região, densidade populacional, razão de dependência, condição de habitação, acesso a água, acesso a saneamento, acesso a eletricidade e acesso a coleta de lixo.

Características dos Chefes de Família: gênero, raça, idade, escolaridade, condição de imigração, classe de trabalho, estabilidade no emprego, tamanho da empresa, setor de atividade.

Tabela 8.7
Perfil de Riqueza - 1997

Linha de Riqueza : R$ 500,00 *Características dos Domicílios*	*Subgrupos*	*População Total*	*Rendimentos Médios Per Capita*	*P0 (%)*	*P1 (%)*	*P2 (%)*	*População (%)*	*P0 (%)*	*P1 (%)*	*P2 (%)*
Total		155.627.427	242,65	10,61	12,99	58,71	100,00	100,00	100,00	100,00
Região	Norte	7.566.784	180,54	6,55	7,23	30,20	4,86	3,00	2,71	2,50
	Nordeste	45.341.554	127,56	4,31	4,68	14,01	29,13	11,83	10,50	6,95
	Centro-Oeste	10.769.715	264,26	11,43	15,61	96,04	6,92	7,45	8,32	11,32
	Sudeste	68.126.103	313,05	14,59	18,52	87,30	43,78	60,17	62,38	65,09
	Sul	23.823.271	270,34	12,16	13,67	54,24	15,31	17,54	16,10	14,14
Zona	Centro Metropolitano	28.004.399	428,35	22,77	34,09	163,72	17,99	38,60	47,21	50,17
	Periferia Metropolitana	18.652.518	249,41	9,27	9,69	68,30	11,99	10,46	8,93	13,94
	Grande Urbana	29.628.427	302,41	15,10	16,46	59,35	19,04	27,08	24,11	19,24
	Média Urbana	24.257.879	228,42	9,54	9,72	35,18	15,59	14,01	11,66	9,34
	Pequena Urbana	23.310.326	153,81	4,46	4,51	18,76	14,98	6,29	5,19	4,79
	Rural	31.773.878	95,34	1,85	1,84	7,24	20,42	3,56	2,89	2,52
Razão de Depen-dência	1	16.164.540	550,54	29,33	48,80	289,84	10,39	28,70	39,01	51,27
	1<d=<1.5	23.361.120	351,68	17,41	19,24	71,96	15,01	24,62	22,23	18,40
	1.5 <d=<2	34.885.439	274,46	12,36	13,21	48,67	22,42	26,10	22,79	18,58
	2 <d=<3	33.734.418	175,55	5,83	5,72	19,63	21,68	11,90	9,54	7,25
	3 <d=<4	21.829.495	148,64	4,65	4,54	16,31	14,03	6,14	4,90	3,90
	d>4	22.890.854	83,31	1,83	1,36	2,42	14,71	2,53	1,53	0,61
	Outras/Não Especificadas	2.761.561	0,00	0,00	0,00	0,00	1,77	0,00	0,00	0,00
Habitação	Casa Própria, já Quitada, Terreno Próprio	99.802.985	247,55	10,96	13,59	64,08	64,13	66,22	67,09	69,99
	Casa Própria, já Quitada, sem Terreno Próprio	8.638.718	133,64	3,67	5,53	37,40	5,55	1,92	2,36	3,54
	Casa Própria, Ainda Não Quitada	9.270.837	372,92	19,57	24,16	85,67	5,96	10,98	11,08	8,69
	Alugada	19.109.555	311,61	14,86	17,77	74,84	12,28	17,19	16,79	15,65
	Cedida	17.814.217	129,85	3,17	2,66	6,62	11,45	3,42	2,34	1,29
	Outras	728.085	150,99	3,36	2,99	8,23	0,47	0,15	0,11	0,07
	Não Especificadas	263.030	257,89	8,10	18,00	268,15	0,17	0,13	0,23	0,77
Água	Canalizada	126.630.268	284,56	12,97	15,88	71,41	81,37	99,46	99,43	98,96
	Não Canalizada	28.740.940	57,91	0,24	0,24	0,87	18,47	0,42	0,34	0,27
	Outras/Não Especificadas	256.219	255,49	7,88	17,92	274,58	0,16	0,12	0,23	0,77
Saneamento	Sistema de Esgotos	60.056.979	366,74	18,70	23,78	108,33	38,59	67,97	70,63	71,20
	Desagüe de Concreto 1	14.617.434	344,11	17,14	21,09	87,33	9,39	15,17	15,24	13,97
	Desagüe de Concreto 2	18.604.745	223,20	8,55	8,84	35,67	11,95	9,62	8,14	7,26
	Desagüe Rudimentar	37.168.933	126,19	2,72	2,73	15,43	23,88	6,11	5,02	6,28
	Dreno	3.179.433	100,26	0,99	0,83	1,24	2,04	0,19	0,13	0,04
	Rio ou Lago	4.339.763	142,04	2,55	2,53	9,55	2,79	0,67	0,54	0,45
	Outros	350.581	100,06	1,12	0,87	0,85	0,23	0,02	0,02	0,00
	Não Especificado	17.309.559	51,72	0,23	0,33	4,16	11,12	0,24	0,28	0,79
Eletricidade	Sim	143.923.608	258,05	11,45	14,00	62,96	92,48	99,74	99,67	99,16
	Não	11.440.615	48,61	0,18	0,16	0,53	7,35	0,12	0,09	0,07
	Outros/Não Especificados	263.204	257,31	8,52	18,20	267,97	0,17	0,14	0,24	0,77
Lixo	Coleta Direta	103.304.297	303,61	14,28	17,31	78,49	66,38	89,33	88,45	88,73
	Coleta Indireta	11.854.587	245,26	10,31	14,97	64,91	7,62	7,40	8,78	8,42
	Incinerado	21.971.909	100,15	1,86	1,86	7,44	14,12	2,47	2,02	1,79
	Terreno Vazio	16.529.644	65,04	0,58	0,53	1,24	10,62	0,58	0,43	0,22
	Outros/Não Especificados	1.966.990	110,07	1,84	3,29	38,60	1,26	0,22	0,32	0,83

Tabela 8.7
continuação

		Contribuição para a Riqueza Total								
Chefe do Domicílio	*Subgrupos*	*População Total*	*Rendimentos Médios Per Capita*	*P0 (%)*	*P1 (%)*	*P2 (%)*	*População (%)*	*P0 (%)*	*P1 (%)*	*P2 (%)*
Total		155.627.427	242,65	10,61	12,99	58,71	100,00	100,00	100,00	100,00
Gênero	Homens	127.476.261	243,89	10,66	13,18	61,72	81,91	82,30	83,09	86,10
	Mulheres	28.151.166	237,06	10,38	12,15	45,13	18,09	17,70	16,91	13,90
Raça	Indígenas	240.718	125,46	2,26	1,05	0,98	0,15	0,03	0,01	0,00
	Brancos	82.813.067	330,20	16,37	21,18	100,33	53,21	82,06	86,72	90,93
	Negros	71.883.113	138,22	3,73	3,12	8,18	46,19	16,23	11,10	6,43
	Amarelos	668.257	671,48	41,35	65,54	360,85	0,43	1,67	2,17	2,64
	Não Especificados	22.272	175,51	6,72	1,61	0,39	0,01	0,01	0,00	0,00
Idade	24 Anos ou Menos	6.090.113	149,17	3,95	3,30	7,35	3,91	1,46	0,99	0,49
	25 a 44 Anos	75.353.866	227,17	9,59	11,29	43,50	48,42	43,75	42,05	35,87
	45 a 64 Anos	56.395.297	266,22	12,45	15,29	76,62	36,24	42,51	42,65	47,29
	65 Anos ou Mais	17.788.151	265,51	11,41	16,26	84,01	11,43	12,28	14,30	16,35
Anos de Escolaridade	Menos de 1 Ano	32.566.084	87,37	0,81	0,58	2,02	20,93	1,60	0,93	0,72
	1 a 4 Anos	31.961.631	126,36	2,49	1,65	4,61	20,54	4,82	2,61	1,61
	4a 8 Anos	47.030.711	186,32	5,47	3,98	9,80	30,22	15,57	9,26	5,05
	8 a 12 Anos	31.890.847	341,70	17,56	16,52	70,63	20,49	33,91	26,06	24,65
	Mais de 12 Anos	12.178.154	921,28	59,82	101,51	510,00	7,83	44,10	61,13	67,97
Imigração	Não Imigrante	63.148.690	219,05	9,55	11,67	42,33	40,58	36,51	36,46	29,26
	0 a 5 Anos	11.681.757	230,42	10,04	11,69	44,16	7,51	7,10	6,75	5,65
	6 a 9 Anos	6.439.113	223,19	8,84	11,28	50,84	4,14	3,45	3,59	3,58
	Mais de 10 Anos	46.134.746	250,79	11,03	12,67	58,07	29,64	30,82	28,91	29,32
	Outros/Não Especificado	28.223.121	291,67	12,95	17,41	104,25	18,14	22,13	24,29	32,20
Classe de Trabalho	Inativos	27.548.418	231,52	10,26	10,65	33,79	17,70	17,12	14,50	10,19
	Desempregados	4.801.946	91,20	2,05	1,94	4,84	3,09	0,59	0,46	0,25
	Empregados Formais	35.783.905	245,47	9,50	10,25	34,13	22,99	20,59	18,13	13,37
	Empregados Informais	20.520.320	133,52	3,72	3,65	10,93	13,19	4,62	3,70	2,45
	Autônomos	42.541.735	195,69	7,59	8,60	32,78	27,34	19,55	18,09	15,26
	Empregadores	8.211.702	698,78	40,30	70,96	522,55	5,28	20,03	28,82	46,96
	Servidores Públicos	13.136.777	378,23	21,10	24,26	78,36	8,44	16,78	15,76	11,27
	Sem Salário	3.061.738	127,50	3,89	3,56	7,47	1,97	0,72	0,54	0,25
	Outros/Não Especificado	20.886	70,91	4,01	0,80	0,16	0,01	0,01	0,00	0,00
Estabilidade no Emprego	0 Anos	32.350.364	210,69	9,04	9,35	29,49	20,79	17,71	14,96	10,44
	1 Ano ou Mais	19.308.095	184,75	6,68	6,93	21,72	12,41	7,81	6,62	4,59
	1 a 3 Anos	23.380.174	225,14	8,72	10,25	45,36	15,02	12,35	11,85	11,61
	3 a 5 Anos	13.340.239	248,03	9,71	12,28	52,69	8,57	7,84	8,10	7,69
	Mais de 5 Anos	66.249.243	282,23	13,50	17,81	90,48	42,57	54,13	58,33	65,60
	Outros/Não Especificado	999.312	110,08	2,62	2,72	6,63	0,64	0,16	0,13	0,07
Tamanho da Empresa	1	2.293.312	460,07	26,48	32,62	112,53	1,47	3,68	3,70	2,82
	2 a 5	11.266.094	317,90	16,24	20,95	92,12	7,24	11,08	11,67	11,36
	6 a 10	5.523.207	333,26	15,24	23,41	157,32	3,55	5,10	6,39	9,51
	>11	934.794	1503,79	72,27	211,72	2.451,17	0,60	4,09	9,79	25,08
	Outros/Não Especificados	135.610.020	220,34	9,26	10,21	34,52	87,14	76,06	68,44	51,23
Setor de Atividade	Agricultura	29.740.290	103,64	2,54	3,12	17,97	19,11	4,56	4,59	5,85
	Indústria	18.465.354	265,42	11,29	13,20	81,16	11,87	12,62	12,05	16,40
	Construção	12.999.652	171,71	4,19	4,62	17,84	8,35	3,29	2,97	2,54
	Serviços	49.398.856	318,54	15,17	19,74	93,24	31,74	45,36	48,23	50,40
	Setor Público	12.658.127	394,69	21,46	27,48	103,71	8,13	16,45	17,20	14,37
	Outros/Não Especificados	32.365.148	210,61	9,04	9,35	29,48	20,80	17,71	14,96	10,44

Fonte: PNAD - IBGE.

Esses perfis calculam também índices padronizados FGT de pobreza[7] daqueles indivíduos *acima* da linha arbitrária de riqueza escolhida e a sua contribuição para essas medidas.

Para 1997, a região Sudeste (44% da população) concentrava 60% dos ricos (ou 62%, se levarmos em consideração a sua distância da linha de riqueza). Essas estatísticas eram bastante semelhantes em 1990, o que indica que as reformas não afetaram a distribuição espacial dos ricos no Brasil.

Em termos de densidade populacional, 18% da população vivem nas áreas metropolitanas, mas essas áreas concentram 39% dos ricos e 47% da riqueza.

Como seria de se esperar, os ricos são super-representados entre aqueles com razão de dependência igual a um: 29%, comparados a 10% para o total da população. Os ricos são também muito numerosos entre os que pagam pela sua própria casa e aqueles que pagam aluguel. Por outro lado, aparecem em pequena quantidade entre os que vivem em locais cedidos e entre os que moram em casa própria, mas sem direitos à propriedade do terreno.

O acesso a serviços públicos, como água, saneamento, eletricidade e coleta de lixo é quase universal entre os ricos, mas nem tanto para os grupos não-ricos da sociedade brasileira. As tendências quanto a gênero, idade e condição de imigração do chefe dos domicílios são relativamente pouco importantes entre os ricos, enquanto o viés racial é bastante impressionante: 53% dos domicílios são encabeçados por indivíduos brancos, e para os ricos esta estatística chega ao nível de 82%.

A importância do poder de explicação do capital humano é impressionante: 7,83% da população tem doze ou mais anos de educação, enquanto entre os ricos esta participação chega a corresponder a 44%.

Em termos de capital humano específico adquirido através da permanência no emprego, 43% da população total afirmou ter como chefe um indivíduo com cinco ou mais anos de experiência no emprego do momento. No caso dos ricos, esta estatística sobe para 54%. Em outras palavras, a maior parte dos ricos indicou que não mudou de emprego durante o período das reformas, preservando e expandindo assim o seu estoque de capital humano específico.

---

[7] Usamos os índices de pobreza FGT, usando o grau de aversão a pobreza igual a 0,1 e 2, ou seja, P^0,P^1 e P^2, respectivamente. A fórmula geral do índice FGT é dada por:

$$\overset{\alpha}{p} = \frac{1}{n} \sum_{i=1}^{q} \left(\frac{Z - Y_i}{Z} \right)^{\alpha} \qquad (1)$$

em que

n= número de indivíduos na população

q= número de indivíduos abaixo da linha de pobreza

Z= linha de pobreza

Y_i= renda do indivíduo i

a = grau de aversão à pobreza

Finalmente, a classe de trabalho e o setor de atividade dos chefes de domicílios revelam que o número de ricos era bastante significativo no setor público, na área de serviços e entre os empregadores. O aumento do grau de super-representação é a mudança mais notável.

II.4.3. Exercícios em decomposição de desigualdade

De acordo com as sugestões de Sam Morley e com base em seu trabalho (Morley, 1999), esta subseção avalia quanto das mudanças em desigualdade observadas durante os anos anteriores e posteriores à reforma advém de modificações ocorridas no topo da distribuição. Efetuamos este exercício de duas formas: para os 10% mais ricos e para o grupo com formação de nível universitário.

II.4.4. Os 10% do topo

A Tabela 8.8 mostra os detalhes que permitem a avaliação de como a participação do Theil geral devido aos 10% sofreu modificações ao longo do tempo. Definimos isso como o índice Theil total "entre" grupos mais o índice Theil "intra" grupo para os 10% mais ricos, como percentagem do índice Theil total. Por exemplo, em 1990 a contribuição percentual dos 10% do topo é de (0,475 + 0,119)/0,748 = 74,9%. Esta evidência demonstra que são as diferenças dentro do grupo do topo e entre este grupo e todos os outros que são principalmente responsáveis pelos altos níveis de desigualdade no Brasil. Dessas duas fontes de desigualdade, as diferenças em renda média são de longe o componente mais importante.

Tabela 8.8
Decomposição - Índice THEIL-T - Brasil

Universo: População Economicamente Ativa - Tds. Fontes de Renda

	1976			*1985*			*1990*		
	Total	*Entre*	*Intra*	*Total*	*Entre*	*Intra*	*Total*	*Entre*	*Intra*
10+	1,002	0,812	0,189	0,866	0,752	0,114	0,883	0,763	0,119
90-	–0,177	–0,297	0,120	–0,146	–0,288	0,141	–0,135	–0,288	0,153
Total	0,825	0,515	0,309	0,720	0,464	0,256	0,748	0,475	0,273

Fonte: PNAD.

	1993			*1997*		
	Total	*Entre*	*Intra*	*Total*	*Entre*	*Intra*
10+	0,957	0,794	0,162	0,858	0,740	0,118
90-	–0,164	–0,295	0,130	–0,159	–0,287	0,128
Total	**0,793**	**0,500**	**0,293**	**0,699**	**0,453**	**0,246**

Fonte: PNAD.

Enquanto a contribuição absoluta dos ricos para a desigualdade total é extremamente alta, não há muitas evidências que possam sugerir que ela tenha aumentado durante o período das reformas. No período 1990-93, esta contribuição para a população economicamente ativa subiu de 79,5% para 83,5%, caindo para 81,7% em 1997. A contribuição dos 10% do topo de acordo com a população em idade ativa mostra um movimento semelhante, passando de 84,8% para 87,7% entre 1990 e 1993, e caindo para 85,9% em 1997. O conceito *per capita* revela movimento parecido no período das reformas; a única diferença é que a queda observada em 1993-97 mais do que compensa a subida observada em 1990-93. A contribuição dos 10% do topo para a desigualdade cresce de 59,5% para 66,2% entre 1990 e 1993, para em seguida cair para 57,2% em 1997.

II.4.5. Indivíduos com nível universitário

A contribuição dos indivíduos com nível universitário aparece na Tabela 8.9. Uma das razões para esta divisão é que o crescimento é cada vez mais baseado em habilidade, e que houve uma ascensão no diferencial de habilidades entre o grupo de universitários e o restante da força de trabalho. A idéia é avaliar quanto desse aumento no diferencial contribuiu para as mudanças em desigualdade durante o período. Além disso, podemos examinar as mudanças dentro do grupo de indivíduos com nível superior, para verificar se o novo modelo econômico criou um subgrupo de vencedores, o que deveria estar refletido como crescimento dos índices Theil "intra" grupos.

Tabelas 8.9
Percentagem da Variância Total Explicada por Graduados de Universidades - Brasil
Universo: Ocupados - Rendimento de Trabalho Normalizado por Horas

		Part. Pop.	*Part. Y*	*Theil*	*Intra*	*Entre*	*Total*	*Percent. de Contribuição Universitários*	*Diferencial Qualificação*
1976									
	Univers.	0,0032	0,0272	0,3600	0,00979	0,05848			
	Resto	0,9968	0,9728	0,7840	0,76268	–0,02373			
	Total	1,0000	1,0000		0,77247	0,03475	0,80722	5,52%	8,8
1990									
	Univers.	0,0071	0,0485	0,4326	0,02100	0,09332			
	Resto	0,9929	0,9515	0,7932	0,75467	–0,04057			
	Total	1,0000	1,0000		0,77567	0,05275	0,82842	8,90%	7,13
1997									
	Univers.	0,0083	0,0567	0,4100	0,02323	0,10857			
	Resto	0,9917	0,9433	0,7645	0,72114	–0,04713			
	Total	1,0000	1,0000		0,74437	0,06144	0,80581	10,51%	7,14

Fonte: PNAD - Morley (1999).

O crescimento na contribuição do grupo de nível superior para a desigualdade geral foi tão grande que ultrapassa completamente as tendências favoráveis no restante da população. Se examinarmos os índices Theil "intra" grupo para o grupo sem nível superior, compreendemos como seria a situação de desigualdade, e como ela teria mudado através do período.

Morley (1999) determinou quanto do crescimento na contribuição dos indivíduos com formação universitária vem do aumento diferencial de qualificação, quanto vem da modificação no tamanho do grupo de nível superior, e quanto vem do aumento na variância dentro desse mesmo grupo. Será que o crescimento do componente de desigualdade do grupo de nível superior se deve ao fato de que o crescimento elevou o retorno de todos os indivíduos de nível superior em relação ao resto da população, será que se deve ao novo modelo econômico, que criou um subgrupo de grandes vencedores dentro do grupo universitário, ou será que se deve principalmente ao fato do tamanho do grupo estar aumentando? No Brasil, a contribuição dos indivíduos oriundos de universidades para a desigualdade total é bem mais baixa do que em outros lugares, apesar do fato de que o seu diferencial de qualificação é de longe o maior da região. Examinando a Tabela 8.9, o motivo é que a fração da força de trabalho com educação universitária é tão pequena, que simplesmente não chega a exercer tanto peso em qualquer cálculo de desigualdade.

Isso ilustra um ponto importante e bastante sério, para aqueles que desejam redução na desigualdade. Como propõe Morley (1999, página 10): "À medida que o Brasil gradualmente vai aprimorando o seu perfil educacional, o percentual de indivíduos com nível superior em sua força de trabalho deverá subir. Caso nada mais venha a mudar, esta melhora vai aumentar a desigualdade. Vamos examinar mais uma vez os cálculos para a mão-de-obra ocupada no Brasil em 1976. O Theil total era de 0,81, os indivíduos com nível superior correspondiam a apenas 0,3% da população adulta, e ganhavam 8,8 vezes mais do que o grupo sem formação universitária. Para podermos demonstrar como isso funciona, vamos supor que, através do tempo, o grupo com nível superior fosse expandido, chegando a corresponder a 5% da força de trabalho. Caso o diferencial de salários permanecesse em 8,8, o grupo receberia aproximadamente 31,5% da renda total. Mantendo o Theil intragrupo constante em seus níveis de 1976, podemos calcular a distribuição hipotética com esta força de trabalho mais bem educada. A conclusão é que haveria um crescimento de vinte pontos em relação à distribuição de 1976. Para os países com população com educação de nível superior em número muito pequeno, elevar a participação de indivíduos com formação universitária na força de trabalho tem efeito regressivo através de uma grande faixa, ou por tempo bastante longo, a menos que o fenômeno seja acompanhado por declínio significativo no diferencial de qualificação. No caso do Brasil, para manter constante o diferencial Theil em seu nível de 1976 quando a participação da população de nível superior cresce para 5%, seria necessário reduzir à

Tabelas 8.10

A - Retorno da Escolaridade (Base : 0 anos de educação)

Universo: População Economicamente Ativa – Todas as Fontes de Renda

Anos de Escolaridade	*1976*	*1985*	*1990*	*1993*	*1997*
0	1,00	1,00	1,00	1,00	1,00
1-4	1,88	1,77	1,80	1,65	1,70
4-8	2,59	2,26	2,24	1,91	2,05
8-12	4,01	3,80	3,75	3,24	3,35
12-16	10,11	9,79	9,26	8,35	8,48
16+	17,67	17,35	14,99	14,75	16,12

Fonte: PNAD.

B - Composição da População (%)

Universo: População Economicamente Ativa - Todas as Fontes de Renda

Anos de Escolaridade	*1976*	*1985*	*1990*	*1993*	*1997*
0	24,4	18,2	15,5	14,9	12,9
1-4	43,7	38,6	35,2	37,4	33,0
4-8	18,5	22,1	24,2	23,3	25,4
8-12	9,0	14,3	17,1	17,0	20,3
12-16	4,1	6,3	7,3	6,8	7,6
16+	0,3	0,4	0,7	0,7	0,8

Fonte: PNAD.

metade o diferencial de qualificação (de 8,8 para 4,2). O motivo pelo qual os países têm este problema é que um pequeno grupo de favorecidos (aqueles que têm diploma universitário) cresce, em relação ao restante da população. Isto tem efeito regressivo, até que o grupo atinja um tamanho tal que seja representativo da população como um todo."

II.4.6. Taxas de retorno da escolaridade

Esta subseção complementa a seção anterior, avaliando as modificações observadas nas taxas de retorno à escola durante o período de reformas. O movimento contínuo de indivíduos em idade ativa em direção a um número maior de anos de escolaridade, combinado à tendência em direção ao progresso tecnológico baseado em trabalhadores melhor qualificados, gera efeitos ambíguos sobre as taxas de retorno da educação (Tabelas 8.10.A e B).

No período 1990-97, a taxa de retorno para os níveis primário e secundário de educação caiu, enquanto a taxa de retorno para o nível superior subiu acentuadamente. De uma forma geral, os cálculos baseados em categorias mais desagregadas mostra que a taxa média de retorno para cada ano adicional de escolaridade cai de 18% para 17%.

III. Aspectos Dinâmicos da Distribuição de Renda

A segunda parte deste estudo explora as pesquisas mensais de domicílios PME, para extrair as relações entre os movimentos de variáveis distributivas, por um lado, e as reformas econômicas e as flutuações macroeconômicas, por outro. Em primeiro lugar, apresenta-se uma descrição dos dados utilizados das PME. Argumentamos que as PME permitem mais graus de liberdade na escolha de períodos representativos anteriores e posteriores à estabilização. Ao mesmo tempo, o aspecto longitudinal das PME nos permite refinar os exercícios de decomposição de desigualdade efetuados na Seção II.3, com a PNAD, qualificando assim os efeitos da estabilização de 1994 sobre a distribuição de renda. O restante desta parte visa isolar os efeitos distributivos dos choques e políticas a nível macro, utilizando técnicas padronizadas de séries temporais.

III.1. Reformas, Estabilização e Distribuição de Renda

Pesquisa Mensal de Empregos – PME: Esta pesquisa mensal de empregos foi executada pelo IBGE nas seis principais regiões metropolitanas do Brasil, cobrindo uma média de 40.000 domicílios por mês, desde 1980. A PME apresenta características detalhadas sobre as características pessoais e ocupacionais de todos os membros de um domicílio, o que nos permite realizar análises padronizadas de decomposição de desigualdade . O grande tamanho de amostra da PME, combinado com a sua alta freqüência, nos permite construir também séries temporais mensais com base na distribuição de rendimentos, com um nível razoavelmente detalhado de desagregação.

A PME é uma réplica do esquema de amostragem da Pesquisa Corrente de População dos Estados Unidos (CPS), que trata de obter informações sobre o mesmo domicílio oito vezes durante um período de dezesseis meses. Mais especificamente, a PME trata de obter informações sobre o mesmo domicílio durante os meses t, t+1, t+2, t+3, t+12, t+13, t+14 e t+15. Esta característica de painel constante da PME nos permite inferir alguns aspectos dinâmicos das reformas sobre a distribuição de renda.

III.1.1. Uma avaliação atualizada da desigualdade

Apesar de suas limitações relativas aos conceitos geográfico e de renda, a PME mostra-se mais adequada do que a PNAD, no fornecimento de um quadro detalhado dos efeitos dos choques macroeconômicos (especificamente a estabilização de preços) sobre a desigualdade de renda no Brasil. Em primeiro lugar, o pico da inflação foi alcançado em meados de 1994, logo antes do lançamento do

Tabela 8.11
Desigualdade e o Intervalo de Medidas de Ganhos

A

	ÍNDICE THEIL-T						
Conceito de População – Conceito de Renda	1985	1990	1993	1994	1996	1997	1998
Sempre Ocupados – Mês a Mês	0,504	0,651	0,709	0,787	0,533	0,545	0,547
Sempre Ocupados – Rendimentos Médios	0,448	0,580	0,551	0,646	0,497	0,508	0,512

B

	COEFICIENTE GINI						
Conceito de População – Conceito de Renda	1985	1990	1993	1994	1996	1997	1998
Sempre Ocupados – Mês a Mês	0,520	0,566	0,592	0,618	0,527	0,530	0,527
Sempre Ocupados – Rendimentos Médios	0,496	0,541	0,529	0,566	0,510	0,514	0,512

C

	ÍNDICE THEIL-T			COEFICIENTE GINI		
Conceito de População – Conceito De Renda	1993	1997	1998	1993	1997	1998
Ocupados Uma Vez – Mês a Mês	0,915	0,746	0,753	0,6666	0,6142	0,6137
Ocupados Uma Vez – Rendimentos Médios	0,703	0,653	0,660	0,5955	0,5810	0,5806

D

	ÍNDICE THEIL-T			COEFICIENTE GINI		
Conceito de População – Conceito de Renda	1993	1997	1998	1993	1997	1998
Indivíduos em Idade Ativa – Mês a Mês	1,437	1,235	1,266	0,8021	0,7634	0,7688
Indivíduos em Idade Ativa – Rend. Médios	1,225	1,143	1,173	0,7599	0,7431	0,7490

Fonte: PME.

Plano Real. Infelizmente, não foi realizada PNAD em 1994, e portanto a PNAD-93 (de setembro) utilizada nas Seções II.2 e II.3 não é a *proxy* ideal para o nível de desigualdade anterior à estabilização, sendo a PME mais adequada a este objetivo. Por exemplo, a primeira linha na Tabela 8.11.A mostra que o índice Theil-T para os rendimentos do trabalho para a população ocupada durante as quatro observações em 1994 foi 11% acima do índice correspondente para 1993 (0,79, em comparação com 0,71). Outras comparações semelhantes, usando índices de coeficiente Gini que aparecem na primeira linha da Tabela 8.11.B indicam que os valores encontrados para 1994 estavam 4,3% acima dos valores encontrados para 1993 (0,62, em comparação com 0,59).

Em segundo lugar, os vários choques externos que atingiram a economia brasileira, em setembro de 97 (crise asiática), agosto de 98 (crise da Rússia) e janeiro de 99 (crise da desvalorização do Real) devem ser incorporados à análise. Caso contrário, ficaríamos com uma visão otimista demais das tendências da distribuição de renda brasileira e de suas relações com as reformas econômicas (em especial a abertura da economia). Neste sentido, a PNAD-97 (setembro – a mais recente pesquisa de âmbito nacional disponível) pode ser percebida apenas como um quadro (amplo), logo antes de as novas ondas de choques externos atingirem a economia brasileira.

A comparação entre os dados na PME obtidos em 1996, 1997 e 1998 nos dá as evidências sobre os efeitos da crise asiática sobre a distribuição de renda no Brasil. A primeira linha da Tabela 8.11.A mostra que o índice Theil-T para rendimentos do trabalho para a população sempre ocupada durante as quatro observações passou de 0,533 em 1996 para 0,545 em 1997, e para 0,547 em 1998: o movimento ascendente de desigualdade ocorreu antes de ser sentida a maior parte dos efeitos da crise asiática. Ao mesmo tempo, a tendência ascendente observada entre 1996 e 1998 não é confirmada pela série de coeficientes Gini apresentada na Tabela 8.11.B.

É possível argumentar que, considerando-se o crescimento das taxas de desemprego observado após janeiro de 1998, a maioria dos efeitos da crise asiática de 1997 não foi percebida pela população empregada. Mesmo assim, a primeira linha da Tabela 8.11.C mostra que os coeficientes de Gini para o grupo de indivíduos em idade produtiva foram praticamente constantes entre 1997 e 1998.

Seria possível extrapolarmos este exercício, para chegarmos a inferências sobre os possíveis efeitos da crise da Rússia sobre a distribuição de renda, ainda não completamente incorporados aos dados. Quanto aos efeitos da crise posterior da desvalorização, esses são mais difíceis de serem previstos.[8]

III.1.2. Aspectos longitudinais e comparações de desigualdade das PMEs

Decidimos também incorporar os dados da PME porque os seus aspectos longitudinais possibilitam visões relevantes daquilo que ocorreu com a desigualdade no Brasil nos últimos anos, em especial permitindo comparações da desigualdade antes e depois da estabilização. Utilizamos o aspecto microlongitudinal da PME de duas formas alternativas: em primeiro lugar, as quatro observações consecutivas dos mesmos indivíduos foram tratadas independentemente, antes da avaliação das medidas de desigualdade; em segundo lugar, a média dos rendimentos durante quatro meses, antes do cálculo das medidas de desigualdade. O Theil-T é decomposto da seguinte maneira: o Theil-T de Mês a Mês é igual ao Theil-T de Rendimentos Médios mais o Theil-T de Rendimentos Individuais Através do Tempo. Em outras palavras, a diferença nos níveis de desigualdade entre mês a mês e média de quatro meses é explicada pelo componente de variabilidade dos rendimentos individuais ao longo de um período de quatro meses.

Aqui, o principal resultado é que a queda das medidas de desigualdade de mês a mês observada após a queda da inflação em 94 superestima de forma drástica a queda da desigualdade, quando a comparamos à media de rendimen-

[8] Os dados da PNAD-98 somente estarão disponíveis no início do ano 2000.

tos no período de quatro meses. Uma comparação entre as duas linhas da Tabela 8.11.A indica que para a população sempre empregada os índices Theil-T mês a mês caíram de 0,709 em 1993 para 0,545 em 1997. A série temporal de coeficientes Gini da Tabela 8.11.A apresenta queda de 0,592 para 0,530 durante esse período. A queda nas medidas de desigualdade baseadas nos rendimentos individuais médios no período de quatro meses é muito menor do que no caso de rendimentos mensais. O Theil-T cai de 0,551 para 0,508 entre 1993 e 1997, enquanto que o Gini cai de 0,529 para 0,514. Foram obtidos resultados semelhantes para dois outros conceitos populacionais, como população em idade produtiva e indivíduos empregados ao menos uma vez em quatro observações consecutivas, como aparece nas Tabelas 8.11.C e 8.11.D.

A queda mais acentuada das medidas tradicionais de desigualdade tomadas em bases mensais, em comparação com as medidas tomadas a cada quatro meses, é explicada pela queda das medidas individuais de volatilidade logo após a queda acentuada das taxas de inflação observada no mesmo período. Em resumo, a estabilização causou trajetórias mais estáveis de rendimentos (ou seja, mais baixa desigualdade temporal – na verdade, volatilidade – dos rendimentos individuais). Por outro lado, a observada queda de desigualdade *stricto sensu* foi muito menor do que teriam sugerido as medidas de desigualdade baseadas em observações mensais.

Em resumo, a queda na desigualdade posterior à estabilização para o grupo da população sempre empregada é muito mais alta, em termos mensais (como tradicionalmente se verifica no Brasil) do que quando utilizamos rendimentos médios ao longo de quatro meses. A queda nos índices Theil e Gini é de duas a quatro vezes mais acentuada quando utilizamos o primeiro conceito.

Outra maneira de observarmos os efeitos da estabilização e da inflação é notando que a maior parte da queda nas medidas de desigualdade é atribuída ao componente intragrupo, principalmente nas medidas de desigualdade mês a mês. A Tabela 8.12 apresenta uma visão desagregada desses componentes, para a população sempre empregada em quatro observações consecutivas, em relação às mudanças ocorridas entre 1993 e 1997. A Tabela 8.13 resume esta informação, em termos da contribuição bruta e marginal das diferentes características dos grupos. Por exemplo, no caso do conceito de renda mês a mês apresentado na parte B da Tabela 8.13, durante 1993 a soma das contribuições marginais do componente entre grupos referentes à escolaridade, classe de trabalho e faixa etária (ou seja, as três características principais) explica nada mais do que 31,5% da desigualdade total. Esta estatística sobe para 42,3% em 1997, o que corresponde a um aumento de 34,3% do poder relativo de contribuição para o total de desigualdade. No caso das medidas correspondentes, baseadas nos rendimentos médios ao longo de quatro meses apresentados na Tabela 8.13.A, o crescimento relativo do poder de explicação é de 12%. Esses resultados aparen-

Tabela 8.12
Variação do Índice THEIL-T - Entre 93 e 97

Universo: Dados Longitudinais - 4 Observações - Indivíduos Sempre Ocupados

		Rendimentos Médios			Mês a Mês		
		Total	*Entre*	*Intra*	*Total*	*Entre*	*Intra*
Gênero	Homens	-0,043	-0,006	-0,037	-0,131	-0,006	-0,125
	Mulheres	0,000	0,003	-0,003	-0,033	0,003	-0,037
Total		-0,043	-0,003	-0,040	-0,164	-0,003	-0,161
Idade	Até 24 anos	-0,006	0,003	-0,009	-0,019	0,003	-0,023
	25 a 34 anos	-0,049	-0,019	-0,030	-0,085	-0,019	-0,066
	35 a 59 anos	0,011	0,021	-0,010	-0,057	0,021	-0,078
	Mais de 60 anos	0,001	0,002	-0,001	-0,002	0,002	-0,005
Total		-0,043	0,007	-0,050	-0,164	0,007	-0,171
Escolaridade	0 Anos	0,004	0,006	-0,002	0,001	0,006	-0,005
	1 a 4 anos	-0,014	0,010	-0,024	-0,034	0,010	-0,044
	5 a 8 anos	-0,017	-0,009	-0,008	-0,041	-0,009	-0,033
	9 a 12 anos	-0,053	-0,038	-0,015	-0,087	-0,038	-0,049
	13 a 16 anos	0,015	0,028	-0,013	-0,021	0,028	-0,049
	Mais de 16 anos	0,022	0,021	0,000	0,019	0,021	-0,003
Total		-0,043	0,019	-0,062	-0,164	0,019	-0,183
Classe de Trabalho*	Servidor Público	0,014	0,010	0,003	-0,003	0,010	-0,013
	Empregado Formal	-0,130	-0,071	-0,059	-0,184	-0,071	-0,113
	Empregado Informal	0,003	-0,002	0,005	0,000	-0,002	0,003
	Autônomo	0,026	0,007	0,019	0,017	0,007	0,010
	Empregador	0,026	0,031	-0,005	0,016	0,031	-0,015
	Não especificado	0,018	0,033	-0,015	-0,011	0,033	-0,045
Total		-0,043	0,009	-0,052	-0,164	0,009	-0,173
Setor de Atividade*	Agricultura	0,003	0,001	0,002	0,003	0,001	0,002
	Indústria	-0,068	-0,029	-0,039	-0,094	-0,029	-0,065
	Construção	0,002	0,002	0,000	-0,002	0,002	-0,005
	Setor Público	0,022	0,018	0,003	0,003	0,018	-0,015
	Serviços	0,012	0,011	0,001	-0,040	0,011	-0,051
	Não especificado	-0,014	-0,005	-0,009	-0,034	-0,005	-0,029
Total		-0,043	-0,002	-0,041	-0,164	-0,002	-0,162
Região	Rio de Janeiro	0,018	0,018	0,000	0,004	0,018	-0,014
	São Paulo	-0,005	0,012	-0,017	-0,041	0,012	-0,053
	Porto Alegre	0,037	0,013	0,023	0,016	0,013	0,002
	Belo Horizonte	-0,058	-0,022	-0,036	-0,090	-0,022	-0,068
	Recife	-0,036	-0,018	-0,018	-0,049	-0,018	-0,031
	Salvador	0,001	0,001	0,001	-0,005	0,001	-0,005
Total		-0,043	0,004	-0,047	-0,164	0,004	-0,168

Fonte: PME.

* Os indivíduos que mudaram de condição são classificados como "não especificados".

Tabelas 8.13

A - Taxas Brutas e Marginais de Contribuição - THEIL-T

Universo: Dados Longitudinais - 4 Observações - Sempre Ocupados

Rendimentos Médios em 4 Meses

	BRUTAS							MARGINAIS						
	1985	*1990*	*1993*	*1994*	*1996*	*1997*	*1998*	*1985*	*1990*	*1993*	*1994*	*1996*	*1997*	*1998*
Grupos:														
Gênero	6,5%	4,4%	3,7%	3,4%	3,6%	3,5%	3,4%							
Idade	9,7%	8,7%	7,1%	6,7%	9,1%	9,2%	9,0%	10,4%	7,0%	6,3%	5,7%	6,9%	7,1%	7,6%
Escolaridade	34,5%	35,8%	32,2%	30,7%	37,5%	38,7%	37,8%	31,5%	30,7%	28,8%	26,8%	32,5%	33,2%	33,1%
Classe de Trabalho*	10,7%	10,5%	9,2%	11,0%	11,8%	11,8%	12,2%	5,2%	4,5%	5,4%	6,3%	5,7%	5,2%	5,8%
Setor de Atividade*	3,4%	2,7%	2,2%	2,3%	1,7%	2,0%	2,1%							
Região	1,6%	2,0%	3,2%	7,0%	4,9%	4,3%	3,3%							

Fonte: PME.

* Os indivíduos que trocaram de condição são classificados como "não especificados".

B - Taxas Brutas e Marginais de Contribuição - THEIL-T

Universo: Dados Longitudinais - 4 Observações - Sempre Ocupados

Rendimentos de Trabalho - Mês a Mês

	BRUTAS							MARGINAIS						
	1985	*1990*	*1993*	*1994*	*1996*	*1997*	*1998*	*1985*	*1990*	*1993*	*1994*	*1996*	*1997*	*1998*
Gênero	5,8%	4,0%	2,9%	2,8%	3,4%	3,3%	3,2%							
Idade	8,6%	7,8%	5,5%	5,5%	8,4%	8,6%	8,5%	9,3%	6,2%	4,9%	4,7%	6,4%	6,6%	
Escolaridade	30,6%	31,9%	25,0%	25,2%	34,9%	36,1%	35,4%	27,9%	27,4%	22,4%	22,0%	30,2%	30,9%	7,1%
Classe de Trabalho*	9,5%	9,3%	7,2%	9,0%	11,0%	11,0%	11,5%	4,6%	4,0%	4,2%	5,2%	5,3%	4,8%	31,0%
Setor de Atividade*	3,0%	2,4%	1,7%	1,9%	1,6%	1,9%	2,0%							5,4%
Região	1,4%	1,8%	2,5%	5,8%	4,5%	4,0%	3,1%							

Fonte: PME.

* Os indivíduos que mudaram de condição são classificados como "não especificados".

temente confirmam a idéia de que a participação explicada da desigualdade total tende a aumentar à medida que abordamos o conceito de renda permanente.

De modo geral, o ponto principal desta seção é que a maior parte da queda na desigualdade referente a rendimentos mensais observada após a estabilização pode ser atribuída a uma redução na volatilidade dos próprios rendimentos, e não a uma queda da desigualdade da renda permanente (ou desigualdade *stricto sensu*).

III.1.3. Outros impactos distributivos da estabilização[9]

Além de reduzir a volatilidade dos rendimentos, como já foi discutido na subseção anterior, a estabilização gera também *verdadeiros* impactos distributivos.

Redução no imposto da inflação. O imposto inflacionário resulta do fato de que alguns agentes não conseguem proteger parte da sua riqueza financeira contra a inflação. Durante o período de alta inflação no Brasil, os bônus do governo eram indexados à inflação, e extremamente líquidos. Os agentes que mantinham contas bancárias conseguiram proteger a sua riqueza financeira da inflação utilizando os bônus do governo como *reservas de valor.* O grupo de baixa renda não dispunha de contas bancárias, e assim não conseguiu proteger os seus saldos em espécie da inflação. Havia outras formas de proteger que eram acessíveis ao grupo de baixa renda: previsão de consumo e compra de material de construção, por exemplo. À medida que a inflação foi crescendo, durante os anos 1980, tornaram-se mais comuns essas formas de proteção; entretanto, uma vez que eram apenas parciais, o grupo de famílias de baixa renda continuou a arcar com o imposto da inflação. Com a queda da inflação, de uma taxa média mensal de 45% para 2% em 1994, verificou-se ganho de renda resultante da redução do imposto inflacionário, que foi significativamente mais importante (10%) para as famílias de baixa renda do que para as famílias de rendas média e alta (1%).

Mudanças nos preços relativos. O Plano Real faz parte de uma família de planos de "estabilização baseados na taxa de câmbio", em que as taxas de câmbio desempenham função importante na imposição de um teto para os preços de bens comercializáveis. Os preços dos bens não-comercializáveis não sofrem diretamente com a abertura da economia e com a valorização da taxa de câmbio. Assim sendo, há uma mudança nos preços relativos que funciona contra os setores de comercializáveis e a favor dos não-comercializáveis. Os trabalhadores de baixa renda concentram-se em alguns dos setores de não-comercializáveis, principalmente na área de serviços pessoais e sociais. No mercado de trabalho, a concentração acontece entre os assalariados do setor informal e os autônomos; na escala educacional, a concentração acontece entre os menos educados. Portanto, há motivos para crer que a mudança nos preços relativos teve importantes efeitos redistributivos.

---

[9] Esta subseção resume os resultados em Amadeo e Neri (1997).

Gráficos 8.2

A - Coeficiente Gini
(Universo: População em Idade Ativa - Rendimentos Totais do Trabalho)

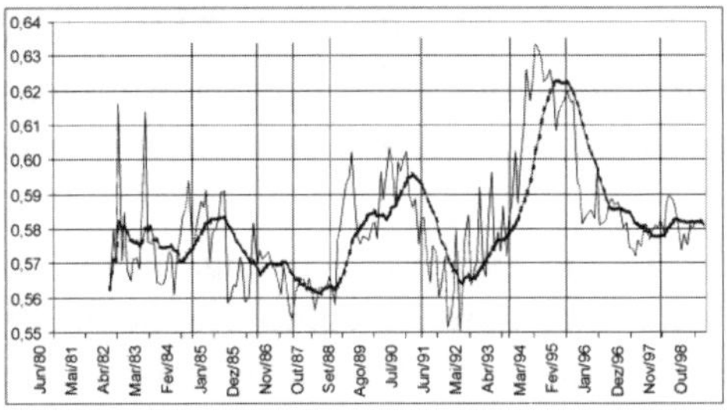

B - Índice Theil-T
(Universo: População em Idade Ativa - Rendimentos Totais do Trabalho)

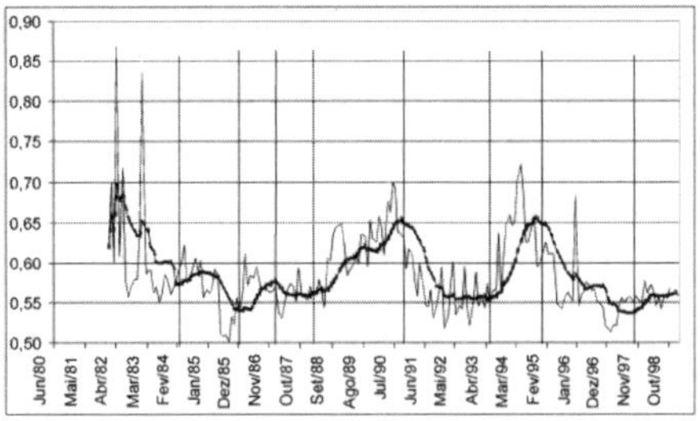

C - Rendimentos Médios
(Universo: População em Idade Ativa)

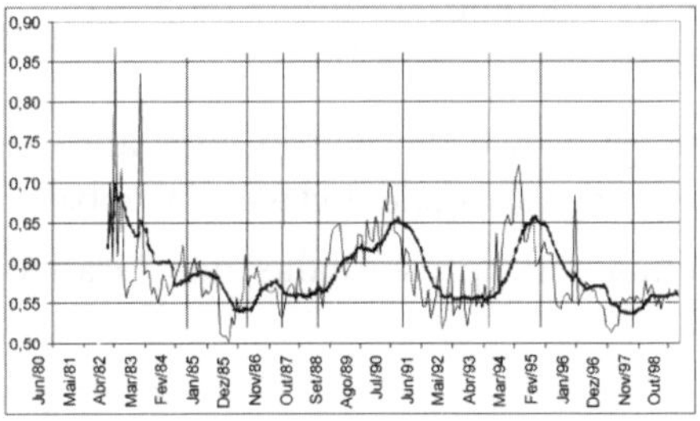

D - Taxas de Desemprego

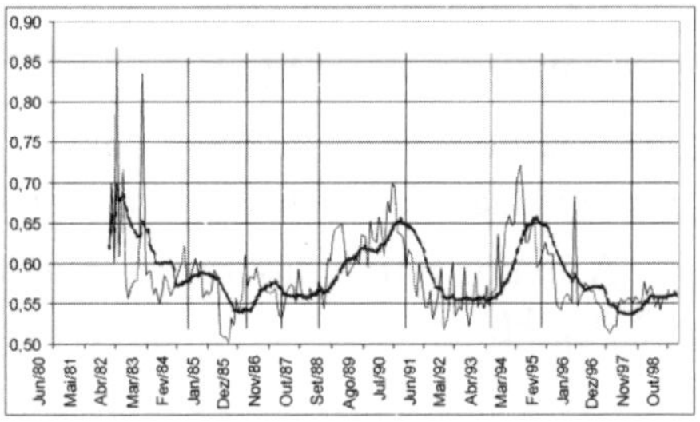

E - Taxas de Inflação

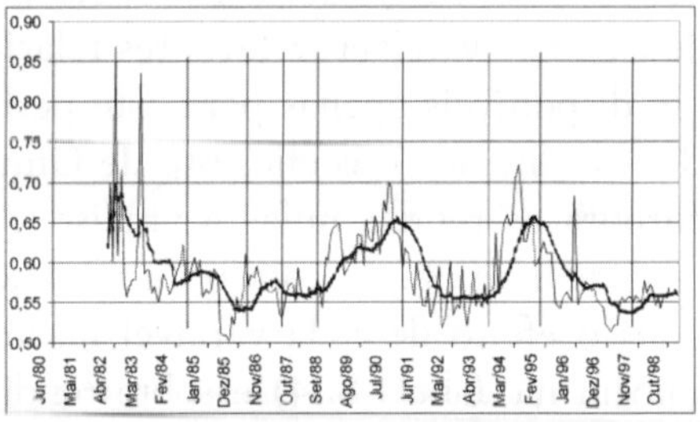

F - Taxas Reais de juros

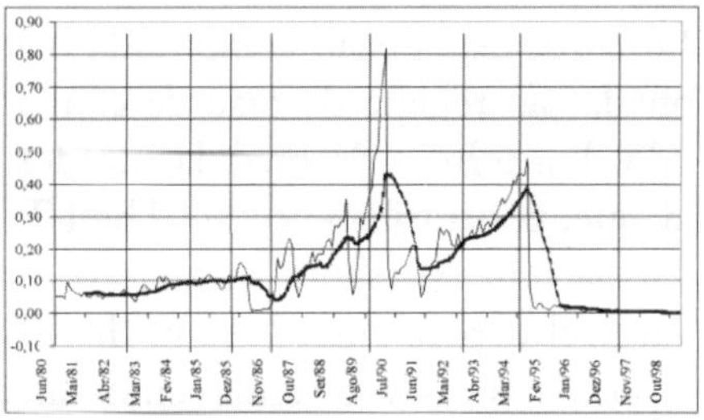

G - Salários Mínimos

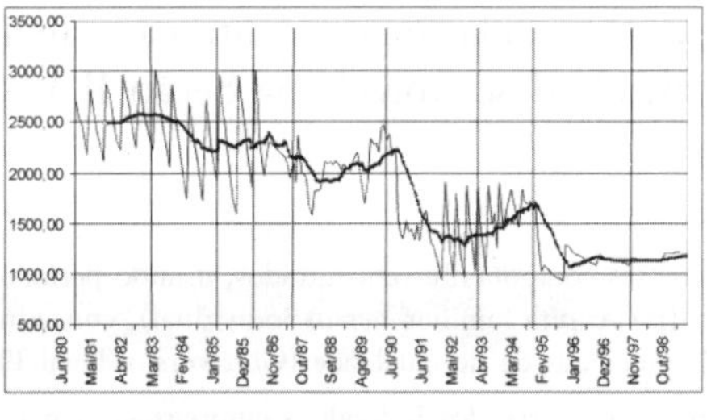

H - Taxa de Câmbio Real

III.2. Determinantes Macro da Distribuição de Renda: Uma Abordagem Temporal

A possibilidade de construção de séries mensais de variáveis especialmente construídas de acordo com os registros individuais e familiares da PME para o período 1980-99 nos permite aplicar técnicas de séries temporais padronizadas, capturando os efeitos das variáveis macro sobre as variáveis de distribuição de rendimentos de trabalho.

Todas as variáveis incluídas na regressão são expressas em logaritmos, de forma que os coeficientes possam ser lidos diretamente como elasticidades. Analisamos a seguir os padrões de correlação parcial entre variáveis macro (desemprego, inflação, vários tipos de taxas de câmbio, taxas de juros e salários mínimos) e as seguintes variáveis endógenas:

a) Coeficiente de Gini dos rendimentos do trabalho.

b) Rendimentos Médios.

c) Rendimentos médios para diferentes grupos, e de acordo com anos de escolaridade, idade, situação no domicílio, setor de atividade e classe de trabalho.

A maior parte das séries discutidas acima são apresentadas nos Gráficos 8.2.A a H.

III.2.1. Determinantes de Distribuição de Renda

A opção adotada aqui foi a de centralizar a análise sobre toda a população em idade ativa (incluindo os indivíduos com renda nula), durante o período 1982-96. Esta opção é explicada pelo fato de algumas variáveis relevantes relacionadas ao regime de taxa de câmbio estarem disponíveis apenas para este período. Em termos de medidas de desigualdade, escolhemos o coeficiente de Gini, já que, contrariamente ao Theil-T, ele incorpora as rendas nulas à análise. A Tabela 8.14 apresenta a equação central a ser analisada aqui, com o Gini como variável dependente.[10] Além disso, analisamos o efeito de cada variável macro isoladamente sobre rendimentos médios (também na Tabela 8.14) e sobre rendimentos médios dos vários grupos sócio-econômicos (Tabelas 8.16.A a E).[11] O propósito desse último exercício é identificar os vencedores e os perdedores das inovações macroeconômicas específicas (tanto choques exógenos quanto políticas internas). Heuristicamente, esta parte pode ser percebida como a contraparte temporal da análise de decomposição de desigualdade desenvolvida na Seção II.3.

---

[10] A Tabela 8.15 apresenta uma análise de robustez dos diferentes componentes encontrados, usando períodos alternativos (1982-96 *versus* 1982-98), conceitos de renda (*per capita* familiar *versus* individual), conceitos populacionais (todos *versus* os com rendimentos positivos) e medidas de desigualdade (Gini *versus* Theil-T).

[11] No caso de setor de atividade e classe de trabalho, usamos o universo dos indivíduos empregados, em vez da população economicamente ativa.

Tabela 8.14
Sinais Parciais de Correlação entre Variáveis Macro e Medidas de Desigualdade

Conceito: População em Idade Ativa - Rendimentos de Trabalho

	Taxa de Desemprego	*Taxa de Inflação*	*Taxa Real de Câmbio*	*Taxa de Juros Reais*	*Salários Mínimos*	R^2
Gini	0,025 2,88	0,004 2,45	–0,064 –6,53	0,072 1,02	–0,003 –0,19	37%
Rendimentos Médios	–0,416 –11,38	–0,045 –6,51	–0,038 –0,89	–0,824 –2,78	0,323 6,57	68%

Tabela 8.15
Sinais Parciais de Correlação entre Variáveis Macro e Medidas de Desigualdade

Conceito: População em Idade Ativa – Rendimentos do Trabalho (Dados em Logaritmos)

		Taxa de Desemprego	*Taxa de Inflação*	*Taxa Real de Câmbio*	*Taxa de Juros Reais*	*Salários Mínimos*	R^2
Gini	Todos os rendimentos	0,025 2,88	0,004 2,45	–0,064 –6,53	0,072 1,02	–0,003 –0,19	37%
(1982 a 1996)	Só Rendimentos Positivos	0,004 0,49	0,004 3,17	–0,029 –2,96	0,040 0,57	–0,001 –0,38	15%
Gini	Todos os Rendimentos	0,051 2,41	0,011 4,46	–0,168 –6,64	0,093 0,49	0,087 3,22	28%
(1982 a 1998)	Só Rendimentos Positivos	0,002 0,23	0,003 3,45	–0,026 –2,81	0,035 0,50	0,030 2,95	16%
Theil (1982 a 1996)	Só Rendimentos Positivos	0,014 0,58	0,015 3,31	–0,130 –4,70	0,037 0,18	0,087 2,88	21%
Theil (1982 a 1998)	Só Rendimentos Positivos	0,025 1,09	0,010 3,80	–0,131 –4,78	–0,005 –0,03	0,126 4,26	20%

Fonte : PME.

Tabela 8.16
A - Sinais Parciais de Correlação entre Variáveis Macro e Rendimentos Médios por Anos de Escolaridade

Universo: População em Idade Ativa - Rendimentos do Trabalho
(Período: 1983 a 96 - Dados em Logaritmos)

	Taxa de Desemprego		*Taxa de Inflação*		*Taxa Real de Câmbio*		*Taxa Real de Juros*		*Salários Mínimos*		R^2
0 Anos	–0,45	–12,32	–0,04	–6,10	0,06	1,36	–0,81	–2,73	0,23	4,62	68%
0 a 4 Anos	–0,45	–12,14	–0,06	–7,89	0,10	2,31	–1,10	–3,64	0,27	5,33	72%
4 a 8 Anos	–0,45	–11,11	–0,05	–7,12	0,19	3,98	–0,91	–2,77	0,28	5,20	73%
8 a 12 Anos	–0,46	–11,87	–0,05	–7,27	0,15	3,31	–0,83	–2,66	0,34	6,55	75%
Mais de 12 Anos	–0,42	–10,67	–0,05	–6,19	0,00	0,09	–0,75	–2,35	0,33	6,21	66%

OBS.: a) Os números pequenos correspondem a estatísticas t b) Omitidas *dummies* constantes e sazonais.

Tabela 8.16 - continuação
B - Sinais Parciais de Correlação entre Variáveis Macro e Rendimentos Médios por Faixas Etárias

Universo: População em Idade Ativa - Rendimentos do Trabalho
(Período: 1983 a 96 - Dados em Logaritmos)

	Taxa de Desemprego		*Taxa de Inflação*		*Taxa Real de Câmbio*		*Taxa Real de Juros*		*Salários Mínimos*		R^2
15 a 25 Anos	–0,56	–15,63	–0,05	–7,95	0,14	3,44	–0,42	–1,43	0,36	7,33	80%
25 a 45 Anos	–0,43	–13,26	–0,06	–9,84	0,02	0,49	–0,46	–1,76	0,35	7,93	76%
45 a 60 Anos	–0,45	–11,94	–0,07	–9,25	–0,16	–3,69	–0,55	–1,81	0,35	7,03	69%
Mais de 60 Anos	–0,49	–9,29	–0,07	–7,44	–0,03	–0,42	–0,98	–2,31	0,41	5,77	62%

OBS.: a) Os números pequenos correspondem a estatísticas t b) Omitidas *dummies* constantes e sazonais.

C - Sinais Parciais de Correlação entre Variáveis Macro e Rendimentos Médios por Situação no Domicílio

Universo: População em Idade Ativa - Rendimentos do Trabalho
(Período: 1983 a 96 - Dados em Logaritmos)

	Taxa de Desemprego		*Taxa de Inflação*		*Taxa Real de Câmbio*		*Taxa Real de Juros*		*Salários Mínimos*		R^2
Chefe	-0,44	–11,65	–0,05	–7,52	0,03	0,69	–0,85	–2,77	0,32	6,39	71%
Cônjuge	–0,43	–12,62	–0,06	–8,94	–0,30	–7,73	–0,54	–1,98	0,27	5,91	74%
Filho ou Filha	–0,52	–13,72	–0,05	–6,97	0,06	1,30	–0,74	–2,41	0,32	6,33	74%
Outros Parentes	–0,49	–12,17	–0,05	–6,18	0,02	0,44	–0,74	–2,29	0,32	5,88	70%
Não Membro da Família	–0,47	–6,96	–0,02	–1,82	–0,03	–0,39	–0,10	–0,17	0,16	1,76	36%
Empregado Doméstico	–0,34	–7,31	–0,07	–7,44	0,01	0,20	–1,19	–3,10	0,07	1,17	47%
Residente de Habitação Coletiva	–0,47	–6,96	–0,09	–6,84	–0,09	–1,20	–0,97	–1,77	0,52	5,75	55%

OBS.: a) Os números pequenos correspondem a estatísticas t b) Omitidos *dummies* constantes e sazonais.

D - Sinais Parciais de Correlação entre Variáveis Macro e Rendimentos Médios Por Setores de Atividade

Universo: Ocupados - Rendimentos do Trabalho
(Período: 1983 a 96 - Dados em Logaritmos)

	Taxa de Desemprego		*Taxa de Inflação*		*Taxa Real de Câmbio*		*Taxa Real de Juros*		*Salários Mínimos*		R^2
Serviços	-0,37	–10,99	–0,05	–7,62	–0,10	–2,62	–0,75	–2,75	0,29	6,40	66%
Comércio	–0,46	–12,61	–0,05	–7,89	–0,07	–1,56	–1,06	–3,59	0,28	5,80	70%
Setor Público	–0,42	–9,63	–0,06	–6,98	0,06	1,22	–1,05	–2,99	0,22	3,82	59%
Construção	–0,51	–13,04	–0,05	–6,52	0,04	0,78	–0,93	–2,95	0,24	4,59	69%
Indústria	–0,25	–7,69	–0,04	–7,01	0,01	0,26	–0,62	–2,39	0,32	7,40	67%
Mineração	–0,30	–5,58	–0,03	–2,76	0,01	0,23	–0,35	–0,81	0,23	3,29	43%
Outros	–0,30	–5,95	–0,03	–2,78	–0,06	–1,04	–1,27	–3,11	0,31	4,53	46%

OBS.: a) Os números pequenos correspondem a estatísticas t b) Omitidas *dummies* constantes e sazonais.

E – Sinais Parciais de Correlação entre Variáveis Macro e Rendimentos Médios por Classe de Trabalho

Universo: Ocupados – Rendimentos do Trabalho
(Período: 1983 a 96 - Dados em Logaritmos

	Taxa de Desemprego		*Taxa de Inflação*		*Taxa Real de Câmbio*		*Taxa Real de juros*		*Salários Mínimos*		R^2
Empregados Formais	–0,24	–7,56	–0,05	–7,64	0,06	1,58	–0,73	–2,87	0,30	7,03	69%
Empregados Informais	–0,42	–11,71	–0,05	–7,84	–0,04	–0,95	–0,99	–3,44	0,16	3,40	64%
Autônomos	–0,62	–16,56	–0,05	–7,05	–0,24	–5,51	–0,98	–3,27	0,23	4,68	77%
Empregadores	–0,59	–13,63	–0,05	–6,04	–0,31	–6,21	–0,72	–2,07	0,35	6,13	72%

OBS.: a) Os números pequenos correspondem a estatísticas t b) Omitidas *dummies* constantes e sazonais.

III.2.2. Desemprego

A variável taxa de desemprego trata de capturar os efeitos do nível de atividade sobre a desigualdade dos rendimentos. O efeito é positivo. Para fins de simplificação, vamos omitir da análise a referência às variáveis estatisticamente significativas, trabalhando, em vez disso, com variáveis que não sejam significativas aos níveis convencionais de confiança. A Tabela 8.14 mostra que o coeficiente nos índices de Gini é igual a 0,025. Além disso, a tabela mostra que os efeitos sobre os rendimentos médios é igual a -0,42, o que significa que (conforme o esperado) o nível mais alto de desemprego correlaciona-se com uma deterioração da desigualdade.

A Tabela 8.16 nos permite analisar os efeitos do desemprego sobre os rendimentos médios nos diferentes segmentos do mercado de trabalho. Com o desaquecimento da economia, são fortemente afetados os trabalhadores menos qualificados, como se percebe através de todas as categorias analisadas:

a) **Anos de Educação:** A elasticidade do desemprego é de -0,45 para os indivíduos analfabetos em idade produtiva, e de -0,42 para os que têm mais de doze anos de educação. Os grupos de qualificação intermediária são bem semelhantes aos primeiros, ainda que as elasticidades gerais não sejam estatisticamente diferentes umas das outras.

b) **Idade:** A elasticidade para os trabalhadores com menos experiência (entre 15 e 25 anos de idade) é de -0,56, em comparação com -0,49, para os que têm mais de 60 anos de idade. Os grupos de idades intermediárias assemelham-se muito ao último grupo.

c) **Situação no Domicílio:** A elasticidade referente a filhos (-0,52) é mais alta do que a encontrada para Chefes de Família (-0,44) e Cônjuges (-0,43).

Gráficos 8.3 - Padrões de Correlação entre Taxa de Inflação e GINI

Taxa de Inflação X GINI

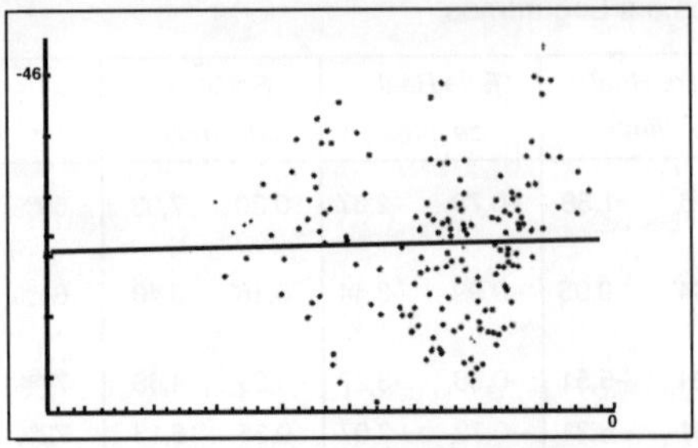

Taxa de Inflação X GINI Não Explicado

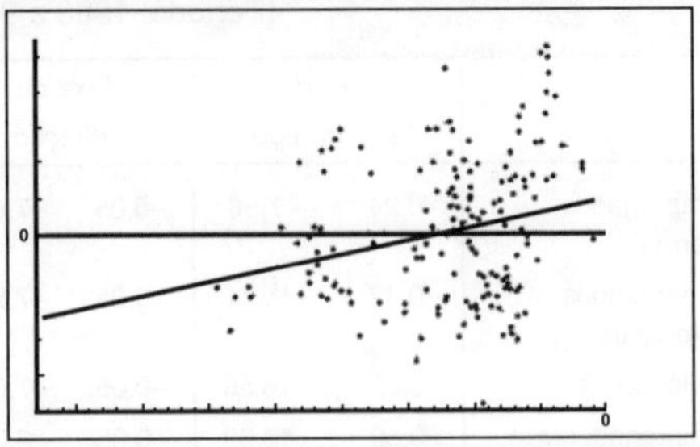

Padrões de Correlação entre Taxa Real de Juros e GINI

Taxa Real de Juros X GINI

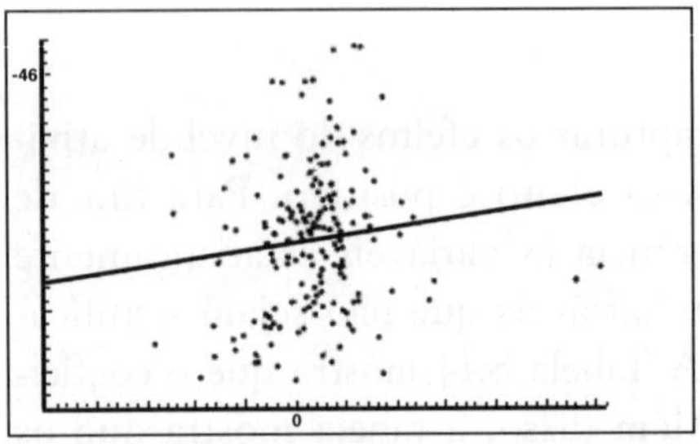

Taxa Real de Juros X GINI Não Explicado

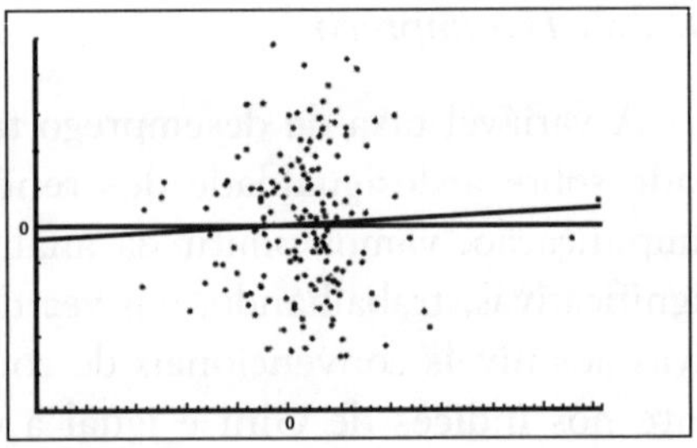

d) **Setor de Atividade:** A elasticidade para os trabalhadores na indústria (-0,25) é mais baixa do que a dos trabalhadores em construção (-0,51) e no setor de serviços (-0,37).

e) **Classe de Trabalho:** De forma semelhante, a elasticidade para o desemprego de trabalhadores formais (-0,24) é mais baixa do que para trabalhadores informais (empregados ilegais [-0,42] e autônomos [-0,62]).

É interessante observar que quando utilizamos a amostra de trabalhadores empregados, os resultados relativos a escolaridade, idade e situação no domicílio indicados são revertidos. Isso pode ser explicado pelo fato de que os trabalhadores de baixos salários são mais facilmente demitidos durante períodos de recessão (e/ou por outro lado, mais facilmente contratados durante períodos de crescimento intenso).

f) **Inflação:** Uma inflação mais alta freqüentemente leva a uma deterioração da distribuição de renda. Entretanto, as elasticidades encontradas aqui para a taxa de inflação são de modo geral bem mais baixas do que as encontradas para o desemprego. A elasticidade para o coeficiente de inflação é de 0,004, enquanto a elasticidade da inflação em relação a rendimentos médios é de -0,05. O Gráfico 8.3.A mostra que a elasticidade do

Gini em relação à inflação é zero. Pode-se compreender este exercício através da lógica de uma Curva de Phillips simples: se inflação mais alta leva a desemprego mais baixo, então o efeito da queda do desemprego sobre a desigualdade poderá compensar o efeito direto da inflação mais alta sobre a desigualdade.

Uma interpretação para a elasticidade parcial positiva dos coeficientes de Gini em relação à inflação é que os rendimentos na parte de baixo da distribuição são menos perfeitamente indexados. Esta interpretação não é confirmada pela análise das elasticidades dos diferentes grupos, classificados por anos de escolaridade, idade, classe de trabalho e setor de atividade. As elasticidades para os grupos de baixa renda, como os não educados, os jovens, cônjuges ou filhos, trabalhadores do setor de serviços ou de construção civil e empregados informais não são estatisticamente diferentes das estimadas para toda a população.

Uma explicação alternativa para os efeitos positivos parciais da inflação sobre a dispersão de rendimentos são os problemas de mensuração da volatilidade desses rendimentos. Isso é consistente com a evidência apresentada na Seção III.1, em que mostramos que a estabilização reduz a desigualdade no componente "intra" grupos, e não nos "entre" grupos (que é afetado pelos níveis relativos de rendimentos).

g) **Taxas de Juros Reais**: As taxas de juros mais altas não levam à maior desigualdade (os coeficientes são positivos, mas não estatisticamente diferentes de zero). Uma interpretação é que uma vez levados em consideração os efeitos recessivos das taxas mais altas de juros através da variável desemprego, não há residual a ser explicado. Uma explicação complementar é que já que a PME não captura a renda financeira, não é levado em consideração o efeito positivo dos juros mais altos sobre os indivíduos de alta renda que têm acesso a aplicações financeiras (Neri, 1990). Como mostra o Gráfico 8.3B, a elasticidade pura do Gini à da taxa de juros é positiva, enquanto o exercício de regressão parcial mostra que esta correlação desaparece quando levamos em consideração as outras variáveis que pertencem à regressão básica estimada.

Entretanto, as taxas mais altas de juros levam a rendas médias agregadas mais baixas, com uma elasticidade igual a -0,82, mesmo quando controlamos para desemprego.

h) **Salários Mínimos**: A elasticidade parcial do Gini com relação ao salário mínimo é nula. O resultado é até certo ponto surpreendente, considerando que a elasticidade pura do Gini com relação ao mínimo é negativa. De acordo com a teoria econômica padrão, uma elevação do mínimo deveria aumentar o desemprego, que se relaciona positivamente ao Gini.[12] Uma

[12] Poderíamos explorar um efeito semelhante através dos efeitos inflacionários do mínimo; entretanto, o Gráfico 8.3 mostra que a correlação pura entre a inflação e o Gini é nula.

solução possível para este quebra-cabeça é que salários mínimos mais altos reduzem o desemprego.

O efeito do salário mínimo sobre os rendimentos médios é positivo. A elasticidade parcial corresponde a 0,32.

i) **Taxa de Câmbio:** A Tabela 8.14 mostra que uma taxa de câmbio valorizada correlaciona-se positivamente aos coeficientes Gini, a elasticidade sendo - 0,064. O impacto das taxas de câmbio sobre a renda *per capita* não é estatisticamente diferente de zero.

IV. Conclusões

O objetivo deste estudo foi medir a evolução da distribuição de renda e seus fatores determinantes, durante o período das reformas econômicas. O trabalho foi dividido em duas partes: a primeira parte, e a principal, explorou as relações de longo prazo entre as reformas e a distribuição de renda; a segunda parte explorou as relações entre os movimentos das variáveis distributivas, por um lado, e as reformas econômicas e flutuações macroeconômicas, por outro.

A principal estratégia empírica empregada na parte de longo prazo deste estudo foi o estabelecimento de comparações entre características institucionais relacionadas às reformas e os aspectos de distribuição de renda em distintos pontos no tempo. Os contrastes entre os cenários antes e depois das reformas permitiu interpretações tentativas das relações causais entre as reformas e os resultados distributivos.

Para determinar as datas importantes, em termos da implementação das reformas, recorremos a índices de reformas institucionais. As duas principais mudanças institucionais observadas no caso brasileiro foram a abertura da economia e a estabilização. Os dois pontos de virada identificados na implementação das reformas no Brasil foram 1990 e 1994.

No lado da desigualdade, no período 1976-90 a medida básica de *benchmark* utilizada, baseada na população economicamente ativa, cai de 0,825 para 0,748. Esta tendência decrescente é seguida de perto por conceitos mais amplos de desigualdade, como os baseados na população em idade produtiva e na renda *per capita* total, enquanto medidas mais limitadas, baseadas na população empregada, mostram um movimento ligeiramente ascendente.

O período mais interessante é 1990-97, por causa da implementação das reformas econômicas. A nossa medida de desigualdade básica de referência cai de 0,748 para 0,699. Este movimento descendente é seguido por praticamente todas as medidas de desigualdade.

O período 1990-97 pode ainda ser subdividido em dois subperíodos. O subperíodo 1990-93 é caracterizado pela combinação de inflação alta e reformas econômicas; a direção das mudanças na desigualdade não se confirma para os vários conceitos usados. Por exemplo, enquanto a nossa medida básica sobe de 0,748 para 0,793, o conceito de desigualdade baseado nos conceitos de população empregada – rendimentos de trabalho cai. O subperíodo 1993-97 é caracterizado pela combinação de uma estabilização bem-sucedida e pela intensificação das reformas econômicas. O resultado é uma queda na desigualdade para todos os conceitos utilizados. Por exemplo, a medida de *benchmark* cai de 0,793 para 0,699.

Em termos gerais, o índice Theil-T médio cai 4,83% em 1976-93 (38,3% da queda total observada em 1976-97). O mesmo exercício aplicado ao índice Gini leva a resultados semelhantes: uma queda de 0,08% em 1976-93, correspondente a 28,9% da queda total observada em 1976-97. Em outras palavras, a principal parte da redução nas medidas de desigualdade observada no Brasil durante os vinte e um anos considerados aconteceu nos últimos quatro anos, depois da estabilização.

A etapa seguinte envolveu a identificação dos principais fatores determinantes do ponto de vista estrutural da evolução da renda brasileira, usando exercícios padronizados de decomposição de desigualdade, com relação a variáveis relacionadas ao capital humano (educação e idade), acumulação de capital físico (setor de atividade e classe de trabalho), características pessoais sujeitas a discriminação (sexo e raça) e localização (região demográfica e densidade populacional).

A decomposição bruta do índice Theil resume a importância relativa do termo entre grupos para os vários critérios distintos usados na desigualdade total. Entre todas as variáveis consideradas, os anos de escolaridade e as classes de trabalho são as que mais contribuem para a desigualdade total. O poder explicativo de ambas variáveis aumentou de forma substancial durante todo o período em análise. Entre 1976 e 1997, a contribuição bruta dos anos de escolaridade e da classe de trabalho para a desigualdade total aumentou de 28,2% para 34,7%, e de 16,9% para 21,4%, respectivamente.

Para levar em consideração as interações entre as distintas classificações, para ter uma idéia do impacto marginal de cada variável, uma vez consideradas as outras classificações, escolhemos um conjunto mais limitado de critérios de classificação. Já que a soma da contribuição bruta dos componentes entre grupos das três variáveis principais (idade, classe de trabalho e anos de escolaridade) corresponde a 64,6% do total de desigualdade, enquanto os efeitos brutos das outras cinco variáveis são residuais (correspondendo a menos de 30% do total de desigualdade), trabalhamos com as interações entre os primeiros grupos de variáveis.

O poder marginal de explicação da escolaridade – certamente a variável mais importante – sobe de 25,7% em 1976 para 26% em 1990, e para 26,4% em 1997. A contribuição marginal da idade (tendo sido levados em consideração anos de escolaridade e classe de trabalho) cai ligeiramente, de 7,1% em 1976 para 6,8%

em 1990, e em seguida para 5,9% em 1997. A contribuição marginal da classe de trabalho cai de 9,2% para 8,7% em 1990, permanecendo nesses níveis em 1997.

Em resumo, o período 1990-97 apresenta um aumento do poder explicativo da educação, uma redução para idade, enquanto classe de trabalho permanece no mesmo nível, nos pontos extremos da série.

Este estudo enfatiza três canais através dos quais as reformas afetaram a desigualdade de renda.

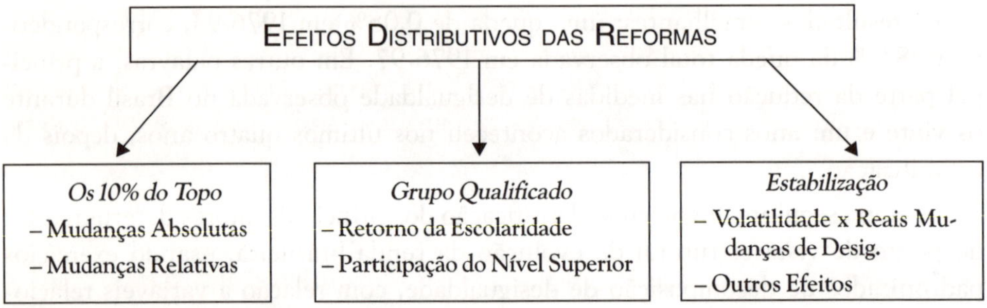

Em primeiro lugar, tentamos estudar o impacto das reformas econômicas sobre os ricos. Avaliamos as mudanças de renda absoluta nos 10% de indivíduos no topo da distribuição de renda, observando como a composição deste grupo mudou durante o período de reformas. A participação dos indivíduos com renda *per capita* acima da necessária para que fossem classificados entre os 10% mais ricos em 1997 caiu 17,9% no período das reformas, de 1990 a 1997 (uma combinação da queda de 33% em 1990-93 e crescimento de 23,9% em 1993-97).

Além disso, avaliamos quanto das mudanças observadas em desigualdade dos anos anteriores às reformas para os anos depois delas vem das modificações verificadas no grupo dos 10% mais ricos. Enquanto a contribuição absoluta dos 10% mais ricos para a desigualdade total é extremamente alta no Brasil, não existem grandes evidências que possam sugerir que esta contribuição tenha aumentado durante o período das reformas. Em 1990-93, essa contribuição, no caso da população economicamente ativa, subiu de 79,5% para 83,5%, para em seguida cair para 81,7% em 1997.

O segundo canal considerado aqui é o diferencial de qualificação entre o grupo com educação secundária e o resto da força de trabalho. Um dos motivos pelos quais esta divisão é interessante é a evidência de que cada vez mais o crescimento é intensivo em qualificação do fator trabalho. A análise do perfil dos 10% mais ricos enfatiza a importância do poder explicativo do capital humano: 7,83% da população tem doze ou mais anos de educação, enquanto a participação deste grupo entre os ricos corresponde a 44% (61%, quando levamos em consideração a extensão da renda do grupo rico). Esta última estatística era 53%

em 1990, indicando um efeito acentuado das reformas sobre a composição dos ricos, favorecendo os grupos mais educados. Durante o período das reformas (1990-97), a taxa de retorno para os níveis de educação primária e secundária caiu, enquanto a taxa de retorno para o nível universitário subiu intensamente.

O terceiro canal distributivo enfatizado aqui é o efeito da estabilização sobre as medidas de desigualdade, em especial as que operam através de mudanças na volatilidade da renda individual. Utilizamos o aspecto microlongitudinal da PME de duas formas alternativas: em primeiro lugar as quatro observações consecutivas dos mesmos indivíduos foram tratadas independentemente. Em segundo lugar, consideramos a média dos rendimentos através de quatro meses, antes de calcular as medidas de desigualdade. A diferença nos níveis das medidas de desigualdade considerando-se mês a mês e médias de quatro meses é explicada pelo componente de variabilidade dos rendimentos individuais durante o período de quatro meses.

O principal resultado obtido é que a queda das medidas de desigualdade mensais observada após a queda da inflação em 94 superestima de modo drástico a queda de desigualdade baseada em rendimentos médios durante quatro meses: os índices Theil-T mensais caem de 0,709 em 1993 para 0,545 em 1997, enquanto o Theil-T baseado em quatro meses cai de 0,551 para 0,508 no mesmo período. A maior queda das medidas de desigualdade mensais tradicionais, em comparação com as medidas baseadas nos quatro meses é explicada pela queda observada das medidas individuais de volatilidade, causada pela redução acentuada das taxas de inflação observada no período.

Em resumo, a queda das medidas de desigualdade posterior à estabilização é de duas a quatro vezes mais alta quando medida em termos mensais (critério tradicionalmente usado no Brasil), do que quando examinamos os rendimentos médios em quatro meses. Outra forma de observar esses efeitos da estabilização sobre as medidas de desigualdade é notando que a maior parte da queda das medidas de desigualdade é atribuída aos componentes intragrupos, nas medidas de desigualdade mensais. De forma geral, o principal ponto aqui é que a maior parte da queda na desigualdade de rendimentos mensais observada após a estabilização pode ser atribuída à redução da volatilidade dos rendimentos, e não a uma queda na desigualdade permanente dos rendimentos.

Finalmente, a Seção III.2 aproveitou a possibilidade da construção de séries mensais de variáveis especialmente construídas de acordo com os registros individuais e familiares da PME, e a aplicação de técnicas de séries temporais padronizadas, capturando os efeitos das variáveis macro sobre as variáveis de distribuição. Analisamos os padrões de correlação entre variáveis macro (desemprego, inflação, taxas de câmbio, taxas de juros e salários mínimos) e variáveis distributivas (medidas agregadas de desigualdade e rendimentos médios dos diferentes grupos (por anos de escolaridade, idade, situação no domicílio, setor de atividade e classe de trabalho). O exercício procurou identificar os vencedores e os perdedores das mudanças macroeconômicas específicas. Em geral, as correlações entre as variáveis macro e as variáveis de distribuição de renda seguem as previsões normais da literatura. A principal lição aqui é a ênfase da estreita associação entre as flutuações macroeconômicas e as variáveis de distribuição de renda no Brasil. Se não levarmos esses fatores em consideração, poderemos não conseguir avaliar os impactos distributivos das reformas estruturais.

Referências Bibliográficas

Amadeo, E. J. *et alli.* "Ajuste Estrutural e Flexibilidade do Mercado de Trabalho no Brasil". *In*: *Perspectiva da Economia Brasileira,* IPEA, Rio de Janeiro, 1993.

Barros, Ricardo Paes e Mendonça, Rosane. "A Evolução do Bem-Estar e da Desigualdade no Brasil desde 1960". *Discussion Papers* 286, IPEA, Rio de Janeiro, 1992.

Hoffman, R. (1989). "A Evolução da Distribuição de Renda no Brasil, Entre Pessoas e Entre Famílias, 1979/86", em *Mercado de Trabalho e Distribuição de Renda: Uma Coletânea.* Guilherme Luís Sedlacek, Ricardo Paes de Barros editores, IPEA/INPES, Rio de Janeiro.

Lora, Eduardo (1997). "Una Década de Reformas Estructurales en America Latina: Que se Ha Reformado e Como Medirlo", mimeo, IADB.

Lora, Eduardo e Barrera, Felipe (1997). "Una Década de Reformas Estructurales en America Latina: El Crecimiento, La Productividad y la Inversion Ya No Son Como Antes", mimeo, IADB.

Mesquita, M. e Correa, P. (1996). "Abertura Comercial e Indústria: O Que se Pode Esperar e O Que Se Vem Obtendo", *Texto para Discussão,* n. 49, BNDES/AP/DEPEC.

Morley, S. (1999). "What Happened to the Rich and the Poor During the Post Reform Period", Cepal, mimeo.

Morley, S, Machado R. e Pettinato, S. (1999). "Indexes of Structural Reforms in Latin America", Cepal, mimeo.

Neri, M. (1990). "Inflação e Consumo: Modelos Teóricos Aplicados ao Imediato Pós-Cruzado", BNDES, Rio de Janeiro.

Impressão e acabamento:
GRÁFICA PAYM
Tel. (011) 4392-3344